中国特色新型养老保险制度研究丛书

土地换保障：扩大推动发展民众基础的政策选择

——被征地农民社会保障的理论与实践

卢海元　著

群众出版社
·北京·

导　读

《"土地换保障"：扩大推动发展民众基础的政策选择——被征地农民社会保障的理论与实践》是以马克思主义建筑地租理论为指导，以中国实行土地国有和集体城乡二元公有制条件下人地关系为研究对象，以失地农民基本生活长期有保障、创业发展有基础，逐步形成城乡统一的土地制度，从根本上消除城乡二元结构、破解"三农问题"、促进收入分配和经济结构的战略性调整，扩大推动发展民众基础，构建可消弥危机的分享经济制度，确保社会的和谐稳定，实现共同富裕为政策目标的理论构想。

本书系统阐述了"土地换保障"的理论构想，总结了国内外与"土地换保障"相关的理论和实践，分析了被征地农民和失地农民社会保障工作现状、存在的主要问题和政策取向，设计了基础养老金和个人账户相结合，用地单位缴纳、个人缴费、集体补助和政府补贴相结合的被征地农民养老保险制度模式。

"土地换保障"重在保障，新在安置，应改变划分公益性和非公益性用地的传统思路，根据妥善解决被征地农民就业、住房、社会保障等因素制定补偿标准，对被征地农民实行公平合理的补偿，避免不平等对社会主义制度基础的侵蚀与挑战。鉴于发达国家和部分发展中国家均在征地补偿方面出台了一系列独立的法律法规，征地又是工业化、城镇化、现代化进程中不可避免的，因此，我国不仅应出台被征地农民社会保障政策，而且应加快使该领域政策制度上升到法律的层面，按社会主义市场经济要求重构《土地管理法》的法律基础，以更好、更全面地保护被征地农民权益，实现土地资源的优化配置，建立更和谐的人地关系。

本书系从社会保障角度研究人地关系的原创之作，对理论和实践均具有一定的指导意义。

Contents 目 录

序 / 1

第一章 "土地换保障"的理论构想 / 1
第一节 "土地换保障"的理论构想 / 1
第二节 完善"土地换保障"理论的取向 / 21

第二章 国外"土地换保障"相关研究成果与启示 / 32
第一节 关于地租的研究成果与启示 / 33
第二节 土地市场价格形成的相关理论与实践 / 40
第三节 与土地制度相关的研究成果与启示 / 60
第四节 国外土地制度相关理论实践的主要启示 / 65

第三章 国内"土地换保障"理论相关研究与启示 / 81
第一节 "土地换保障"理论的主要研究成果 / 81
第二节 关于被征地农民社会保障政策制度的研究成果 / 90
第三节 关于"增加农民财产性收入"的相关研究成果 / 105

第四章 发达国家的土地征收补偿制度 / 113
第一节 美国的土地征收补偿制度 / 113
第二节 英国的土地征收补偿制度 / 115
第三节 日本的土地征收补偿制度 / 121
第四节 法国的土地征收补偿制度 / 124
第五节 德国的土地征收补偿制度 / 126
第六节 加拿大的土地征收补偿制度 / 129

第五章　发展中国家、新兴市场国家（地区）的土地征收补偿制度　/ 132
  第一节　印度的土地征收补偿制度　/ 132
  第二节　韩国的土地征收补偿制度　/ 137
  第三节　其他国家（地区）的土地征收补偿制度　/ 139

第六章　被征地农民补偿安置制度的实践　/ 145
  第一节　被征地农民补偿安置的历史沿革　/ 145
  第二节　被征地农民社会保障制度框架　/ 150
  第三节　部分地区被征地农民社会保障工作的主要做法　/ 152
  第四节　被征地农民社会保障地方政策特点　/ 157
  第五节　被征地农民社会保障工作取得的主要成就　/ 177
  第六节　被征地农民社会保障工作面临的主要挑战　/ 178
  第七节　被征地农民社会保障工作的目标与任务　/ 191
  第八节　被征地农民社会保障工作的基本取向　/ 193

第七章　浙江被征地农民社会保障工作的主要做法与经验　/ 205

第八章　广东被征地农民社会保障工作的主要做法与经验　/ 214

第九章　重庆被征地农转非人员基本养老保险工作的主要做法与经验　/ 226

第十章　成都被征地农民社会保障工作的主要做法与经验　/ 233

第十一章　安徽被征地农民社会保障工作的主要做法与经验　/ 241

第十二章　江苏被征地农民社会保障工作的主要做法与经验　/ 253

第十三章　无地农民基本生活和社会保障问题研究　/ 264

第十四章　采煤沉陷区失地农民社会保障问题研究　/ 276

第十五章　水利移民社会保障问题研究　/ 280

第十六章　因灾失地农民安置研究　/ 288

后　记　/ 299

序

一

"土地换保障"是关于正确处理人地关系、有效保障农民土地财产权益、扩大推动发展民众基础的战略构想。

解决"三农问题"是当前我国最大的政治。"土地是财富之母",也是我国工业化、城镇化和现代化进程中最具潜质的资本。土地资源配置的方式方法和土地资本化的速度与质量不仅决定着劳动力和资本的流向,也在深层次上决定着中国经济发展的原动力和经济的走向,决定着中国社会和谐稳定的程度。在生产力发展的三要素中,土地是我国现阶段生产力发展中最重要的生产要素。因此,解决"三农问题"、促进经济结构的升级、实现经济社会的可持续发展,必须有一个正确处理人地关系的大的战略构想。

"土地换保障"就是这样一个旨在正确处理人地关系,优化土地资源配置,加快城镇化进程,提高城镇化质量,完善城镇化机制,从深层次上破解"三农问题"、实现经济均衡、可持续发展的中国特色的理论构想!

理论彻底,策略准确,是破解"三农问题"的重要理论前提。

不了解中国农民,不了解中国土地国家和集体二元公有制及其运行机制的特殊性,就难以了解中国国情,就难以把握中国的未来,更难以提出彻底的理论和准确的策略。

不直接采取有效政策、措施将中国农民纳入工业化、城镇化和现代化进程,不建立农民全方位、全过程分享经济社会发展成果的体制机制,不有效地保障农民的权益,特别是农民的土地财产权益,中国经济发展的民众基础就不可能最大化,中国的经济社会结构就可能在许多方面出现扭曲,消费就难以真正成为经济增长的主要动力,经济社会就难以实现均衡、持续的发展。

"土地换保障"是坚持我国宪法基本原则和社会主义基本制度必然要诞生的理论,也是试图有效解释中国独特经济社会发展模式成功奥秘的理论探索。

"土地换保障"就是这样一个着眼于扩大推动发展民众基础、构建中国特色的本土化理论的构想。

土地换保障：
扩大推动发展民众基础的政策选择

二

"土地换保障"是一个世界性的大创举。

民意大于天！以人为本，确保被征地农民就业、住房和社会保障无后顾之忧，既是正确处理人地关系所追求的理想目标，也是维护农民合法权益、实现经济均衡持续发展、确保社会和谐稳定的底线要求。"土地换保障"就是在中国土地国家和集体二元公有制和低成本发展经济模式下，旨在有效保障农民土地财产权益，寻求改革、发展和稳定的最佳平衡点的理论创新。

改革开放以来，随着工业化、城镇化和现代化的推进，从 1978 年到 2010 年，我国已经产生了九千二百多万被征地农民，近十年来以每年多达四百万的速度增加（中央政府每年计划供地指标多在四百万亩左右，而 2006 年以来，每年实际获批的供地都在六百至七百万亩，2009 年高达八百六十万亩，还不包括各地规模不小的违规征地量。因此，近几年形成的被征地农民的实际数量应该大大高于上述预测）。被征地农民已经成为影响社会和谐稳定最大的群体。为确保社会的和谐稳定，各地按照"土地换保障"的思路已经普遍建立和不同程度实施了被征地农民社会保障制度。2009 年底，已经有二千五百多万被征地农民纳入了社会保障体系。这在世界上是一个独一无二的创举。这标志着"土地换保障"理论已经成功地走向了实践，并得到广大干部群众的认同、支持和拥护；这标志着被征地农民社会保障制度建设已经成为我国独特土地制度不可分割的组成部分，已经成为农民分享土地增值收益和经济发展成果、调整收入分配关系、缩小收入差距、化解社会矛盾、减少群体性突发事件、确保社会和谐稳定的重要政策措施，而不仅仅只是着眼于治标不治本的"堵与防"的应急管理措施。

"土地换保障"理论也因为被征地农民补偿过低、土地权益保障不足等原因而受到部分专家学者质疑，甚至是部分高层领导的反对。

典型质疑意见认为，被征地农民社会保障制度建设是政府责任，属于公共产品，不应该将土地补偿费和劳动力安置补助费用于其社会保障制度建设。这些学者实际上已经将"土地换保障"理论理解为"土地换社保"，大大缩小了"土地换保障"理论的内涵和外延。实际上是对"土地换保障"理论的误解，也表明他们对建立中国特色社会主义土地制度的作用与深远意义，对社会主义不同制度之间的内在联系和完善制度体系的基本取向，缺乏应有的理解和认识。

典型的反对意见认为，"土地换保障"理论已成为部分地方、企业、个人剥夺和侵害农民土地财产权益的借口和理论外衣。

的确，在我国快速工业化、城镇化和现代化过程中，由于征地补偿标准过低，又没有建立农民分享土地增值收益和经济社会发展成果的体制机制，大量土地被强制征用。土地的快速资本化，不仅没有成为大部分农民城镇化和创业的资本，而且导致大量失地农民基本生活和长远生计都难以保障。

显然，上述无保障或低保障的现象，恰恰是由于保障不足。不仅与"土地换保障"理论无关，恰恰说明实施"土地换保障"、提高保障水平、增加保障项目、加快资本形成的必要性、重要性和紧迫性。不可否认，历史发展过程中的确包含了侵害、剥夺被征地农民利益的事件，但毕竟历史发展需要一个过程，我们不能因无数个偶然事件与矛盾，就去否定历史的发展方向。"土地换保障"的过程中产生的矛盾及解决此矛盾也能对当今世界与中国经济可持续发展产生积极的作用。这恰恰是从实际出发，探讨"土地换保障"具有现实性和必然性的核心意义。

实际上，"土地换保障"绝不只是简单的"土地换社保"，它不仅绝不可能成为部分人剥夺农民土地权益的理论外衣，而且是维护农民土地权益最有效的理论武器。如果说实践中存在一些问题，那么主要是政策执行问题，是理论不彻底、政策不完善、执行不到位的问题。正是这些质疑和反对的声音使我们有必要在总结"土地换保障"实践经验的基础上，进一步完善其相关的理论、政策和制度，提高理论的科学分析水平和政策、制度、法律的执行力。

应该说，笔者最初提出并致力于研究阐述"土地换保障"的理论设想，主要是着眼于维权和社会稳定。

经过新中国建立以来六十多年的发展，特别是改革开放三十多年的发展，我国已经基本完成了工业化、城镇化和现代化的原始积累过程。我国农民为这一原始积累过程的完成作出了历史性的贡献，不仅以剪刀差、低成本的劳动力、有限的资金等方式持续作出贡献，而且低成本、大规模提供了最宝贵的土地资源。在目前的分配格局和"世界工厂"规模下，我国内需和外需已经达到几乎极致的境地。特别是外需和对外依存度更是已经达到世界少有的水平，经济发展已经进入了一个必须通过大幅度提高农民在一、二次分配中的比例，改变分配比重过低的格局，切实扩大内需，扩大推动发展民众基础的新阶段。

在新的阶段，"土地换保障"的政策目标首先应是确立农民在市场交换中平等的市场经济地位，完成征地制度从计划经济向市场经济的变革。不仅应该给征地居民及时足额的补偿，而且应该建立农民分享土地增值收益和经济社会发展成果的体制机制，建立与社会主义市场经济相适应的征地制度，切实增加被征地农民的财产性收入。

"土地换社保"只是"土地换保障"理论成功走向实践的第一步！

"土地换社保"既是中国低成本发展经济、实施特殊土地制度最现实可行的选择和必然结果，也是农民分享经济社会发展成果最独特、最有效的形式。

"土地换保障"不仅要保障农民的就业、住房和社会保障，而且要推动农村土地的资本化，使土地成为被征地农民创业和发展的启动"资本"，防止被征地农民成为贫困和不稳定群体，直接将被征地农民转化为推动经济发展的重要群体。

被征地农民确实是我国工业化、城镇化和现代化进程中的一个特有名词，既不是农民，也不是市民，身份是农民，却没有土地，失地失业。这样的一个制度安排导致了被征地农民在社会财富的分配中优势尽失，形成了目前最特殊的社会群体。

土地换保障：
扩大推动发展民众基础的政策选择

"土地换保障"强调用发展的眼光解决现实的问题，努力在现实的基础上一步步改善环境，最终让被征地农民逐步从"无地、无业、无社会保障、无创业资金"的"四无"居民转变为"有岗位、有资产、有保障、有尊严"的"四有"居民，为被征地农民融入城镇、立足城镇发展提供强有力的制度保障。

被征地农民政策已探索了很长时间，但显然还没有形成长期的政策和制度安排。尽管政策制度中存在显而易见的歧视和不公，但如果一下子打破城乡之间的藩篱，似乎更多的是一种理想主义，而不是现实主义。被征地农民群体庞大的现实决定了简单地给被征地农民以国民待遇似乎不具备政策的可操作性。我们既不能抱着"存在即是合理"的心态，也不能幻想着一步到位解决问题，能够选择的也只能是渐进式的改革思维，可以由地方因地制宜，从自身的经济社会发展水平出发，探索出解决被征地农民问题的模式。

"土地换保障"是中国经济持续发展进程中逐步发挥市场机制、渐进式、试验性探索实践的理论总结。

三

工业化、城镇化、现代化是时代的主旋律。

长期以来，中国并没有按土地市场的实际价格对失地农民进行补偿，也没有按照征地后农民的实际生活水平进行补偿，而是按征用土地的原用途进行补偿，一般以征地前三年耕地农业年均产值为标准，征地补偿费没有考虑农民城镇化后消费支出大幅度增加、可能丧失就业机会和收入来源等因素，因此补偿标准明显偏低，被征地农民陷入贫困的风险很高。这不仅在一定程度上损害了被征地农民的利益，制约了其收入和消费水平的提高，也不利于保护耕地，不利于加快工业化、城镇化和现代化进程。为了切实保护农民利益，征地补偿的政策取向是以土地的市场价值为依据，综合考虑征地居民城镇化后生活成本增加和创业发展需求等因素，不再继续以牺牲农民利益为代价降低经济建设和发展成本，不再继续剥夺农民创业的资本、发展的机会和权利。

在我国内需不足、经济增长方式和结构调整压力越来越大、国际化程度越来越高的背景下，继续过度压低征地补偿标准，不充分考虑农民城镇化和创业发展的需求等实际，不仅会制约经济转型、体制转轨、结构调整和内需扩大，而且可能造成最宝贵的土地资源的流失、巨大社会成本的后移、农民权益的受损、创业资本缺失和创业群体缩小，甚至会制造大规模的贫困，重演"拉美现象"。

在中国土地国家和集体二元公有制条件下，不仅农村土地集体所有制更多的是与传统的农业社会相适应的土地制度，而且征地制度也是与农业社会相适应的，这显然与工业化、城镇化、现代化的要求不相适应。"土地换保障"理论则是用现代社会保障制度替代传统的土地保障，既可推动以农业为主的土地制度向与工业化、城镇化、现代化相适应的土地制度转型，也可以推动征地制度向与工业化、城镇化、现代化相适应的制度转型。

四

　　走有中国特色的社会主义道路，是历史的选择、人民的选择、时代的选择。

　　中国实行土地国家和集体二元公有制是世界上最独特的土地制度。土地的二元结构，从根本上决定了中国城乡二元结构。因此，要逐步消除城乡二元结构，必须从政策、制度、法律上彻底改变土地的二元结构，并真正确立与社会主义市场经济相适应的中国化的土地制度。

　　中国特色的土地制度决定了中国特色的土地资源配置的方式和方法，进而决定了必然诞生中国特色的人地关系理论。"土地换保障"就是旨在构建中国特色的人地关系理论，旨在丰富和发展中国特色社会主义理论。

　　土地不可替代的重要性和巨大的财富效应，进一步决定了在中国必然形成中国特色的经济社会制度和与其相适应的运行机制。这是中国特色社会主义不可分割的重要组成部分。其最重要的特征就是要确立社会主义最根本的分配原则"分享"二字。否则，完全以资本为主进行分配，将土地增值收益主要归土地所有者支配，认同土地私有制及与其相适应的分配方式，必然形成贫困和两极分化，也难以达到共同富裕的政策目标。因此，中国特色社会主义最重要的运行机制是要建立全过程、全方位的"分享制"，通过分享制为和谐社会和实现共同富裕提供制度保障，巩固经济竞争优势和制度竞争优势。由此，"土地换保障"可能成为确立与社会主义相适应的土地收益最根本的分配原则，通向新的分享经济社会的战略构想的重要组成部分！

　　在上述意义上，研究"土地换保障"理论不仅理论和现实意义重大，而且任重道远。

五

　　理想是创新之花盛开、创新之树常绿的源泉！

　　创建和谐社会是我们追求的理想目标，是马克思主义中国化、时代化、大众化的重要结果，也是中国特色社会主义实践不断发展进步的重要表现。

　　中华民族的伟大复兴不仅需要一个积极有为的政府，而且需要一套积极有为、因时应世的中国特色社会主义的理论，与时俱进地重塑中华民族之魂。

　　创建中国特色的社会主义理论，不仅要将马克思主义的基本原理同中国改革开放和现代化建设的实际相结合，而且必须与中国的历史和文化相结合。只有深入研究、挖掘和吸取中国历史文化传统的智慧与精华，才能增强广大人民群众对理论创新成果在思想上的认同感和实践上的自觉性。

　　二十年前，笔者在经济学硕士论文中提出了建立分享股份制、分享经济理论、

土地换保障：
扩大推动发展民众基础的政策选择

分享经济制度、分享社会等理论构想。经过二十年的上下求索和实践发展，笔者认为，分享制这一中国特色社会主义的理想实现形式已经渐行渐近。所谓中国特色，就是要逐步确立从企业制度到社会基本制度多层次的"分享制"。

"共享社会发展成果"，实现共同富裕，是和谐社会最重要的保障，是社会主义经济发展的本质要求和根本目的。建立中国特色的社会保障制度，是社会主义和谐社会最重要的制度保障，是"共享社会发展成果"的重要途径。在这种意义上，"土地换保障"是与社会主义根本制度相适应的理论构想。

社会主义和公有制是保证公平、公正、普惠的时代选择，也是保证效率、实现经济社会可持续发展的历史必然。正义是人们共同追求的普世价值观。正义可分实质正义和程序正义。维护正义是社会主义的本质要求，公有制，特别是土地制度的公有制，是维护正义的产权基础。但社会主义并不等于正义可以自动实现，社会主义为确保实质正义提供了制度保证和产权基础，但如果不能建立维护社会正义的体制机制，不能实现程序正义，社会主义的实质正义也会受到挑战。社会主义就会受到人们的质疑，社会主义就可能面临挑战，甚至是倒退。苏联和东欧的剧变已经用铁的史实证明了这一切。应该说，资本主义制度决定了其不可能实现实质正义，但其程序正义却掩盖了其实质正义的不足。相反，资本主义在宣传其程序正义的同时，对社会主义尚显不足的程序正义多有质疑、多有挑战，甚至将社会主义与人治联系在一起。社会主义对正义的维护是全过程、全方位的。实行社会主义、建立公有制并不等于可以忽视公民的权益。在完善社会主义制度的过程中，必须高度重视建立确保实现社会主义实质正义和程序正义的体制机制。在物质财富已经极大丰富的今天，建立确保实现社会主义实质正义和程序正义的体制机制，必须对收入分配进行战略性的调整。

"分配是财富之源"。"共享社会发展成果"必须从初次分配、再分配到财产性收入，从城镇到农村全方位、全过程建立"共享社会发展成果"的体制和机制。分享制就是这样一个具有"共享社会发展成果"功能的制度构想。在初次分配中应建立以分享股份制为核心的企业制度；在再分配中应建立公平普惠的与社会主义市场经济相适应的社会保障制度；在财产性收入方面应建立财产增值收益的分享机制；在城镇应以企业为重点建立分享机制；在农村应建立以土地为重点的分享机制。

在人地关系的研究领域，目前少有人对中国特色的土地制度进行深入系统的研究，更少有人对中国特色社会主义土地制度的运行机制及其对中国经济社会的深远影响等问题进行深入的研究。

"土地换保障"的理论构想立足中国国情，提出应在坚持中国特色土地制度的同时，按照"土地换保障"的要求，揭示了中国特色社会主义有着实施分享制的深厚土壤，应全方位、全过程建立农民分享土地财产增值收益和经济社会发展成果的内在机制，完善实现共同富裕的经济运行机制，平衡消费不足，确保资源合理配置，实现经济的稳定和可持续发展。

显然，要实施"土地换保障"的基本设想，必然要突破现有的观念、理论、政策、制度，甚至要修订完善与土地政策相关的一系列政策、法律和法规，包括宪法。

"土地换保障"这一原创性的理论构想，是对当代中国群众的首创精神和创造性实践经验的科学概括和升华，是从中国本土产生的新理论，对中国特色社会主义的巩固与发展具有世界性意义。

"占领华尔街"运动揭示了西方经济和资本主义两极分化，过高收入只创造了百分之一的豪富，却掠夺或控制了百分之四十的国民收入。塔尖百分之一的人拥有最好的房子、最好的教育、最好的医生和最棒的生活方式。"占领华尔街"运动在一定程度上是其余百分之九十九的美国人民对不公政策、制度和政权的反抗。将推动发展的希望寄托在少数人、把巨大的财富集中到一小撮精英手中的不平等制度，正在以每一种可以想到的方式扭曲着资本主义社会。实践证明，在资本主义条件下，先富带动后富的"滴漏型经济"只是一个妄想。今天美国青年失业率约在百分之二十左右（某些地区和某些社会族群为百分之四十）；每六个需要全职工作的美国人中就有一个找不到所需就业机会；每七个美国人就有一个要靠食物券生活（受"食物无保障"之苦的人是同样的数字）。所有这些就足以证明，是制度堵塞了那种所谓从塔尖百分之一的人手中"滴漏"给所有人的好处。高收入者虽然看上去配得上高收入，但却很难将财富渗入全民经济。在资本主义"心脏"华尔街持续的运动再次昭示，经济社会发展成果无法真正共享，分配机制不合理、不平衡，缺乏推动经济发展的民众基础的资本主义必然走向末日。

金融危机、债务危机和经济危机一再发生及危机的巨大代价证明，资本主义发展缺乏内在的稳定机制，资本主义市场经济并不具备制度自我修复功能。社会制度的选择、变革和定型需要顶层设计，不能再靠经济危机进行小修小补。所谓顶层设计，就是要以马克思主义为指导，从长期、战略和全局的高度，总结人类社会发展的经验教训，把握分享制的社会发展趋势和规律，以构建更强劲、更有活力、更可持续、更平衡的发展体制和机制为目标，准确把握与社会经济制度相关的各种要素，选择正确的目标，制定正确的路径，避免制度运行更加艰难，经济发展更为复杂，社会稳定局面更为严峻。构建分享制，这是一篇大文章，这是一个大战略，这是一项大课题。

六

当前，我国正处在全面建设小康社会的关键时期和深化改革开放、加快转变经济发展方式的攻坚时期。不是每个学者都能有机会在历史的转折关头为国效力，不是每个学者都能将自己的理论构想转化为政策制度，并走向实践。当思想的力量和命运的力量相逢，如何将双肩承载的责任转化为理论、政策、制度、法律法规、共识和行动，需要的不仅仅是意愿和能力。

"土地换保障"理论成功地走向实践，笔者认为有以下原因。

首先，该理论浅显、简捷、易懂。大道平易，大道至简。知其所成、知其所败、

土地换保障：
扩大推动发展民众基础的政策选择

知其可行、知其所禁，是理论走向实践的重要前提。科学有效的理论，不应该仅仅是少数人才懂得的知识，而应当成为多数人都能了解和掌握的学问。"土地换保障"理论之所以成功地走向了实践，不仅是因为其反映了大众的心声，而且是因为其浅显、简捷、易懂，是真正时代化、中国化、大众化的理论。

其次，该理论走向实践的条件越来越成熟。在全国上下对"三农"发展的认识高度一致，支农惠农强农政策不断强化，支农惠农强农机制不断完善，农业基础得到不断加强的情况下，新农保作为一项亿万农民翘首以盼的新政，2009年在全国百分之二十三点七的县（市、区）已展开试点，2012年将实现全覆盖。新型农村社会养老保险的基础养老金起步虽然只有五十五元，却是农民享受社会养老保障的新起点，更是中国深化农村改革的新的制度平台。城乡居民养老保险制度建立后，土地流转等工作就有了进一步深化的制度保障，农村的改革完全有可能进入一个新的阶段。进一步深化农村改革，要改出潜力，改出活力，改出亿万农民的积极性、创造性，必须重点处理好人地关系，让农民真正从土地上解放出来，让更多的农民依托土地财产走上创业自强之路，让农民更多地分享来自土地财产的收益。这是统筹城乡发展、推进新农村建设，夯实"三农"发展基础，改变农业基础薄弱，农村发展滞后，农民增收困难，城乡发展失衡的希望所在，也是加快工业化、城镇化、现代化进程的必然政策选择。

"土地换保障"理论走向实践的条件之所以越来越成熟，是由于中国已经发展到了一个再也不可能无视供需法则来扩张经济的新阶段。在这个新阶段，传统的增长模式越来越难以为继，经济发展的动力将更多地依赖于经济结构的转型跃迁和国内消费的增长。从国际经验看，一个国家在工业化初期和中期阶段，人均GDP三千美元以下时，绝大多数都是依赖投资拉动经济增长。2009年，我国人均GDP已经超过三千美元，应该逐步提升消费对于经济增长的贡献率。另外，消费需求是最终需求，也是衡量国民生活质量和体现以人为本的重要指标，从长远看，也必须不断培育和挖掘消费特别是居民消费对于经济增长的拉动作用。

能否改变过度依靠投资和出口的增长模式，能否实现增长模式的有效转型，能否有效扩大内需形成以个人消费为核心的增长模式，在深层次上取决于国民收入分配格局的调整，在更深层次上取决于能否正确处理人地关系，增加可能成为消费主体的农民的可支配收入，特别是增加必然成为城镇化主体的农民的可支配财产性收入，改善收入分配结构和收入分配机制。换言之，增长模式的转型取决于收入分配结构的转型，取决于我们在多大程度上改变依靠农民积累资金、发展经济的发展模式，取决于城镇化和城乡低收入群体可支配收入的提高幅度的大小，取决于潜在的消费群体能否转化为现实的消费群体，最终取决于能否建立实现国民收入分配精确平衡的体制机制，重构经济社会可持续发展的消费结构、消费水平和消费环境，建立起保障中国现代化成功的制度框架。

第三，"土地换保障"将成为现行政策战略性调整的重要取向。"十二五"时期，是我国全面建设小康社会的关键时期，是全面贯彻落实科学发展观、构建社会主义和谐社会的重要时期，是完善社会主义市场经济体制、调整国民收入分配结构的攻坚时期。

目前，我国经济社会发展中的一些深层次矛盾和问题依然十分突出，一些深层次体制机制问题还未得到根本解决。其中，社会发展滞后与经济发展、城乡区域差距过大、分配机制不完善、消费水平和消费结构不合理的局面没有根本改变，都严重影响和制约着我国发展站上一个新的更高平台上，都要求对现行政策进行战略性调整。

从国际看，后金融危机时代国际经济环境正在发生深刻和深远的变化，全球增长模式将面临深度和长期艰难的调整。这既对我国长期形成的出口导向战略带来严峻挑战，加大了防范外部风险的压力，客观上也对我国完善收入分配机制、调整经济结构、扩大内需形成了倒逼机制，形成了不转变发展不可持续，不转变不能化解矛盾的局面。

从国内看，我国仍然处于重要战略机遇期，经济社会发展长期向好的基本态势没有根本改变，经济发展的空间和潜力依然很大。但我国经济在保持三十多年快速增长、财富已经实现倍增的同时，各种结构性、深层次矛盾和问题也进一步凸显。特别是短期问题和长期矛盾交织在一起，全球经济增长减速与国内周期结构调整叠加在一起，将使我国发展面临的形势异常复杂严峻。首先，传统增长模式面临严峻挑战。长期以来形成的内需与外需、投资与消费结构性失衡的问题进一步突出，在世界经济深度调整的大背景下，调整经济结构必须从重点调整产业结构转向全面调整需求结构、供给机构和要素投入结构。而调整需求结构，特别是扩大消费需求，涉及国民收入分配格局调整、社会保障制度完善等重大课题，需要多措并举。其次，社会建设面临人口老龄化的考验。人口老龄化对社会保障体系和老龄服务体系应对能力提出的新要求，已经成为人民群众多样化、多层次公共服务需求全面快速增长的重点和社会关注的焦点。在社会结构变动加剧，利益主体日趋多元，统筹协调各方面利益关系难度加大的情况下，要避免社会矛盾和社会风险的高发，政策制度建设必须适应人们独立性、选择性、多变性和差异性。再次，人地关系改革面临深层次矛盾。在利益主体多元化、利益格局基本形成的前提下，进一步改革人地关系，涉及利益关系的深层次调整，要发挥市场配置土地资源的基础性作用，把农民培育规范成为土地市场的主体，优化分配结构，完善利益协调机制，需要真正坚持以人为本、完善公共服务、保障社会公平、促进社会和谐的原则，站在战略的、长远的高度，以增强发展的稳定性、协调性和可持续性为目标，有力有序有效地推动人地关系实现战略性的全方位调整和优化。

总之，我国必须根据经济社会发展条件、动力的变化和和谐社会建设的要求，准确把握经济社会发展规律，确立民生优先的原则，以构建扩大内需特别是扩大消费需求的长效机制为重点，把经济增长模式转换到内需主导、消费驱动、财产依托的轨道，为推动经济社会发展模式转型注入新的动力和活力。

土地换保障：
扩大推动发展民众基础的政策选择

第四，"土地换保障"将成为实施城镇化战略的必然政策选择。做一个思想先行者，必须对国情，特别是对民生要有特殊的敏感性，也必须认真分析国际形势变化的大趋势和新特点，准确把握国内发展面临的新情况和新问题，并提出明确具体、现实可行的思路和政策措施。

2010年《政府工作报告》提出的中心任务是加快发展方式的转变，推动经济发展向"内需主导、消费支撑、创新驱动、均衡共享"的模式转变。"两会"前，《人民日报》署名任仲平的文章称，我们的问题出在经济发展方式上，并把转变发展方式说成是"决定现代化命运的重大抉择"。根据我国当前存在的居民消费率低、劳动报酬占GDP的比重低、城镇化率低、服务业比重低、增长动力过度依赖外需和投资等问题，要改变消费结构、分配结构、城乡结构、产业结构以及增长动力结构等结构失衡，关键是要把"消费潜力"变为"现实消费"，扩大推动经济发展的民众基础。

2009年，我国居民的消费率只有百分之三十五，比世界的平均水平至少低百分之二十五至百分之三十，中产阶级的比例只有百分之二十二至百分之二十三，远低于美国百分之八十、新加坡百分之九十的水平；劳动报酬占GDP的比重约为百分之四十，比发达国家至少低百分之十五至百分之二十；我国城市化率约为百分之四十五，比中等收入国家低百分之十；服务业的比重只有百分之四十左右，比世界平均水平低百分之二十左右；在2010年经济增长中投资贡献率超过了百分之九十以上（辜胜阻，2010）。未来，实现我国经济的可持续发展，需要解决结构失衡状况，要大力提高居民消费，有效扩大内需，转变我国经济发展方式。在众多可行的举措中，城镇化不仅将成为引爆内需的巨大引擎，也是转变经济发展模式的突破口和着力点。

2010年《政府工作报告》从四个方面部署了推进城镇化的措施：一是依托县城和县域中心镇，壮大县域经济，大力加强县城和中心镇基础设施和环境建设，发展一批中小城市，推进城镇的内涵型发展；二是推进户籍制度改革，放宽中小城市和小城镇落户条件，让符合条件的农业转移人口逐步变为城镇居民，稳步推进农民工市民化进程；三是有计划、有步骤地解决好农民工在城镇的就业和生活问题，逐步实现农民工在劳动报酬、子女就学、公共卫生、住房租购以及社会保障方面与城镇居民享有同等待遇；四是鼓励创业农民工向县城集聚，提高城镇化质量，促进农民工的合理流动和市民化，将城镇化与实现农民工的"城市梦""安居梦""创业梦"紧密地结合在一起。

推进城镇化有利于刺激消费，带动投资，是扩大内需的重点所在。然而，人们在看到推进城镇化有利于大批农民进入城市，变农民消费为市民消费；有利于提高农民收入水平，改善农村消费环境，使农村潜在的消费需求变为现实的有效需求；有利于加快城镇的交通、供水、供电、通信、文化娱乐等公用基础设施建设，给建筑和房地产市场带来巨大需求，并带动多个相关产业发展的同时，并没有多少人关注如何提高农民的城镇化能力和城镇化质量，并没有提出明确具体、现实可行的引爆我国巨大潜在内需引擎的思路和办法。如果这样的问题得不到解决，转变经济发展方式、调整经济结构的战略思想依然有可能难以实现。"土地换保障"与上述设想不同的是，它不只是给出了一种可能的思路和办法，而是给出了明确具体的提高农民城镇化能力的可行思路和办法。

第五，"身在公门好修行"。以服务人民为本是"身在公门"者的职责所在，服务人民也是"身在公门"者的优势所在。在经过比较系统的理论训练，又经历过多层次、多部门、多岗位的实践锻炼后，笔者有幸成为一名国家机关的公务员，也拥有了为人民服务的最好的平台。大部分科研工作者很少能够像笔者一样，能将对中国国情独到的观察、体验和认识，特别是将自己对国内外社会保障制度建设经验教训等研究成果，直接转化为服务亿万城乡居民的政策和实践成果。

在各级领导的支持下，"土地换保障"的理论构想经过政策锤炼，很快转化为被征地农民社会保障的一系列政策，有效解决了被征地农民的基本生活和长远生计，维护了被征地农民的权益，促进了社会的和谐稳定。新型农村社会养老保险的相关理论、政策、制度也是这样逐步转化为造福亿万农民的实践成果的。可以说，非常幸运的是，笔者既拥有深入基层、广泛调研、直接将群众创造性的实践经验转化为理论和政策成果的平台，又拥有广交英豪、博览深思、用理论直接指导创造性实践的机会。如果说，笔者在理论、政策、制度上有所建树，那么，这些成果是真正深深地扎根于千百万群众的创造性实践的、根深叶茂的成果，可以确保其科学性和生命力。

专一也是"身在公门好修行"的重要优势。因为笔者"身在公门"，既不追求拿什么项目去参加评审国家科技奖，获得国家的经费支持，也不用追求发表文章和专著在国外SCI或国内学术期刊网上收录引用的次数。在目前的科技体制下，人才经常会被误用在一些纯粹地追求科研经费，追求国家科技奖和追求发表文章数量、引用等方面，而没有更好地为民众服务，为经济服务，甚至部分学者变成主要为自己服务。长期以来，本人心无旁骛、兢兢业业、不计名利得失地为创建新型农村社会养老保险理论、政策、制度并使其走向实践做了不懈的努力。在全国新农保试点工作会议上，温家宝总理对新农保制度设计科学性给予了充分的肯定，包括诺贝尔奖提名人在内的多位经济学家对该制度破解八亿农民养老保险这一世界级难题也给予了充分的肯定。但笔者认为，对新农保制度设计科学性和制度生命力的最大肯定，是试点地区广大干部和农民群众的热情拥护和积极支持，是在短期内农民参保率达到百分之八十以上，甚至超过百分之九十。新农保工作不仅创造了养老保险制度扩面速度的世界奇迹，彰显了深得民心的新农保制度设计的科学性、制度的生命力、适应中国国情的优越性，初步显示出对彻底消除农村老年贫困、优化分配结构、扩大内需、促进社会和谐稳定等多方面的重要作用和长远意义。按照公平普惠、共享发展成果等原则设计的新农保制度，既夯实了和谐社会的基石，又推动了新农村建

土地换保障：
扩大推动发展民众基础的政策选择

设的跨越式发展。也许，写在农民的笑脸上，写在农民心田中的成果，才是更有实践意义和学术价值的成果，也是笔者长期追求的目标。

或许，在我国经济发展再次因国际经济影响而可能减速时，已经解除了后顾之忧、获得了新农保制度保障的农民，将成为夯实推动发展最坚实的民众基础，将表现出更强的发展稳定性和可持续性。

"土地换保障"的理论构想，一定会再现新农保工作的世界奇迹，将被征地农民转化为推动经济发展新的更强有力的力量。

第一章 "土地换保障"的理论构想

第一节 "土地换保障"的理论构想

一、"土地换保障"的概念

"土地换保障"是以马克思主义地租理论为指导,以中国实行土地国有和集体城乡二元公有制条件下人地关系为研究对象,以失地农民基本生活长期有保障、创业发展有基础、逐步形成城乡统一的土地制度、从根本上消除城乡二元结构、破解"三农问题"、促进收入分配和经济结构的战略性调整,确保社会的和谐稳定、实现共同富裕为政策目标的理论。实施"土地换保障",旨在以解决被征地农民就业、住房、社会保障等基本生活和长远生计为突破口,逐步提高征地补偿标准,建立农民分享土地增值收益的内在机制,增加农民的财产性收入,全面建立以中国特色新型养老保险制度为核心的社会保障制度,从深层次上破解"三农问题"。

长期以来,党中央、国务院虽然高度重视解决"三农问题",但效果并不明显,不仅提高农民收入一直是一个难题,而且提高农民收入的长效机制也一直没有建立起来。此中原因虽然很多,但与我们既有的理论、思路、政策和法律法规不彻底、难以解决"三农问题"有关。因此,解决"三农问题"首先要有新理论、新思路,并以此为依据,制定新政策,逐步修改完善相关法律和法规。总结近十多年来我国在探索解决"三农问题"方面的经验教训,只有彻底改变中国农民在初次分配、再分配和获得财产性收入三方面不公平、不平等的现状,重构确保农民在初次分配、再分配和获得财产性收入三方面均能相对公平的体制机制,才能建立起多渠道提高农民收入和农民分享经济社会发展成果的长效机制,才能真正破解"三农问题"。

2009年8月18日全国新农保试点工作会议的召开和2009年9月1日《国务院关于开展新型农村社会养老保险试点的指导意见》(国发〔2009〕32号)的发布,标志着八亿农民可以通过建立中国特色新型养老保险制度实现再分配的相对公平,但农民在初次分配中无论是来源于农业的收入,还是来源于务工经商的劳动收入,都处于弱势地位,获得平均水平的收入都得不到应有的保证。

土地是农民最大和最宝贵的财富,但在我国现行法律、法规和政策条件下,农

土地换保障：
扩大推动发展民众基础的政策选择

民虽然为国家的经济建设作出了巨大的牺牲和贡献①，但农民不仅难以从土地财产中直接获得应有的财产性收入，而且也没有建立起农民合理分享经济社会发展成果的内在机制，更难以分享土地的增值收益。甚至农民失去土地或土地被征用，农民的基本生活和长远生计也得不到保证。正因为如此，国际上有专家说"中国的农民是世界上最赤贫的农民"。

在初次分配差距过大、农民通过社会保障再分配才刚刚开始且保障水平偏低的情况下，只有从实际出发，对国民收入分配政策进行战略性调整，研究制定大幅度增加农民财产性收入的政策措施，让农民站在公平的起跑线上，城乡收入差距不断扩大的趋势才能得到遏制，提高农民收入的长效机制才能建立起来，解决"三农问题"才有希望和可能。显然，要达到上述政策目标，必须按照"土地换保障"的要求，从根本上调整人地关系，不仅要在静态上应给予农民合理的补偿，确保农民的基本生活和长远生计，确保社会的和谐稳定，而且在动态上应建立农民分享土地增值收益的合理机制，为农民的创业和发展创造条件。

随着时代的进步，人地关系具有越来越丰富的内涵。在我国快速工业化、城市化和现代化的大背景下，以"土地换保障"理论为指导，在人地关系变迁与建构过程中，按照经济社会发展规律和实施积极的城镇化战略的要求处理好人地关系，通过构建公平、公正、公开、以人为本的公共利益导向的制度环境，正确把握好改革、发展和稳定的平衡点，推进人地关系多层面制度和机制的建设，完成农村政策由重生产向真正以人为本的战略性调整，大幅度增加农民的财产性收入，对于化解工业化、城镇化、现代化快速发展和社会转型时期形成的利益不平衡、制度不合理、政策不到位、内需不足等问题，实现基于公平、正义、和谐的人地关系，从根本上解决"三农问题"，加快我国工业化、城镇化和现代化进程，都具有重大意义。

二、"土地换保障"理论的提出

"土地换保障"的理论构想是集体智慧的结晶，是实践经验的总结和升华，更是农民千百年的期盼和呼唤。

"土地换保障"是在我国特定历史时期的政治、经济、社会条件和制度背景下，逐步形成的有中国特色的人地关系理论。

"土地换保障"从最早提出简单的概念和初步政策建议，到逐步形成内涵日益丰富的理论和政策体系，经历了一个比较漫长的过程，许多学者和实际工作者都作出了重要贡献。即使是在现阶段，"土地换保障"依然是一个有待进一步完善的理

---

① 1999 年之后，政府在土地使用权出让的过程中获得的资金来源越来越多。1998 年，全国土地出让收入仅六十八亿元，2000 年土地出让收入为五百九十五亿元，2001 年为一千二百九十五亿元，2002 年为二千四百一十六亿元，2003 年为五千四百二十一亿元，2009 年为一点五万亿元，2010 年为二点七万亿元。2001 年土地出让收入占地方本级财政收入百分之十六点六，2009 年土地出让收入占地方本级财政收入百分之四十八点八三，而 2010 年这一数字已经上升到百分之七十一。

论,依然需要集思广益,进行更全面、深入、系统的阐述和论证。

"土地换保障"概念,早期提的很简单,有"以土地换保障"、"土地换社保"等多种提法。早期既有的研究存在未能对所要研究的对象进行界定和定位,研究针对性不强,研究成果难以转化等问题。其中,有些提法甚至有一定的片面性,对实践有一定的误导,受到部分学者的质疑和非议:主要是认为保障标准过低,保障范围过窄,部分地区可能会以"土地换社保"剥夺农民最宝贵的土地财产等。

对"土地换保障"概念,每个人都有不同的理解和判断。笔者查阅到,较早并较系统提出"以土地换保障"概念和政策建议的是陈颐[①]。此后,部分学者也不同程度地提出、论证和丰富了"土地换保障"内涵和相关政策建议。与此同时,"土地换保障"的研究成果不断在社会政策方面得到演绎。这些研究成果和初步的探索性实践,为"土地换保障"提供了一个易于理解的研究框架,对其重要内容的多方位理解也越来越深刻。

因为历史的偶然和机遇,笔者从20世纪90年代中期任乡党委书记时,面对大批被征地农民的不断上访,开始探索解决被征地农民的基本生活和长远生计问题,开始深思如何才能实现用现代社会保障制度尽快替代传统的土地和家庭保障,实现人人享有社会保障的目标,并初步形成了"实物换保障"(包括"产品换保障"、"土地换保障"和"股权换保障")的基本思路。直面被征地农民在就业、住房、社会保障、子女教育、生产生活方式融入城市等社会转型的艰难、困苦与无助,征地制度和补偿安置政策的重大缺陷,被征地农民社会保障理论和政策的空白与农民千百年期盼和呼唤的巨大反差,激励笔者此后十多年,一直致力于研究、论证、推介"土地换保障"理论和相关政策措施,一直致力于破解将八亿农民纳入社会保障体系的世界级难题,一直致力于推动提升土地价值,增加农民源于土地的财产性收入,建立农民分享土地增值收益的内在机制。

经过近二十年的上下求索,2002年笔者的博士论文《实物换保障:完善城镇化机制的政策选择》(2002年7月,经济管理出版社)提出了从建立农村社会养老保险制度入手破解"三农问题",通过解除农民的后顾之忧,稳定、调整农民的就业和消费预期,启动农村市场,从深层次上解决有效需求不足等中国经济发展问题等政策建议。同时,该书对"土地换保障"理论和相关政策措施作了比较系统的研究论证。该研究成果得到了当时劳动和社会保障部领导的关注、重视和支持,并将笔者从最基层调到劳动和社会保障部农村社会保险司工作。该书被部领导称为既是给劳动和社会保障部献的一份厚礼,也是给中国八亿农民献的一份厚礼!2004年以该书为理论基础的研究成果,获得了劳动和社会保障部第一届优秀科技成果二等奖。

在新的工作岗位上,在各级领导的支持和鼓励下,围绕解决被征地农民的基本

---

① 陈颐在《论"以土地换保障"》一文中较早明确地提出了"土地换保障"的概念,并对"土地换保障"的理论政策和法律依据、现实意义和政策设计等问题进行了创新性的研究。见《学海》(南京)2000.3. P95~99。

土地换保障：
扩大推动发展民众基础的政策选择

生活和长远生计，一方面，按照"土地换保障"的思路，对被征地农民的现状、面临的问题和解决问题的思路和方案，在全国范围内开展了比较全面深入系统的调研，撰写和发表了一系列调研报告和论文，提出了一些明确具体、现实可行的政策措施。在此基础上，进一步提出了以被征地农民为突破口推进新型农村社会养老保障制度建设的基本思路、目标、任务、模式、具体方案和实施的政策措施，基本形成了从理论、政策到实践的比较完整的体系，推动了有中国特色的覆盖城乡居民的社会保障理论和实践的发展。

另一方面，经过整整十年的努力，2006年，参与研究制定的关于做好被征地农民社会保障工作的政策措施，已经被大部分地方政府和国务院采纳。到2009年底，不仅国务院出台了一系列做好被征地农民社会保障工作的政策，而且浙江等二十九个省区市政府或政府部门制定了做好被征地农民社会保障工作的政策文件，已有二千五百多万被征地农民被纳入基本生活或养老保障制度。

党的十七届三中全会《中共中央关于推进农村改革发展若干重大问题的决定》提出"依法征收农村集体土地，按照同地同价原则及时足额给农村集体组织和农民合理补偿，解决好被征地农民就业、住房、社会保障"和"做好被征地农民社会保障，做到先保后征，使被征地农民基本生活长期有保障"。"同地同价"、"及时足额"和"先保后征"等新的更高要求的提出，标志着被征地农民社会保障工作已经进入了一个攻坚阶段。

至此，"土地换保障"的理论开始加速度走向实践。笔者在这一可以无限施展、近乎处女地的领域很幸运地留下了一些个人的痕迹，不断丰富了"土地换保障"理论的内涵和外延，完善了相关政策措施和制度设计，并成为"土地换保障"理论符号化的代表之一。

客观地说，中国经济学家自己原创性的东西比较有限，更多的是学习和借鉴别人的东西。在借鉴中如果结合自己的特点，有所发展，就是创新了。"从不重复别人的观点"，实际上恐怕谁也做不到。"土地换保障"的理论应该是中国经济学家自己原创性的有中国特色的重要成果，对维护被征地农民权益，推动中国社会转型和历史前进产生了应有的作用。

在改革开放已经走过三十多年、新中国建立六十多年之际，经济学家的主要任务是要按照尊重历史，立足国情，面向未来的要求，深入实际，把握动态，摸清实情，找准对策。换言之，就是要用自己的专业预见性和透视力，开拓视野和思路，挣脱传统理论的桎梏，全面贯彻落实科学发展观，把构建中国特色社会主义理论体系作为基本方向，把加快形成城乡经济社会发展一体化新格局作为根本要求，以科学的逻辑基础和事实为依据，客观地总结过去三十年，甚至是六十多年理论和实践的经验，为中国人今后三十年更伟大、更艰巨的征程，提供更贴近事实和经济社会发展内在规律的经验，制定完善更能满足现实生活需要和民众诉求的政策，不断丰富包括"土地换保障"理论在内的有中国特色的社会主义理论体系。

党的十七大明确提出要增加城乡居民的财产性收入。作为规模和潜力最大的土地所有者的农村居民，目前基本没有财产性收入，只能依靠劳动收入和水平极低的养老金维持最基本的生活。面对巨大的期盼和巨大的分歧，意味着研究和实践"土地换保障"理论，力陈真相，言明利弊，拓展理论和政策空间的任务，还任重道远。

三、进一步深化和拓展"土地换保障"理论的意义

（一）深入研究"土地换保障"理论正当其时

在当前世界金融危机的影响依然蔓延的形势下，保持农业农村经济持续稳定发展，对于党和国家工作全局具有更为重大的意义。保增长的基础支撑在农业，扩内需的最大潜力在农村，保民生的重点难点在农民。

土地是财富之母，安国之基。土地政策是我国各项经济社会政策的基石。无论是保增长、扩内需，还是保民生、调结构，都离不开土地政策的调整优化，最终也必然落脚到土地政策的调整优化。对农民而言，土地具有就业、保障和发展等多种功能。在新形势下，土地政策的调整优化必须从全面建设小康社会、发展中国特色社会主义和国家粮食安全等战略高度，改变过去长期实施的重建设、轻民生，重发展、轻保护和牺牲农民、剥夺农民的发展思路，将"保民生"和"保安全"作为政策的基点，将土地收益适当向农民倾斜作为"扩内需"和重建耕地保护机制的战略举措，优先考虑维护无收入和低收入的被征地农民权益，促进土地财富分配更为均衡合理，逐步找到改革、发展和稳定的平衡点，切实解决好农民的就业、社会保障和发展问题，为工业化、城镇化和现代化的健康发展营造良好的环境，将提高即期消费意愿的政策落到实处，将增加农民创业发展资本作为未来政策的重点取向。

土地始终是"三农"问题的核心，也是确保农村社会和谐稳定必须面对并且要妥善处理的问题。当前，各级政府高度重视"三农"问题，把促进农村经济社会协调发展作为各项工作的重中之重，出台了一系列支农、兴农、富农、强农、惠农政策，并取得了良好的经济社会效果。党的十七大以来，党中央进一步把解决好"三农"问题提高到了全面建设小康社会、发展中国特色社会主义的战略高度，抓住机遇对社会政策进行战略性调整的时机和条件正在成熟。党的十七大报告指出，中国正在进入"全面建设小康社会，加快推进社会主义现代化的新的发展阶段。要"建立以工促农、以城带乡长效机制，形成城乡建设社会发展一体化新格局。"党的十七届三中全会提出："我国总体上已进入以工促农、以城带乡的发展阶段，进入加快改造传统农业、走中国特色农业现代化道路的关键时刻，进入着力破除城乡二元结构、形成城乡经济社会发展一体化新格局的重要时期。""坚持改革开放，必须把握农村改革这个重点，在统筹城乡改革上取得重大突破，给农村发展注入新的动力，为整个经济社会发展增添新的活力。"要"把加快形成城乡经济社会发展一体化新格局作为根本要求，坚持工业反哺农业、城市支持农村和多予少取放活方针，创新体制机制，加强农业基础，增加农民收入，保障农民权益，促进农村和谐，充分调

土地换保障：
扩大推动发展民众基础的政策选择

动广大农民的积极性、主动性、创造性，推动农村经济社会又好又快发展。"中共中央政治局2009年1月23日下午进行第十一次集体学习，中共中央总书记胡锦涛强调，必须全面贯彻党的十七届三中全会精神，必须从全面建设小康社会、发展中国特色社会主义的战略高度，坚持把解决好农业、农村、农民问题作为全党工作重中之重，坚定不移走中国特色农业现代化道路，加快推进社会主义新农村建设，更加扎实地做好农业、农村、农民工作。走中国特色农业现代化道路，是顺应世界农业发展普遍规律、立足我国国情的必然选择，是统筹城乡发展、协调推进工业化和城镇化的必然要求，是建设社会主义新农村、促进农业可持续发展的必由之路。各级党委和政府要按照党的十七届三中全会确立的新形势下推进农村改革发展的总体思路，把建设社会主义新农村作为战略任务，把走中国特色农业现代化道路作为基本方向，把加快形成城乡经济社会发展一体化新格局作为根本要求，坚持工业反哺农业、城市支持农村和多予少取放活方针，推动农村经济社会又好又快发展。

这可以理解为中央已经下达解决好"三农"问题的动员令。中央的决心已下，我们要深刻理解土地问题对当前解决好"三农"问题的深层制约和土地政策进行战略性调整的必然性，切实抓住前所未有的发展机遇，在认真总结借鉴国内外土地政策经验教训和深入广泛了解农民群众意愿的基础上，从他们的根本利益和长远利益出发，深入研究"土地换保障"的相关理论和政策，把"土地换保障"的相关理论和政策研究提升到新的战略高度，推进到一个新的发展阶段。

（二）深入研究"土地换保障"理论有助于回答我国经济社会发展中重大理论和实践问题，为我国工业化、城镇化和现代化建设提供理论解释和理论支持

在全面建设小康社会，着力破除城乡二元结构、加快形成城乡经济社会发展一体化新格局的过程中，如何实现劳动力、土地和资本三要素的优化配置，促进农村劳动力转移、减少农民，如何激活最巨大和最宝贵的土地资源、实现土地资源的货币化和资本化，如何扩大农地经营规模、建立农民增收的长效机制，始终是破解"三农问题"、加快我国工业化、城镇化和现代化建设进程迫切需要深入思考、研究和回答的最基本，也是最重大的理论和实践问题。

目前，我国已进入一个社会结构多元和利益明显分化的社会。在这样的一个社会里，不同社会群体利益诉求的表达和权益保护机制的建构，逐渐成为社会生活的常态。"天下熙熙，皆为利来，天下攘攘，皆为利往"，利来利往的不断纠结，既主导了社会利益分配格局的建构，也为理论和政策研究指明了方向。农民，特别是被征地农民，是目前我国的弱势和困难群体。事实上，被征地农民无土地、无就业、无保障、无发展资金等问题，集中表现在被征地农民土地增值收益分配不公平、不公正、不公开上，体现在被征地农民土地权益保护机制的缺失上，体现在被征地农民享受就业、社会保障、子女教育等基本公共服务权的不平等上。土地权益保护机制的缺失，是被征地农民问题产生的症结所在，也是内需不足、农民缺乏耕地保护积极性等问题产生的症结所在，不抓住这一症结，就容易陷入"头痛医头、脚痛医脚"的泥潭。

"土地换保障"既是一个理论问题,又是一个现实问题。直观看,该理论重在研究土地与保障之间的关系,实则是重在研究人地关系。

土地对农民而言是最宝贵的财产,对企业而言是最重要的生产要素,对政府而言是最重要的资源。对农民基本生活和长远生计等权益的保障,既是保护农民权益的最低底线,又是发展的最终目的。研究"土地换保障"问题是研究我国经济社会发展中重大理论和实践问题的重要结合点。从理论看,研究"土地换保障"问题的重要目的就是要通过对土地和保障两个基本问题的研究,揭示我国工业化、城镇化和现代化过程中人地关系演变的内在规律和趋势,构建适合中国特点、能破解"三农问题"、实现经济良性循环、正确处理人地关系的体制机制,形成能有效指导实践的符合中国国情的经济发展理论和政策,为中国尽快跨越现代化的最后一道门槛提供理论解释和理论支持。从实践看,研究"土地换保障"问题的重要目的就是要首先改变被征地农民土地权益保护机制的缺失,按照公平、公正、公开和普惠的原则,更好地解决被征地农民的就业、住房、社会保障和创业发展问题,实现发展与维护被征地农民权益的有机统一,找到改革、发展和稳定的平衡点,排除当前我国经济社会运行中最新、最急、最大的非稳定因素。因此,对该问题的研究,不仅影响到我国工业化、城镇化和现代化进程的速度和新农村建设,更关系到社会的公平、公正与和谐稳定,关系到我们是否能将目前可能陷入贫困的农民群体转化为未来最庞大、最有潜力的创业发展群体。

(三)"土地换保障"理论致力于探讨解决被征地农民就业、住房和社会保障的具体途径,为工业化、城镇化和现代化的健康发展提供制度保证

城镇化是我国当前和今后一个时期经济社会发展的主旋律。城镇化主要是农民的城镇化,而制约我国城镇化进程的主要是农民的城镇化能力不足,城镇化的质量不高,是我国城镇化政策和城镇化战略还不完善,是城镇化体制机制不健全。因此,城镇化进程的加快,意味着将大幅度提高农民向市民(包括农民工等主要从事着非农产业但户口在农村的人口)转型的能力。由于城乡的二元社会体制,把农村人口非农化与农村人口城镇化断裂为两个过程,使之不能同步推进,结果导致农村人口城镇化的预期成本大大增加,那些从农村流入城镇的农民工,即使在城里有了稳定的职业和收入来源也不会轻易地放弃土地,割断与"承包田"的"脐带"关系;那些被征用了土地可能"农转非"的农民,因就业、住房和社会保障问题得不到妥善解决而难以彻底完成城镇化进程,也得不到与市民同等的公共服务。我国农民在经济、政治、文化和社会方面的权益与城市居民相比差距越来越大。2002年12月《中华人民共和国农业法》中增加了"农民权益保护"章节是我国农民权益保护制度化的体现。但是,农民,尤其是被征地农民的权益保障仍然不尽如人意,城镇化进程呼唤着对被征地农民的权益保障。通过"土地换保障"问题的研究,加大完善城镇化体制机制建设力度,可以进一步引起社会各界对被征地农民群体的关注、关心、保护和帮助,提高他们顺利实现角色的变迁能力,从而推动社会的进步、"三农"问题的解决、社会矛盾的化解、社会公平的维护及和谐社会的建设。

土地换保障：
扩大推动发展民众基础的政策选择

（四）"土地换保障"致力于研究制定"离农政策"和耕地保护政策的具体内容，为保障离土农民的权益和国家粮食安全提供可操作性的实施方案

"土地换保障"的研究将在"以人为本"的科学发展观指导下，立足国情，明确提出保障离土农民权益和耕地保护工作的重点、难点和发展的方向。在对《关于解决农民工问题的若干意见》、《中共中央国务院关于积极发展现代农业扎实推进社会主义新农村建设的若干意见》、《中共中央关于推进农村改革发展若干重大问题的决定》和国务院关于做好被征地农民社会保障工作等有关文件进行全面研究的基础上，为国家研究制定"离农政策"提供坚实的理论支撑，同时为《中华人民共和国土地管理法》（以下简称＜土地管理法＞）的修改和征地制度的改革、耕地保护机制的建立，为各级政府制定具体的政策、法规，为加快形成城乡经济社会一体化新格局提供系统性政策建议。"土地换保障"的研究还可以促进各级政府部门转变职能和观念，制定切实可行的具体举措，不断改善离土农民的生产、生活条件，使其在城镇化进程中得到平等、友好和公平的待遇，享有公平的基本公共服务和公民权利，尽快使自身生产方式、生活方式和价值观念融入城镇社会。

（五）"土地换保障"重在研究如何创新对农民的补偿方式，开辟增加农民财产性收入新的现实途径

从1998年亚洲金融危机时，我国就提出扩大内需，但是十年过去了，我国的国内消费占GDP的比重不仅没有增加，反倒每年都有所降低。出现如此情况的原因在于，我国在经济体制转型过程中，与社会主义市场经济体制相适应的分配机制还没有建立起来，没能从根本上建立解决内需不足的长效机制问题。

2008年以来，在外需萎缩、扩大内需压力增大的背景下，全面调整中国的增长方式和收入分配方式，刺激中国巨大的内需市场已成为实现增长的关键。在经济高速增长阶段，中国内需不足程度一直在持续加快恶化，主要原因是绝大多数农民和低收入劳动者无论是在存量、增量和总量中，还是在初次分配、再分配中的比例越来越低，支持中国经济持续中长期增长的动力问题还没有解决。目前，不是要不要全面调整中国的增长方式和收入分配方式，而是什么是全面调整中国经济增长方式和收入分配方式明确具体和现实可行的方案。

"土地换保障"通过解决就业、住房和社会保障等方式，创新了对农民的补偿方式，开辟增加农民财产性收入的新途径，释放了土地财富的能量，提高了绝大多数农民和低收入劳动者在存量、增量、总量以及在初次分配、再分配中的比例，从根本上改变了收入分配格局，初步探索出了一条解决中国经济持续中长期增长的动力等深层次和结构性问题，促进经济社会均衡发展的现实途径。

更重要、更有意义的是，如果能很好地、非常有意识地推进农民土地的资本化进程，就有可能将目前每年可能陷入贫困的四百多万失地农民群体转化为未来最庞大、最有潜力的创业发展群体，我国经济社会发展的动力和发展格局将发生战略性的调整。

（六）"土地换保障"的研究是社会科学工作者的责任，也可以推动有中国特色社会主义理论体系的完善和发展

"人生书写时代"。社会科学的研究最终目标是改善人们的生活，促进社会进步。我们有责任用自己的知识去改变世界，特别是致力于解决社会发展和人们生活中面临的具体和迫切问题。在当前我国大力推进和谐社会建设的过程中，我们有责任和义务投身于对重大理论和实践问题的研究中，有责任和义务推动有中国特色社会主义理论体系的完善和发展。

改革开放的伟大实践和中国特色的工业化、城镇化和现代化，需要有源自本土的有中国特色社会主义理论来指导。由于我国《宪法》已经明确规定了土地的国有和集体两种所有制，特殊的土地制度从根本上决定了我国特殊的城乡二元结构，进而决定了农民工和被征地农民在我国不可能只是一个过渡性阶层，而可能是一个长期存在的有中国特色的阶层。目前，中国经济社会发展过程中成功的经验、存在的一系列问题及未来发展的希望，莫不与中国特色的土地制度相关。所以，无论从宏观和微观层面上，逻辑起点和历史起点迥异的中国工业化、城镇化和现代化，都必须正确处理好人地关系，都必然会留下鲜活的中国特色的烙印，并创造中国特色的经验和理论。

"土地换保障"的理论研究将有助于学界深化对中国特殊国情的了解、认识和研究，加快寻找现代化理论的本土经验，创建本土化的理论，加快中国传统农民的现代转型而成为新型城镇居民，也将进一步拓展中国特色社会主义的理论研究和社会实践。

中国面临的深层次和结构性问题不是是否必须改变，而是怎样才能改变。按照马克思主义的观点，消除贫富差别是我们的理想。消除贫困不仅要解决人们生活水平的提高问题，更重要的是消除贫困产生的深层原因。

目前，我国在处理人地关系的过程中，一方面大量的土地被低成本征用，以满足工业化、城镇化和现代化的需求，制造了大批亿万富翁；另一方面，又制造了数千万贫困的被征地农民，甚至是没有任何补偿就失去了土地的更为困难的失地农民。农民被以貌似合理、合法的征地剥夺了其对土地的合法权益后，农民不仅基本生活和长远生计难以保证，而且更难以分享经济社会发展的成果，更难以积累必要的创业和发展资本。

目前，按照土地管理法征地的有关规定，表面看起来有"法"可依，有规可据，但这些规定更多的是从发展的角度和政府有关部门单方面的考虑而制定的，没有充分考虑农民的土地权益，没有从战略上考虑如何破解"三农问题"，没有考虑如何加快推进由与农业社会相适应土地制度向与工业化、城镇化相适应的土地制度的战略转型，没有充分考虑如何实现扩大消费和结构调整等深层次问题，更没有考虑如何将推进土地资本化的潜力转化为提高我国经济可持续的竞争力等问题。因此，现有的政策和制度规定并没有广泛的社会基础与合理性，更缺乏必要的远见和视野，相反，实际上已经成为农民被合法剥夺的法律根源。

土地换保障：
扩大推动发展民众基础的政策选择

上述问题的长期存在，是贫富差距不断扩大、社会不稳定因素增加的深层原因。显然，这种被认为"比资本主义还资本主义"、不平等和贫富差距越来越大的现象，绝对不是社会主义市场经济应该追求的目标和结果。其长期没有得到实质性改变的原因之一，是缺乏彻底的理论，缺乏准确的策略，缺乏对社会主义运行机制的战略思考。因此，我们有必要进行彻底的理论创新。"土地换保障"理论就是为达此目的而作出的最重要的努力。

四、"土地换保障"理论研究的主要内容

成功的实践需要科学的理论作为指导，丰富的社会实践也为理论的创新提供了良好的基础和条件。

国内外"土地换保障"既有的相关研究成果、研究思想和实践经验，虽然并不系统、不全面，也没有给出理论上的合理性，但既有的对"土地换保障"的历史背景、原因、现状以及应对举措等方面的研究成果和研究思想，已经为我们进一步地研究积累了非常多极富思想内涵和应用性较强的研究结论和政策建议，丰富的实践经验和理论源泉为进一步的理论创新奠定了基础，构建日益完善系统的"土地换保障"理论的条件正在成熟。

在新的形势下，一方面，许多地区"土地换保障"新的实践经验和教训需要进一步总结、概括、升华；另一方面，"土地换保障"既有的理论成果对实践的解释程度及其局限性，又提出了进一步拓展和深化相关理论研究的紧迫需求。为在实践中总结出新的理论进而更好地指导实践，我们有必要重点在以下几个方面进一步深化对"土地换保障"理论和实践的研究：

（一）"土地换保障"的概念

"土地换保障"的概念，首先是为维护被征地农民作为弱势群体应受到重视的确保其基本生活和长远生计的权利而提出的。"土地换保障"应用于维护被征地农民作为公民应享有的权利和利益，甚至是应用于处于快速工业化、城镇化和现代化进程中的务农农民，都应是其题中之义。在这种意义上，"土地换保障"的概念可以分为，也有必要分为广义"土地换保障"和狭义"土地换保障"。

如果把土地和农民权益保护问题放到历史发展的进程中，放到社会转型的大背景中进行全方位、多角度、跨学科的分析，大多数农民在工业化、城镇化和现代化进程中必然会逐步失去土地。在目前的政策制度条件下，被征地农民失去的可能不仅仅是土地，同时也可能失去了一系列其他作为公民应享有的事关其基本生活和长远生计的权利和利益。因此，按照公平、公正、公开、平等和合理的原则，从长期和发展的眼光看，对被征地农民的补偿或保障应该是全方位、多层次、足额和人人享有的。因此，广义的"土地换保障"，应该对被征地农民作为公民应享有的生存权、发展权、财产权、就业权、住房权、社会保障权以及政治、经济、文化、教育等方面的权利和利益进行整体性的足额保障。显然，这是我们应该追求的理想和奋

斗的目标。

目前，我国的基本国情依然是一个发展中国家，人口众多、经济发展起点低、生产力发展水平不高、地区发展不平衡、工农差别和城乡差别较大、城乡二元结构难以在短期内根本改变、人们对社会保障的需求受财力的制约、大多数作为公民应该享有的权利和利益还难以实现。在上述人多地少的国情条件下，"土地换保障"理论的实施只能以积极务实的态度，合理界定政府、企业、村集体和个人在制度建设中的基本责任，统筹考虑参保人的缴费和待遇，统筹考虑政府财力、用人单位、村集体、参保人的权益和各方面实际承受能力以及长远后果，以科学发展观为统领，落实和完善相关法规政策，按照确保经济发展顺利进行，确保农民合法权益不受侵害，两个"确保"并行不悖的原则，确保免除贫困，确保"底线公平"，确保程序公正、公开和合理，确保社会稳定，及时足额给予被征地农民合理补偿，解决好被征地农民就业、住房、社会保障问题。在起步阶段，可能只解决被征地农民的基本生活，或只解决其养老保障，而且保障水平可能也较低。这种意义上，以保障被征地农民作为弱势群体应受到重视的权利的"土地换保障"理论，可称为狭义的"土地换保障"。本书重点研究的是狭义上的"土地换保障"，这既是各级党委和政府面临的新、急、难问题，也是当前完善相关政策、制度的基本取向和务实的追求。

（二）"土地换保障"的保障对象

在快速工业化、城镇化和现代化进程中，中国的被征地农民正处于急剧的分化阶段，正面临新的机遇与新的风险。

我国被征地农民目前所处的历史和时代背景、总体特征、权益诉求与保障现状与西方典型工业国家农村人口城市化的历史经验存在明显的差异。西方国家被征地农民"由农民到市民"可能通过变现土地收益，一步到位完成农村人口城市化。在社会保障制度比较健全的条件下，不仅基本生活和长远生计可以得到保障，甚至可能一夜致富。但由于我国受双重土地所有制的约束和城乡二元体制的分割，受社会保障制度建设滞后、社会结构转型、体制转轨和承包制等方面的影响，这一过程在中国却被分割成"由农民到被征地农民"和"由被征地农民到市民"两个子过程。在相当长的时期内，由于补偿标准过低，许多农民即使被征地，也难以有效解决基本生活和社会保障问题。中国被征地农民城镇化的特殊性、复杂性和艰巨性，形成了基于西方经验的现代化理论无法有效解释的这种农村人口城市化的特殊"中国路径"。这为"土地换保障"理论的因时而生提供了特殊的土壤。

国际上，一般将失地农民分为主动移民和被动移民。主动移民类似于我国以农民工为主体的群体，他们主动放弃农村生活、退出农业生产，移民到城镇从事非农产业。被动移民类似于我国以被征地农民为主体的群体。因此，按国际惯例，"土地换保障"的对象应该包括因主动或被动失去土地的农民。但我国失地农民成因复杂，种类繁多，"土地换保障"的对象应根据具体国情和各地实际情况来确定。在我国特殊的土地制度下，可以按农民与土地联系的紧密程度将农民划分为以下类型：

1. **失地农民**：指主动或被动失去土地的农村居民。包括既失去土地，又失去土

土地换保障：
扩大推动发展民众基础的政策选择

地承包经营权的依法被征收土地的农民；部分可能有土地，但因婚嫁失去土地承包经营权的农民，或没有土地承包经营权的新出生人口；退耕还林、退牧还草、水源地保护区等因保护生态需要而失去土地，但可获得特定政策补偿的农民（生态失地农民）；煤炭塌陷区、资源枯竭性城市或矿区既无可耕种土地，却还没有获得特定政策补偿的农民（资源开发失地农民）；水利水电工程征地的水利移民；失海渔民等。这些特殊群体均可称为失地农民。在早期文献中，一般使用"失地农民"这一对象更为宽泛的概念。显然，"失地农民"并不具有政策可操作性，必须根据其特点和需求进一步细化。

2. 被征地农民：是指由政府统一征收农民集体土地而导致全部失去土地或大部分失去土地且其占有的土地不足以维持基本生活的农民。由于地区的差异，被征地农民的具体对象只能由各地确定。为使研究成果更严密，政策更具有可操作性，笔者一般用"被征地农民"概念。严格意义上的被征地农民是既失去土地，又失去土地承包经营权的依法被征收土地的农民。

3. 部分被征地农民：是指由政府统一征收农民集体土地而导致部分失去土地且其占有的土地还可以维持基本生活的农民。

4. 水利水电工程征地的水利移民：2006年3月国务院颁布的《大中型水利水电工程建设征地补偿和移民安置条例》规定，对征地移民实行大农业安置，并对其生产生活实行前期补偿、补助与后期扶持政策，但没有制定征地移民社会保障政策。从今后的发展方向看，应尽快将水利水电工程征地移民纳入被征地农民范畴，规范社会保障等相关政策。

5. 调地农民：是指为安置被征地农民、水利水电工程征地移民或部分被征地农民而导致减少部分土地承包经营权，并获得部分货币补偿的农民。

6. 农民工：主动离开农村、以务工经商为主要职业、以非农收入为主要生活来源、在农村继续保持土地承包经营权、主要工作生活在城镇的特殊社会群体。从今后的发展方向看，应制定提高农民工城镇化能力的离农补偿政策，鼓励和支持农民工既退出农业生产，又退出土地承包经营权，主动放弃农村生活，移民到城镇从事非农产业，彻底完成城镇化进程，扩大务农农民土地经营规模，建立提高务农农民收入的长效机制。

7. 老年农民：基本退出农业生产，却继续保持土地承包经营权的农民。我国人口老龄化来势迅猛，大约每年提高零点三个百分点，六十岁以上人口每年约增加四百多万。农村属于人口净流出，因此老龄化程度比城市更高。而农民基本还是维持几千年传统的家庭养老方式。这种状况不根本转变，我们就无以应对老龄化高峰到来的挑战，因此必须加快从制度上解决八亿农民"老有所养"的问题。从今后的发展方向看，应制定确保老年农民老有所养的离农补偿政策，规范家庭养老，推动老年农民土地流转的制度化，确保土地收益用于提高养老保障水平，鼓励老年农民既退出农业生产，又退出土地承包经营权，切实解决老年农民的后顾之忧。

8. 务农农民：以种、养殖业为主的农民，也可称为守土农民。从今后的发展方向看,应建立粮食安全基金,制定粮食安全基金主要用于建立新型农村社会养老保险和农作物保险制度的政策措施,建立健全耕地保护机制,将保护农民和保护耕地结合起来。

9. 无地农民:为稳定和完善以家庭承包经营为基础、统分结合的双层经营体制,赋予农民长期而有保障的土地使用权,2003年3月1日开始实施《中华人民共和国农村土地承包法》制定了"增人不增地,减人不减地"政策。但由于该政策无法适应农村人口的正常生老病死和婚嫁等动态变化,越来越多的农民处于无地状态。由于无地农民既没有土地补偿费和安置补助费,又缺乏享受粮食直补等国家支农惠农政策的依据,无地农民收入和生活水平普遍低于其他有地农民。

在上述目前依然处于无社会保障或低社会保障状态的几类群体中,被征地农民有约五千万,水利水电工程征地移民有约三千万,农民工有约两亿五千万(其中约一亿三千万跨地区流动),老年农民超过一亿一千万。部分被征地和调地农民超过一亿五千万。上述已经完全或部分失去土地(被征地农民或征地移民)、已经或部分离开或流转土地(农民工)、可以也应该离开土地的农民(老年农民)已经达到六亿五千万。如果将因婚嫁失地和无地新生人口(典型调查超过农村人口的百分之二十,并逐年增加,目前已有约两亿)、生态失地、资源开发失地农民、失海渔民等特殊群体计算在内,真正传统意义上的务农农民只有不到两亿五千万。我国农民与土地的联系程度已经越来越弱,失去土地这一最后生存依托的农民越来越多。换言之,我国的社会结构,特别是农民的结构已经发生了根本性的变化,完全以土地为生存依托的农民已经越来越少。如果绝大多数农民依然长期游离在社会保障制度之外,既无社会保障,又没有土地作为最后的生存依托,农民的生活将越来越艰难,城乡收入差别将越来越大,社会的和谐与稳定受到越来越严峻挑战。在快速工业化、城镇化和现代化的进程中,土地已经难以维系八亿农民生存和发展、土地这一农村以至整个国家社会稳定的基石已经开始松动,并将不可避免地继续松动。

几千年来,人地关系空前的巨大变化和社会稳定不确定性的大幅度提高,意味着中国土地问题隐藏的危机从来没有像今天这样巨大和严峻!意味着解决土地问题,加快建立覆盖城乡居民的社会保障体系,用现代社会保障制度这一社会安全网替代对传统土地的依托,也从来没有像今天这样重要和紧迫!

在金融危机的大背景下,稳定是第一要务!人地关系的重构是实现社会稳定的基石。如果不重构社会稳定的基石,不与时俱进地用现代社会保障制度替代传统的土地保障,经济的危机将不可避免地演变为社会的危机,甚至是政治的危机。因此,我们必须从长远的、发展的战略高度,从巩固党的执政地位和构建和谐社会的战略需要出发,重新认识研究"土地换保障"理论对从根本上解决"三农问题"的必要性、重要性和紧迫性!必须对我国经济社会政策制度进行全方位的评估,特别是对依然以农业生产为主的农村政策进行反思和战略性的调整,加快构建完善有中国特色的社会主义的理论、政策和制度!显然,被征地农民由于完全失去了土地这一最后的生存依托而更加脆弱,其权益的维护和可以替代土地依托的社会保障机制和体

土地换保障：
扩大推动发展民众基础的政策选择

制的建设就更显迫切！在这种意义上，被征地农民应成为"土地换保障"的重点保障对象。

（三）"土地换保障"的理论基础和实践基础

拓展和深化对"土地换保障"独特背景和运行机制的研究，明确"土地换保障"的理论基础和实践基础，是一个需要重点突破和填补的研究空白。

"土地换保障"理论有且只有产生在中国，是因为中国独特的土地制度和中国是一个发展中的大国，并且是一个处于工业化、城镇化和现代化进程中的社会主义国家。由宪法规定的中国土地的二元公有制从法律和深层次上决定了我国经济社会结构和经济社会运行方式必然不同于典型的市场经济国家，也决定了建立与社会主义市场经济相适应的覆盖城乡居民的社会保障体系的路径也必然不同于一般的市场经济国家。在资本主义国家和市场经济条件下，土地私有制决定了土地资源基本由私人控制。在工业化、城镇化进程中，土地资本化的方式和进程也基本由私人控制和市场决定。在我国社会主义二元土地公有制条件下，不仅土地等社会资源基本由政府主导，而且土地资本化过程、方式、方法和土地收益的分配也完全由政府主导。换言之，目前我国土地资本化、市场化过程基本遵循了政府主导的社会主义市场经济的运行机制。事实上，我国土地制度的中国特色起始于宪法对土地实行国有和集体两种所有制的规定。但我国土地制度并不单纯由宪法规定的国有和集体两种所有制构成，而是由两种所有制和相应的保障体系构成的一个独特制度体系。在计划经济条件下，单位保障是其重要组成部分。在社会主义市场经济条件下，社会保障制度是其不可分割的组成部分。因此，在我国土地制度建立之初，我国土地与保障之间就有内在的联系。这种内在联系事实上是由宪法规定的。路径依赖的规律，也决定了我国健全土地制度的任务是进一步规范土地与社会保障制度之间的关系。在这种意义上，"土地换保障"的理论和法理基础是《中华人民共和国宪法》，实践基础是中国跨越式发展的战略需求和中华民族伟大复兴的战略目标。

如果不站在全局的角度，没有更宏大的视野，就不可能理解"土地换保障"的理论和实践，就不可能深入了解中国国情，就不可能理解建立中国特色社会保障制度的大背景和其特色所在。换言之，中国的社会保障制度，特别是农村的社会养老保险制度不可能严格按照传统的社会养老保险规则去实施，特别是在缴费和待遇方面不可能完全按照权利和义务对等的原则去执行，农民往往通过土地低补偿等方式，事先支持了国家的经济发展。因此，农民有理由、有权利在参加新型农村社会养老保险制度时少缴费，并获得更高的待遇。在这种意义上，新型农村社会养老保险制度是一种大保险，是一种更高层次上、更具有社会主义性质的保险。

（四）"土地换保障"的独特运行机制

"土地换保障"的运行机制由我国的基本政治制度和基本经济制度决定。基本政治经济制度是一个国家在较长时期建立的、相对稳定的政治经济秩序，规定了一个社会的权利、义务和资源分配的基本原则，是一切社会经济活动运行的基础，也为经济社会运转的其他具体制度提供了一个基本的构架。体现在"土地换保障"的实践中，首先，国家的基本政治经济制度决定了土地的二元所有权性质，以及建立在此之上的各行动主体的权利关系，这是一切土地利用实践活动的制度基础。其次，在此范畴之内的土地的生产、交换、分配和社会保障等各环节的活动都需要运行的原则规范和相应的监督机制，形成土地征收实践层面的具体制度和国家、集体、个人等各实践行动主体共同遵守的约束力量。制度从两个层面塑造着人地关系的实践，一方面，制度的相对稳定性和路径依赖即使是在转型或变迁的社会环境中，也保持了一定的连续和稳定的结构；另一方面，制度的变迁重塑了实践行动主体的权利关系，也带来人地关系演化重组的客观过程。

1949年新中国成立以后，基本国家制度由旧的封建官僚私有制转向人民民主专政的社会主义公有制，相应的土地制度转变为城镇土地国家所有和农村土地集体所有的二元公有制，成为服务社会主义建设和人民生活需求的制度基础。

改革开放以来，在保持社会主义基本制度不变的前提下所进行的市场化改革，又变城市土地无偿使用为土地有偿使用制度。但是，社会主义基本国家制度的稳定和土地征用制度方面的路径依赖，特别是依然保留着农业社会的制度特点，决定了我国目前的土地制度不仅有别于纯粹西方私有制国家，也有别于曾实行过社会主义制度的苏联、东欧国家。在我国这样一个发展中国家，保护耕地和满足人民的生产、生活用地需求，特别是满足快速工业化、城镇化、现代化用地需求，是以公有制为主体的土地制度的必然要求，也是其最重要、最紧迫的任务。

我国于1998年实行的《土地管理法》第四十七条规定，征收土地的，按照被征收土地的原用途给予补偿。征收耕地的补偿费用包括土地补偿费、安置补助费以及地上附着物和青苗的补偿费。征收耕地的土地补偿费，为该耕地被征收前三年平均年产值的六至十倍。征收耕地的安置补助费，按照需要安置的农业人口数计算。需要安置的农业人口数，按照被征收的耕地数量除以征地前被征收单位平均每人占有耕地的数量计算。每一个需要安置的农业人口的安置补助费标准，为该耕地被征收前三年平均年产值的四至六倍。但是，每公顷被征收耕地的安置补助费，最高不得超过被征收前三年平均年产值的十五倍。征收其他土地的土地补偿费和安置补助费标准，由省、自治区、直辖市参照征收耕地的土地补偿费和安置补助费的标准规定。被征收土地上的附着物和青苗的补偿标准，由省、自治区、直辖市规定。征收城市郊区的菜地，用地单位应当按照国家有关规定缴纳新菜地开发建设基金。依照本条第二款的规定支付土地补偿费和安置补助费，尚不能使需要安置的农民保持原有生活水平的，经省、自治区、直辖市人民政府批准，可以增加安置补助费。但是，土地补偿费和安置补助费的总和不得超过土地被征收前三年平均年产值的三十倍。

《土地管理法》的上述规定，在传统的农业社会实行可能不会引发经济社会问题。但我国现在已经进入了工业化、城镇化的中期阶段，2011年农业占GDP的比重已经不到百分之十，越来越多的被征地农民在土地被征收后，难以再依靠土地维持基本生活，更难以保障其长远生计。这意味着《土地管理法》实施的经济社会基础已经从农业社会转向了工业社会，这一重大而深刻的变化要求我们必须与时俱进

土地换保障：
扩大推动发展民众基础的政策选择

地按其现行经济社会基础进行修订。

目前，我国正处于"经济转轨、社会转型"的非常时期。虽然中国经济社会"渐进转型"的范式受到国际学术界广泛关注、重视和肯定，但在由社会主义计划经济向社会主义市场经济转型的过程中，土地制度并没有同步完成转型和重建的任务。我国现在存在的一系列经济社会问题莫不与还没有建立起与社会主义市场经济体制和工业化、城镇化进程相适应的土地制度相关。无论是被征地农民处于无地、无业、无保障的状况，还是收入差距不断拉大、内需不足，特别是来源于土地收益的富豪持续产生，都与土地资本化、市场化的过程和土地收益的分配缺乏统筹规划、系统设计相关。显然，上述现象不仅偏离了社会主义国家对"平等的社会主义意识形态"的追求，也为经济的可持续发展、社会的和谐稳定埋下了隐患。显然，在经济社会转型过程中，我国土地的二元公有制并没有改变，那么，上述现象的产生是我国土地制度存在问题，还是运行机制出现了问题？

我国土地的二元公有制是历史的选择，也是时代的选择，是必须坚持的社会主义基本制度的基础。从实践看，当前的重点是需要与时俱进地建立与社会主义市场经济和工业化、城镇化相适应的征地制度和运行机制。在二元土地公有制条件下，正确处理人地关系，关键是要改革完善征地制度，正确处理国家、集体和农民个人的关系，正确处理改革、发展和稳定的关系。我国改革征地制度首先面临一个矛盾选择：既要及时足额对农民予以补偿，维护社会的和谐稳定，又要解决启动或加快工业化、城镇化进程对财政投入的需求，吸引外来投资，并逐步建立农民分享土地增值收益和经济发展成果的机制。这样，对人地关系的调整必然产生巨大的影响。目前，我国在处理人地关系中存在的主要问题是，为了促进城市扩展和城市经济增长，在利益分配中更多考虑了政府、城市和私人集团的利益，忽视了村集体和农民的利益，忽视了农村的稳定和发展。这恰恰是"土地换保障"理论期望从制度和机制层面改变的。

（五）拓展和深化对"土地换保障"利益主体的研究

根据各利益主体在人地关系和利益诉求中的不同，可将利益主体分为政府、企业、村集体、农民等既相互竞争、相互制约又相互合作的利益主体。其中，政府主体可分为中央政府主体和地方政府主体。中央政府虽然不是人地关系利益博弈的在场主体，却是土地制度的主要供给者和土地利益的重要分享者，同时也是社会保障制度的主要供给者和社会保障责任的重要承担者。在这些复杂的利益关系中，中央政府、地方政府、企业、村集体与农民的关系组合构成利益博弈的重要内容。

1. 中央政府。中央政府作为国家整体利益的代表，追求改革发展稳定和谐多重利益目标的最大化。从经济利益的角度，就是要在确保粮食安全的前提下，实现社会总产出的最大化和国有土地出让收入的最大化。中央政府对于征地制度的改革，从发展大局和长远利益出发，更加注重总体土地资源的最佳配置、总体利益的均衡分布、经济社会的全面可持续发展等内容，从而维持政权的稳定和社会的和谐发展。同时，中央政府也具有追求利益最大化的内在冲动，并通过对于地方发展的制度控制和利益分享得以实现。中央政府土地制度和政策的重要目标之一在于，牢牢控制地方城市土地利用规划和城市规划审批权以及城市土地年度供应计划，实施对于工业化、城镇化所需土地市场的宏观调控，并分享地方土地出让及税收收益的一定比例。但是，中央政府作为总体性制度的供给者，不可能直接面对分散的社会微观利益主体，也缺乏直接介入微观实践活动的完备信息和手段，地方政府成为连接国家和社会的传递中介。

2. 地方政府。首先，地方政府作为中央政府在地方的代理人，必须遵从中央政府的总体性发展目标并受中央权力牵制和政绩考核的制约，同时，地方政府又具有独立于中央政府的发展目标，谋求包括经济增长、就业扩大、竞争力提高等地方利益的最大化和地方土地出让收入的最大化，这些与中央政府目标的最大化难以完全相符。比较中央政府，地方政府更具有关于城市微观治理的较充分信息和手段，并直接介入土地管理工作。地方政府根据地方经济社会发展的需要制定城市土地利用规划和城市规划及其实施细则，向上级申报城市年度用地需求，从而引导和调节城市现实的土地供需状况。其次，地方政府执行城市房地产市场包括许可证领取、税收、罚款、市场监督等在内的日常管理工作；地方政府还是城市土地出让收益和地税收入的主要代理人，并决定收益的分配方向。与中央政府的关系组合构成地方政府在土地权利和土地收益竞争中的一个方面，而其与企业和社会群体的博弈构成地方政府行动的主要内容。

在目前经济社会条件下，在地方政府与其他社会群体的关系中，政府作为一个独立运行的机构虽然有其自身的利益追求，但政府总是在其与城乡居民、企业的关系中寻求平衡。为满足地方经济发展需要，解决建设资金短缺、增加财政收入，吸引投资、增加税收，地方政府往往会以优惠的条件努力满足企业的生产或建设开发用地需求。一方面，可能降低对农民的征地补偿，甚至不惜降低土地的价格至成本之下，农民的基本生活和长远生计难以得到保障；另一方面，可能更改城市原有规划，损害公共利益，而对于关系到城市普通市民利益的住房、公共设施的建设，则投入不足，相形见绌。当城市过度蔓延导致耕地紧张、生态环境质量下降，或者城市居民的居住空间成本过于高昂，城市集体消费的空间公共品严重短缺或分布不均，政府受到来自社会的普遍压力，甚至影响到社会稳定以及政府成员的政绩评价时，就会积极改善其与普通城市社区的关系，重视通过规划等空间政策加强土地资源再分配过程中的公平与公正问题的解决，重视中低收入群体的空间利益。在竞争不充分、信息不透明、监督缺乏的情况下，特别是在"土地财政"的压力下，部分地方政府可能为了增加财政收入，不得不满足企业利益最大化需求，选择向企业利益倾斜，而牺牲城乡居民的利益。

3. 企业。企业是经济增长和政府财税收入的主要来源，同时也是土地重要的需求和消费者。房地产开发商作为土地和城市土地空间利益配置中的中介，与城市其他利益主体多元组合博弈的关系中具有特殊的重要影响。房地产开发商追逐利润的生产活动不仅塑造了城市土地利用的空间形态，影响和制约着城市功能的延续和发展,推动城市的改造和开发,而且可能强行瓦解原有社区空间,形成社区原有的土地增值和级差地租。实践中,往往由于支付动迁居民的补贴不能弥补拆迁带来的住房区位和社会资本方面的损失,城乡居民难以分享土地增值和级差地租。

4. 城乡居民。城乡居民是人地利益关系最重要的利益主体。其中,城市居民和城市社区是城市土地的主要使用者,但这个群体构成零散、利益分化、信息缺乏,难以形成有效率的集体行动,是城市土地利益关系中的弱势群体,常常在以"公共利益"和"城市建设"名义实施的强行拆迁中利益受到不同程度的损害。农村居民和村集体是土地的主要供给者。在土地二元公有制条件下,农村居民和村集体在人地利益关系中是更弱势的群体,常常在以"公共利益"和"城市建设"名义实施的征收中利益受到更大的损害。

在发展的强势逻辑下,部分因为阻碍城市重新规划或违背土地价值最大化使用原则,政府和开发商的利益可能超越了城乡居民的利益,以人为本的原则和科学发展观还有待进一步普及。

（六）拓展和深化对"土地换保障"动力类型的研究

影响"土地换保障"运行的动力类型可分为行政力、市场力和社会力。

1. 行政力。在人地关系中,政府的行政力体现为政府制定和实施各种与土地利用相关的规划、政策,并对土地利用实践活动进行调控和监督,从而体现土地资源配置和土地价值分配的政府目标。国家的二元土地所有制度和宏观政治经济条件既作为政府行政力发挥作用的政策、制度框架和背景,又指导行政力发挥作用的方向。行政力通过政府各机构管理者的行动得以实现,他们的个人行动能力和利益偏好影响行政力的作用效果。

2. 市场力。在人地关系实践中的市场力表现为土地市场供给和需求在多因子影响下价格的动态变化,以及在价格波动过程中需求者对土地和区位的投标性竞争。影响土地供求的因素很多,在自由竞争经济条件下,影响土地供求的主要因素有经济发展、产业结构变化、人口增长、收入水平提高、家庭周期变化,以及人们对未来价格的心理预期等。掌握庞大土地资源供给的农民、村集体、开发商和企业在市场竞争中处于竞争与合作的关系。在市场力作用下,体现为土地利用效率的提高和经济的更快增长。

3. 社会力。在人地关系实践中,社会力主要体现为城乡居民以及社会组织。作为土地利用相关政策形成的利益主体之一,社会力还体现在对政府土地配置和管理机制的监督,以及政府各种土地政策推行实施的竞争与合作等。由于城乡居民力量的零散和社会组织的不成熟,社会力量在土地运行机制中的影响处于弱势。

"土地换保障"运行模式的形成和演化是在上述三种类型动力的相互作用下运行的。在市场经济条件下,没有单一的力量可以完全决定"土地换保障"的运行。各种力量在相互作用,最后的结果取决于它们合力的综合,或取决于权重最大、在决策中居于主导的力的方向。

行政力、市场力和社会力一般具有不同的权重,居于不同的层次,决策主要体现权重最大的力的意图。在行政力量占主导地位的情况下，行政力覆盖了其他力的作用；在完全市场背景中或者政府完全失灵状态下，市场力的权重居于首位，覆盖其他力的作用。

（七）拓展和深化对"土地换保障"运作机制的研究

研究如何全面有效地维护被征地农民权益固然是"土地换保障"理论研究的重要内容，但如果仅限于维权，而不从国家长远、战略的高度拓展和深化对"土地换保障"运作机制的研究，不揭示经济社会发展的内在规律，不完善符合科学发展观的以人为本的政策、制度，不健全相应的高效运作的体制机制，将使"土地换保障"的理论价值和实践意义大打折扣。当前，拓展和深化"土地换保障"运行机制研究，应重点从以下几方面进行：

1. 调整重农强农政策思路、统一对构建"土地换保障"运行机制的认识。在当前国际金融动荡、外部需求下降的情形下，实施"土地换保障"、完善社会保障制度是扩大内需特别是扩大消费需求、缩小城乡和地区差距最有效的途径，也是防患于未然，未雨绸缪，维护社会和谐稳定最有效的应对之策。实施"土地换保障"，将农村政策的重点转向更深层次的土地和社会保障问题的研究解决，是当前拓展和深化现行重农强农政策的新要求，也是我国全面贯彻落实以人为本的农村政策必须实现的新跨越。

首先，我国重农强农政策效益弱化趋势明显。"三农"问题始终是我们党和国家全局的根本性问题。加入 WTO 以来，尤其在 2004 年以后，在全面取消农业税的基础上，中国制定实施了粮食直接补贴等一系列重农强农政策，连续发出六个加强"三农"工作的中央一号文件。2008 年粮食直接补贴的水平达到一千零二十九亿元，2009 年预计会增加到一千二百亿元左右，进一步增加补贴资金，直接提高了部分农民的收入。目前，我国已经初步形成了保障主要农产品有效供给、促进农民增收的农业补贴政策体系。具体表现在，近几年我国对种粮农民的直接补贴、良种补贴、农机具购置补贴、农资综合补贴这"四大补贴"不断增加。但随着微观基础的改善和宏观调控水平的逐步提高，一方面，我国农业补贴办法越来越完善，政策目标也更清晰、操作更简便、效果更显著。另一方面，中国粮食直接补贴政策已经出现目标错位、效益弱化等迹象；城乡收入差距不仅没有缩小，而且在持续扩大，2007 年城乡收入差距已经达到一比三点三三，2008 年城乡居民绝对收入差距已经首次超过了一万元。如何进一步调动农民积极性、提高操作的针对性、扩大政策的效能，有必要在对现有政策效应进行全面评估的基础上，提出改进的对策。

其次，现行重农强农政策空间有限。现行重农强农政策实施的主要目的是保障主要农产品的生产和有效供给对促进农民增收的作用有限。现行政策主要是在生产和与生产相关的领域实施，发掘的主要是土地、劳动力和资金的农业生产功能，如何增加农民的财产性收入、发掘和提升土地潜在价值，如何提高农民素质、促进农村劳动力的人力资本化和土地资本化，则是重农强农政策应该大力拓展的领域。

再次，"土地换保障"是现阶段重农强农政策的新取向和紧迫任务。2009 年中

土地换保障：
扩大推动发展民众基础的政策选择

央经济工作会议强调："要把解决符合条件的农业转移人口逐步在城镇就业和落户作为推进城镇化的重要任务，放宽中小城市和城镇户籍限制"。显然，在现行收入分配格局下，加快城乡一体化进程、推进农民变市民、提高第三产业和服务业比重、消化和吸纳农村转移人口既是调结构、扩内需、加快城镇化进程的重点和亮点，也是增加经济发展内生源动力、提高经济发展质量的现实而有效的举措。而实施"土地换保障"，不仅可以改进初次分配和再分配格局，增加农民的财产收入，而且可以推进劳动力、土地和资本的城镇化，是实施城镇化战略、更有效地实现上述政策目标的现实选择。

2. 研究被征地农民权益诉求的新动向与维权新机制的构建。根据当前被征地农民的权利享有和实现的状况，被征地农民权益集中表现在两个方面：一是作为一般性公民权益。人权层面上的被征地农民应受到平等对待和尊重的权利以及被征地农民作为公民享有的权利。二是作为处于弱势地位的被征地农民的权益，即被征地农民作为弱势群体而应受到特别重视的权利。

当前，被征地农民权益缺失或受损有三层含义：一是在国家权力对被征地农民权益忽视及侵犯的情况下，被征地农民的法定权利缺乏实现的条件，应有权利没有法定化、制度化。二是这种缺失或受损是就被征地农民总的权利状态来说的，不是指被征地农民在某一类权利上的缺失或受损，而是指被征地农民在各项权利享有上的缺失或受损。例如，土地得到合理补偿的权利、分享土地增值收益的权利。三是被征地农民作为权利主体的主体地位的缺失，即因为社会、制度等因素，被征地农民只是被动受保护，没有获得平等的地位，无法主张自己的权利。例如，没有获得平等的市场经济地位，被征地农民对基本生活和社会保障缺乏必要的知情权、参与权、表达权、监督权，征地全过程的公开、公平、公正得不到保障。

保障被征地农民权益是个系统工程。被征地农民的权益既具有多样性，又具有一定的统一性。其统一性或新动向集中表现为：从传统性走向现代性、从单纯的经济权益诉求转向经济、政治、社会和文化的综合权益诉求。因此，保障被征地农民权益需要从政治、经济、文化、社会权益等方面进行全方位的研究，真实合理地回答他们权益诉求的新动向。只有在此基础上，才能形成有针对性的、可操作的具体对策。

保障被征地农民权益重在构建维权新机制。目前对被征地农民权益保护的研究重在对当前被征地农民权益保障的现实困境之形成原因、表现形式及对策举措的研究，对社会结构和制度因素作用的现状及其成因有较为翔实的描述和分析，但对这些因素通过何种机制得以运作的深层次根源却缺乏应有的深入挖掘，乃至于越到后来，相关研究越丧失新意。因此，在人地关系各利益主体何以运作、怎样运作等问题上进行深入的理论挖掘，剖析政府行为和政策、制度背后的深层次运作逻辑与机制，而不是仅仅停留在对现状的简单描述之上，是今后研究的努力方向。要改变这种现状，必须在全面系统的社会调查、法律法规文本分析、提供基础性的法律政策依据与数据支持的基础上，分析被征地农民不同方面权益诉求的重要性与缓急先后，为被征地农民权益保障的不同内容赋予相应的权重、时间安排和空间布局，并重点深化和加快对构建维权新机制的研究。

加强被征地农民权益表达机制研究。由于被征地农民不同权益诉求及其迫切性变化的动态性，掌握被征地农民现有的权益表达机制并提出可能的权益表达机制，是建设畅通的被征地农民权益表达机制，建设动态、灵活、长效的被征地农民权益保障机制的基础性工作。因此，在深入调查分析，描述被征地农民现有不同类型权益表达渠道与表达机制的运行状况，分析其各种优势及体制性、制度性障碍的同时，探索与发现各种新的、可行性高的权益表达渠道与表达方式，建设畅通、高效的被征地农民权益表达机制，从而保证被征地农民权益保障体系的动态性与长效性。

第二节 完善"土地换保障"理论的取向

"三农"问题的核心是农民问题，农民问题的根本是土地问题，处理人地关系问题的底线是农民的基本生活和长远生计有保障。

被征地农民作为最彻底从农业就业转向第二、第三产业就业，从农村转向城镇的特殊群体，既存在通过社会职业的转换提高收入、改变生活模式和社会身份的机遇，又存在政策安排不当、管理错位、服务缺位、监管边界不清、利益表达机制缺乏、诉求渠道不畅、土地权利和财产权利受损、被征地农民与市民受到的不平等对待、变为弱势群体等风险。

被征地农民权益保障问题虽然一直受到学界重视，但对大量被征地农民"征而不转"，融入城市社会、实现市民化面临一系列困难和问题还缺乏应有的研究，特别是没有上升到人地关系层面进行研究。由于绝大多数国家都实行土地私有制，更没有一个国家实行土地城乡二元公有制，因此，国际上也缺乏研究中国特色的被征地农民的理论。

过去，研究"土地换保障"理论更多着眼于如何更有效保护农民的基本生活和长远生计等最基本的权益，促进这一群体共享经济社会发展成果。党的十七届三中全会所确定的加快形成城乡一体化新格局的基本目标任务，需要对被征地农民进行新的历史定位。在加快城乡一体化与和谐社会建设过程中，按照深入学习实践科学发展观的要求，有必要进一步深入而系统地研究如何在工业化、城镇化和现代化的大背景下保障被征地农民权益的对策。"土地换保障"是一个受多种因素综合影响的动态发展过程，现实的需要要求我们在以下几方面进一步推进"土地换保障"的理论和实践。

一、要改变研究和实践"土地换保障"理论存在的明显困难

研究和实践"土地换保障"的困难，首先就在于难以对"土地换保障"的内涵

土地换保障：
扩大推动发展民众基础的政策选择

进行准确的定义，导致对"土地换保障"理解的扭曲和政策的局限性。其中，对"土地换保障"社会保障层面甚至仅仅只是养老保险层面的片面侧重，扭曲了"土地换保障"丰富的社会含义，造成对于"土地换保障"问题的单一化理解，不利于"土地换保障"多元化目标的真正实现。因此，只有将"土地换保障"放入人地关系的大背景之下，通过对人地关系所涉及的社会关系和利益过程进行解构，才能获得对于这一问题的较完整的理解。至少，这可以深化对"土地换保障"问题的理解，这在我们当前的研究和实践中也是非常欠缺的视角。

二、要明确"土地换保障"理论的价值目标

在我国工业化、城镇化已经进入中期阶段的情况下，土地的价值已经基本完成了为工业化、城镇化积累资本的历史重任，建立农民分享土地增值收益和发展成果的机制应该成为今后土地政策的重点。换言之，当前和今后一个时期土地政策的重要任务，不仅要保证农民的基本生活和长远生计，更应赋予农民未来生活发展的希望和可能。作为在这一大背景下诞生的"土地换保障"理论，只有进行理念层面的提升和制度层面的创新，才能满足实践的需要。

"土地换保障"作为正确处理人地关系价值目标的理论，在和谐社会建设条件下既可现实地体现以人为本、关注民生等科学发展观的要求，又可包容从保障农民就业、住房和社会保障等基本的生活需求，到按市场价值实现土地公正、公平、平等交易，为农民的发展创造一定的条件等丰富的内涵。

在城镇化过程中，大量农业土地转为城市用地具有一定的必然性。被征地农民问题引发的社会矛盾不断加剧，真正原因并不完全是城镇化进程过快，而是中国土地征用制度存在重大缺陷。中国现在土地征用制度形成于计划经济时代，其主要特征是政府用行政命令代替市场机制，由集体土地变为国有土地的过程不是一个平等的产权交易过程，而基本上是一个行政强制性的过程。低价征用农民的土地是当前农民利益流失最严重的一条渠道。土地征用不仅没有使农民富裕起来，而是造成了大批农民失地失业；不仅没有缩小城乡差距，而是扩大了社会不公。因此，实施"土地换保障"，就是要改变农民在集体土地变为国有土地过程中的不平等地位，确立农民在土地产权交易中平等的市场主体地位，从根本上改变土地的不平等和非市场化交易格局，清除计划经济体制最后的领域，全面确立社会主义市场经济体制和机制。

三、要加大"土地换保障"理论构建的力度

目前，由于对"土地换保障"的现状及动态发展缺乏深层认识和评价，也没有完成在对存在的问题取得深刻认识的基础上提供一个更加合理的可选择发展方向的研究任务，更没有全面研究论证影响"土地换保障"变化的诸因素和演变机制等内

容,"土地换保障"理论构建尚嫌不足。与此同时,对其进行机制性研究基本没有起步,该理论对特定的"土地换保障"模式及演化趋势的形成原因等深层问题的解释和说服力度还非常有限,其对推动社会的认识和实践也未起应有的作用。如何广泛吸取借鉴运用"土地换保障"所涉及的多学科领域研究成果、综合视角和成熟研究范式,也是丰富拓展深化"土地换保障"理论的重要取向。要填补"土地换保障"理论研究的这些缺憾,要使"土地换保障"真正崛起为一门学科,成功地解释在城乡二元土地公有制条件下的深层社会政治经济结构对于人地关系的影响和相关政策、制度、体制、机制的研究制定的原因与内在规律,还任重道远。

真正确立"土地换保障"理论,必须有大思路、大智慧、大气魄。严格地说,创立"土地换保障"理论的目的,不仅仅是正确处理人地关系,而且是要确立中国特色社会主义市场经济体制,为中华民族的伟大复兴提供理论支撑。

四、加大"土地换保障"理论实施的力度

一是加大向欠发达和中西部地区倾斜的力度。目前,国内文献对于发达地区被征地农民社会保障的研究比较深入,而对于欠发达地区被征地农民社会保障问题的关注较少。由于工业化梯度转移和城镇化推进程度的差异,欠发达地区农地征用压力越来越大,被征地农民的数量也将不断增加,比较发达地区而言,探讨欠发达地区被征地农民社会保障模式就显得尤为紧迫和非常重要。因此,实施"土地换保障"理论应该向欠发达和中西部地区倾斜。

二是要扩大保障项目,提高保障水平。目前已有的研究和各地已制定或实施的被征地农民社会保障政策,普遍将重心定位在养老风险的防范与保障上,对医疗和失业风险的保障与管理问题涉及较少。如何在当前普遍资金供给短缺的形势下建立健全失地农民医疗和失业风险保障并提高保障水平,应该引起学界、中央及地方政府的广泛关注。

三是提高决策的科学性。目前,相关研究大多以定性研究为主,主要涉及的是制度上的改革和创新,而对于被征地农民社会保障体系完整构建的居少,对具体保障项目和保障水平的科学性、合理性、可行性均缺乏应有的研究,特别是定量研究,因此,有必要增加定量和实证研究。

四是扩大研究的范围和视野。现有研究成果对国外相关研究成果和举措的引进与参考还寥寥无几,国外在被征地农民及其社会保障问题解决方面的经验教训不少,我们应该拓宽视野,充分合理地借鉴他国经验教训,使我国被征地农民社会保障问题能够顺利得以解决。

五是要进一步明确我国被征地农民社会保障工作的政策取向。将党的十七届三中全会提出的"同地同价"和"先保后征"等新的更高要求落到实处,必须进一步完善以下政策措施:(1)进一步改革征地制度,提高补偿标准、保障其社会保障权;(2)建立征地预存社会保障款制度;(3)建立被征地农民社会保障工作审核制

度;(4)加快建立新型农村社会养老保险制度;(5)妥善解决历史遗留被征地农民养老保障问题;(6)完善被征地农民的就业促进政策;(7)规范被征地农民社会保障工作;(8)拓展被征地农民社会保障工作;(9)建立被征地农民社会保障工作领导责任体系;(10)建立做好被征地农民就业、住房和社会保障工作的协调机制。

五、加大"土地换保障"理论实施的范围

目前,对失地和无地农民社会保障问题研究较少,应将以下群体纳入"土地换保障"理论研究和实施的范围:一是因退耕还林、退牧还草、水源地保护区等生态失地农民(一亿一千万);二是煤炭塌陷区、资源枯竭性城市或矿区既无可耕种土地,却还没有获得特定政策补偿的农民的资源开发失地农民(一千万);三是水利水电工程建设征地移民(四千万);四是失海渔民(五百万);五是在现行政策条件下,婚嫁和新出生人口失去土地承包经营权的无地农民(两亿);六是地震等灾害形成的灾区失地农民;七是国界勘定形成的边区失地农民。

目前数量庞大的失地和无地农民的社会保障制度和政策均处于缺失状态,社会保障资金来源没有明确、没有保障,失地和无地农民的基本生活和长远生计均无保障,绝大多数失地和无地农民生活困苦,成为社会不和谐稳定的重要因素,应尽快完善失地和无地农民相关政策措施,增加社会保障安置补助费用,提高保障水平。

六、加大"土地换保障"理论的相关立法

失地农民社会保障立法问题有待加强研究。应将失地农民社会保障写入《社会保险法》,对《土地管理法》《环境保护法》《矿产资源开采法》《水利法》《大中型水利水电工程建设征地补偿和移民安置条例》等相关法律、法规进行修正。

此外,缺乏对失地农民住房保障、教育等相关问题研究的局面也有待改变。

失地农民失去土地,同时失去了通过土地可以获得的持久经济收益。要保障其基本生存和长远生计,获得持久性的收入是必须的。基于该群体的低技能特征,其市场就业竞争力很弱,通过就业获得持久收入对相当一部分被征地农民而言不太具有可行性。通过政策倾斜设计,在保障其基本居住条件的同时,通过补偿标准的提高,使其拥有获得第二套乃至第三套住房,在满足多人口家庭分家需要的同时,能通过住房出租获得持久的财产性收入,通过土地财产向住房财产的转换以维持长远生计。

七、深化"土地换保障"对完善城镇化机制政策效应的研究

笔者在《实物换保障:完善城镇化机制的政策选择》一书中,针对中国城镇化面临的特有问题,构建了一个可以解释这一独特现象的理论,即城镇化机制理

论。但要形成能科学解释中国独特城镇化现象的逻辑体系，彻底解决中国城镇化面临的问题，必须有贯穿本研究工作的一致性假设，即完善城镇化机制必须创造城镇化条件，其中最重要的是要完善支撑城镇化制度平台的核心制度——社会保障制度。

在城乡社会保障制度框架基本建立的情况下，特别是以新型农村社会养老保险制度为核心的农村社会保障制度已经建立后，我国经济社会已经发展到了一个新的阶段。在这个新的阶段，经济社会发展的重点是要提高农民的城镇化能力和城镇化质量，加快城镇化进程。

如果说笔者在博士论文中所有的论述都是从完善的城镇化机制需要建立健全社会保障制度的角度来进行逻辑分析、推导和经验验证的，那么，只有完成相反的逻辑分析、推导和经验验证，即论述社会保障制度创新可以达到完善城镇化机制的政策目标，才能形成贯穿前后、内部逻辑一致、逻辑推论与经验事实一致的理论体系。只有这样，中国独特的城镇化现象才能得到科学的解释。

经过几年的实践和探索，中国特色新型养老保险制度已经开始建立，其对完善城镇化机制的促进作用和政策效应必将显现，并在以下几方面深化对"土地换保障"的研究。

（一）提高社会保障水平，加快完善城镇化机制

在后金融危机时代，根据新形势和新情况，着力提高政策的针对性和灵活性，积极稳妥地推进城镇化，是调结构促消费，实现我国经济的可持续发展，加快经济发展方式转变的重要战略。

在国内经济处于复苏的关键阶段，实施城镇化战略，提升城镇发展质量和水平，是加大经济结构和国民收入分配调整力度，扩内需促消费，提高经济发展质量和效益，实现我国经济的可持续发展的最佳结合点。

实施城镇化战略，不但需要进一步巩固支撑经济增长的基础，更需要健全支撑经济增长的一系列制度和保障其发挥有效作用的运行机制。

在金融危机的根源并没有消除，部分问题甚至有所恶化的情况下，经济发展政策必须另辟蹊径。特别是在我国民间与社会投资形成机制、居民消费形成机制、城镇化机制等都存在一定的缺失，经济的稳定发展只能主要通过扩大政府财政投入来拉动经济增长的情况下，经济持续增长机制的建立和完善是现阶段理论政策研究和创新的重点。

如前所述，完善城镇化机制、弥合城镇化机制缺失的关键在于建立和完善社会保障制度。因此，在经济发展现阶段，优先建立和完善社会保障制度是加快经济持续增长机制形成的关键和核心环节。这样，建立和完善社会保障制度、弥合城镇化机制的缺失、促进民间与社会投资形成机制、居民消费形成机制的健全之间就有高度的相关性，即以建立和完善社会保障制度为逻辑起点、以完善城镇化机制为核心环节、以促进与市场经济相适应的民间与社会投资形成机制、居民消费形成机制的健全为最终结果。这样，通过社会保障制度创新，重点完善城镇化机制，就能达到

土地换保障：
扩大推动发展民众基础的政策选择

加快中国经济增长机制形成的目的。

由此可见，解决问题的思路和政策建议不仅要着眼于当前面临的突出矛盾和问题，也要着眼于经济运行机制的形成等长远性、制度性问题的解决。社会保障制度创新先行的思路不仅可以解决当前面临的突出矛盾和问题，而且可以加快城镇化机制的形成，进而加快社会主义市场经济运行机制的形成与完善，为解决长远问题提供制度保障。从矛盾问题的逻辑起点出发设计的这一思路不仅有充分的理论、历史依据，而且是从解决瓶颈问题入手的现实需要，因而也应是目前最有可操作性的思路。随着覆盖城乡居民社会保障体系建设进程的加快，完善城镇化机制的重点将由建立社会保障体系转向提高社会保障水平。

（二）完善城镇化制度平台

承包制是目前我国农村最重要、最有成效的制度创新，但在土地公有制等中国特殊的国情条件下也存在着种种局限性，只有完成一组制度创新，才能形成符合现代化要求、推进城镇化的完整制度体系和制度平台。对城镇化要求而言，就是要从中国国情出发，通过制度创新弥合城镇化机制的缺失，完善城镇化的制度平台，在增强城镇拉力和农村推力的同时，最大限度地减小城镇化的阻力。

实践中，城镇对农民的拉力和农村对农民的推力都是客观存在的，完善城镇化机制的目的是要尽可能实现城镇化速度最大化，但城镇化速度的最大化并不仅仅取决于城镇对农民拉力和农村对农民的推力的最大化，而取决于形成的推进城镇化合力的最大化。合力的最大化除上述两种力量外，还取决于城镇化的阻力的大小。这是物理学中最基本的原理，作用原理如图 1-1 所示：

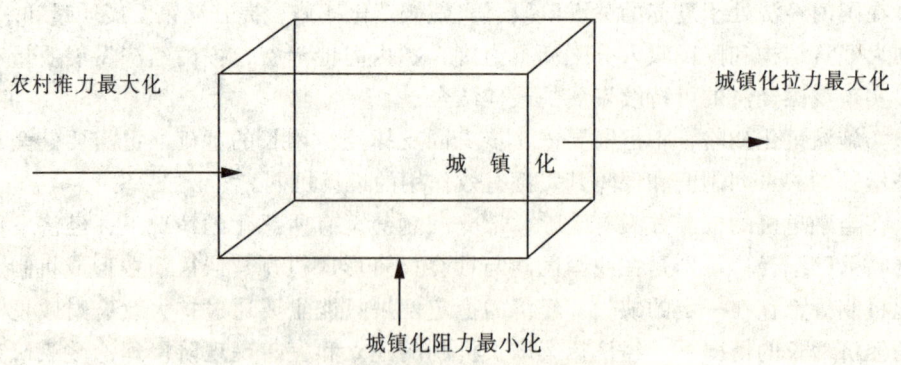

图 1-1　城镇化速度最大化示意图

在此，城镇化的阻力与其他两种力量一样，是由多种因素共同构成的，但其中最主要的阻力是面对城镇化可能的风险而产生的后顾之忧，是人多地少难以提供生存和发展的保障，即因社会保障制度建设滞后，各种制度和非制度因素使城镇化的制度平台变得崎岖不平，甚至出现严重扭曲。这必然增大城镇化的阻力，也是城镇化速度不尽理想的重要原因。社会保障制度创新的目的就是要完善城镇化的制度平台，化解城镇化进程中的风险，解除城镇化的后顾之忧，城镇化速度也可能因此而最大化。

不可否认，没有社会保障，城镇化一样可以推进，但有了社会保障，城镇化就可能在一个平滑的制度平台上平稳而快速地推进。如果可以构造平滑的制度平台而不去努力，就像在进入21世纪的今天已经有了高速公路而不努力构筑高速公路了，这样的情形就不可想象了。

改革开放以来，中国城镇化快速推进，城镇化率由1978年的百分之十七点九二提高到2010年的百分之四十七点五，提高了二十九点五八个百分点，年均增加零点九二个百分点，有两三亿人口从农村迁往城市。其中，在2000年到2010年的十年间，城镇化速度进一步加快，城镇化率提高了十一点三个百分点，年均增加一点一三个百分点；城镇人口从四亿六千万增加到六亿三千万，年均增加一千七百万，其中大部分是由农村迁入的。可以说，过去三十多年，中国经历了世界历史上规模最大、速度最快的城镇化进程，创造了世界城镇化史的新纪录。城镇化的迅速发展成为推动经济社会大发展的强大动力，中国经济总量从改革之初的世界第十二位跃居目前的世界第二位，创造了"中国速度""中国奇迹"。

中国目前已公布了"十二五"规划纲要，其主要目标之一就是"城镇化率提高四个百分点，城乡区域发展的协调性进一步增强"。这就意味着到2015年，中国的城镇化率将由现在的百分之四十七点五提高到百分之五十一点五，城镇人口数将首次超过农村人口数。"十二五"把城镇化速度确定为每年百分之零点八，低于许多人的预期。这里面很重要的一个导向就是要总结中国城镇化过程中存在的困难、问题和偏差，提高质量和效益，走出一条又好又快的道路。由于城乡二元结构、二元体制的原因，我国城镇化过程中存在的不平衡、不协调问题相当突出。

第一，城镇化区域布局不平衡。东部地区城镇化速度快、水平高，中西部相对滞后、水平差。以2009年为例，东部地区城镇化率达到百分之五十七，比中部地区高十二点七个百分点，比西部地区高十八点六个百分点。东中西部城镇化水平差距是造成区域差距扩大的重要因素。第二，城镇化结构不平衡。其一，大城市与中小城市、小城镇发展不平衡不协调。其二，人口城镇化和土地城镇化的不平衡不协调。土地的城镇化大大快于人口的城镇化，城镇建成区人口密度偏低、土地利用比较粗放[①]。其三，人口结构的不平衡不协调。进入城市的主要是农村青壮年，留下的是老人、妇女、小孩，带来了一系列社会问题，城镇化质量不高。第三，城乡发展不平衡。究其原因，主要是由于城乡二元体制障碍尚未根本消除，农民公平分享工业化、城镇化成果的制度机制缺失。第四，城镇化和农业现代化发展不协调。如果农业现代化的速度长期赶不上城镇化的速度，农产品供给就会出大的问题，从而就会制约城镇化的发展。

如果不高度重视并及时解决城镇化进程中的不平衡不协调问题，最终就会导致

---

① 根据国土资源部部长徐绍史的公开讲话，2008年全国城镇工矿建设用地达1.231亿亩，人均高于世界平均水平，大大高于其他东亚国家和地区的水平。

土地换保障：
扩大推动发展民众基础的政策选择

城镇化的不可持续，进而影响我国现代化建设的总体战略。基于此，"十二五"规划对城镇化速度实际上作了调整，每年提高零点八个百分点。虽然这与我国过去十年年均提高一点一三个百分点相比有所降低，但与国际比较，仍是一个不低的速度。改革开放以来，中国城镇化的平均速度虽然超过了历史上欧美发达国家的平均速度，但并没有出现一些发达国家历史上曾经出现的城镇化加速现象。例如，曾经也是小农经济的法国20世纪60年代曾有三年城镇化速度超过百分之二，高的年份达到百分之二点六三。中国的城镇化速度显然还可以更快，城镇化质量显然还可以更高。

农民，尤其是农民工不能融入城市的根本原因在于其极低的收入不能承受城市生活的高成本。如果农民工一个月的工资只有一千多元，是不能负担一家在城市的生活成本的，甚至一个农民工每个月的工资达到三千至五千元，也难以负担其家庭在城市的生活。农民工的城镇化是一个系统工程，仅仅有收入的提高是不够的。要使农民工的市民化变得可行，要避免出现农村留守家庭悲剧的重现，需要采取一系列政策措施提高农民的城镇化能力，推进农民的主动城镇化。从经济社会变迁的视角来看，主动城市化有两个直接结果：一是区域之间的城市化水平趋于平衡，城乡收入水平趋于收敛；二是城镇化速度加快，全社会中产阶层的比重持续扩大，终将成为社会消费的中坚力量，形成橄榄型的社会收入结构和消费结构。因此，应通过制度创新为城镇化构筑快速推进的制度平台。只有这样，加快城镇化速度才可能变为现实。改革开放启动了长期徘徊不前的城镇化进程，城市的改革开放已经为城镇化的快速推进提供了强大的拉力，农村的改革开放也为城镇化的快速推进提供了强大的推力。城乡社会保障体系、保障房制度①、城乡公平教育制度的加快建立将进一步为城镇化的快速推进提供可能。现在需要的是加快城乡社会保障制度覆盖的速度，加大保障房建设力度，完善城乡公平教育制度，构筑起支撑城乡资源市场化、城镇化配置制度平台的核心制度。

（三）加快完善"离农政策"

完善社会保障制度是社会主义的理想，也是社会主义的道德基础，更是城镇化健康发展的制度保证。目前，加快建立新型农村社会养老保险制度这一城镇化和市场经济的核心制度的条件已经基本成熟。"十二五"覆盖城乡居民的社会保障体系将基本建立，中国城镇化速度也将进入一个新的加速阶段，研究制定"离农政策"的时机条件正在成熟。随着市场在资源配置中基础地位的确立，城乡社会保障制度

---

① 在土地有限、资源有限的情况下，应优先满足城乡居民、特别是农民工对住房的基本需求而非投资需求。我国政府应该始终坚持"房地产是消费品，不是投资品"的理念，大规模推进保障性安居工程建设，帮助中低收入群众实现住有所居，"让农民工的身心融入城市"。2011年北京"两会"确定，今、明两年各建保障房一千万套，后三年再建一千六百万套，如此大规模地向市场投放房源，一则解决城市内中低收入者的购房贵买房难问题，二则平抑市场上住房的供求关系，顶了商品房的高房价。三是有利于降低城镇化成本，加快城镇化速度，提高城镇化质量。建保障房一千万套基本可以满足百分之二点三左右的城镇化速度对住房的需求。因此，保障房制度的建立是加快我国城镇化进程的战略性举措，也是百姓热切期盼的重大标志性民生工程和民心工程。

的加快建立和完善已经成为实施改革攻坚最重要的前提和手段。特别是在企业改革中，没有社会保障制度的建立和完善，企业减员增效、转换经营机制、改制重组都难以彻底进行。实践证明，建立完善社会保障制度是保证改革成功最重要的制度保证。如果说改革是一个不间断的制度创新过程，那么，从企业改革、价格改革的一系列重要改革并没有能构筑起完整的适应市场经济的制度体系，改革的攻坚战始终是攻而不克。而当城镇社会保障制度体系基本建立后，改革发展和稳定都取得了长足进展。问题的症结就在于，在建立社会主义市场经济体制初期，人们还没有认识到社会保障制度是市场经济体制的核心制度；在改革和制度创新过程中人们忽视了社会保障制度的创新，没有认识到社会保障制度创新不仅仅只是配套改革，而是企业改革、价格改革取得实质性成效后最重要的制度创新，是市场经济体制中最重要的两大核心制度之一。改革只有形成"双中心"（建立现代企业制度和社会保障制度），同步协调推进，才能加快市场经济制度体系和制度平台的形成，才能保持经济社会的平稳发展。市场经济制度体系与制度平台构成如图1-2所示：

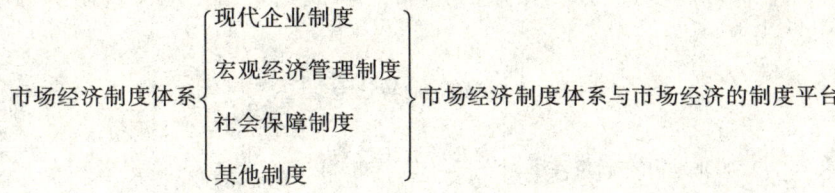

图1-2 市场经济制度体系与制度平台构成图

在中国特殊的国情条件下，农村市场经济制度体系也主要由两大核心制度构成：承包制和农村社会保障制度。农村市场经济制度体系构成如图1-3所示：

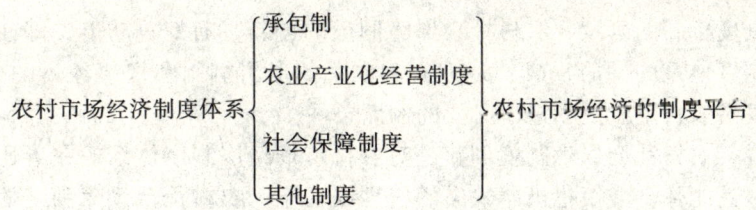

图1-3 农村市场经济制度体系与制度平台构成图

农村改革同样是一个不间断的制度创新过程，但从承包制到农业产业化经营制度的一系列重要制度创新，并没有能构筑起完整的适应农村市场经济发展的制度体系，小农经济始终可以以承包制为依托自我循环，难以在城镇化和现代化进程中得到同步改造。问题的症结就在于，由于社会保障制度不健全，小农经济只能通过城镇化和自然死亡两种方式渐进地改造，即使城镇化后农民保留着与土地的经营关系，即使年老体弱的农村劳动力也不能退出小农经济的经营。这样，不仅规模经营不能像以土地私有制为基础的市场经济那样随着农民城镇化或年老体弱而通过土地所有权的转让及时得到扩大，劳动力素质也不可能像实行退休制度的城镇一样得到及时

土地换保障：
扩大推动发展民众基础的政策选择

的更新和提高。显然，完全通过自然演进来实现规模经营对中国国情而言是不现实的。土地私有制条件下农业规模经营的实现方式如图1-4所示。

这表明，在实行土地公有制和承包制的条件下，我国目前农村规模经营的实现还存在制度缺陷。最大的缺陷是缺乏农民的退出机制或规模经营的扩大机制。换言之，就是缺乏农民退出农业生产领域后的制度安排。农民城镇化后不能被纳入城镇社会保障体系，农民年老也只能以土地保障为依托，而不能享受退休后的养老保险。国内外的经验表明，社会保障制度正是满足上述需要的理想制度安排。

从制度建设的角度看，承包制与土地保障的结合是不利于规模经营，却有利于稳定的制度安排。但上述制度缺陷不是承包制本身的缺陷，而是制度体系的缺陷，是土地保障不可能社会化的缺陷。作为适合我国国情的制度创新，承包制与规模经营的矛盾化解的方法不应是否定承包制，而应是根据城镇化、现代化和建立社会主义市场经济体制的基本要求，加快建立农村社会保障制度，尽快建立全国统一、城乡统一的中国特色社会保障制度，为农民的双向退出提供合理的制度安排，即以现代社会保障逐步替代传统的土地保障，研究制定以土地流转制度为核心的"离农政策"。

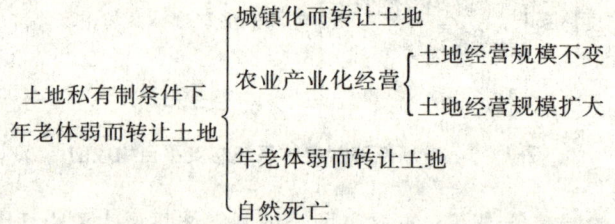

图1-4 土地私有制条件下农业规模经营一般实现方式示意图

作为制度创新的延续，农村社会保障制度的创新具有双重功能，即在完善农村市场经济制度体系的同时，成功地建立起农民的退出机制和规模经营的扩大机制，为解放和发展农村生产力创造了必要的制度条件。

如果说，农村社会保障制度创新是对农村市场经济制度体系的完善比较容易理解，那么，其能弥合城镇化机制缺失的机理则在于，农村社会保障制度的创新刚好使在实施承包制的情况下扩大规模经营提供了可能，两种制度的互补作用使其构成了一个已经消除了制度缺陷、可以加快规模经营和城镇化的制度体系，开辟了一条新的通向城镇化和现代化的现实通道。在土地公有制条件下，以新型农村社会养老保险制度为核心的社会保障制度创新的实施，可以使年老体弱的农村劳动力在达到一定年龄时通过"土地换保障"等社会保障制度的创新方式，直接退出小农经济的经营。这样，不仅规模经营可以在农民城镇化后通过土地流转制度的建立而扩大，而且可以随着农民年老体弱而通过"土地换保障"的方式及时得到扩大，劳动力素质也可以在实行退休制度后得到及时的更新和提高。

中国土地公有制条件下
农业规模经营的一般实现方式 ┤
- 土地转包
- 城镇化
- 农业产业化经营
- 土地换保障
- 土地流转制度
- 自然死亡

图 1-5　中国土地公有制条件下农业规模经营的一般实现方式示意图

这样，农村社会保障制度的成功创新意味着农民双向退出机制的成功建立，意味着实施规模经营、推进城镇化制度缺陷的弥合，意味着农村竞争机制的引入成为可能。这恰恰是完善城镇化制度平台和城镇化机制所要达到的基本目的。

最近，温家宝总理指出，土地是农民最大的社会保障，维护农民的基本权益最重要的就是维护土地权益。耕地不仅是农民的利益，也是国家利益，因为中国人太多，地太少。土地流转要尊重农民意愿，不能搞强迫命令。修路、建房都不能乱占农民耕地。2011年4月2日，国务院发布《关于严格规范城乡建设用地增减挂钩试点、切实做好农村土地整治工作的通知》。通知要求各地采取有力措施，坚决纠正片面追求增加城镇建设用地指标、擅自开展增减挂钩试点和扩大试点范围、违背农民意愿强拆强建等侵害农民权益的行为。通知指出，近年来，少数地方片面追求增加城镇建设用地指标、擅自开展增减挂钩试点和扩大试点范围、违背农民意愿强拆强建，侵害了农民权益，必须采取有力措施坚决纠正。通知强调，各地开展农村土地整治要以增加高产稳产基本农田和改善农村生产生活条件为目标，始终把维护农民权益放在首位，充分尊重农民意愿，要坚决制止擅自开展土地置换等行为；严禁擅自开展建设用地置换、复垦土地周转等"搭车"行为；严禁盲目大拆大建和强迫农民住高楼，要为农民提供多种建房选择，保持农村特色和风貌；要尊重农民意愿并考虑农民实际承受能力，防止不顾条件盲目推进、大拆大建。

的确，尊重农民意愿是实施土地流转必须坚持的基本原则。但在农村社会保障体系基本建立后，尽快研究制定鼓励农民退休和退出农业生产的相关政策制度的条件已基本具备，符合中国实际的"离农政策"同样是加快我国工业化、城镇化和现代化进程的战略需要。

第二章 国外"土地换保障"相关研究成果与启示

要推进"土地换保障"理论的构建,首先要从"历史"和"世界"两个方面来完善这一知识体系。

严格地说,由于绝大多数国家实行的都是土地私有制,而且西方国家社会保障制度的建立与土地较少直接联系,其社会保障制度建设的资金来源也基本与土地收益没有直接联系,更没有一个国家像中国这样实行城乡二元的土地公有制。独特的国情决定了国外既没有将土地与社会保障联系起来进行研究的成果,更没有直接与"土地换保障"相关的理论研究成果。但在对进一步研究"土地换保障"理论具有一定参考和借鉴意义的成果中,从制度层面对人地关系的研究是值得重视和借鉴的。

人地关系问题既是一个最古老的问题,又是一个常新的不断深入和多元的话题。国外对人地关系的研究,在经济学、法学、社会学、地理学以及各种派生学科和应用学科如城市规划、房地产开发、土地管理中都有共同的关注,并具有悠久的学科研究历史。

国外从制度层面对人地关系问题进行研究的理论,主要以西方资本主义土地私有制和文化背景下的人地关系为对象。我国作为社会主义国家,土地公有制的制度背景和社会文化背景与西方国家有很多不同。虽然国外的相关理论和成果对中国有一定的借鉴意义,但在中国独特的国情条件下,不仅我国人地关系所包含的复杂的社会关系在一定程度上超出了国外既有的深度和广度,而且国外既有学科研究的深度和广度也已经难以满足我国实践的需求。

随着世界范围工业化、城市化和现代化的推进,土地问题和社会保障问题作为人地关系问题的重要组成部分,呈现的问题越来越复杂和多元,以人为本的精神越来越广泛和深入地体现在人地关系的方方面面,利益的分配和调节越来越上升到制度和立法的层面。世界范围内的土地和社会保障立法的推进、人地关系的深层变迁正延续一种新的相互建构的动态过程。土地作为最庞大的资产,社会保障作为对基本生活和长远生计的保障,对于经济发展、个人财富增长和社会稳定的意义更显重要,人地经济关系更加复杂。可以说,随着经济社会的发展,人地关系问题对于各学科的研究是一个不断呈现新内涵、需要不断探索的重要主题。而国外在这方面的研究可以进一步丰富和提升"土地换保障"理论解释力。

第一节 关于地租的研究成果与启示

人地关系问题核心是利益分配问题。地租是处理人地利益关系最有效的方式。古典经济学对土地的关注是从地租开始的,地租始终是经济学关于人地关系研究的核心概念。从英国古典政治经济学创始人威廉·配第、法国经济学家杜尔阁,到古典经济学创始人亚当·斯密、大卫·李嘉图,都在解释地租来源和其包涵的社会关系方面作出了一定贡献,为我们留下了宝贵的精神财富。

(一)古典地租理论

1. 配第的理论。最早提出地租理论的是英国古典政治经济学创始人威廉·佩第,他对地租理论作出了开拓性的贡献。佩第认为,地租是使用农地生产农作物的一种剩余或者净报酬,即收获的产品扣除生产费用以后的剩余部分:地租=市场价格-生产成本。佩第首先提出了地价可以由土地获得的地租资本化后得出的观点,这一理论经历了三百多年,从本质上从未被动摇过。但是地租不是一成不变的,它是有差异的。关于级差地租,佩第论述了其基本原理:由于土地肥沃程度、距市场的距离以及耕作技术水平的差异而造成了地租的差异。后来,马克思在此基础上提出了级差地租Ⅰ(包括两种形式)以及级差地租Ⅱ的概念。

2. 查理德·坎蒂隆的理论。他正确地指出了应当从中扣除租地农场主的利润,即地租是剩余扣除利润的余额:地租=市场价格-生产成本-利润。这个过程中,农场主之所以会租用土地来进行劳动生产,根本的原因还是经济利益的驱使。

3. 亚当·斯密的理论。亚当·斯密的贡献就在于曾把地租看作产品价格超过补偿预付资本和普遍利润部分的余额。剩余额的大小取决于农产品的需求和供给成本,农产品的供给成本又取决于土地的位置和肥沃程度。具体来讲,地租是因使用土地而支付地主的代价,其来源是农业工人的无偿劳动,是"一种垄断价格"。斯密不仅认可了"地租=市场价格-生产成本-利润"这一基本公式,而且指出了此处的利润应当为农业资本的平均利润或普遍利润。斯密也论述了级差地租,但不够深入。他承认绝对地租的存在和地租上升的趋向,还把地租看成土地所有权的结果。他的阐述虽说还算系统,却不够完整全面。

4. 杜尔哥的理论。杜尔哥是法国重农学派的代表人物。他揭示了地租与土地所有权的关系。杜尔哥把"自然的恩赐"不知不觉地转化为农业劳动者的剩余劳动,认为"纯产品"是土地对农民劳动的赐予,是农民劳动利用了特殊的自然生产力的结果,土地如果离开了劳动便不能生产任何东西。他认识到,"纯产品"转化为地租被土地所有者占有是土地私有权的结果。他提出,土地所有者所以能不劳而获占有"纯产品"(地租),是由于他们拥有法律保护的土地所有权。

5. 安德森的理论。真正的地租理论的创始人是安德森——英国的农场主兼农业

土地换保障：
扩大推动发展民众基础的政策选择

经济学家。安德森认为："不是地租决定土地产品的价格，而是土地产品的价格决定了地租。""在不同的生产条件下生产出来的农产品具有统一的市场价格，而这正是地租形成的前提，虽然土地产品的价格在地租最低的国家往往最高。"他把一个国家的土地按肥力不同分为不同的等级，把地租看作较好土地上超额利润的转化形式，还提出了土地收益递减的原理。

6. 大卫·李嘉图的理论。大卫·李嘉图是英国古典政治经济学的杰出代表和理论完成者。他的地租理论是阐述较为完整和系统的一个。他运用劳动价值理论研究地租，在土地肥力和位置差异的基础上，建立了级差地租的初步体系，对级差地租理论作出了突出贡献。他认为，地租同利润一样，是劳动创造的价值的一部分。李嘉图认为，"地租是为使用土地的原有和不可能摧毁的生产力而付给地主的那一部分土地产品"。"使用土地支付地租，只是因为土地的数量并非无限，质量也不是相同的，当次等肥力的土地投入耕种时，头等的土地马上就开始有了地租。""地租总是由于使用两份等量资本和劳动而获得的产品之间的差额。"李嘉图关于地租的主要推论是：①地租是高谷物价格的结果，而不是原因，因此地租不进入价值理论，地租只取决于土地生产力的使用中生产成本的差异。②地租总量随着生产的增长而增长，并在利润等于零的状态下达到最大值。资本积累使得地租提高，资本减少使得地租下降。③农业上显著的改良会使地租减少。在他的理论中，他既想坚持用劳动价值论来说明地租，但又不能在商品价值的范围内说明绝对地租的结果。否认绝对地租的存在，被认为是李嘉图地租理论的严重缺陷。

7. 让·巴蒂斯特·萨伊。让·巴蒂斯特·萨伊是法国古典经济学派的代表人物。1803年他在《政治经济学概论》中提出，"生产三要素论"应成为地租理论的基础，认为生产出来的产品是劳动、资本和土地共同发挥作用的结果。正如工资是对劳动服务的补偿和收入，利息是对资本服务的补偿和收入一样，地租是对土地服务的补偿和收入。他断言工资、利息、地租分别来源于劳动、资本、土地，建立起三位一体公式的分配论，利润则被看作企业家才能的报酬，否定资本主义剥削。

（二）马克思的地租理论

马克思创立了绝对地租理论，并在批判前人的基础上对级差地租理论加以完善。马克思地租理论的特点就在于他指出了资本主义地租的本质是剩余价值的转化形式之一，是超过平均利润的超额利润，在此基础上，明确指出了资本主义地租的三种形式：绝对地租、级差地租和垄断地租。这三种地租形式构成了马克思地租理论的一个严密的整体①。

马克思认为，地租是土地所有者凭借对土地的所有权获取的一部分剩余价值，任何地租都是以土地所有权的存在为前提的。他还指出："不管地租有什么独特的形式，它的一切类型总有一个共同点，即地租的占有是土地所有权由以实现的经济

---

① 根据地租产生的原因和条件，马克思还把地租分为矿山地租、建筑地段地租等形式。这与当时的社会实际情况是相符的。

形式。"资本主义地租就是农业资本家为获取土地的使用权而交给土地所有者的超过平均利润的那部分价值。在他的地租理论中，绝对地租是以土地所有权的垄断为前提而获得，是无条件交纳给土地的所有者。在现今中国的农村土地制度下，国家是土地所有权的最终占有者，因此，绝对地租最终必须上缴给国家，在现实中则由集体经济组织代收。在工业中，资本有机构成低的部门虽然也能生产出更多的剩余价值，但是由于部门间的竞争、资本的自由转移，使利润率趋于平均，所有资本家得到平均利润，工业产品只能按照生产价格出售。在农业中，由于土地的完全无弹性供给成为资本向农业部门转移的一种阻碍，因此，农产品价格就高于社会平均生产价格，超过的部分就是绝对地租。

马克思认为，由于农业资本有机构成低于社会资本有机构成，这样，等量资本在农业中可以推动更多的活劳动，在剥削程度相等的情况下，能创造出更多的剩余价值。按照马克思的定义，资本主义农业中租地农业资本家经营面积相同、质量不同的土地，向土地所有者交纳地租数量不同，这就表现为级差地租。马克思认为，由于土地的稀缺无弹性，使农产品的价格不是由中等地决定，而是由劣等地决定的。这样，经营优等地和中等地的资本家就可以得到高于平均利润的超额利润，这就是级差利润。

级差地租有两种形式：级差地租Ⅰ和级差地租Ⅱ。雇佣工人在肥沃程度较高或位置较好的土地上创造的超额利润转化为地租，表现为级差地租的第一形式（级差地租Ⅰ）。而连续追加投资于同一块土地形成的不同劳动生产率所产生的超额利润而转化的地租，称之为级差地租Ⅱ。级差地租Ⅰ和级差地租Ⅱ的区别在客观上是由于对土地的两种不同投资方法引起的。级差地租Ⅰ是以不同地块的肥力和位置的差别为条件，而级差地租Ⅱ除了这种差别外，还以同一地块上连续投资的生产率的差别为条件。

马克思在分析资本主义制度下级差地租发生的条件和原因时，讲了两个因素。一个是自然方面的原因，即土地肥沃程度的不同，土地距离市场的远近以及在土地上连续追加投资而引起的土地产出率和劳动生产率的不同；另一个社会方面的原因即在土地有限的基础上形成的土地经营的资本主义垄断。

马克思假定农业产品和工业产品一样，是按照生产价格出售的。因为只有在这个前提下，农业资本家才能获得平均利润，才肯投资于农业。由于土地资源的稀缺性和资本主义土地经营权的垄断，一部分农业资本家租种了优、中等地，就会排斥其他资本家再利用它，而其他资本家只能在劣等地上进行耕种。在平均利润率规律作用下，种植劣等地的资本家也要求获得平均利润，这样农产品的社会价格就必须由劣等地农产品的个别生产价格来决定。农业资本家把等量资本投资在优等地和中等地上，比投资在劣等地上可以获得更多的农产品，便形成了优等地和中等地的个别生产价格低于劣等地个别生产价格决定的社会生产价格，因而在平均利润之外还可以获得超额利润。这些超额利润转化为级差地租，交纳给土地所有者。这就是级差地租的自然、经济和社会根源。

在农业中，只有当土地自然条件的差别同时与土地经营的垄断结合在一起的时

土地换保障：
扩大推动发展民众基础的政策选择

候，级差地租才会形成。具体来讲，土地的级差地租产生的自然条件主要有三个方面：首先是土地的肥沃程度的不同所带来的级差地租。虽然通过一定的技术手段，土地的肥沃程度可以逐渐得到改变，却不能完全改变土地的自然肥力。因此，土地自然肥力的差别是长期存在的，由此产生的土地级差收入也是存在的。第二，从土地距离销售市场的远近来看，级差收入现阶段依然存在，而且由于运输成本的上升变得更加突出。距离市场最近的农民可以获得额外收益，边远地区的农民会造成经济损失。第三，在市场经济环境下，农民对土地追加投资，投入生产资料和劳动力的差别也是存在的。这就决定了各农业生产单位由于资本有机构成和文化水平不同而引起土地产出率的不同，各农户之间会因为投资的不同而产生的额外经济收益或额外经济损失，而这也可以造成土地的级差地租。

其实，在社会主义的制度之下，这种由于自然原因所产生的级差地租也是客观存在的。因为自然条件所决定的级差地租与资本主义条件下的级差地租其实有着相同的物质基础，都是劳动和土地结合过程中产生的级差劳动产品。在我国的体制之下，农民是没有土地所有权的，农村的耕地是集体所有的，但是农村普遍存在着土地转租现象，其利益的补偿就变现为地租和级差地租形式。从另外一个方面来讲，级差地租的存在也有其社会原因。以我国为例，工业化、城市化的发展在解放之后非常快，很多耕地都变成了工业和城市用地。由于人口的不断增长等带来的粮食短缺等问题，使得我们必须充分适用仅存的各种形式的耕地。不仅在土地肥沃的地方要利用好耕地，而且我们也需要在土地质量不是很好的地方克服困难去发展耕地。在这种好地和劣等地都要利用的情况下，由于土地质量本身存在的肥沃程度的不同，就造成了地租上的一种级差效果。

根据我国《物权法》的规定："农民集体所有的不动产和动产，属于本集体成员集体所有。下列事项应当依照法定程序经本集体成员决定：（一）土地承包方案以及将土地发包给本集体以外的单位或者个人承包；（二）个别土地承包经营权人之间承包地的调整；（三）土地补偿费等费用的使用、分配办法；（四）集体出资企业的所有权变动等事项；（五）法律规定的其他事项。"

在现阶段大多数农村耕地属于农民集体所有，由农户承包经营和支配，多数农户仍保守地、平均地守护着自己的承包地，这是一种新型的类似于所有权的经营垄断。这种方式实际上保留了土地的垄断经营，反而使土地的垄断性更牢固了。这种新型的土地经营垄断的存在就是现阶段地租产生的社会经济基础。同时，那些占有优等地的农户还能够利用优越的土地生产力在土地转租中得到更高的地租，从而获得更多的级差收益。这就是社会主义性质的新型土地经营垄断实现自己所有权和经营分配权的一种经济形式。它虽然不同于资本主义级差地租所包含的雇用关系，但经济内涵实际上是一致的。

现代资产阶级经济学的权威代表人物之一保罗·萨缪尔森认为，地租是为使用土地所付出的代价。土地供给数量是固定的，因而地租量完全取决于土地需求者的竞争。美国现代土地经济学家雷利·巴洛维在《土地资源经济学——不动产经济学》一书中认为,地租可以简单地看作一种经济剩余,即总产值或总收益减去总要素成本或总成本之后余下的那一部分。各类土地上的地租额取决于产品价格水平和成本之间的关系。

(三) 地租理论的意义与启示

地租理论的发展和逐渐完善对于指导我国农地流转和征地制度改革、合理确定地价、正确处理人地关系、破解"三农问题"具有重大的理论和现实意义。在此,重点阐述马克思农业地租理论和建筑地租理论对破解"三农问题"的理论和现实意义。

1. 农业地租理论的意义与启示。我国以家庭承包为基础的农村土地集体所有制的核心和基础是有中国特色的土地产权制度。改革完善我国农村土地产权制度的重点要从扩大内需、实现我国消费崛起的战略需要出发,正确处理国家、集体和农民之间的利益关系,合理确定土地价格,合理界定农村土地所有权、使用权、经营权和收益权,通过理论、政策、制度的创新,在保证农民基本生活和长远生计的基础上,大幅度增加农民的财产性收入,进一步完善有中国特色的土地政策、土地制度和土地理论。

目前,学术界关于我国农村土地所有权的制度有三种不同的理论主张:私有制、维持现有的集体所有制、国有制。在分析这个问题的时候,必须把地租理论的核心内容和我国农村现有的土地制度结合起来,才能确定有效的改革方向和改革道路。

在确立农村家庭联产承包责任制后,多数地区采取的具体措施是以农户为单位均分土地,虽然一些地区有其他尝试,主要还是均分形式。

在农用地流转为非农用地的过程中,虽然使用权发生变更,但地租分配仍然是基于农业生产的,不会发生根本变化。根据马克思对于地租的理解,在这种情况下,绝对地租被假定为零,因为土地是有限的,最为劣等的土地也会被投入农业生产,绝对地租也归为土地所有者,即农村集体所有。在这个过程中,所谓的级差地租又是如何分配的?虽然使用权发生了变更,但地租分配仍然基于农业生产,不会发生根本变化。地租分配的结果是:级差地租Ⅰ主要归土地所有者,即集体经济组织所有。级差地租Ⅱ由联产承包责任制下农户追加投资形成的,由承包农户所有。政府由于制定了较长的土地承包期,所以就为农民增加对土地的投入提高了积极性,保证由投入而产生的级差地租Ⅱ归己所有,从时间上为保障农民的物质利益增加了可能性,防止了农民对土地经营的短期性。

按照古典政治经济学和马克思的理论,相对于工人获得工资而言,农民不仅获得平均利润,而且获得绝对地租。在今天的中国,农民既没有地主剥削,又免除了农业税。单从理论上分析,农民的日子应该很好过,但事实却绝对不是这样。这样的"悖论"之后包含了怎样复杂的社会原因呢?

中国城乡收入差距不断拉大的原因众多,除人多地少等众所周知的原因,与土地相关的制度层面的原因主要有三:一是扩大农户经营规模的体制、机制没有建立。扩大经营规模是增加农民收入的有效形式,但过多人口巨大的生存压力和社会稳定的需要制约了人地关系的经济和社会变革。在农用地流转之前,包产到户限制了农

土地换保障：
扩大推动发展民众基础的政策选择

户经营的规模，阻碍了级差地租Ⅱ的增加：一方面土地的利用效率不高，分散的农户面对小块土地难以有很高的产出效率；另一方面，农用地流转之后农地承租方的生产规模扩大，从而能够促进农业机械、良种等先进生产资料的使用，这样就可以实现农业规模经营，分配给农民的级差地租自然也将增加。二是增加农户投入力度的体制、机制没有建立。目前，我国农户普遍依然以农业收入为主，财产性收入非常有限，农户普遍缺乏扩大再生产的能力。在农户土地承包经营权和宅基地不能抵押、难以融资的情况下，农户难以通过增加投入力度来提高级差地租Ⅱ的水平。三是农产品合理定价机制没有建立起来。根据我国现有的政策，土地本身之外的许多因素也会影响农民对于土地地租的获得。如果国家在农产品的收购中压低农产品的价格，也会使得地租总量下降，农民难以获得平均利润。因此，调整农产品的定价体系，不再人为压低农产品的价格，也能提高农户的级差地租Ⅱ的水平。在有限的农业地租都无法获得的情况下，城乡收入差距必然越来越大。

2. 建筑地租理论对征地制度改革的指导意义。除了农业用地之间的流转，在工业化和城镇化的大背景下，越来越多的农业用地被征用转为非农业的建设用地。征地后，农户不能继续从事农业生产，无法获得因追加投资而提高生产率所产生的级差地租。根据农业地租理论，由于农户耕种土地的实际时间要少于原定的土地承包期，理论上农户应当根据减少的土地承包期长短得到相应补偿。这种补偿是一种按农业地租进行的静态补偿。在英国，这种静态的补偿是按照三代人即七十年进行补偿的，一般应能够避免因征地而造成的贫困。在澳大利亚，政府征用土地对土地所有者的补偿标准是按照高于土地市场价格一点二倍至一点五倍进行的。但在我国，按农业地租理论和《土地管理法》进行的补偿，土地补偿费和安置补助费之和全国也只达到二十一倍左右，最低的时候只有六至十倍。显然，如此低的补偿标准如果没有其他配套政策的支持，不到一代人的补偿不仅可能会造成被征地农民的贫困，而且可能会造成被征地农民子女的贫困。

农用地转为非农用地，按照马克思的地租理论，流转之后形成的地租就不再是农业地租，而是建筑地租①。例如，在市场经济条件下，房价并不是由地价决定的，而地价则是由房价决定的。在土地拍卖过程中，土地的价格取决于房地产开发商对

---

① 马克思在《资本论》第三卷中对各种形式的地租进行了论述。关于非农业用地的地租在土地所有权与土地经营权相分离的条件下，不论租用农地或非农地都需支付地租。马克思论述的非农业用地的地租是指建筑地段和矿山地段的地租。建筑地段地租是指工商业资本家为获得建筑多种建筑物所需土地而支付给土地所有者的地租。建筑地段地租同农业地租的明显区别在于，农业中土地的肥沃程度和位置对级差地租有决定作用，而对于建筑地租，位置起着决定作用。同时，垄断价格对建筑地租起着很大作用。矿山地租指工业资本家为取得采掘地下矿藏的权利而向土地所有者支付的地租。由于矿山的数量有限，也存在着经营的垄断，使矿产品必须按劣等生产条件决定的生产价格出售，因而优中等矿山可以取得超额利润而转化为矿山地租。按照马克思对于建筑地租（即后来的城市地租）的描述，他已批判地认同了西方经济学家城市地租的理论。这种作为所有权使然而存在的地租不仅具有垄断性，而且会随着城市土地的日益稀缺而不断增强其垄断性。由于时代的局限性，马克思对建筑地租理论论述不多。

所拍土地住房价格的预期。如果不划算,那么开发商是不会出价购买该土地的。因此,土地价格是由房价来决定的,而不是相反。中国住房从来没有以成本(即农业地租)定过价,如果以成本定价,中国房价就不会这么高。土地价格可以因地租增加而提高,因此,级差地租主要体现为净地价。对于非农用地,其所有者不再归农村集体所有,而属于国家所有,绝对地租的分配就体现为税务机构的内部分配了。农用地流转为非农用地,如果是由于城市的扩张导致的,土地距离市场的距离就会缩短,级差地租普遍增加。在级差地租总量增加的情况下,其分配则出现了倾斜。当前,农户参与级差地租分配的形式仅仅是按照农业地租的标准获得征地补偿。征地补偿的计算标准既未包括土地增值的因素,而且仅考虑了农业的产值,未考虑到生态农业、观光农业等其他形式的产值,更未考虑到工商业产值。因此,农户在这种情况下的级差地租分配中所获得的地租水平或补偿水平普遍偏低,完全没有考虑建筑地租。其结果,一方面是土地的定价偏低,土地价格严重偏离市场价值,不利于土地资源的合理配置,不利于耕地的保护;另一方面,农民难以获得本应获得的财产性收入,难以改变低收入群体的状况,甚至可能造成长期贫困。

我国目前还没有建立农民分享土地增值收益和工业化、城镇化和现代化成果的机制是难以建立农民增收的长效机制,内需难以启动、经济难以转型的深层原因。在政府垄断土地一级市场的情况下,农民已经完全被排除在土地市场之外,只获得部分农业地租,建筑地租完全与农民无缘。这种政策不仅表明政策制定者需要进一步加深对马克思主义的了解、理解和研究,把握好工业化、城镇化和现代化的基本发展趋势,不能把农民排斥在工业化、城镇化和现代化的进程之外。这种体制、机制和相应的政策、制度、法律法规如果得不到彻底的改变,不仅"三农问题"难以彻底解决,中国经济社会的一系列深层次问题都难以得到有效解决。在这种意义上,我国现行征地制度既不符合马克思主义地租理论和工业化、城镇化、现代化的发展趋势,又与建立社会主义市场经济体制、积极推进改革、促进社会公平正义的取向不相符。因此,在党中央高度重视"三农问题"和我国经济已经进入内需不足的大背景下,认真学习贯彻马克思主义地租理论,将农业地租与建筑地租结合起来,而不仅仅只是按照农业地租制订征地补偿标准,合理确定土地价格应该是我国征地制度改革的方向。将农业地租与建筑地租割裂开来,仅仅以农业地租为主要标准对农民进行一定补偿,表明我国的征地制度依然是以农业社会为基础的,而不是以工业社会为基础的。理论上不能与时俱进的二元结构是我国"三农问题"和城乡二元结构长期存在的重要理论根源。

社会主义地租应该反映的是在国家、集体和个人三者利益一致的前提下,对土地收益的分配关系,同时也是国家用于调节社会生产与分配的经济杠杆。我国"三农问题"长期存在除了理论原因之外,还有一些重要的社会原因。相对于工人而言,农民的劳动效率低一些,这有两个原因。一是中国的现实。由于城乡之间长期存在并不断扩大的收入差距,农民一直把能够进城、由农民变为工人作为自己的梦想。随着一些阻隔的有限松动,农民大量地涌入城市。但鉴于中国工业化水平吸纳能力有限,那些能够进入城市的一般来说是农民中文化水平较高、能力较强的,而留在农村的素质整体较低。但是另一方面,农村劳动力严重过剩,又缺乏转移的出口,许多过剩劳动实际上早已经超过了边际劳动而成为了无用劳动,这些劳动虽然不停地在进行,但对于提高农民的收入实际作用并不是很大。

根据地租理论,古典政治经济学的理论前提是土地稀缺,资本进入困难。在这种情况下,农民就比较容易获得绝对地租、平均地租和级差地租,但当前的情况却不是如此。粮食总体上供过于求,所谓谷贱伤农。农民过多,劳动生产率极低,农业不仅难以获得绝对地租,也难以获得平均利润。

第二节 土地市场价格形成的相关理论与实践[①]

综观世界上与土地价格形成相关的理论与实践,大部分国家在征地实践中都依据土地的市场价值作为强制征地赔偿的依据。因此,土地市场价值的确定成为估算、确定土地征收补偿标准的关键。换言之,土地征收补偿标准的确定又成为土地市场价值确定的依据。本节在阐述确定土地价格的基本理论的基础上,提出估算土地征收补偿标准的基本理论依据和估算方法。

一、各国土地征收补偿的理论与实践综述

土地征收的性质是政府的强制购买(Compulsory Acquisition),但不属于一般土地交易的范畴。土地征收在美国称为"最高土地权的行使",英国称为"强制收买",法国、德国称为"土地征收",日本称为"土地收用"或"土地收买"等。各国(地区)都认同土地征收的特点为公共目的性、强制性、权属转移性、补偿性(陈江龙,曲福田;2002)[②]。

各国征收土地大部分用以发展社会公用或公益事业,如道路、公园、基础设施建设等,小部分用于低收入者的住宅建设及城市再开发。由于保证社会公益或公用事业的发展催生了政府的征收权,而宪法对私人财产权的保障决定了补偿是征收实施的要件之一。因此,公共利益和征收补偿是土地征收理论的基础(陈江龙,曲福田;2002)[③]。

[①] 本节采用了张学英、刘立国、李薇、闫妍教授承担本项目子课题《征地补偿与被征地农民社会保障国际比较研究》的部分内容。

[②] 陈江龙,曲福田.土地征收的理论分析及中国征地制度改革[J].江苏社会科学,2002(2):55~59.

[③] 陈江龙,曲福田.土地征收的理论分析及中国征地制度改革[J].江苏社会科学,2002(2):55~59.

(一) 公共利益

在土地利用行为比较单一的经济发展早期阶段，土地所有权具有绝对性和无限制性。随着经济的发展，这种状况逐渐被打破，土地利用中的个人利益与社会利益冲突日益增多，甚至演化为个人随意滥用其所有权而损害社会利益的现象。在关于个人利益与社会利益冲突何者优先的争论中，社会公共利益必须优先考虑的思想日渐占据主导地位①。由于公共利益日益被重视导致了产权由最初的绝对性向社会性转变，从而催生了政府的征收权。

公共利益指社会普遍的利益，是一个具有高度抽象性的概念，由于利益本身是一个相对的概念，故公共利益的内容具有多面性和不确定性（陈江龙，曲福田；2002）②。公益概念是一种价值判断，必须以一个变迁中社会的政治、经济、社会及文化等因素及事实作为考量该价值的内容（陈新民，2001）③，故公共利益是一个动态概念。土地征收中的公共利益分为绝对公共利益和相对公共利益两个层次。其中，绝对公共利益指社会广泛承认且独立于社会、国家现时政策之外的社会价值（如国民健康、教育、公共交通等）；相对公共利益是在不同发展阶段，经由政府和民众选择，且符合社会、国家急需原则的阶段性的重要社会利益（如在经济重建初期，经济发展即公共利益）。

但是，土地征收同土地所有权受法律保护原则相冲突，容易引起土地征收权是否合宪以及是否滥用的争论，故公共利益成为评判土地征收权是否合法行使的唯一标准。基于此，19 世纪末期以来政府基于公共利益需要行使土地征收权受到了严格的限制，且必须确保征收后的土地对社会、公众产生较原财产所有人使用时更高的公益价值。在很多国家土地征收的实践中，国家对公共利益的审核极其严格，以减少对土地征收权利的滥用。

(二) 土地征收补偿制度的理论依据

土地征收补偿制度是指需用土地人就征收取得土地后对土地权利人的损失给予补偿的一种制度，是协调土地征收中私益与公益冲突的基本制度，是国家侵犯个人权益或团体权益的救济途径。关于土地征收补偿的理论依据，学者陈泉生（1994）④认为有五种理论，而学者陈和午（2004）⑤ 将其拓展为九种。

1. 既得权说。人民的既得权既然是合法取得的，就应当得到绝对保障，即使是由公共利益的需要使其遭受经济上的特别损失，也应当基于公平的原则给予补偿。这个理论以自然法思想为基础，理论较为陈旧，而且对于既得权益外的权利所受的

---

① 林乐，贾生华. 各国（地区）土地征收的理论基础、法律程序和补偿机制 [A]. "征地制度改革与集体土地流转"学术研讨会论文集（上册）[C]，2005.

② 陈江龙，曲福田. 土地征收的理论分析及中国征地制度改革 [J]. 江苏社会科学，2002 (2)：55～59.

③ 陈新民. 德国公法学基础理论 [M]. 济南：山东人民出版社，2001.

④ 陈泉生. 论土地征收之补偿 [J]. 法律科学（西北政法学院学报），1994 (5)：56～61.

⑤ 陈和午. 土地征收补偿制度的国际比较及对中国的借鉴 [J]. 调研世界，2004 (6)：35～37.

土地换保障：
扩大推动发展民众基础的政策选择

侵害并未能说明补偿的理论依据。

2. 恩惠说。强调国家统治权与团体利益的优越性，主张绝对的国家权利以及法律万能和公益至上。因此，个人没有与国家相对抗的理由，国家侵害个人权利给与补偿完全是出于国家的恩惠。该理论颇具专制色彩，难以说明现代的土地征收补偿制度。

3. 公用征收说。国家法律固然有保障个人财产的一面，但也有授予国家征收私人财产的权力的另一面，对于因公共利益的需要而作的合法征收，国家可以不承担法律责任，但仍然应给予个人相当的补偿，以求公平合理。

4. 社会职务说。该理论摒弃权利天赋观念，认为国家为了使各人尽其社会一分子的责任，首先应承认各人的权利，这是实现社会职务的手段，因为权利的本质具有义务性，人民的财产被征收后，国家酌量给予补偿才能使其社会职务得以继续履行。

5. 公共负担平等说。该理论源于德国，认为国家在任何情况下都应以平等为基础为公民设定义务。政府为了公共利益而实施的行政行为使得一部分人或个别人承担的义务重于相同情况下的其他人时，国家应设法调整和平衡这种义务不均衡现象，使全体公民和受害者之间的平衡机制得到重新恢复。

6. 特别牺牲说。该理论源于公共负担平等说，由19世纪末德国学者奥特·玛雅提出。该理论认为，国家对被征收土地的权利主体的补偿并非基于违法行为，而是基于合法原因。国家的征地行为使无义务的特定人为国家作出了特别牺牲，这种特别牺牲具有个案性质。因此，应当本着公平、公正的原则，对被征主体所受到的一切损失予以补偿。该补偿由全体公众共同负担，以保证在不损害个体利益的前提下实现公共利益。

7. 地租说。该理论认为，凡租用土地，都需要缴纳绝对地租以作为土地所有权借以实现的经济形式。它与土地自然条件的好坏和生产率的高低无关，这部分地租资本化的地价必须在土地征收补偿中得以体现。级差地租是由于土地的自然、社会经济条件和土地投入的差异带来的，土地征收的补偿也应体现这种差异。

8. 土地效用说。该理论认为，土地（特别是农用地）作为最重要的生产资料和生活资料，一方面具有提供经济收益和生活保障的效用；另一方面对保持社会稳定、确保粮食安全、保护生态环境等都具有特有的功效。因此，土地征收不仅要对土地本身的价值进行补偿，对失去土地的集体和个人进行必要的补偿与安置，对地上物及其他附着物给予补偿，还要对失去土地的间接损失给予补偿。

9. 产权界定说。该理论认为，土地征收的实质是土地所有权的转换，而土地所有权是对土地支配的绝对权力，是土地产权中最根本的物权。行使土地所有权具有排他性，除了代表社会公共目的的国家对集体和个人所有的土地实行必要的干预外，其他任何人不得对土地所有权人行使权利进行干预。

相对于现代的土地征收补偿制度实践，以上有些学说已经过时。但这些理论包含了一种共同思想，即政府为社会公共利益而实施的行政行为使得一部分人或个别人作出了特别的牺牲,这种牺牲应由社会全体来作出补偿。该共识与"特别牺牲说"思想最为接近。陈泉生(1994)① 在研究中指出,在"特别牺牲说"中,土地征收补偿是一种调节的技术方式,在公共利益需要的原则下,基于公平正义的精神,将公民、法人及其他社会组织所受的特别牺牲分摊与全体人民共同负担,以调节个人损失,旨在谋求国家公益和个人私益之间的协调,以达到法律生活的安定。由于"特别牺牲说"较具法制说服力,并且在实际当中也比较容易被接受②,因此"特别牺牲说"成为土地征收补偿的通说(林乐,贾生华;2005)③,日渐被广泛接纳。各国学者对特别牺牲标准的研究分为三类:一、"形式说"主张以形式为标准,认为必须是对特定人或特定的少数人所作的侵害,才算是特别牺牲;二、"实质说"主张以实质为标准,认为应当根据侵害行为的本质与程度来判断,必须是对财产权本体的侵害,而且该侵害超过财产权应受社会制约的范围,才算是特别牺牲;三、"折衷说"认为,该侵害不仅必须是个别侵害,而且还必须是对财产权本体的侵害,且又超过财产权应受社会制约的范围,才算是特别牺牲。"形式说"与"实质说"存在或强调形式忽略本质或强调本质忽略形式的缺陷,唯有"折衷说"与土地征收补偿之旨意相符合,成为被公认的通说。

通过考察各国的土地征收补偿实践发现,各国的土地征收补偿范围较广,均在考虑土地市场价值的基础上同时考虑到了土地征收带来的间接损失。这些补偿项目与"土地效用说"的主旨极为吻合。因此,本研究认为,基于实践的视角,在"土地效用说"很好地指导了土地征收补偿实践基础上,该理论是土地征收补偿制度的有效理论之一。

(三)土地征收补偿的原则、标准和范围、方式、支付时间

1. 补偿原则。土地征收补偿实践中实行的补偿原则主要有完全补偿原则、不完全补偿原则和相当补偿原则。

(1)完全补偿原则。以使被征收人完全恢复到与征收前同一生活状态所需要的代价为补偿标准。基于所有权神圣不可侵犯的理念,再加上土地征收是对"法律面前人人平等"原则的破坏,只有对损失给予完全补偿才能矫正土地征收对财产权的侵害,也才符合公平正义的要求。其一,从平等原则看,平等权是宪法所保障的基本权利,被征收人因土地征收而蒙受特别牺牲,而社会全体成员又因征收了土地而受益,由社会全体来负担完全补偿被征收人的损失才符合平等原则的精神。其二,从财产权保障看,宪法保障人民的财产权,而财产权保障的核心在于损失补偿。财产权因公益征收而被侵害时,只有通过完全补偿使财产权所有人能以该补偿重新取得与被征收标的物同等价值之物,以恢复被征收前同样的财产状况,才符合宪法保障财产权的宗旨。其三,从生存权的保障看,宪法保障人民的生存权,而土地征

---

① 陈泉生. 论土地征收之补偿 [J]. 法律科学(西北政法学院学报),1994(5):56~61.
② 陈泉生. 论土地征收之补偿 [J]. 法律科学(西北政法学院学报),1994(5):56~61.
③ 林乐,贾生华. 各国(地区)土地征收的理论基础、法律程序和补偿机制 [A]. "征地制度改革与集体土地流转"学术研讨会论文集(上册)[C],2005.

土地换保障：
扩大推动发展民众基础的政策选择

势必威胁到被征收人的生存，唯有给予完全补偿才能有效地保障人民的生存权，故补偿应包括一切附带损失，即补偿不仅限于征收的客体，而且还应包括与该客体有直接或间接关联以及因此而延伸的一切经济上和非经济上的利益（陈泉生，1994）①。

（2）不完全补偿原则。补偿范围仅限于被征收的财产的价值、可以量化的各种损失以及各种必要的费用。基于所有权的社会义务性理念，财产权因负有社会义务而不具有绝对性，可以基于公共利益的需要而依法征收，但土地征收毕竟是对财产权的剥夺，故基于公共利益需要依法剥夺财产权时应给予合理补偿以保障财产权。给予合理补偿的理由如下：征收土地是强制剥夺人民的权利使之遭受特别牺牲，理应给予超过一般自由成交价格的补偿，但个人受社会制约有忍受相当牺牲的义务。为调和权利剥夺和社会义务，补偿应仅限于被征收财产的价值，而将难以量化的精神损失、生活权损失等个人主观价值损失视为社会制约所导致的一般牺牲，个人有忍受义务，不应予以补偿；可量化的财产损失、迁移损失、营业损失以及各种必要费用等具有客观价值而又能举证的具体损失则给予适当补偿（陈泉生，1994）②。

（3）相当补偿原则。指依据具体情况分别采用完全补偿或不完全补偿的标准。这是目前多数国家采用的补偿原则。由于"特别牺牲"的标准是相对的、活动的，因此，对土地征收补偿应视情况以采用完全补偿原则或不完全补偿原则。在多数场合下，本着宪法对财产权和平等原则的保障，就特别财产的征收侵害应给予完全补偿，但在特殊情况下，可以给予不完全补偿。对特定财产所给予的一般性限制（包括国家对非国有空地及荒地的征收，以及国家对私有建筑用地超过最高面积限额的征收等），由于该限制财产权的内容在法律的权限之内，因此要求权利人接受低于客观价值的补偿，并没有违反平等原则的要求（陈泉生，1994）③。

各国法律关于土地征收补偿的原则各不相同，即使是同一国家，随着权利观念从权利私有化向权利社会化的转变也有不同规定。另外，补偿原则也随着经济发展水平、国家财政实力的转变而改变（陈江龙，曲福田；2002）④。在第一次世界大战中，德国、日本等国大多经历了完全补偿—不完全补偿—相当补偿的阶段。但就世界发展趋势来看，对于国家合法行为所造成的损失，其补偿范围与标准均呈日渐放宽之势，以便对人们所遭受的损失予以更充分、更完全的补偿（陈泉生，1994）⑤。

刘丽、王正立（2004）⑥ 对文献中使用的关于各国土地征收补偿的术语按照补偿程度分为完全补偿、不完全补偿、不补偿三类。完全补偿对补偿的数量和质量要

---

① 陈泉生. 论土地征收之补偿 [J]. 法律科学（西北政法学院学报），1994（5）：56~61.
② 陈泉生. 论土地征收之补偿 [J]. 法律科学（西北政法学院学报），1994（5）：56~61.
③ 陈泉生. 论土地征收之补偿 [J]. 法律科学（西北政法学院学报），1994（5）：56~61.
④ 陈江龙，曲福田. 土地征收的理论分析及中国征地制度改革 [J]. 江苏社会科学，2002（2）：55~59.
⑤ 陈泉生. 论土地征收之补偿 [J]. 法律科学（西北政法学院学报），1994（5）：56~61.
⑥ 刘丽，王正立. 世界主要国家的土地征收补偿原则 [J]. 国土资源情报，2004（1）：1~5.

求最高,既包括当前损失又包括未来损失,既有经济方面的还有社会、生态、精神等其他方面。该补偿虽然符合情理但在实践上缺乏可操作性。一是因为很多损失是不能准确衡量或者根本无法衡量的,二是因为补偿数额巨大,政府财政难以承受。

除了完全补偿之外的补偿原则都归为不完全补偿,包括充分补偿、公平补偿、合理补偿、正当补偿、相当补偿、适当补偿等。其中,充分补偿在补偿程度上仅次于完全补偿,是指补偿的价值至少不得低于被征收财产的价值,也是在实践中较完全补偿可行的补偿的最高标准;而相当补偿和适当补偿指只要给予补偿即可,是较低标准的补偿。在不完全补偿中,充分补偿、公平补偿、合理补偿、正当补偿、相当补偿、适当补偿在补偿程度上逐渐降低。根据刘丽、王正立(2004)① 对二十三个国家(地区)的调查结果,除了俄罗斯和印度尼西亚的补偿原则不清楚外,只有津巴布韦不对所征收的土地进行补偿(指补偿地上建筑物),有七个国家(地区)进行合理补偿②,八个国家(地区)进行公平补偿③,两个国家进行正当补偿④,适当补偿、充分补偿⑤、相当补偿⑥分别有一个国家。

中国的土地征收补偿属于适当补偿,遵循的是补偿标准比较低的不完全补偿原则。通过上述统计数据,发现中国较低的补偿标准并不符合世界上各国家(地区)土地征收补偿的大趋势,提高补偿标准、增加补偿方式,做到相当补偿是未来土地征收补偿的努力趋势,这需进一步明确补偿范围并科学制订补偿标准。

中国宪法关于土地征收补偿原则没有明文规定。《土地管理法》规定的补偿项目仅限于与被征收客体有直接关连的经济损失,而对于与被征收客体有间接关连以及因此而延伸的一切附带损失未予补偿,是不完全的补偿。基于中国尚处于社会主义初级阶段的现状,推崇完全补偿原则会增加经济发展负担,但一味地强调社会利益而忽视公民合法权益也不符合社会主义民主的要求和法的公平主义精神。随着经济的不断发展、社会主义民主和法制的不断健全,应逐步向相当补偿原则过渡,将比较重大的精神层次的生存权、生活权损失逐步纳入补偿范围,以便使公民的合法权益得到更加充分的保护。因为土地征收意味着被征收人迁居他处或转业等问题,会失去原有邻里关系,需重新适应陌生的生活或工作环境,甚至居住条件更糟糕,可能失业,因此精神上或心理上的损失和伤害不可避免。既然民法上对因侵权行为所造成的精神损害应予以赔偿,那么在行政上对于被征收人的重大精神损失也应予以适当补偿(轻微的精神损失由被征收人忍受)⑦。

2. 补偿标准和范围。给予被征收土地的所有者或使用者的补偿数额对其他所

---

① 刘丽,王正立. 世界主要国家的土地征收补偿原则 [J]. 国土资源情报,2004(1):1~5.
② 美国、加拿大阿尔伯达省、英国、意大利、澳大利亚、马来西亚、中国香港特别行政区。
③ 法国、瑞典、波兰、新加坡、印度、中国台湾地区、菲律宾、巴西。
④ 日本、韩国。
⑤ 荷兰。
⑥ 原联邦德国。
⑦ 陈泉生. 论土地征收之补偿 [J]. 法律科学(西北政法学院学报),1994(5):56~61.

土地换保障：
扩大推动发展民众基础的政策选择

者有重要的影响力和公平的暗示。如果补偿费过低，一方面，土地所有者因害怕土地被征收不能收回投资价值而不敢进行土地改良；另一方面，银行不愿意对其认为可能被征收的地产发放贷款。实际上，即使按市场价值补偿，实际的补偿费也是很低的，因为土地市价并不包括土地的附加值。但政府可通过增加一定百分比的额外补助补偿给居民，或者通过增加额外的补偿金用于重新安置或支付被打扰费用。如果补偿费过高，将不利于合法征收土地，不利于实现"公共利益"。可见，确定一套合理的补偿标准非常重要（王正立，刘丽；2004）[1]。

综观各国土地征收补偿范围，除土地补偿外，大多将残余地损害、营业损失及其他因土地征收引起的各种附带损失均列入补偿范围，补偿标准亦接近市价，使被征收人既无法获取暴利，也不致遭受损失，是公平合理的补偿。补偿的主要项目包括对土地所有者的补偿、对土地承租人的补偿等。土地征收补偿项目的计价标准有四类[2]：（1）按公平市场价格补偿，大多数市场经济国家（地区）采用此方式，如英国、美国、中国香港等。虽然这些国家（地区）都是以被征土地和相关资产的市场价格为主要参考标准，但在市场价格的计算时间上仍然存在差异，有的以政府征地正式通告发布日的市场价格为准，有的以最终裁决日的市场价格为准，有的以正式征收日的市场价格（实际占有该土地的当日市价）为准，如马来西亚、德国、韩国、波兰、美国、日本、英国等。（2）按裁定价格补偿。指按法定征收裁判所或土地估价机构裁定或估定的价格补偿，如法国以征收土地周围土地的交易价格或所有者纳税时的申报价格为参考，由征收裁判所裁定补偿标准。（3）按法定价格补偿。指按法律规定的基准地价或法律条文直接规定的标准补偿。在韩国，在执行公示地价的地域，土地补偿额以公示的基准地价为准（有时要根据实际情况予以修正）。（4）按纳税申报价格补偿。有些国家还以所有者纳税时的申报价格作为确定补偿费参考确定价格，如法国、墨西哥、危地马拉、新加坡等。

中国的土地征收补偿标准过低、补偿范围过窄。其一，补偿标准明显偏低。《土地管理法》规定土地补偿费和安置补助费之和为原种植业年均产值的十至三十倍，仅相当于两至七年的全国农民人均纯收入和约一年两个月城镇职工人均收入，远远低于土地的市场价格和被征地农民的期望，且已经远远低于被征地农民的实际生活需要。中国商业用地出让收入是按七十年征收，工业用地出让收入是按五十年征收，招、拍、挂后土地增值收益更为可观。即使按三十倍进行补偿，用于被征地农民的补偿安置费用在整个土地出让收入中的比例也明显偏低（卢海元，2009）[3]。可见，提高补偿标准是可行的。其二，补偿范围过窄，仅限于土地补偿费、安置补

---

[1] 王正立，刘丽.国外土地征收补偿标准方式及支付时间[J].国土资源情报，2004（1）：9~13，5.

[2] 王正立，刘丽.国外土地征收补偿标准方式及支付时间[J].国土资源情报，2004（1）：9~13，5.

[3] 随着土地农业产出率的逐步降低，用于被征地农民的补偿安置费用在整个土地出让收入中的比例也将进一步降低。

助费、地上附着物和青苗的补偿费等费用，以及社会保障费。很多可以量化的财产损失，比如残余地分割损害、经营损失、租金损失等通常所受的损失，以及其他各种因征地所致的必要费用（包括临时租房费用、律师或专家的代理费用等），具有客观价值且能举证的具体损失也未能列入补偿范围，而那些难以量化的非经济上的附带损失更未列入补偿的范围。

因此，应修改中国土地征收的相关立法。一是扩大补偿范围，将残余地分割损害、通常所受损失以及其他各种因征地所致的必要费用等可确定、可量化的财产损失列入补偿范围，以确保被征收人的合法权益；二是适当提高补偿标准，本着补偿以相等为原则、损失以恢复为原则的精神，使土地征收补偿标准接近于正常市价，以维持农民的现有生活水平，避免土地征收与地产经营中出现较大差距；三是建立专业的土地评估师制度来科学确定土地补偿标准，建立完备的土地评估方法以确定被征收土地的客观正常交易价格，使被征收人和征收受益人（即需用土地人）双方均能信服接受（陈泉生，1994）①；四是增加补偿方式，如可增加就业培训补贴、住房、社会保障、留地安置等新的补偿方式，走出一条中国特色的土地补偿之路。

3. 补偿方式。鉴于现代货币经济条件下财产价值及其价值损失均可以金钱的价值尺度评价，而且金钱为融通性最高的资产，受金钱补偿的人可以灵活运用，因此现代土地征收补偿的方法一般以现金补偿为原则。但考虑到目前现金补偿在土地评估技术不足和地价狂涨的情况下，被征收人所领得的补偿费根本无法维持其原有的生活水平，各国（地区）也相应规定了一些例外的现物补偿。比如，日本规定以货币补偿为原则，现物补偿为例外。现物补偿的方式有代替地补偿、耕地造成补偿、工事代行补偿、迁移代行补偿、宅地造成补偿和暂时居住补偿、现物给付等②。新加坡法律规定，通常情况下赔偿费应当用现金支付，但地税征收官也可同享有有限权益的当事人进行协商，在保证当事人享有公平权益的情况下以其他方式进行补偿。而韩国等则采用"土地债券"的方式进行补偿。

4. 补偿支付时间。境外土地征收补偿支付的时间有三种：先行支付、分阶段支付、先征收再支付③。

（1）先行支付。绝大多数市场经济国家（地区）对土地征收补偿采用先行支付的做法，即无论采用何种补偿形式，通常应在土地权利人失去权利之前支付补偿，如韩国、日本、意大利等。先行支付的方式在具体实施中还有一定的差异。①有些国家是先由土地征收单位提供一个初步补偿金额。在加拿大的阿尔伯达省，是先由土地征收单位提出"建议的补偿"。土地征收者在进行完地产评估之后，将评估通知（也就是"建议的补偿"通知）发给土地所有人。土地所有人对补偿可以接受也可以不接受。即使接受，也不影响土地所有人向法院提请诉讼，要求增加对土地的

---

① 陈泉生. 论土地征收之补偿 [J]. 法律科学（西北政法学院学报），1994（5）：56~61.
② 王太高. 土地征收制度比较研究 [J]. 比较法研究，2004（6）：16~3.
③ 王正立，刘丽. 国外土地征收补偿标准方式及支付时间 [J]. 国土资源情报，2004（1）：9~13，5.

补偿。②在波兰，补偿费应在征地最终裁决日的十四天之内一次性付清。若补偿费久拖不付，则颁布征地裁决的机构要发布单独补偿法令。根据民法，政府延期支付补偿费需接受处罚。不过，经土地所有权人的同意，在征地裁决成为最终决定之后，对补偿费的评估可以推迟三个月。

（2）分阶段支付。由于经济和政治等因素的影响，有些国家规定在占用土地前仅支付部分补偿金，而其余金额在以后的规定期内支付。

（3）先征收再支付。在有些国家，土地征收当事人在失去权利后才得到补偿金，但征收机构需同时支付在被征收方失去权利至获得补偿金时间段的利息。若当事人不接受主管机构对补偿金额的决定拟向法院提出上诉，为不影响征收机构正常进入被征土地，要求征收机构将原定补偿金先存入法院，待法院判决后，再由征收机构补齐。新加坡规定，若当事人不接受地税征收官关于补偿金额的决定，地税征收官可单方面向最高法院提出申请，由最高法院下令将这笔补偿费存放在法院。如果地税征收官尚未支付补偿费，或未将补偿费存放在法院，则地税征收官除了应支付补偿费外，还应以每年百分之六的利率支付此笔补偿费在占有土地之日至将补偿费支付给当事人或存放在法院期间的利息。这样既不影响征地机构的工作，又可较好地保护原有土地所有人和相关权益人的利益。在马来西亚，土地征收补偿费应在政府发布征地最后通知的两年内完成。否则，土地征收就会失去效力。如果在土地被征收或在三个月有效期内没有支付补偿费，则需按每年百分之八的利息从规定支付日期至实际支付日期计算补偿给当事人。

（四）土地征收的立法程序

各国（地区）土地征收的立法程序基本的特征是保证了土地被征收人的参与权、知情权、申诉权。虽然中国被征地农民在征地方案确定之前缺乏参与的机会，在征地过程中缺乏表达诉求的机会，但国土资源部下发的《国土资源听证规定》在一定程度上是一个给与被征地农民享有发言权的民主程序，也给了被征地农民合法利益受到保护的权利和机会。

（五）土地征收的法律框架

姜贵善、王正立（2001）① 在调研多个国家（地区）的基础上，分析总结了各国（地区）土地征收立法的基本法律框架。

1. 土地征收的宪法基础。尽管各国（地区）经济制度不同，但保护社会成员的私有财产权是各国（地区）公认的宪法原则。土地征收是强制取得私人财产的重要法律手段，在各国，该权力的法源几乎均可以在宪法中找到影子〔有些国家（地区）是在民法中〕。这是土地征收这种行为区别于其他行政行为的显著特征，它是一种宪法性的行政行为，也凸显了土地征收行为的重要性②。

《人权宣言》是法国于1789年颁布的第一个宪法性文件，规定私有财产是神圣

---

① 姜贵善，王正立. 世界主要国家土地征收的法律框架 [J]. 国土资源情报，2001 (3)：1~4.
② 姜贵善，王正立. 世界主要国家土地征收的法律框架 [J]. 国土资源情报，2001 (3)：1~4.

不可侵犯的权利，除非由于合法认定的公共需要的明显要求并且在事先公平补偿的条件下，任何人的财产不能被剥夺。该规定中体现的土地征收应遵循的原则也是世界主要国家土地征收制度的基石。美国联邦宪法第五修正案规定，无正当法律程序依据，不得剥夺任何人的生命、自由或财产；无合理补偿，不得征收私有财产供公共使用。英国宪法性文件《紧急状态法》规定，内阁在紧急状态下，可以征收车辆、土地和建筑物。荷兰王国1814年《宪法》第十三条第一款规定，若因公益所需而征收财产，须依照法律规定，并须事先保证给予充分补偿。原联邦德国1949年基本法第一百五十三条规定，公用征收仅限于公共福利及有法律根据时始得行之；公用征收，除联邦法律有特别规定外，应予相当赔偿。日本宪法第三章第二十九条规定，私有财产在正当补偿下得收为公用。韩国《宪法》第二十三条第三款规定，因公共事业的需要，对产权进行征收、使用或限制时，应根据法律对其损失给予正当补偿。马来西亚《联邦宪法》规定，政府可依法对私人土地进行征收，但要给予合理补偿。菲律宾《宪法》第三条第九款规定，对被征收的财产进行公平赔偿。巴西《宪法》第一百五十三条规定，为公共利益征收财产，必须由国家进行公平赔偿。中国《宪法》修正案第二十条规定，国家为了公共利益的需要，可以依照法律规定对土地实行征收或者征收并给予补偿。

2. 土地征收制度基本法的立法形式。世界各国家（地区）土地征收制度涉及的立法形式主要有独立式和章节式两种①。

（1）独立式立法。指土地征收法独立于土地法，以法律的形式存在。土地征收有独立的宪法基础，关于土地征收的立法应该是对公权力侵害私人财产权的保护。土地法则属于物权法（或财产权法）范畴，在字面上具有大量的行政法内容。土地征收法和土地法的性质是不同的，故多数国家均独立制定土地征收法，甚至有些没有专门土地征收法的国家最近也在考虑拟定土地征收法。

1810年3月8日世界历史上第一部《土地征收法》在法国诞生。英国于1965年颁布了强制征购土地法，1981年制订了土地征收法。美国的"土地征收政策法"于1970年1月2日生效。印度于1894年公布了土地征收法，并两次进行修订。新加坡于1966年公布了土地征收法。日本于1951年颁布土地征收法。韩国于1962年公布了土地征收法。津巴布韦于1992年公布了土地征收法。加拿大的不列颠哥伦比亚省、新斯科舍省、埃尔伯塔省、新布瑞克省分别于1996年、1989年、1975年和1977年颁布了土地征收法。波兰于1991年颁布了"关于土地利用管理和不动产的征收"（土地征收法）。马来西亚于1960年制定了土地征收法，1993年和1997年两次修改，并于1995年和1998年先后两次颁布"土地征收实施细则"。印度尼西亚1993年第三十三号总统令即"基于公益性建设征购土地之法令"。澳大利亚、澳大利亚亚塔斯马尼亚州、澳大利亚北部地区、澳大利亚南澳州分别于1989年、1993年、1982年、1996年公布了土地征收法，澳大利亚维多利亚州于1986年公布了土

---

① 姜贵善，王正立. 世界主要国家土地征收的法律框架[J]. 国土资源情报，2001（3）：1~4.

土地换保障：
扩大推动发展民众基础的政策选择

地征收和补偿法。另外，孟加拉、赞比亚、安提瓜和巴布达群岛、瑞典均有土地征收法，中国香港有官地收回条例，白俄罗斯有最高苏维埃令"土地地块征收和授予规定"，希腊有土地强制性再分配法（KD30，4，1953）和土地再分配法（L674/1977），波西尼亚－黑塞哥维那有征收法，塞浦路斯有征收法21/625和强制性土地征收法15/624，芬兰有征收法。

另有美国西雅图的华盛顿大学农村发展研究所（RDI）的Brain Schwarzwalder提出了土地征收立法的基本框架：①明确说明征收土地只能为了公益目的，并且支付赔偿费；②允许征地用于特殊目的的清单；③（征地）过程的描述，以便在"可允许的目的上加上或去掉特殊目的；④赔偿费等于被征收土地的市场价值；⑤在没有土地销售市场的地区，确定价值（或给予相等土地）的替代方法；⑥明确政府官员或政府机构的责任和义务；⑦明确土地所有权人的权利；⑧建立分明的程序和标准化形式；⑨合适的"通知"条文；⑩对征地主管机构的时间限制（不遵守限制的惩罚）；⑪对主管当局提前呈交征地目的和征收程序的要求；⑫给土地所有权人对征地决定提出质疑的机会；⑬给土地所有权人参与征收过程和决定的机会；⑭关于司法或"准司法"机关对各种问题可持独立见解的规定；⑮支付赔偿费的最高期限。

（2）章节式。指土地征收法作为土地法的一个章节，仅是土地法的一部分。比如，越南土地法第二十七条的规定，多数东欧国家（波兰除外）和中亚国家等。

3. 土地征收制度程序法的立法形式。如上所述，土地征收制度法源于宪法，并以《土地征收法（<土地法>的一个章节）》作为实体。除此之外，为便于操作，还通过特殊性法规、条例等方式，制订有较为详细的程序性规定。土地征收程序性规定重点规范四个方面：其一，"公益事业（或公共利益）"范畴的认定程序；其二，公告/通告以及被征收土地权利人参与土地征收过程的程序，其三，赔偿的确定程序；其四，申诉程序。

在这四个程序中，土地征收赔偿程序是最核心的程序。日本在《土地征收法》颁布以后，又陆续颁发了一系列辅助性的法规、1962年内阁会议决定的《公共用地损失赔偿标准纲要》、1963年建设省颁布的《建设省直管公益事业损失赔偿标准》、1963年建设省颁布的《建设省直管公益事业损失赔偿标准的运用方针》、1967年内阁会议决定的《公共用地的公共赔偿标准纲要》、1968年建设省颁布的《建设省直管公益事业的公共赔偿标准》。韩国在1962年制定了《土地法》后，又于1975年制订了《公共用地征得及损失补偿特例法（1975~1988的十三年间该法先后修订了七次）》《公共用地征得及损失补偿特例法实施令》《公共用地征得及损失补偿特例法实施规则》等，还在1991年修订的《土地征收法》中增加了土地债券补偿制度，规定了利用发行债券的财政、程序、对象、方式等。这些法律、法规对"土地""公共事业""迁移费""成本方式"等术语和补偿原则、方法、估价、补偿程序、土地评价、地上物评价、农业评价、权利评价、间接性损失的评价和补偿进行了逐一规定。

二、确定土地价格的主要理论

(一)马克思的地租、地价理论

马克思认为,地租是直接生产者在农业(或其他产业)生产中所创造的生成产物被土地所有者占有的部分。马克思将地租划分为绝对地租、级差地租和垄断地租三种形式。绝对地租指,即使租用劣等地也要缴纳地租,故租用任何土地都必须缴纳的地租就是绝对地租,土地私有权的垄断是产生绝对地租的根本原因。级差地租是一个相对于绝对地租的概念,指租佃较好土地的农业资本家向大土地所有者缴纳的超额利润,因形成条件不同可分为级差地租Ⅰ和级差地租Ⅱ。级差地租Ⅰ是由地租形成条件不同而形成的,是由土地肥力和土地地理位置差别引起的资本生产率的差别而形成的级差地租。级差地租Ⅱ是由于在同一土地上连续追加等量资本引起的资本生产率的差别而形成的级差地租。垄断地租是因某些土地具有独一无二的自然条件,能够生产出非常稀少而又名贵的产品,这些产品的售价远大于其价值,由这种垄断价格带来的超额利润即转化为垄断地租。前两种地租源自生产领域,而垄断地租则源自流通领域,不再是农业工人创造的剩余价值的组成部分,而是取决于消费者的购买欲望和相应的支付能力。社会主义国家虽然实行土地公有制,但因现阶段公有制实现形式的多样性及土地位置和自然条件方面的差别,同样存在绝对地租、级差地租和垄断地租。土地是农民的基本生产资料,征收土地时农民理应得到补偿并得到妥善安置。他们不但应得到对绝对地租的补偿,还应分享级差地租引起的土地增值收益[1]。

马克思主义的地价理论是以劳动价值论、生产价格论和剩余价值论为理论基础的,该理论认为土地价格是地租的资本化。马克思将土地区分为土地物质和土地资本两个范畴。其一,土地物质是作为自然状态的未利用的土地,因其没有任何物化劳动,所以没有价值,但有使用价值。土地的使用价值具有特殊性,即在生产过程中投入劳动,就可以永续地提供产品和服务从而产生地租。故马克思认为,土地价格并不是"土地的购买价格,而是土地所提供的地租的购买价格""地租的占有是土地所有权借以实现的经济形式,而地租又是以土地所有权,以某些人对某些地块的所有权为前提"。其二,土地资本是已利用或已改良的土地,因其凝结了资本劳动,所以有价值。土地价值与土地使用价值是两个不同范畴,不可混同。土地资本能为土地所有者带来利息和折旧,也是地租的一部分。没有人类物化劳动的土地物质为所有者带来地租,而内化了人类劳动的土地资本为所有者带来利息和折旧,地租、利息和折旧都构成了土地所有者的收入,从而都是决定土地价格的不可或缺的影响因素。马克思认为,"土地价格无非是出租土地的资本化的收入","当某个人要求地租收入或者把地租的要求全转让给另一个人时,他自然要付出或索取相应的

---

[1] 李国健. 中国被征地农民补偿安置研究[M]. 山东:中国海洋大学出版社,2008.

土地换保障：
扩大推动发展民众基础的政策选择

代价，即土地价格"。任何货币收入都可以资本化，将地租按一定利息率还原成一个资本量便是土地的价格，土地价格＝地租/利息率。作为资本化了的地租，土地价格实际上是指土地所有者在转让其土地时，要考虑出让土地所得的货币如果存入银行，利息要与失去的地租数量相等，土地价格与地租成正比，与利息率成反比。

土地价格是土地的购买价格，包括土地所有权价格和土地使用权价格。土地征收中，农民失去了土地所有权主要表现为他们要放弃法律意义上的集体所有权，失去了土地为其永续提供的地租，故要对农民未来若干年的土地收益损失进行补偿，即未来若干年的土地纯收益或地租的贴现值总和。农民失去土地使用权主要表现为失去了他们已经物化在土地中的土地资本继续为其带来收益的路径，故要对农民的土地资本收益予以补偿，即利息和折旧。在土地强制征收中，决定土地补偿数额大小的土地价格实际上包括地租、折旧和利息三部分，也是包括了由于土地所有权垄断而产生的绝对地租和土地条件差别而产生的级差地租在内的土地价格。因此，土地价格的基础是土地的权利（包括所有权、使用权、抵押权、租赁债权等）和利益，这是土地区别于其他商品价值的最大不同。在强制征收土地时，政府或征地机构不仅获得了土地权利，同时获得了土地收益，故他们的土地赔偿也应包括土地权利赔偿和土地利益赔偿两部分。

显然，在中国的土地征收补偿实践中，过多考虑的是基于土地收益损失的补偿，而忽视了对土地权利损失的补偿，因此补偿标准过低就不足为怪了。据统计，改革开放以来，中国政府通过征地而从农民那里拿走的资金至少在三万亿元以上，远远超过改革开放前三十年靠"剪刀差"从农民那里拿走的六千亿至八千亿元资金（蔡继明，2008）①。可以说，以土地市场价格为依据制订征地补偿标准是构建农民分享改革开放和经济发展收益的有效途径之一。中国实行的是土地家庭联产承包制度，农民作为集体的成员，具有土地所有者和使用者的双重身份，因此有权参与地租特别是级差地租的分配，有获取土地产出的权利和以土地为养老、医疗、就业提供保障的权利②，故土地征收补偿应以土地价格为依据，且应适当高于土地价格，以保障被征地农民的基本生活和长远生计，不但保生存还要重发展，以防因征地致使其陷入长期贫困风险中。实际上，在工业化、城镇化和现代化的大背景下，马克思的建筑地租理论对土地价格形成更具有指导意义。

（二）西方经济学的地价形成理论

在西方经济学中，不同流派都曾经阐述过土地价格理论。其一，土地收益理论。该理论的代表人物是美国经济学家伊利。他认为，土地所提供的收益是土地价格的决定因素，土地价格是土地收益即地租的资本化，与马克思的地租不同，此处的地租指经济地租，即土地总收益扣除总成本的收益。其二，土地供求理论。该理论的代表人物是马尔萨斯、萨伊、马歇尔、萨缪尔森。他们认为，土地价格的决定因素

---

① 蔡继明. 聚焦当前经济社会热点.
② 张会. 农用地征地区片价格评估研究 [D]. 江苏：南京农业大学硕士学位论文，2007.

是土地供求，土地价格的成因是土地效用、土地供给的相对稀少和土地需求的不断增长相互作用的结果，土地价格与供给量成正比，与需求量成反比。其三，城市土地的竞标理论。该理论的代表人物是英国经济地理学家阿伦索。他第一次将空间作为地租问题的一个核心进行探索，首次引入区位平衡的概念，并把基地规模加入地价分析。他利用地租结构，揭示了城市土地市场出租价格的空间分布特点。其所研究的价格结构即把自城市中心向外、处于不同位置的土地市场中出租的价格在二维空间坐标系中连接起来，得到真实的土地价格线（出租价格）。其四，影子价格理论。影子地价实际上是从土地的有限性出发，在一定的配套资源约束条件下，要求每增加一单位土地资源可得到的最大经济效益。它主要分析土地的机会成本，选择最大效益的机会成本确定土地计算价格。影子地价的经济含义是反映土地利用的经济效益，一方面反映土地的劳动消耗；另一方面反映土地的稀缺程度。其五，区位理论。区位理论是研究在一定社会活动和经济活动中诸事物的地位、作用、空间分布规律和内在联系的理论。该理论所提及的区位概念包括自然地理区位、经济地理区位和交通区位。在确定土地价格时，土地的区位条件是一个重要的影响因素，因为土地的区位条件对土地功能配置和利用布局、土地使用价值和土地利用的收益水平有重要的影响，且区位条件是产生级差地租的重要因素之一。因此，在确定土地区位条件时，必须考虑一般的区位因素，如农业土地离集镇、村庄、乡间道路等的距离，以及城镇土地离道路、商业中心、车站码头等的距离，同时还要考虑特殊的区位因素，如影响土地收益的某些微观区位条件，如对城镇土地有显著影响的高速公路的出口、桥梁的位置等。区位理论是中国土地征收补偿实践中根据"片区综合价"确定补偿标准的理论基础。

三、土地价格评估的基本方法

土地收购价格评估的基本原则是权利和利益的原则。该原则的含义为，土地原使用者有权追求自身利益，故确定的收购价格应体现被收购土地的区位条件及收益状况的差异；收购价格的评估必须首先确权，即确认原土地使用者对其占有或使用土地所拥有的权利。根据该原则，所确定的收购价格必须保持与被收购土地原使用者权力的一致性，即被收购土地的原使用者在其权利范围内对土地的投入所产生的收益应给予补偿。

（一）收益还原法与收益倍数法

收益还原法主要适用于有收益或潜在收益的土地或房地产评估，该方法将土地收益视为一种投资，以获取利润为目的，虚拟利润以平均利润率为准计算，将未来利润还原为现值总和的方法，即土地价格＝土地纯收益/还原利率。该方法实际上是一种永续年金的计算法。其中纯收益可通过从总收益中扣除生产要素成本和收益得到，或利用农地资源的影子价格做纯农地收益，还原理论以行业平均利率为准，结合土地经营的风险程度确定。

土地换保障：
扩大推动发展民众基础的政策选择

收益倍数法是从收益还原法演绎而来的，具体为：在还原利率不变的条件下，土地价格与土地纯收益呈正相关关系，而土地纯收益与农业总产值呈正相关关系，故土地价格可表示为农业总产值的若干倍，该倍数根据区域土地利用集约程度和收益率确定，一般在三至六年①。中国《土地管理法》规定，征地费根据征地前三年平均产量或产值的六至十倍确定，计算公式为：土地价格＝土地总产值×倍数。收益倍数法简便可行，适用于大面积的农用土地估价，但该方法有很大的局限性：过于笼统，忽略了土地的潜在收益，未能考虑土地用途的变化和土地的增值收益，不能完全反映土地的真实价值，未能考虑土地收益对农业收益的贡献及变化，且倍数的确定带有很大的主观性，倍数的选择往往忽视了人们对土地权利持有的期限，不利于保护土地权利人的长远利益和可持续生计。

（二）市场比较法

市场比较法是土地收购价格评估的首选方法，其理论基础是市场替代原理，通过对比相同或相近情况下同类土地资源的价格来确定待估土地价格，即根据同一市场中近期发生的类似土地交易案例，结合市场行情，对案例交易价格进行交易情况修正、日期修正、区域因素修正、个别因素修正、年期修正等（园地、林地尚需考虑成熟度）得到待估土地的价格。由于市场比较法模拟了市场价格的形成过程，所以反映出的评估价格最为直观，也最容易为当事人所信服。该方法的优点是根据已有市场上土地价格的变化及趋势，结合土地供求关系的预测、供给弹性和需求弹性的计算等，对某类土地资源进行价格评估。该方法适用于农地市场发育良好、运行规范的农地和交易价格市场化程度比较高的商业用地、住宅用地。工业用途的土地由于流动性相对较差，类似交易较少，则不适宜采用市场比较法。在某些市场经济不发达地区，由于市场透明度不高，也难以采用市场比较法评估。

（三）成本逼近法

成本逼近法适用于农业集体用地、工业用地的收购价格评估，其理论基础是生产费用价值论。根据生产费用价值论，卖方出售土地的价格不应低于其取得土地的费用及其对地上部分追加的投资。该方法一般用于未利用土地或废弃地，新开发土地，土地市场欠发育、交易实例较少的地区。成本逼近法有其自身的局限性：其一，生产费用价值论考虑的是卖方的感受，未考虑市场行情及买方心理，因而运用成本逼近法评估时，有可能不利于土地收购方；其二，该方法从投资成本角度考察土地价值，但不能完全反映土地的真实价值。因为土地价值高低主要取决于土地未来利用中产生的收益大小，并非取决于土地投资改造的费用。因此，成本逼近法估定的土地价格只能作为土地征收补偿中地价评估的一种参考。

（四）基准地价系数修正法

基准地价是利用基准地价和基准地价修正系数表等评估结果，按照替代原则，将待估土地区位条件和个别条件与其所处区域的平均条件相比较，并对照修正系数

---

① 李国健. 中国被征地农民补偿安置研究［M］. 山东：中国海洋大学出版社，2008.

表选择相应的修正系数对基准地价进行修正,从而求取待估土地的评估基准日的评估价格方法,是土地收购价格特别是多宗土地价格评估较为方便的方法之一。基准地价系数修正法有其自身的局限性:基准地价反映的是评估基准日时的地价水平,随着时间的推移、社会经济的发展,基础设施、区域环境及土地市场都会发生变化,因而地价也会发生很大的变化,导致当时的评估基准地价难以跟上市场的变化。故若基准地价的评估基准日与土地收购评估基准日不一致时,应据与基准地价测算部门发布的口径一致的地价指数进行交易日期修正,以测算出比较准确的、当前的地价水平。

四、征地过程中相关利益主体的博弈分析

土地征收过程同时是各利益主体从自身利益出发进行激烈博弈的过程,参与博弈的利益各方分别为:政府、未来土地开发商、村干部、村民。征地过程中相关利益主体的博弈也会不同程度地影响土地的价格。就中国而言,这个博弈对农民而言既是一个不平等的博弈,也是一个最后通牒博弈(李国健,2008)[①]。一方面,相关政府和未来开发商既是规则的制定者,也是游戏的参与者,由于信息不对称,农民处于明显的弱势、被动地位;另一方面,虽然农民是名义上的集体土地所有者和使用者,但由于政府垄断一级土地市场,政府既是规则的制定者又是博弈者,农民只有接受条件的可能,并无提出条件的能力。土地一级市场垄断使利益集团的寻租成为必然,政府迫于财政压力和创造业绩的动机在征地过程中"低价征地、高价出让",且土地滥征行为日益滋长,那么农民的利益自然被侵害也就不足为怪。

村委会与村民之间是一种委托代理关系,同时村委会也代理上一级政府的一部分行政职能,故村级组织存在双重代理性质。在官僚政治背景下,村委会最终代表的是政府而非被征地农民的利益。因此,在与村干部的博弈中,农民仍是弱势。在征地过程中,存在以政府或利益集团为代理方、以农民为委托方的社会契约关系。这个社会契约也存在着代理成本,因为代理方和委托方分别追求各自利益最大化,再加上双方掌握信息的不对称,委托方根本无力监督代理方行为。由于农民无法监控政府或利益集团的行为,且农地产权不清晰、管理机制不健全,不可能出现激励相容的情况,难免形成"逆向选择"和"道德风险"。博弈的结果仍然是农民处于不平等的谈判地位,最终他们只能被动接受政府的出价。

五、征地安置的可持续生计理论

征地安置的可持续生计问题在影响土地价格的多种因素中是最有弹性的,也是最容易被忽视又最应该引起重视的因素。

---

① 李国健. 中国被征地农民补偿安置研究 [M]. 山东:中国海洋大学出版社, 2008.

土地换保障：
扩大推动发展民众基础的政策选择

Chambers 和 Conway（1992）① 将生计定义为一种"建立在能力（Capabilities）、资产（Assets，包括储备物、资源、要求权和享有权）和活动（Activities）的基础之上的谋生方式"。而"可持续生计"概念最早见于 20 世纪 80 年代末世界环境和发展委员会的报告。它从一开始就是要维系或提高资源的生产力，保证对资产、资源及收入活动的拥有和获得，而且要储备并消耗足够的食品和现金，以满足基本的需求。这反映了人们日益增长的共识：粮食安全不仅是农业生产问题，而且在所有方面都是一个消除贫困的问题。1992 年，联合国环境和发展大会（UNCED）将此概念引入行动议程，主张把稳定的生计作为消除贫困的主要目标；1995 年，哥本哈根社会发展世界峰会和北京第四届世界妇女大会（FWCW）进一步强调了可持续生计对于减贫政策和发展计划的重要意义。哥本哈根社会发展峰会的《行动计划》第三章重点论述了上述问题，将其置于消除贫困的框架之内，而《哥本哈根宣言》的第三项承诺："使充分就业作为我们经济和社会政策的优先目标，使所有男人和妇女通过自由选择的生产性就业和工作，获得可靠和稳定的生计（UN，1995）"。1997 年，联合国社会发展委员会将生产性就业和可持续生计（Sustainable Livelihoods）作为其第三十五届会议的首选议题，研讨了就业在政策制定中的核心地位，以及改善基础设施和生产性资源的利用率与工作/就业的质量问题（Jonathan Gilman，2000）②。

"可持续生计"是指个人或家庭为改善长远的生活状况所拥有和获得的谋生的能力、资产和有收入的活动。在可持续的发展框架内，资产的定义是广泛的，它不仅包括金融财产（如存款、土地经营权、生意或住房等），还包括个人的知识、技能、社会关系和影响其生活的相关决策能力（成得礼，2008）③。被征地农民的可持续生计具有延续性、发展性和正义性的特点：其一，时间上的永续性，要求当前的状态能够延伸到未来且在未来有发展变化的能力；其二，发展性是可持续生计的根本，只有被征地农民的生计能随着城市生产力的发展而发展，其生活水平提高和生存状态的维持才有可能性；其三，只有被征地农民的生计是可持续的，才能实现农民对城镇化成果的分享，也是社会发展对其贡献的肯定。

（一）英国国际发展机构的 DFID 模型

在关于可持续生计的各种分析框架中，英国国际发展机构（the UK Department for International Development，DFID）建立的可持续生计框架——DFID 模型较为典型。该框架以贫困农户为中心，将维持其生计可运用的五类资本，即人力资本（H）、自然资本（N）、社会资本（S）、物质资本（P）、金融资本（F）组合构成一

---

① Chambers R. and Conway G. Sustainable Rural Livelihoods: Practical Concepts for 21st Century". IDS Discussion Paper: 296. Brighton: Institute of Development Studies, 1992.

② Jonathan Gilman. Sustainable livelihoods [J]. International Social Science Journal, 2000, 17 (4): 77~86；乔纳森·吉尔曼. 让生计可持续 [J]. 国际社会科学杂志（中文版），2000（4）：123~129.

③ 成得礼. 对中国城中村发展问题的再思考 [J]. 城市发展研究，2008 (3)：68~79.

个"生计五边形"(如图 2-1 所示)。国内学者成得礼(2008)将该框架用在对城中村的分析中,并演绎出适合于该群体的可持续生计框架。可持续分析框架由脆弱性背景、生计资本、结构和制度的转变、生计战略和生计输出五个部分组成,这些组成成分以复杂的方式互相作用,箭头表示的只是一个组成影响另一个组成的一些最重要的情形,但这些箭头不表示从属关系或因果关系。这些关系主要表现在:脆弱性背景下的冲击、趋势以及季节性既可以创造资本又可以毁坏资本;政府机构投资于基础设施建设(物化资本)、技术革新(人力资本)以及制度的建设(社会资本)也是创造资本的过程;政策和制度也能在一定程度上调节对资源的拥有和响应的程度以及对不同生计战略的反馈程度;拥有较多资本的人们往往拥有更多的选择权并有能力运用一些政策措施确保他们的生计安全(Kollmair M,Gamper St;2002)①;人们取得幸福的能力在很大程度上取决于他们对资产的拥有,不同的资产组合可以达到不同的生计结果(苏芳,徐中民,尚海洋;2009)②。

可持续性农户生计框架是把农户看作脆弱性背景中生存或谋生的对象,可以使用一定的资本。同时,这种环境也影响着农户的生计策略——资本配置与使用的方式,以实现预期的成果并满足他们的生计目标。也就是说,在制度和政策等因素造就的脆弱性环境中,在资本与政策和制度相互影响下,作为生计核心的资本的性质和状况决定了采用生计策略的类型,从而导致某种生计结果,生计结果又反作用于资产,影响资产的性质和状况(苏芳,徐中民,尚海洋;2009)③。

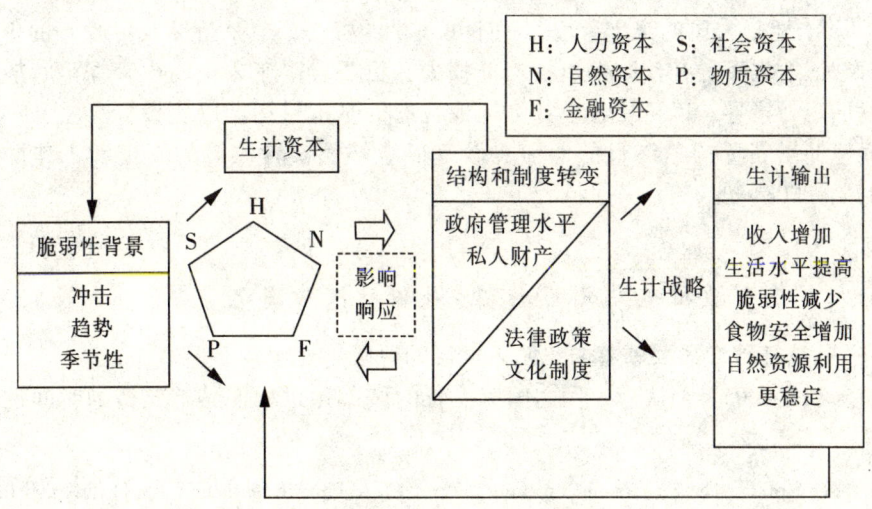

图 2-1 可持续生计框架示意图

---

① Kollmair M,Gamper St. The Sustainable Livelihoods Approach [R]. Input paper for Integrated Training Course of NCCR North-South Aeschiried,Switerland,2002.
② 苏芳,徐中民,尚海洋. 可持续生计分析研究综述 [J]. 地球科学进展,2009 (1):61~69.
③ 同上.

（二）联合国开发计划署（UNDP）对可持续性生计的研究

UNDP 试图通过探讨穷人所拥有的资产来对发展进行重新定义，把对发展的思考引向支持个体的男性和妇女的才能、知识和技术；发展的目标就是要了解人们和他们所处的环境，并创造可能的环境让人们可以运用自身能力、实现潜能并最终得到发展。UNDP 的可持续性生计途径的目标旨在推动一种整体的发展观，其中涉及收入、自然资源的管理、赋权、使用合适的工具、金融服务等方面。虽然这种途径的单个组成部分并不是新的内容，但当这些因素协同作用就会比其他的发展方法更为有效（Lasse Krantz, 2001；苏芳、徐中民、尚海洋，2009）[1]。

（三）CARE 的农户生计安全框架

CARE 所使用的生计安全定义与 DFID 的可持续性生计小组达成的定义非常相像。它认为生计包括能力、资产（储备、资源、所有权和可获得性途径）和某种生活方式所需要的活动。该定义包含三个基本属性：其一，个人能力的具备（如教育、技能、健康、心理倾向）；其二，对可见和不可见资产的可获得性；其三，存在的经济活动。这三者之间的互动关系决定了一个农户所追求的生计策略，它们处于 CARE 生计安全框架的中心。CARE 框架以家庭为焦点，与以往框架所不同的是物质环境和自然环境在这个框架中的作用，农户能够直接控制的资源基础（家庭资产）与在社区中通过成员资格所确定的资源基础（公共资产）之间是有差别的。CARE 的生计框架把农户作为分析的单元，同时强调关注家庭内部的性别和生育关系，分析儿童、妇女、男性和老人在社会中的作用（Frankenberger T D, Maxwell M；2000）[2]。土地是农民的谋生手段，是不可再生的资产，也是持续获得收入的生产资料。对被征地农民的补偿既要包括当前损失，更要着眼于未来的生存保障，应以科学的发展观为指导，以可持续生计为征地补偿的基本目标，以建设社会主义和谐社会为征地补偿安置的最终目的，切实做好征地补偿安置政策的制定和工作的实施（李国健，2008）[3]。

六、投资于被征地农民的未来发展以防范贫困化

（一）被征地农民面临着未来陷入贫困的风险

胡永和（2005）[4]认为，发达国家漫长的城市化过程使其有充裕的时间逐渐建

---

[1] Lasse Krantz. The Sustainable Livelihood Approach to Poverty Reduction [M]. Swedish International Development Cooperation Agency, 2001: 42~98；苏芳，徐中民，尚海洋. 可持续生计分析研究综述 [J]. 地球科学进展，2009（1）：61~69.

[2] Frankenberger T D, Maxwell M. Operationalising Household Livelihood Security: A Holistic Approach for Addressing Povert and Vulnerability [R]. CARE, 2000；苏芳，徐中民，尚海洋. 可持续生计分析研究综述 [J]. 地球科学进展，2009（1）：61~69.

[3] 李国健. 中国被征地农民补偿安置研究 [M]. 山东：中国海洋大学出版社，2008.

[4] 胡永和. 贫困向城市集中与中国进城农民工的贫困化 [J]. 经济体制改革，2005（6）：87~90.

立经济、社会和政治制度以应对城市化过程中产生的问题。反之，发展中国家迅速的城市化过程遭遇人口增长率高、人均收入低以及国际移民机会少的局面，使其在城市化中遇到了发达国家未遇到的、难以解决的问题，其中最严重的是贫困人口向城市集中的趋势，农村贫困人口比重呈不断下降趋势。经济学家约翰·哈里斯和迈克·托达罗（John R. Harris, Michael P. Todaro；1970）的研究表明，农村人口向城市的迁移过程会引起新的失业。在二元结构严重的国家，尽管城市存在失业，农村人口在追求高工资工作机会的驱动下仍会不断涌入城市，加深城市贫困的程度。世界银行 Martin Ravallion（2001）对三十九个国家和地区的农村和城市贫困人口进行了调查，结果发现，农村贫困人口的城市化速度快于总人口的城市化速度。另据世界银行的估计，在拉丁美洲和东欧有超过一半的贫困人口居住在城市，该现象也将会出现在亚洲和非洲。

中国的农民工和被征地农民是农民城市化的主要对象。中国的城市贫困人口统计并不包括不具有城市户籍的农民工贫困群体（樊坚，2007）①和被征地农民。表面看来，中国在城市化进程中并未出现贫困人口向城市集中的现象（胡永和，2005），但庞大的农民工群体和农地征收中催生的被征地农民在城市的边缘化和贫困化却是不争的事实。龚立新（2006）②则将城镇贫困人口分为七类，其中，流入城镇务工不着、被辞退或无经济收入极端贫困的农民工是城镇贫困人口的增量。可见，如果将贫困农民工群体和被征地农民统计在内，中国农村劳动力的乡－城迁移对加大城市贫困规模起到了一定作用（骆祚炎，2007）③。不过，城市贫困人口的增量并非农村贫困人口的简单转移，农民工和被征地农民进入城市劳动力市场导致城市劳动力失业而陷入贫困，他们自身也会因找不到工作而陷入贫困。

贫困的主要表现是低收入，有两种理论或方法可以用来分析低收入产生的原因：一种是英国经济学家阿马蒂亚·森（Amartya Sen, 1997）④的可行能力法，另一种是法国学者拉诺尔（Ren Lenoir, 1974）⑤的社会排斥法。阿马蒂亚·森注重个体之间的差别，强调贫困是收入与物质缺乏或其他因素造成的个体基本可行能力的被剥夺，而不仅仅是收入低下。拉诺尔的社会排斥分析法与可行能力分析法不同，强调贫困状况与群体、社会结构、制度、文化这些外在因素之间的关联，将分析的重点从个体转移到社会关系与制度上。社会排斥丰富了贫困概念的内涵，强调贫困不仅是收入低下与物质资源缺乏的状况，而且还包括人的社会需求与心理需求得不到满足的状况，如文化歧视、群体排斥、社会隔离、权利缺乏等。

---

① 樊坚. 城市化进程中的农民工贫困研究 [J]. 云南民族大学学报, 2007 (1): 17~21.
② 龚立新. 城镇贫困问题剖析及其标准界定 [J]. 改革, 2006 (1): 20~26.
③ 骆祚炎. 城镇化进程中的人口流动与城镇新增贫困人口问题分析 [J]. 人口与经济, 2007 (4): 46~51.
④ 阿马蒂亚·森. 以自由看待发展 [M]. 北京: 中国人民大学出版社, 2002.
⑤ Lenoir, R. (1974). Les exclus: Un francais sur dix. Pairs: Seuil.

(二) 现有安置补偿忽略了被征地农民的贫困化风险

Michael M. Cernea (2008)[①] 认为，现有补偿在根本上是有缺陷的，会导致被征地农民陷入贫困。一方面，现有补偿未能充分考虑补偿成本。因强制征地而失去家园的人们需要安置，安置成本由两部分构成：征收的土地及迁移成本，安置及其经济发展活动的成本。只有补偿成本同时包括了上述两层内容，才能为其重建生产和自身可持续发展的基础与平台。但是，由于强制征地中的资产损失构成了受影响人群迁移的主要成本，并且也被看作基础设施建设等征地项目的主要成本，降低补偿成本就成为征地项目估价员、项目负责人和制订计划者强烈的内在动机。实质上，迁移成本也逐渐演变为安置重建成本的上限，很少再有其他补偿。而这一上限必然成为其提高收入和生计的资金约束。另一方面，征地项目的风险评估并不包括受影响人群的贫困化风险。风险分析是征地项目可行性分析不可或缺的部分，内容包括采购风险、外汇风险、技术风险、地质风险、私人项目的利润回收风险及其他源自项目和出资人的风险。但是，这类风险评估从未包括对受影响人群的贫困化风险分析。然而，贫困化风险却已是不争的事实。Fernandes (2008)[②] 的实证研究表明，印度六千万失地农民中的四分之三在征地迁移后变得贫困化，且没有任何统计结果表明他们比征地前的境遇好；在中国 20 世纪后半叶，被征地农民中三分之一的人经过再安置生活状况不错、三分之一的人生活得不好、三分之一的人生活非常一般。

Michael M. Cernea (2008) 的研究还表明，征地补偿原则从理论走入实践后存在的一个重大问题是根本无法准确充分地恢复损失，且现有的补偿仅仅旨在维持生活现状，根本无法保证被征地农民的未来发展。因此，他提出，为了规避被征地农民的贫困化风险，在征地补偿费之外额外预算一部分资金以投资于被征地农民的未来发展，通过投资重建生产力且改善生产生活条件。就中国的被征地农民而言，通过这类投资提高可行能力，构建融入城市的路径是防范未来贫困化风险以建立可持续生计的关键。

第三节 与土地制度相关的研究成果与启示

土地利用与管理深刻地维系着国之命脉、民之根本，深刻地影响着经济社会发展的进程和质量。为了研究制定科学合理的土地政策制度，有必要全面研究介绍国内外土地政策制度。

[①] Michael M. Cernea. Can Compensation Prevent Impoverishment? Reforming Resettlement through Investments and Benefit–Sharing. Oxford University Press, 2008, pp: 34.

[②] Michael M. Cernea. Can Compensation Prevent Impoverishment? Reforming Resettlement through Investments and Benefit–Sharing. Oxford University Press, 2008, pp: 23.

一、关于土地制度的研究成果与启示

土地是国家最重要的物质财富之一,土地制度是一个国家经济制度的重要组成部分,是人地关系的制度化。因此,各国对土地制度的研究成果是非常丰富的。

土地制度是人们使用土地的具体规则,并与土地承载的社会制度密切相关。目前,对土地制度的经济解释中相当一部分借用了产权经济学和新制度经济学的分析工具。新制度经济学和产权经济学的影响导致产权和交易费用也广泛地应用于中国的农地制度分析。自20世纪80年代中后期,特别是我国开始实行城市土地有偿使用制度以来,大量与土地制度相关的研究文献主要集中在国有土地使用制度改革研究、城市土地市场的培育建设与发展研究、与市场建设相关的土地产权关系研究,城市土地征用制度、城市土地储备制度、城市土地收益分配制度等领域。

土地的所有制度是一个国家基本制度的重要内容,人类史上重要的政治制度变革从奴隶社会、封建社会到资本主义社会,都离不开土地制度的变革。在西方,城市化的开始使阻碍社会化大生产和自由经济的旧的土地所有制解体,是新兴资本主义土地私有制逐步确立和发展的过程。在这个过程中,一方面,土地作为私人财产的权益得到法律保护,成为居民最重要的生活资本和社会稳定发展的制度基础;另一方面,土地产权的逐步明晰和土地市场的逐步完善,使得土地的经济规定性得以深入体现。土地作为生产要素参与到各种经济活动中,城市土地区位的经济性极大地促进了城市功能的经济性重构以及土地自身生产效益的提高。而在土地所有制不变的情况下,对土地使用制度以及收益分配制度等进行适度调整以应对市场失灵或者提高社会公平,更是许多国家促进经济发展、消除政治危机的常用手段,如我国改革开放以来农村集体土地所有制下实行的联产承包责任制和城市土地国有制下实行的土地使用权有偿转让。

在我国工业化、城镇化和现代化已经推进到了一个新的阶段的今天,我们完全有可能在不改变现行土地所有制性质的前提下,对土地使用制度以及收益分配制度等进行适度调整,提高对农民的补偿标准,以提高农民在土地收益分配中的比例,提高社会的公平性,增加农民的财产性收入。

二、关于土地功能的研究成果与启示

根据人们对土地利用的状况,土地的直接功能可分为生产功能、生活功能、保障功能和生态功能等。对于前城市化时期或者非城市化地区,土地最重要的功能是利用耕地和牧场等提供粮食和饲养牲畜的养育功能,而对于城市化地区,城市土地最重要的功能就是利用城市土地空间实现工业生产、生活居住和各种服务,以及维持城市土地生态的良性可持续性发展。

根据土地的属性,土地的功能不仅具有直接的生产、生活和生态功能,而且具

土地换保障：
扩大推动发展民众基础的政策选择

有社会、经济和文化属性。土地的经济功能在现代经济发展过程中占有越来越重要的位置。由于土地的稀缺性、永续性和土地区位的极其重要性，土地作为财产的增值功能随着经济的发展得以强化。由土地区位差异所带来的级差地租经济意义重大，而且随着经济的开发和再开发活动呈现动态变化。

土地是国家最为重要和永久的物质财富，而土地表现出的强烈的外部性和开发的整体性又使人地关系表现出私人性和公共性相互交织的特点，对人地关系的调节超越于一般的市场关系。在世界城市化实践中，城市土地都不可避免地承担起社会公共福利的重要责任，在许多国家，城市土地收益成为城市基础设施和公共设施建设的重要财政来源，城市政府实行公共住房政策，建设廉租房和经济房提供给社会低收入阶层居住，城市集体消费空间越来越成为城市公共生活的重要内容[1]。

根据土地功能的研究成果，对土地被征用而失去土地的农民，土地最主要的功能是保障功能和发展功能。土地的保障功能意味着保障被征地农民的基本生活和长远生计，解决其就业、住房和社会保障问题，免除贫困是土地功能的底线。发挥土地功能的外部性，建立被征地农民分享经济发展成果的内在机制，保障其获得一定的土地增值收益，为其就业、创业和发展奠定一定的经济基础，应是土地发展功能的应有之义。

三、完善土地相关立法的启示[2]

近代以来，西方各国政府为了解决经济发展过程中出现的与土地利用相关的社会问题，与土地相关的法律体系也随着经济社会发展的需要而不断得到丰富和完善。

欧美各国都是实行土地私有制的国家，20世纪以来，为了使土地利用活动符合公共利益目的，把土地开发活动规划的很大一部分权力控制在政府手中。这必然与土地私人占有和私人使用的过程产生矛盾。这一矛盾也充分体现在城市土地利用的立法过程之中。

城市土地规划立法产生的最直接的思想渊源来自近代以来各国土地法中的公共意识高于所有权意识的建立。早在1764年的普鲁士《土地公法》就对私有经济中土地拥有者完全拥有自由支配自己土地权利的神圣原则提出否定，明文规定了凡影响公共利益和社会安全的不能得到建设许可。19世纪欧洲各国为了应对城市住房和公共卫生问题所签署的法律，都强调了国家的这一权力。如法国1850年的一部针对住宅更新的法律，第一次规定了国家和政府拥有没收整个城市区段土地的权力。1858年比利时立法和1865年的意大利立法也都规定了类似的条款。但是，这些法

---

[1] 孟鹊. 空间正义——我国快速城市化进程中城市土地合理利用研究，第一章，中国社会科学院研究生院博士学位论文.
[2] 孟鹊. 空间正义——我国快速城市化进程中城市土地合理利用研究，第一章，中国社会科学院研究生院博士学位论文.

律条款又都同时强调了土地拥有者对其土地及其建筑物的拥有权、使用权和变更权这一基本原则。

在其后的一个多世纪里，随着城市的发展，土地产权的私人所有和政府有管理的规划实践活动之间处于不停息的纷争和协商的过程中。而各国立法也是随着社会政治经济形势的发展一个时期突出政府权利，一个时期突出私人利益，但土地私人所有及其基本利益的保障这一人地关系基本原则从未动摇。英国第一部城市规划法就针对规划可能带来的私人土地开发价值变化，规定了土地开发的补偿和赔偿政策。在其后几十年的立法实践过程中，对这一问题进行过反复修改。1941年成立了专门的"土地开发补偿赔偿专家委员会"，意在制定有利于政府控制土地开发，以适应战后城市重建的政策。该专家委员会的研究成果被吸纳进1947年的《城乡规划法》。根据该法，政府通过向城市零散土地拥有者支付补偿，将城市土地的开发权（而非占有权）统一归国家所有。这一政策延续至今。关于土地开发的补偿和赔偿，该法规定，凡是被开发的土地由于规划而提高了地价，开发者就须向政府支付开发费，而因规划不得开发土地或导致土地贬值的，政府则给予经济补偿。值得注意的是，在工党政府执政时期，1947年的《城乡规划》对私有土地的补偿按照土地的"现存土地价值"而非"市场期望价值"，这实际上增强了政府在土地收益中的获取能力。而在1950年代保守党执政时期，这一规定则在立法中几经修改。终于在1959年的《城乡规划法》中规定，无论是土地的市场交易还是强制征地，都以市场价值来核定补偿金额，私人土地拥有者的利益得以突出和强化。这也从一个方面说明了城市土地利用政策是城市社会政治经济形势发展的直接结果，是与时俱进的。

相比欧洲国家，美国在土地利用方面的立法权力更加分散。浓厚的自由主义国家传统也决定了立法对于土地私人产权的保障更加突出和明确。区划法是美国城市土地利用管理的立法依据，但区划法始终是一个对土地用途进行管理的有限和被动的系统。它是基于治安权的概念，就公共卫生、安全和福利问题进行管理的权力。由于美国城市的分区规划具有较充分的公众参与和利益相关人协商，区划一经通过就具有法律效力，对私人土地开发行为的强制约束一般不需要补偿，但是当政府以公益利益为理由向私人征地时，根据美国宪法第五修正案，政府不仅必须支付合理的补偿，而且不能强制征用，以防止地方政府为强取私人土地利用规划有意造成土地贬值。在1922年宾夕法尼亚州诉马霍一案中，联邦大法官霍尔默斯认为，如果一部法规的限制性极强，以至于私人土地所有者无法从自己的土地中获得经济保障，该法规就可以被确定为含有抢夺私人土地的内容。美国许多州和城市为了保证土地拥有者的利益和公共利益的目标都能达到，区划法的制定常常采取政府和土地投资者进行一一协商的办法来决定地产区划问题。最常见的方式是"规划单元开发"。这些方式貌似麻烦没有效率，却可以通过对区划目标的协商调整换取私人利益和公共利益的平衡和规划实施的公众支持。另外，美国土地利用制度还允许建设开发许可证同土地交易一起转手出售，以利于在土地市场环境下土地开发控制和土地需求者权益的双得。美国历史上也出现过私人产权被严重忽视的情况，如根据《1949年

土地换保障：
扩大推动发展民众基础的政策选择

住房法案》，地方政府可以向联邦政府申请建房基金，并可行使州立法赋予的土地征用权，在城市中心区大规模购买和清理土地，低价卖给开发商来吸引投资项目。到1973年，全国城市拆迁两百万居民，拆除六十万个住宅单元，成千上万个小型商业企业倒闭，遭到公众的强烈反对，终于在1974年被国会立法中止。显然，在强调公共意识高于所有权意识的同时，提高农民公民地位，加快改变农民利益在土地征用过程中被严重忽视的情况，无论是土地的市场交易还是强制征地，都以市场价值来核定补偿金额，突出和强化对农民支付合理的补偿，确保农民从自己的土地中获得经济保障，寻求农民利益和公共利益的平衡，寻求农民对工业化、城镇化、现代化的支持，是我国完善土地政策的基本取向。

四、关于被征地农民的补偿问题

在市场经济成熟的国家，土地征用制度表现为征用法律依据充分、征用补偿标准市场化等基本特征。这些国家均通过立法明确规定土地征用的主体、对象、目的及操作程序、核准公告、审批权限、补偿标准等。

一般来讲，征用补偿通常由两部分组成：土地征用费和土地赔偿额。其中土地征用费相当于土地价值，一般按照征用时的市场价格给足补偿；土地赔偿额是对土地权利人因征用而造成的经济及其他损失的补偿。在很多国家，法律规定给予被征地者补偿往往要超过土地市场价值的百分之二十至百分之五十。这既有利于保证被征地者原有的生活水准不至于降低，也有利于土地资源的优化配置。在一些市场经济比较发达的国家或地区，如美国、加拿大、英国、法国等，站在被征地者利益的角度进行土地征用补偿，对由于征地造成的当前和将来以及相关的利益损失进行相当于被征用土地市场价格的赔偿。还有些国家对于原业主不做迁移的地上物以及对相关和相邻业主造成经济上、使用上、就业上的损害，也都在补偿范围之列。如果业主希望自己迁移地上物，则迁移费也属于补偿范围。总之，这些国家在征地制度不断完善的过程中，出现了征地范围逐步缩小、征地程序严格执行、补偿标准逐步提高的趋势，基本做到了被征地居民生活水平不降低和长远生计有保障。

五、关于被征地农民社会保障问题

由于发达国家社会保障体系一般比较健全，而且绝大多数国家实行的是土地私有制，并实现了高度城镇化、就业比较规范，因此，西方国家绝大多数人口的生产和生活与土地较少直接关系，其社会保障制度建设的资金来源也基本与土地收益没有直接联系，更没有一个国家像中国这样实行城乡二元的土地公有制。独特的国情决定了国外既很少有将土地与社会保障联系起来进行研究的成果，更少有直接与失地农民社会保障或"土地换保障"相关的理论研究成果。在对进一步研究失地农民社会保障理论具有一定参考和借鉴意义的成果中，从制度层面对人地关系的研究是最值得重视和借鉴的。

六、关于被征地农民就业培训问题

在市场经济成熟国家，为降低被征地农民面临的各种风险，解决各种矛盾，保持社会稳定，促进经济发展，比较重视为被征地农民提供受教育和培训机会，为被征地农民提供法律援助。美国、日本等国家都非常重视教育和职业培训的作用，以发挥非物质性的就业培训对现代化的重要作用。从20世纪60年代开始，美国颁布了许多关于职业培训和职业教育的法令。

七、关于城市化对人的社会心理、行为影响的研究

主要涉及两方面：一是城市化对人的心理健康与精神疾病的影响，代表性研究是沃兹奎兹（Vazqoez）等关于城市化进程对神经症流行的影响；另一方面是城市化对人的问题行为与犯罪行为的影响。另有学者从类型学、社会结构变迁与行为分析等视角，探讨移民迁移的动力、模式、安置政策、移民心理及其社会适应、移民社区整合和移民社会发展等问题。

八、其他

当然，在城市化过程中，被征地农民的合法土地利益受损以及由此引发的土地冲突和矛盾也曾经或正在成为欧美、亚洲、非洲和拉丁美洲等地区的一些国家社会矛盾的焦点，越来越多的学者开始关注土地冲突、土地的可持续利用和被征地农民问题。学者们更强烈地呼吁政府在这方面发挥作用，但由于政府在土地管理中的失误和层出不穷的腐败问题，使大家对政府土地管理行为甚为担忧。国外学者对土地问题和失地农民问题的研究已从单一的土地交易、土地改革、失地农民问题等点线研究转向了系统研究，开始重点研究与土地相关的各种关系和各个系统，重视弱势群体的合法土地利益，重视从多视角解决土地冲突，着手优化政府土地管理，遏制土地腐败等。这些研究对于中国失地农民问题的探讨和解决具有重要的启示作用。

第四节 国外土地制度相关理论实践的主要启示

党的十七届三中全会提出"同地同价"和"先保后征"等新的更高要求，标志着对被征地农民的安置向注重生存权和发展权的转变，也标志着被征地农民的安置工作进入了攻坚阶段。如何对被征地农民进行合理补偿和安置，如何通过相关政策体系的设计和实施来切实解决被征地农民的基本生活和长远生计，确保其得到有效

土地换保障：
扩大推动发展民众基础的政策选择

保障，是解决"三农"问题的一个焦点，也是关系农村社会稳定和发展的重大问题，更是关系中国现代化能否顺利实现的重大问题。

本章在努力介绍国外与土地征收补偿相关的理论、政策、制度、法律及实践经验教训的基础上认为，以下启示是值得重点研究和借鉴的。

一、被征地农民补偿安置应坚持走中国特色之路

工业化、城镇化、现代化是社会经济发展的客观规律，也是一个国家经济社会现代化的重要特征。同时，工业化、城镇化、现代化也是解决中国"三农"问题的根本出路。征收部分土地，不仅是历史发展的必然，也是时代进步的需要。2010年中国城镇化水平已达百分之四十九点六八。根据国际经验判断，已进入城镇化加速发展阶段和工业化中期阶段，正处在城乡转型期和工农关系调整的加速时期。城镇化必然引起农民被征地。随着城镇化的推进，被征地农民数量可能呈现倒"U"型发展趋势。中国目前正处于城市化快速发展初期，被征地农民数量正快速增加，1978～2008年三十年间形成的被征地农民已超过八千三百万（卢海元，2008）[1]。但是，农民被征地并不必然产生事关生存权和发展权的被征地农民问题，可以说，目前存在的被征地农民问题是中国在体制转轨和经济发展过程中的一种特有的经济社会现象。在探索妥善解决被征地农民安置工作中，已经初步走出了一条中国特色之路。

（一）解决被征地农民问题必须保持城镇化与工业化的协调推进

根据国际经验，大规模的城乡移民运动往往与工业化、城镇化相伴而生，几乎所有工业化国家都出现了城市人口规模的迅速膨胀，而城市人口增长主要是由于城乡移民运动而非城市人口自然增长（李春玲，2007）[2]，这些国家的工业化和城市化进程一般是协调的。在常规的移民模式中，劳动力流动与移民过程基本同步进行：农民或举家迁入城市，找到工作和居所后定居城市；或青年农民单身迁离农村，在城市成家立业定居城市，第二代移民在城市出生、成长和接受教育，与城市人没什么差别。然而，中国的城镇化与工业化发展并不协调，农村劳动力的移民过程尚未完成。研究表明，中国城镇化的总体水平滞后于工业化，改革开放后这种滞后现象趋于缩小，2003年二者关系最为协调。但自2003年后，城镇化滞后于工业化的态势又有逐步增大趋势（张建新，段禄峰；2009）[3]。单就农村而言，近二十年来农村城镇化与工业化发展程度存在很大差异，且城镇化严重滞后于工业化达二十个百分

---

[1] 卢海元. 和谐社会的基石：中国特色新型养老保险制度研究 [M]. 群众出版社, 2009.11.
[2] 李春玲. 城乡移民的社会经济地位获得 [J]. 北京工业大学学报, 2007 (4): 5～11.
[3] 张建新, 段禄峰. 中国城镇化与工业化发展关系测度 [J]. 生态经济, 2009 (12): 67～70.

点以上(如图2-2所示)(李嘉伟,李奔奔;2008)①。农村城镇化滞后于工业化的典型表现即为,如雨后春笋般涌现的乡镇企业吸纳了大量"离土不离乡、进厂不进城"的农民。上亿农村剩余劳动力向乡镇企业的转移替代了常规城镇化的发展,表现为农村城镇化进展缓慢。在中央政府提出"打破城乡分割体制"的就业原则后,长期二元发展战略中的重城市、轻农村的后遗症导致农民工无法真正适应现代工业的发展且无法融入城市,仍然是亦工亦农的城市和农村的边缘人。在这种背景下,缺乏非农业生产技能的农民在土地被征收后面临着比农民工在城市生活更大的风险。因为他们失去了最后的土地保障,无法像农民工一样两栖于城市与农村,故必须面对融入城市生活的就业和生活压力。可见,通过土地征收将农民简单地从户籍上改为城市人口而忽略对其生存权和发展权的保障,并不是真正的有效率的城镇化。经济学意义上的城镇化不仅指人口的空间转移,还包含着内涵上的转化,即包含着农村人口自身的生活消费方式、闲暇生活方式、社会交往方式、工作方式、思维方式、价值标准及接受现代化传播和教育程度等各种因素在内的变化,其实质就是农村地区生产力结构、生产经营方式、收入水平和收入结构、生活方式、思想观念、人口素质等方面与城市文明逐渐接近。正是由于中国城镇化程度严重滞后于工业化发展,再加上户口制度和城乡二元结构的助推,中国的被征地农民面临着在城市生活的贫困化风险,逐渐陷入"城中村"的窘境,其移民过程尚未彻底完成,处于"半城镇化"状态,即便完成了也存在非自愿的因素。国际上往往称被征地农民为"非自愿移民"。

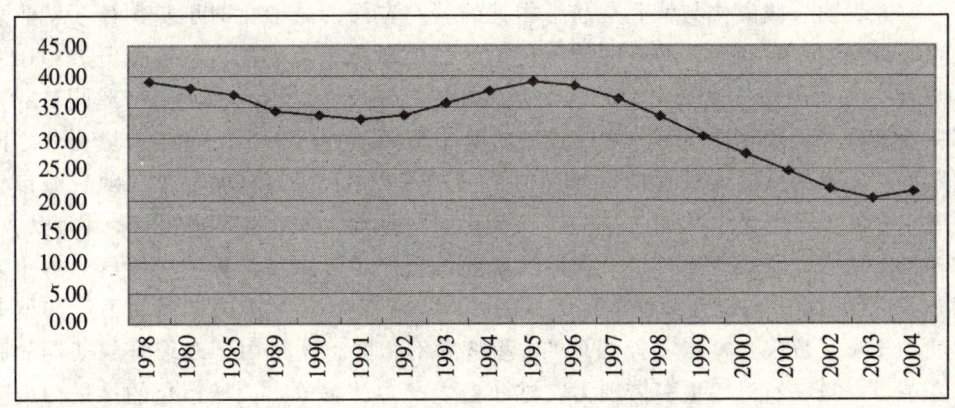

图2-2 农村城镇化滞后于工业化的程度(%)

资料来源:李嘉伟,李奔奔.中国农村工业化与城镇化发展偏差的研究[J].山东纺织经济,2008(1):33~35.

改革开放以来,中国工业化发展内涵的转变也影响其对农村剩余劳动力的吸纳。

---

① 李嘉伟,李奔奔.中国农村工业化与城镇化发展偏差的研究[J].山东纺织经济,2008(1):33~35.

土地换保障：
扩大推动发展民众基础的政策选择

就业需求与工业化存在依赖关系（陈在余，张运华；2004）①，当以劳动密集型方式发展工业时，农村剩余劳动力转移加快，将会提高全体居民的收入水平，从而刺激需求，促进工业化发展，形成工业部门再度扩张，以吸收更多剩余劳动力。如果工业化进程中以资本替代劳动，劳动力转移受阻，将会减少全体居民的收入水平，产生有效需求不足，从而抑制工业化的发展，使工业化进程减慢。中国具有典型的二元结构特征，农村存在庞大剩余劳动力。改革初期，中国长期受压制的消费需求膨胀刺激了工业化发展。20世纪80年代末，出现了卖方市场向买方市场的转变，全国有半数生产能力利用率在百分之六十以下（洪银兴，1997）②，中国的工业化从"供给约束型"转变为"需求约束型"，过分依赖资本推动工业化的传统模式遇到了市场现实障碍。这期间伴随着工业就业弹性的相应变化。改革以来，中国工业就业弹性不断下降，继1994年后竟出现负值。主要原因在于，中国工业化走上了资本密集化道路。1986~1994年，中国工业资本密集度变化不大，而1994年之后，工业资本密集度迅速上升，资本急剧深化。从就业增长率来看，1986~1989年，工业与服务业就业增长率下降；1989~1994年，工业就业增长率缓慢上升，服务业就业增长率上升幅度较大。继1994年之后，工业与服务业就业增长率经历了持续下降过程，特别是工业就业增长率随着工业资本深化，出现了连续负增长。中国农村存在庞大剩余劳动力，工业化任务远未完成，近年来出现工业就业持续下降的"逆工业化"现象。农民被排斥在工业化之外，不仅制约了服务业的就业空间，而且也使工业本身增长受到限制，资本密集型工业化直接导致工业化进程阻滞。

研究表明，城市化与就业是动态相关的。一方面，城市化对于扩大社会就业总量和城市就业是有利的，适度的城市化不会造成城市失业率的大幅度上升。1978~2003年，中国城市化水平由百分之十七点九提高到百分之四十点五。与此同时，全部从业人员平均每年递增百分之二点五，其中城镇从业人员平均每年递增百分之四点零五，而农村从业人员平均每年递增百分之一点八八③。显而易见，随着城市化发展水平的推进，城镇从业人员的增长要比农村从业人员的增长快得多。因此，在弥补低度城市化造成的缺口时，大量的就业机会产生于城市是毋庸置疑的。另一方面，城市化力度④与就业弹性⑤密切相关。1979~1989年，中国城市化力度与就业弹性的相关系数仅为零点零九四⑥，二者基本不相关。这是由于改革开放初期的制度变革重点是在农村，更多体现为农村社会生产力的解放。而城市化的推进力度不

---

① 陈在余，张运华. 就业需求与工业化相互关系的实证研究 [J]. 经济与管理研究，2004 (1)：19~27.
② 洪银兴. 论买方市场条件下的结构调整 [J]. 中国工业经济，1997 (8)：10~14.
③ 国家统计局. 中国统计年鉴（历年）. 北京：中国统计出版社.
④ 城市化力度是指当年城市化率的变动与上年城市化率的比值，反映了当年城市化推进的程度。
⑤ 就业弹性是指当年就业增长率与GDP增长率的比值，反映了GDP对就业的带动作用。
⑥ 国家统计局. 中国统计年鉴（相关年份）. 北京：中国统计出版社.

稳定，城市化率的提高并不能带来就业弹性的增加。进入20世纪90年代以后，随着改革重点向城市的逐步转移，城市化力度与就业弹性的相关系数迅速上升到1991~2003年的零点七九六①。城市化的推进带动着就业的增加，城市化力度的缩小则会引起就业弹性的下降。由此可见，中国已经进入了以城市化为就业增长主动力的阶段，应进一步加大城市化的力度，依靠城市化的稳步推进来促进全社会的就业增长。

但是，中国城市化进程中依然存在着诸多就业问题：（1）就业人口基数大，每年新增劳动力人口多，劳动力的地域分布不均匀，劳动力素质普遍偏低。（2）产业结构性就业矛盾与技能就业性矛盾并存，从2001~2004年，中国从事第一产业的人数小幅度减少，从事第二产业和第三产业的人数稳步增加，但从事第一产业的人数依然占全国城乡就业人数的很大比例，中国已经到了工业化中期阶段，但第二产业对就业的拉动作用依然有限。（3）农民工发展为就业主体之一。随着城市化的加速发展，越来越多的农村富余劳动力涌入城市。据国家统计局调查，2004年全国进城务工和在乡镇企业就业的农民工总数超过两亿，其中进城务工人员一亿两千万左右；另据中国国家统计局局长马建堂公布的抽样调查数据，2009年中国总的流动人口规模一亿八千万左右，其中外出农民工是主体，年末达一点四九亿②。（4）近十年来，被征地农民每年增加四百万左右。我国人均耕地仅相当于世界平均水平的百分之四十左右。与此同时，我国用地总体上依然粗放浪费，许多地方新城、新区快速扩张，城镇低密度、分散化扩张态势明显，工业用地容积率仅为零点三至零点六，农村地区空心村、闲置废弃地普遍存在，空闲用地占村庄用地比重达百分之十至百分之十五。工业化速度快于城镇化速度，城镇化速度快于被征地农民就业和安置的速度。如何逐步减少经济发展对土地的资源性消耗，以土地利用方式转变促进经济发展方式转变，才能从根本上缓解土地资源供需紧张的矛盾，更好地保障和促进科学发展，解决好被征地农民就业等基本生活和长远生计。

（二）解决被征地农民问题必须依法充分发挥土地市场的基础性作用

在依法治国的大背景下，应逐步改革完善土地征收政策、制度、法律，通过立法明确规定土地征收的主体、对象、目的及操作程序、核准公告、审批权限、补偿标准等内容，保证被征地居民原有的生活水准不降低，促进土地资源的优化配置。可适当借鉴一些市场经济比较发达的国家或地区的经验，如美国、加拿大、英国、法国等，站在维护被征地者利益的角度，提高土地征收补偿标准，对由于征地造成的当前和将来以及相关的利益损失进行相当于被征收土地市场价格的赔偿。

为完善社会主义市场经济，要充分发挥市场在土地资源配置和被征地农民安置中的基础性作用，加快建立和完善反映资源稀缺程度和市场需求状况的价格机制。要实行供需双向调节，在继续加强和改进供给的同时强化需求管理，以土地供给结

---

① 国家统计局. 中国统计年鉴（相关年份）. 北京：中国统计出版社.
② http://www.sina.com.cn, 2010年01月21日15：23, 国际在线.

土地换保障：
扩大推动发展民众基础的政策选择

构调整推动需求结构、产业结构和要素投入结构全方位调整。

建立被征地农民社会保障制度，将被征地农民纳入社会保障体系，有助于降低他们面临的风险，解决各种矛盾，保持社会稳定，促进经济发展。被征地农民社会保障的内容包括被征地农民最低生活保障、被征地农民养老保障、被征地农民医疗保障。与此同时，要为被征地农民提供受教育和培训的机会，为被征地农民提供法律援助。

在市场经济成熟的国家，征地补偿采用市场标准，征收制度完善，物质形式和非物质形式的社会保障制度完善，被征地农民的补偿安置等问题不突出。

在中国城市化过程中，被征地农民问题的出现有深层次的原因：其一，土地市场缺位。中国是土地国有的国家，与土地私有制国家相比，中国没有可以自由交易土地的市场。农民拥有使用权的土地是归集体所有的，国家对集体所有的土地拥有强制征收、转为国有的实际权力，故农民的集体土地所有权的实现形式是虚位的。在土地强制征收中，国家土地征收权力无法通过土地市场去实现。其二，一些地区执行的是以牺牲农民利益发展工业化、城市化的发展思路，政府强制性征地、克扣法定补偿、推诿就业安置已不时引发上访事件。据统计，在中国目前的上访人数中，被征地农民占百分之七十，上访的原因多是为了就业和安置问题。目前，被征地农民安置以货币安置为主。该安置方式操作简单，也易于被征地农民接受。然而，这种以低水平补偿为特征的方式掩盖了其对被征地农民土地承包经营权、生存权和发展权的侵害。虽然2008年底已有一千二百七十二万被征地农民被纳入养老保障体系，仍有超过四千九百二十六万被征地农民未被纳入，已成为社会不和谐、不稳定的重要因素。今后十年内如果城镇化水平继续达到百分之一左右，中国每年还将新增四百万被征地农民，特别是中央政府刺激经济发展的四万亿元投资已产生一批更大规模的被征地农民。

二、土地征收补偿制度的理论依据与启示

中国的土地征收补偿标准低是实践和理论层面公认的基本现状，这同时也是土地征收补偿制度的理论依据不合理的表现。

（一）中国土地征收补偿标准的现状

中国1998年出台的《土地管理法》第四十七条规定了明确的补偿原则和补偿标准："征收土地的，按照被征收土地的原用途给予补偿。征收耕地的补偿费用包括土地补偿费、安置补助费以及地上附着物和青苗的补偿费。征收耕地的土地补偿费为该耕地被征收前三年平均年产值的六至十倍。征收耕地的安置补助费按照需要安置的农业人口数计算，每个需要安置的农业人口的安置补助费标准为该耕地被征收前三年平均年产值的四至六倍。"依照上述规定支付的土地补偿费和安置补助费尚不能使需要安置的农民保持原有生活水平的，经省、自治区、直辖市人民政府批准，可以增加安置补助费。但是，土地补偿费和安置补助费的总和不得超过土地被

征收前三年平均年产值的三十倍。2004年国土资源部专门发布指导意见规定，如果给予被征地农民的土地补偿费和安置补助费合计按三十倍计算，仍不足以使农民保持原有生活水平的，当地人民政府将从国有土地有偿使用收益中划出一定比例给予补贴，征地补偿标准"三十倍上限"有所突破。2007年，各地土地补偿费和安置补助费之和已经提高到原种植业年均产值的二十倍左右。

综上所述，《土地管理法》规定的土地补偿费和安置补助费之和仅为原种植业年均产值的十至三十倍，仅相当于二至七年的全国农民人均纯收入和约一点二年城镇职工人均收入。土地补偿费和安置补助费之和远远低于土地的市场价格和被征地农民的期望。随着农业占GDP比重的持续下降，土地补偿费和安置补助费之和相当于全国农民人均纯收入和城镇职工人均收入的比重还会进一步下降。目前，中国商业用地出让收入是按七十年征收，工业用地出让收入是按五十年征收。招、拍、挂后土地增值收益更为可观。即使按三十倍进行补偿，用于被征地农民补偿安置费用在整个土地出让收入中的比例也明显偏低。

（二）中国土地征收补偿标准存在的问题

1. 在理论层面上，土地收益的计算依据选择不当。现行的征地补偿是以土地原有用途即农业收益为基础的，完全没有考虑土地转用后远远高于农业用途的巨额收益。据统计，基于土地用途差异的土地收益差距是非常巨大的，工业用地收益可达农业用地的数百倍，而第三产业用地的收益则高达农业用地的数千倍。实际的土地征收费仅占高额土地出让价的极为微小的一部分。

2. 在实践层面上，就低不就高的补偿思想导致补偿水平偏低。土地管理法规定的土地补偿费和安置补助费的总和不得超过土地被征收前三年平均年产值的三十倍这一上限，但并未规定最低下限，导致各地政府在赔付实践中就低不就高，农民实际得到的补偿更低。据测算，即使拿到三十倍的补偿，充其量也只能保证"使农民保持原有生活水平"。"农民保持原有生活水平"相对城市生活水平来说，往往会陷入贫困。由于绝大多数地区执行的补偿标准都接近最低标准，即使将全部土地补偿费和安置补助费都用于支付被征地农民社会保障所需费用，都会存在巨大的缺口。因此，农民在土地被征收后在城市的基本生活是无保障的，长远生计就更难保障。

（三）完善制定土地征收补偿标准的理论依据

1. 现有补偿标准的理论缺陷。根据马克思的地租地价理论，特别是建筑地租理论，中国制定的土地征收补偿标准的理论依据是不充分的。其一，现有补偿标准仅考虑了对土地收益的补偿，忽略了对绝对地租即土地使用权的补偿（当然，这与农地的集体所有制制度有关，农民对农地的所有权实际上是缺位的）。其二，没有考虑用地性质的转变。根据建筑地租理论，现有补偿标准仅考虑了土地原有的耕作用途，完全忽略了土地用途的改变和土地潜在用途产生的巨额潜在收益，作为农地的拥有者和使用者，这种补偿显然是不足的，剥夺了农民分享经济发展成果的权利。美国的土地征收补偿标准不仅补偿被征土地现有的价值，而且考虑补偿土地可预期、可预见的未来价值，从而充分保障了土地所有者的利益。其三，现有补偿标准确定

土地换保障：
扩大推动发展民众基础的政策选择

的最高上限三十倍已被实践证明为低水平的补偿，应该在充分考虑农民未来土地使用年限的基础上按永续年金计算法计算土地补偿标准。其四，现有补偿标准仅考虑了保证农民保持原有生活水平不降低，忽视了土地被征收后农民的生活水平会随着生产、生活方式的转变相应提高为城市生活水平，因此，现有补偿标准的定位有误。相关研究表明，土地被征收后由于商品性消费支出比重增大，部分被征地农民的生活消费支出大幅度增加（相同消费量的消费支出增加）：失地后食物货币化——在城市生活产生的水电费、物业管理费和城市交通费等（曾海鹰，2006）①。可见，被征地农民失去土地保障无异于失去了基本生活保障。国家农调队 2003 年的调查数据显示，东、中部失地农民年人均生活消费支出分别增加了三百四十三点六元和一百八十八点八元。虽然东、中部农民失地后表面上收入有所增加，但其生活消费支出额甚至超过了收入增加额。东、中、西部失地农民消费支出增加额与收入增加额之差分别为二百三十九点一六元、九十点九二元和七十一点二八元，而家庭年人均支出上升比例与收入上升比例之差分别为百分之八点四五、百分之二十九点九五和百分之十五点零五，生活质量大不如前（蒋礼文，文晓波；2007）②。

2. 以土地市场价格为基础的土地征收补偿标准。如上所述，中国的土地征收补偿标准也应以土地的市场价格为依据。在测算土地的市场价格时，应以马克思的建筑地租地价理论为主，辅以西方经济学的地价理论；应以收益还原法为主，辅以市场比较法、成本逼近法，确定无限年期的不同级别、不同用途土地的基准地价，利用基准地价成果，建立土地评估修正体系，求取各土地的地价。

制定土地征收补偿标准时充分考虑如下因素：其一，计算土地收益时要体现农地所有权的绝对地租部分；其二，根据马克思建筑地租理论，计算土地收益时考虑到农地转用后的预期增值收益，建立土地增值收益和经济发展成果的分享机制；其三，建议使用永续年金的计算法估算对农民的补偿，如果仍然选用收益倍数法，在倍数的选择上充分考虑到现有农地制度，虽然农地政策三十年不变（英国住宅房屋平均使用年限七十七年、美国住宅房屋平均使用年限五十五年、泰国房产土地使用年限九十年），但实际上农民是终身享有土地使用权的，因此，实际的倍数可以考虑按平均寿命扣减实际年龄得出的差值计算，因人而异计算补偿额；其四，"保证农民基本生活水平不下降"的"生活水平"应是城市生活水平而非农村生活水平，应囊括基本日常消费、住房、社会保障等内容；其五，补偿标准不但要保证基本生活水平不下降，还能保证包括当代人在内的三代人不会沦为贫民，因此还要构建其城市生存的长远生计模式，以就业为切入点，促使被征地农民在失地后顺利转型为现代工业和服务业所需的技能型人才（张学英. 基于产业升级的劳动力移民转移培

---

① 曾海鹰. 城市化进程中非自愿失地农民的再就业问题研究 [J]. 生产力研究，2006 (2)：105~108.

② 蒋礼文，文晓波. 东、中、西部失地农民生存状况的对比分析研究——以十六省、市、自治区农调队公布的调查报告为例 [J]. 特区经济，2007 (4)：138~139.

训研究 [J]. 城市发展研究, 2009 (2): 92~96)。

三、土地征收补偿制度的调整与启示

中国土地征收补偿标准偏低遭遇农民非农技能缺位与工业化、城市化吸纳劳动力就业不足,被征地农民成为中国土地征收过程中面临的一个难题。如果对该群体安置不妥,将严重阻碍中国城市化的进程,且有违对人人享有平等发展权的理念,国外土地由农业转为他用的实践为中国进一步完善被征地农民的安置工作提供了鲜活的案例、经验和教训。

(一) 英国圈地运动的警示

英国的圈地运动为中国做好被征地农民的安置工作敲响了警钟。圈地运动始于14世纪中叶,那时是由一些富裕、积极进取的农民合并、圈围自己的条田,或圈围公共牧场,并未造成社会动荡。然而,从15世纪中叶起,圈地范围日益扩大,从1455~1607年的一百五十二年间总共圈地五十多万英亩(侯建新,2005)[1],乡村人口日益减少。尽管总体上看,圈地面积占英国耕地比例不大,但由于主要集中于英格兰中部地区数郡之内,使该地区农民生活及其利益受到严重侵害,因此许多学者就圈地运动的"暴力"色彩达成了共识,而托马斯·莫尔则提出了圈地运动中"羊吃人"的论断。即使1607年之后,圈地主要采取了协议圈地的新形式,仍然不可避免地侵害了农民的利益。1600~1675年间,莱斯特郡、北安普顿郡、沃里克郡都是协议圈地最流行地区,同时也是农民反抗圈地最强烈的地区(Martin, J. E., 1983)[2]。18世纪的圈地运动得到了政府的大力支持,议会颁布了大量的圈地条例,乡村掀起了新一轮的圈地狂潮,数量众多的农村剩余劳动力随即涌进城市。

然而,在城市人口骤增的同时,英国的城市化进程并未同速行进。研究表明,农村移民只有在城市长期稳定地生产生活,才能够真正脱离农村而融入城市生活;反之,如果他们很快返回农村重操旧业,即使短时期圈地运动导致的流民数量众多,对城市化进程也不会产生实质性贡献。在圈地运动期间,迁入城市的农村移民大部分是贫民,由于缺乏技术和资金,他们根本无法融入城市。再加上近代大工业尚未诞生,中世纪城市旧式工业难以吸收和接纳大量乡村移民,故城市当局并不对一切移民敞开大门,而是规定,成为自由人须具备一定资产资格,或成为行会成员,或出钱购买自由人权利等,这些途径贫苦移民都难以企及。最终,这些贫民沦为住在城市却被隔离在特殊街区的"边缘人"(Hilton R. H., 1992)[3]。他们严重影响了城市居民的就业机会、生产安全以及饮食卫生。为了控制流民数量,英国议会和政府

---

[1] 侯建新. 社会转型时期的西欧与中国 [M]. 北京:高等教育出版社,2005.

[2] Martin, J E. Feudalism to Capitalism: Peasant and Lord in English Agrarian Development [M]. London: Macmillan Press. 1983.

[3] Hilton R H. English and French Towns in the Feudal Society [M]. Cambridge: Cambridge University Press, 1992.

土地换保障：
扩大推动发展民众基础的政策选择

颁布了一系列"惩治流民和乞丐"的"血腥立法"，采用"鞭挞""割耳"等暴力手段将流民固定在教区或遣回原籍，变成了农业劳工，受雇为地主或农场主打工。可见，圈地运动只是使农民走出了农村，却并没有使农民走入城市成为稳定的城市人。

英国的圈地运动给农民造成了权利侵害且城市化进程并未随之大幅度提升的事实警示，中国在土地征收补偿工作中，在顺利使农民走出农村的同时，还要帮助他们走入城市、融入城市、稳定地生活在城市。在农村劳动力转移过程中仅仅将剩余劳动力"推出"土地是不够的，城市必须吸收他们，为他们提供就业岗位，形成完整的"推—拉"机制，只有这样，劳动力转移和农村人口流动才会从地理空间的变化转向生存方式和社会身份的变化（谷延方，2008）①。

当然，在城市化过程中，被征地农民的合法土地利益受损以及由此引发的土地冲突和矛盾也曾经或正在成为欧美、亚洲、非洲和拉丁美洲等地区的一些国家社会矛盾的焦点，越来越多的学者开始关注土地冲突、土地的可持续利用和被征地农民问题。学者们更强烈地呼吁政府在这方面发挥作用，但由于政府在土地管理中的失误和层出不穷的腐败问题，使人们对政府土地管理行为甚为担忧。

国外学者对土地问题和失地农民问题的研究已从单一的土地交易、土地改革、失地农民问题等点线研究转向了系统研究，开始重点研究与土地相关的各种关系和各个系统，重视弱势群体的合法土地利益，重视从多视角解决土地冲突，着手优化政府土地管理，遏制土地腐败等。这些研究对于中国被征地农民问题的探讨和解决具有重要的启示作用。

（二）被征地农民安置经验的启示

虽然不同的国家土地征用补偿制度的实践背景不同，但各国成功的安置经验仍然是中国补偿实践改革思路的源泉。

1. 做到公平补偿。美国的土地征收补偿是相对公平的补偿（姜平，2008）②，主要体现在三个方面：第一，主体公平。有权得到补偿的不仅包括财产所有人，还应包括财产相关的其他受益人（如承租人）。第二，客体公平。取得补偿的对象不仅包括房地产本身，还应包括房地产的附加物以及与该房地产商业信誉有关的无形资产。第三，估价公平。法律要求补偿的价金以公平的市场价值为依据。美国公平补偿的实质是所有权保护，防止政府主管机关行政权利的滥用。另外，美国土地征收补偿制度的核心在于合理补偿，即充分反映土地的市场价值，包括土地的现有价值和未来赢利的折现价格，并通过立法最大限度地保障土地所有者的利益。

英国有非常明确的征地补偿目标，即确保当事人的损失都能获得赔偿，且征地不损害当事人的任何利益。这种"前后一致"的原则也是计算补偿金额和测算损失

---

① 谷延方. 重评圈地运动与英国城市化 [J]. 天津师范大学学报（社会科学版），2008（4）：35～39.

② 姜平. 中美土地征收制度比较研究 [J]. 华商论坛，2008（7）：65～66.

的依据。此外，在征地补偿中也充分考虑到规划预期和征地用途，体现了公平的原则①。

加拿大遵循征地的强制性与补偿公平性相结合的原则。加拿大征地强制权实施体现在两个方面：其一，强制批准；其二，强制使用或进入土地。但对征收不动产的补偿则是建立在双方共同协商基础上，遵循公平、公正、公开原则。

中国的补偿标准欠缺公平性：其一，中国的《宪法》和《土地管理法》对征地补偿的原则并无明文规定。2004年国务院发布的《关于深化改革，严格土地管理的决定》中虽然增加了农民生活水平不因征地而降低的原则，但补偿仅限于与被征土地有直接关联的经济损失，而对因征地产生的其他附带损失不予补偿，缺乏对征地造成损失的完整评估。其二，中国2004年宪法修正案并未将上述公平补偿原则入宪。《土地管理法》第四十七条规定的按土地原用途予以补偿在公共利益界定不清的前提下，实际上排除了被征地农民参与分配土地地租利益增值的机会（李蕊，2005）②。本研究认为，中国可借鉴美国的做法，以市场为基础，提高征地补偿标准，即将土地补偿费、青苗及建筑物、构筑物补偿费、社会保障补偿费、残地补偿费等主要补偿项目的补偿价格参照当前土地市场的价格，充分体现"效率、公平"原则（彭开丽，李洪波；2006）③。

土地补偿标准因征地用途不同而异：其一，若政府因公共利益需要而征地，补偿标准可由政府制定，但必须经全国人大常委会讨论通过。就补偿标准而言，仅仅是至少维持原有的生活水平是不充分、不公平的，适宜的补偿标准应不仅能维持被征地者基于城市非农生活的基本生活水平，而且要为他们构筑有利于未来发展的可持续生计，享有和城市人口同等的福利待遇和生存权、发展权。其二，若政府征地并出让给经营者进行开发，对被征地农民的补偿标准应包含了土地转用后潜在的市场价值，即政府将此被征收的土地出让给经营者所获得的土地出让金扣除政府为开发该地而进行基础设施建设所投的费用后的金额（姜平，2008）④，以此实现农民对经济社会发展成果的分享，从而体现公平。

另外，中国的征地强制性表现在整个征地过程中未能充分遵循公平、公正、公开的原则：其一，土地征收是政府行为，被征地农民往往在被告知土地将被征收后的参与权不充分；其二，对征地补偿的标准体现政府单方面的意志，赔偿协商的余地很小；其三，安置的可选方式简单，难以充分考虑被征地农民意愿；其四，征地

---

① Plimmer Frances and Dubben Nigel. The Land of Make Believe: An Overview of the Assessment of Compensation for Land Taken on Compulsory Acquisition in the United Kingdom [EB/OL]. http://www.fig.net/pub/m orocco/proceedings/TS17/TS17_3_plimmer_dubben.pdf, 20031204.

② 李蕊. 从美国司法判例看中国土地征收制度的完善 [J]. 广西社会科学, 2005 (12): 88~91.

③ 彭开丽，李洪波. 美国的土地征收补偿制度及其对中国的启示 [J]. 农业科技管理, 2006 (6): 49~51.

④ 姜平. 中美土地征收制度比较研究 [J]. 华商, 2008 (7): 65~66.

土地换保障：
扩大推动发展民众基础的政策选择

批准后，在征地报批过程中用地单位提前使用土地（卢丽华，2000）①。

2. 严格界定公共利益范畴。日本严格界定了公共事业范围，加拿大也有"征地的目的必须为公共利益服务"的规定和要求，关于"公共利益"的含义非常明确。而中国宪法中只规定了基于"公共利益"征地的条文，但对"公共利益"至今没有理想的定义。事实上，中国的"公共利益"概念是极富弹性的，从而导致征地权的滥用。中国新《土地管理法》第四十三条规定："任何单位和个人进行建设，需要使用土地的，必须依法申请使用国有土地""所称依法申请使用的国有土地包括国家所有的土地和国家征收的原属于农民集体所有的土地"。但在经济建设实践中，包括非公益事业用地在内的用地需求将"公共利益"从公共设施、公益建设的狭义概念扩大到为所有的经济建设的广义概念，扩大了征地范围。

3. 依据土地的市场价值提高补偿标准。发达国家的土地补偿标准高的根本原因是他们以土地的市场价值为依据制定补偿标准。英国依据土地的市场价值，并考虑已有的规划预期来确定征地补偿额，被征地者获得的补偿额度相当充足。加拿大的征地补偿遵循市场原则，对被征收的不动产补偿是对土地的最高和最佳用途。根据当时的市场价格补偿，由于补偿金额比较高，一般由被征地者用补偿金自行安置。只有在征地、搬迁引起有关损失时，被征地者可以提请相关赔偿申请。

中国则根据征地前三年的土地平均产值确定补偿费用。这是一种与土地市场价值毫无关联的政策性标准，在土地的出让价值和农民获得的补偿之间存在巨大的差价，补偿标准过低。建议在考虑到土地进入市场实现的增值的基础上，结合被征土地的利用预期，确立灵活的补偿估价方式，将部分补偿价格与土地未来用途挂钩，避免征地后土地用途随意改动带来的利益损失，以此规范被征收土地的用途，约束"征而不用""征后改用"的行为，同时达到合理调整土地出让收益与征地补偿支出之间利益空间的分配格局的目的（张红，于楠，谭峻；2005）②，以提高征地补偿的额度。对被征地农民的补偿标准应能够囊括就业、住房和社会保障，在保有基本城市生活水平的基础上，能够顺利实现非农的相对稳定的就业以建立起可持续生计。

4. 拓展补偿范围和补偿对象。就补偿范围而言，英国的征地补偿范围广泛而全面，同时考虑到了对被征收土地及相关损失的补偿以及对因征地给周边社区造成的侵害给予补偿——直接损失补偿和间接损失的补偿、征地过程对当事人造成的损害的补偿和项目建设及运营造成损害的补偿。日本的土地征收补偿范围也比较广泛，除了征收损失，还包括通损赔偿、事业损失赔偿。韩国的土地征收补偿除地价补偿外，还包括残余地补偿、迁移费补偿以及因征收而引发的其他损失的补偿，对于期待利益的损失也明确规定在补偿范围内，较为详尽。就补偿对象而言，日本的土地征收补偿对象范围比较广泛，除了土地权利人，还包括离职者和少数残存者。而印度的补偿对象一直拓展至被征收土地的利益人的范畴。

---

① 卢丽华. 加拿大土地征收制度及其借鉴 [J]. 中国土地，2000（8）: 44~45.
② 张红，于楠，谭峻. 对完善现行征地制度的思考 [J]. 中国土地科学，2005（1）: 38~43.

第二章 国外"土地换保障"相关研究成果与启示

中国土地管理法对征收集体所有土地的补偿规定十分有限,仅包括土地补偿费、安置补助费、地上附着物和青苗的补偿费,安排被征地农民的社会保障费用并未将非经济损失量化为具体的补偿数额,有些可以量化的财产上的损失(比如残余地分割的损害、经营损失、租金损失等通常所受的损失以及因征地而产生的必要费用)尽管具有客观价值且能够举证也未列入补偿范围,更未考虑农民因与土地之间的血脉联系而遭受的情感损失。中国也应逐步扩大补偿的范围,不仅支付土地补偿费,而且对其他损失和干扰予以确认和补偿,对因征地导致的土地流转终止给予补偿(比如租赁权补偿),对因征地给周边社区造成的侵害给予补偿;考虑到中国农村土地承担着农民社会保障功能的现状,还需向失地农民提供社会保障以及再就业培训、养老保险、医疗保险、学龄儿童教育保险费、转业费等(强培,2008)①。

5. 土地征收补偿程序体现被征地农民的参与。中国的土地征收程序存在一定问题,需要调整,调整土地征收程序赋予被征地农民参与权、知情权、申诉权等权利。

美国土地征收程序给我们的最大启示在于土地所有权人利益的维护,其有权得到法定程序的通知,并享有与政府的谈判权、司法救济权以及获得公平补偿的权利。其一,美国法律规定的补偿方案确定程序保证了被征地农民对补偿金额确定的充分参与和知情。其二,设立土地征收听证会制度和司法审查制度。政府决定征收土地应预先公告,并召集利益相关人进行听证,论证征收行为符合社会"公共利益",且所征收土地数量与所要实现的公共利益相符。如果被征收土地的利益相关人意见与政府决策不同,则被征收土地者可以提起行政诉讼,要求对其征收土地的合法性进行审查,即土地需用人可以向政府提出用地申请,但政府作为征地的审查机关应接受司法机关的审判监督。其三,建立土地纠纷仲裁机构、赋予被征地农民集体申诉权。在美国,申诉权是土地征收过程中土地所有者保障私有财产权益的重要方式(彭开丽,李洪波;2006)②。

英国、韩国、日本、澳大利亚的土地征收程序给我们的启示是应完善征地补偿的评估与仲裁机制。其一,英国的征地补偿争议由土地裁判所裁决。土地裁判所既不属于法院,也不属于行政系统,组织上与行政机关联系,活动上保持独立性③。另外,政府坚持的在土地征收补偿中严格保护被征地者的利益,当补偿费偏低导致征地者与被征地者之间发生矛盾时,法律会倾向于被征地者(杨爱文,2006)④。其二,韩国的经验告诉我们,应增设土地争议裁决机构或组织。韩国的建设部专门负责征收事业的认定,土地征收委员会负责对土地征收的裁决。土地征收委员会(无

---

① 强培. 英国土地征收补偿制度启示 [J]. 江苏商论, 2008 (1): 152~154.
② 彭开丽,李洪波. 美国的土地征收补偿制度及其对中国的启示 [J]. 农业科技管理, 2006 (6): 49~51.
③ Office of the Deputy Prime Minister: Compulsory Purchase and Compensation – Compensation to Agricultural Owners and Occupiers [EB/OL]. http://www.odpm.gov.uk/index.asp?id=1144816, 2004-10.
④ 杨爱文. 美英日三国土地征收制度的启示 [J]. 生产力研究, 2006 (12): 170~171, 186.

土地换保障：
扩大推动发展民众基础的政策选择

论中央的或地方的）由九人组成，其中五人为具有丰富公用征收经验、学有专长的专家学者（非公务员身份），任期两年（欧海若，吴次芳；1999）①。其三，日本的经验告诉我们，应成立具有广泛代表性的第三方征地仲裁机构。其四，澳大利亚的经验表明，应制定土地征收补偿争议的司法诉讼程序。

加拿大的征地遵循公开、公正的原则。其一，加拿大整个征地管理都是公开的，从预征土地、批准、补偿到进入使用土地，都必须告知被征者，有的明确要求有公告。其二，加拿大的征地具体事务是在征地机构组织下进行的，批准机构主要在征地批准、补偿、进入或使用土地等方面起调解、决定作用。

中国的土地征收程序是不完善的，从立法的角度看更是如此。

（1）缺乏被征地农民的参与、知情等环节。其一，中国新《土地管理法》规定，征地必须有两次公告，分别在征收土地方案和征地补偿安置批准后，其他过程是否要公开并未明确（卢丽华，2000）②。其二，中国《土地管理法》规定，征地补偿方案由政府部门确定，而后由有关地方人民政府公告，并未听取被征地的农村集体经济组织和农民的意见。被征地农民在确定补偿方案时没有机会参与协商，只有在方案确定后，对补偿标准有争议的，才可以与政府部门协商并申请裁决。其三，中国《土地管理法实施条例》（以后简称《实施条例》）第二十五条规定，安置争议不影响征收土地方案的实施，即政府可以先征地后签征收补偿协议。这在实质上取消了土地权利人凭借手中的土地作为谈判筹码以取得合理补偿的权利（李蕊，2005）③。其四，《实施条例》规定，土地补偿费归农村集体经济组织所有，地上附着物及青苗补偿费归地上附着物及青苗的所有者所有，安置补助费由农村集体经济组织管理和使用，或直接支付给安置单位等，如集体经济组织对费用处理不合理引起被征地农民不满的，对该争议如何处理也存在立法空白。

（2）缺乏仲裁机制。据统计，中国每年有各类土地纠纷近百万起，各级信访部门受理的信访案件百分之六十以上为土地纠纷所引发；土地行政案件数总和在整个行政案件中所占的比重逐年增长，目前已达到百分之十九。土地行政案件在各级法院受理的一审行政案件中长期居于首位。土地争议问题是当前的热点和焦点问题。《实施条例》规定，征地补偿争议由县级以上地方人民政府协调，由批准征收土地的人民政府裁决。政府机关为唯一的征收土地的审核、裁定机构，虽然在行政程序上较为简便，但难以克服政府同时扮演裁判员和运动员双重角色的弊端。由于政府是征地的潜在受益者，其本身在征地过程中存在寻租的可能，因此由政府裁决补偿争议的方式有失公允，中国的乡镇政府既是农地所有者又是征地管理者或执行者，缺乏有效制约和监督机制，致使违规征地频现。

（3）请求解决争议的范围过窄。《实施条例》第二十五条还规定，仅补偿标准

---

① 欧海若，吴次芳. 韩国的土地征收制度及其借鉴 [J]. 国土经济，1999（4）：43~45.
② 卢丽华. 加拿大土地征收制度及其借鉴 [J]. 中国土地，2000（8）：44~45.
③ 李蕊. 从美国司法判例看中国土地征收制度的完善 [J]. 广西社会科学，2005（12）：88~91.

有争议的才可以由批准征地的人民政府裁决。这导致请求解决争议的范围过窄。中国应赋予农民集体对补偿范围、内容、标准及收益分配等问题的申诉权以保证征地的公正性，成立土地纠纷仲裁机构处理征地纠纷。

目前中国法律规定，发生土地补偿费用争议的应由县级以上政府协调，协调不成的则由批准征收土地的人民政府裁决。而国际惯例由独立于政府的机构来仲裁征地纠纷的经验是值得借鉴的，改变中国目前由政府当征地问题裁判员的做法也是必要的。中国也可以通过设立类似于"事业认定审议会"和"征收委员会"的第三方仲裁机构及建立司法裁决制度，负责受理和裁决征地双方的争议，赋予被征地农民"知情权"和"参与权"，以保证土地征收的合法性和公平性。但是，由于行政裁决在中国作为一项独立制度的完善体制、机制，及相应监督机制还未完全建立起来，建立相对独立的具有最终裁决权的土地争议调处机构的条件还不具备，应以独立于行政系统之外的司法系统的判决作为裁决案件公平的最后保障①。条件成熟后方可借鉴英国的行政裁判制度，实行具有司法效力的土地争议调处制度。除了允许农民对土地征收决定提起行政诉讼，还应赋予农民对土地征收费的处理提起民事诉讼的权利。相对于政府部门对争议的协调和裁决，司法途径应当是最终的保障（丁晓华，2006）②。

6. 完善征地立法。应在土地征收法律中专设"征收程序"，使土地征收程序清晰、明确。理顺土地需用人、政府与被征收人之间的法律关系。

英国的实践表明，应完善征地补偿立法。英国完善的征地补偿制度和立法规范了强制征地行为。而新中国成立后至今的四部宪法无一例外地采用了"重征收轻补偿或无补偿"的宪法模式，这从中国早已建立的土地征收补偿制度并无宪法依据可以略见一斑。另外，中国至今没有专门系统的土地征收补偿法，土地征收补偿制度、规定分散在各单项法律中，土地征收补偿标准差异很大。分散的立法现状使政府征地行为无法可依，导致政府征地行为失控，违背了法治的原则，同时，公民权利被侵害的机率增加。在土地征收补偿过程中，农民完全处于被动接受的不平等地位，缺乏表达自己利益诉求的渠道和机会，严重违背了协商一致的法律原则。中国的土地征收制度既需完善，又需建立宪法依据。另外，需在宪法相关规定的指导下制定系统的土地征收补偿法，并在其中设专章规定补偿问题，把零散的补偿规定集中整合，规范土地征收补偿程序，建立起土地价格评估制度（由于补偿采用产值倍数法导致征地补偿的评估体系缺位）和征地补偿方案听证、审批制度，征地补偿民主决策制度，征地补偿争议司法救济制度等程序制度，并赋予被征地农民参与权、知情权和监督权（强培，2008）③。

澳门土地资源稀缺，不足三十万平方公里。20世纪60~70年代澳葡当局曾零

---

① 钟京涛. 英国土地争议裁判制度及启示 [J]. 河南国土资源, 2005 (5): 34~35.
② 丁晓华. 亲历澳大利亚土地征收补偿程序 [J]. 中国社会导刊, 2006 (7): 52~53.
③ 强培. 英国土地征收补偿制度启示 [J]. 江苏商论, 2008 (1): 152~154.

土地换保障：
扩大推动发展民众基础的政策选择

星地征收过私人土地以设立公共墓地或其他公共设施。葡萄牙政府1976年制定的第一部《征收法典》在事实上约束着澳葡当局的征地行为。20世纪80年代以来，澳门再未出现过强制征收，而是以私法途径（买卖、互易）获取私人土地。葡萄牙1991年制定了第二部《征收法典》，澳葡当局据此相继制定了第12/92/M号法律及第43/97/M号法令，规定了"经穷尽以私法途径取得财产的可能性后方可采取征收"的原则，公共当局对征收实际采取"敬而远之"的态度。与中国内地2001年的《城市房屋拆迁管理条例》相比，澳门征收制度的借鉴意义在于：其一，征收制度具备体系逻辑，条文之间、法规之间、征收立法和宪制性法律之间比较和谐、连贯，不同法规之间大致保持了重要术语的一致性，且下位法不至于抵触或超越上位法；其二，征收制度具备基本的制度伦理，立法精神追求公共利益与私人利益之间的平衡，对私人之权利及合法利益提供了比较健全的保障（米万英，2007）①。

韩国较少的土地争议和矛盾表明，如果在立法中明确补偿额度，征地的效率会大大提高。韩国自1990年3月1日《土地公概念法案》生效后，就以统一的公示地价为征收补偿标准，故在具体执行中争议较少。而中国《土地管理法》中规定的土地补偿费和安置补偿费之和有下限及上限，在实际执行中极易引起异议。

参考文献

[1] 陆心社. 研究征地问题，探索改革之路 [M]. 北京：中国大地出版社，2003

[2] 中国社会科学院社会政策研究中心课题组. 失地农民"生计可持续"对策 [J]. 科学咨询（决策管理），2005（4）：20-22

[3] 孙蚌珠. 中国工业化进程中就业的产业结构变动 [J]. 北京师范大学学报（社会科学版），2005（5）：95-100

[4] 韩江卫. 城市化与就业协调增长的机理与途径 [J]. 特区经济，2006（4）：157-159

[5] 杨宜勇，顾严，魏恒. 中国城市化进程与就业增长相关分析 [J]. 教学与研究，2005（4）：5-12

[6] 周勇. 城市化进程中的就业问题分析 [J]. 科技信息，2007（21）：10-11

[7] Topher L. McDougal. Law of the Landless: The Dalit Bid for Land Redistribution in Gujarat, India. Massachusetts Institute of Technology (Master), June 2007

Compulsory acquisition of land and compensation. FAO land tenure studies 10. ISBN 978-92-106143-5

---

① 米万英. 澳门征收制度的特色 [J]. 法学，2007（8）：18~22.

第三章 国内"土地换保障"理论相关研究与启示

第一节 "土地换保障"理论的主要研究成果

目前,国内对"土地换保障"理论的相关研究成果可以说汗牛充栋,但大多数是以征地制度改革和社会保障制度为重点展开的。在这里,我们只能从众多的成果中抽象出主导性理论视角或研究脉络进行归类总结、评述,在不同的视角或脉络之下重点阐述关于被征地农民①的土地权益和社会保障权益的调查或研究成果。

就学术领域的研究而言,根据中国知网中国知识资源总库统计,1979~2009年以被征地农民为题的研究论著约三百一十三篇,主要围绕该群体的就业培训、权益保障、安置途径、生活状况、行为心理、市民化等方面展开论述。需要说明的是,有些调查报告或研究著作只是为了分析和讨论的方便,才将其归为以下某一类别,实际上可能无法完全归为某种理论视角或研究脉络。以往研究大体来说,可以分为以下七种类型。

一、社会结构和征地收益分配等角度的研究成果

从社会分层、社会冲突、社会排斥、产权等理论出发研究被征地农民权益问题的成果,目前最集中的是从城乡二元结构的角度来解释被征地农民权益受损的原因及化解之道。这类研究认为,产权的缺失、城乡有别的政策体系对被征地农民多索取、少补偿,对农民利益忽视,实施重城轻乡的二元社会福利保障制度、工农有别的金融信贷及文化教育等的农民非国民待遇造成了被征地农民的权益损失②。

---

① 在目前的研究成果中,许多学者将"被征地农民"称为"失地农民",严格地说,称为"被征地农民"更为准确。失地原因和种类很多,除依法征收土地外,因婚嫁失地、新出生人口、退耕还林、退牧还草、水源地保护区、煤炭塌陷区、资源枯竭性城市或矿区、失海渔民等特殊群体均可称为失地农民。为使研究成果更严密,政策更具有可操作性,笔者一般用"被征地农民"概念,但为忠实原文,在文献综述中依然使用"失地农民"的概念。

② 刘文烈,刘晨之. 试论城镇化过程中失地农民权益保护问题. 齐鲁学刊,2007(3). 喻国华. 失地农民权益流失与保障机制. 生产力研究,2006(6).

土地换保障：
扩大推动发展民众基础的政策选择

（一）**征地收益分配的基础是产权**。臧俊海等（2008）从产权角度出发，认为参与分享土地增值收益的主体包括农民集体、农民和国家。农民应凭借农地发展权参与权益分享；失地农民由于农地转用为建设用地，其农地发展权被收回，因此，国家应在土地用途增值中给予失地农民农地发展权的补偿。在耕农民由于仍从事农业生产，也应由国家给予其不能转用为最佳利用方向的机会成本补偿。这一部分补偿应从国家所有的土地用途增值中支出。此外，失地农民应有权参与被征农地用途转变后所产生的属于集体所有的自然增值。然而，目前我国农村土地的产权属于农村集体所有，农民拥有的土地产权是不完整的，部分学者认为，这是造成被征地农民各项权益得不到保障的根本原因。因此，党国英（2002）、钱杭（2002）、郑浩澜（2001）等人提出，要明晰农地制度的产权关系，使农民对承包的土地有完整的产权。但徐琴（2003）认为，产权问题并非关键，明晰农地产权并不能必然保护农民利益，农民的土地权益能否得到有效保证，关键在于能否提供合理而适度的征地补偿办法。

（二）**农民应获得合理的征地收益分配**。周诚（2005）提出，土地增值收益的分配原则为"合理补偿，剩余归公，支援全国"。诸培新、曲福田（2006）提出，要提高农民在土地收益初次分配中的比例，用以建立社会保障体系。而要实现合理补偿，就要提高土地资源配置的公平和效率，因此主张提高"招拍挂"土地出让的比例，减少划拨和协议出让土地的比重，突出土地的市场定价。刘家强（2008）指出，目前在考虑农民的土地收益时更多只限于现价收益，而土地的增值收益普遍没有进入分配体系。农民对土地的事实所有权意味着农民拥有获得农地转用后的增值收益额的权利。要将土地增值收益纳入分配范围，至少一半的涨价应归农民，用于增加其社会保障金。葛永明（2002）主张以多种方式提高农民实际获得的利益补偿，例如级差地租返村、土地入股和租赁等方式。

（三）**征地分配收益改革不能一蹴而就，应循序渐进，分步实施**。吕苹等（2007）提出适用农地转用制度改革的土地利益分配的近期目标和远期目标。近期目标：建立征地收益金制度，对政府征地获得的增值收益进行再分配，将土地纯收益的一部分通过建立征地收益金的方式返还给农民和集体，并明确用于农村建设、农民生活补偿和社会保障，以缓解征地带来的利益失衡问题。远期目标：征地利益调整应在初次分配基础上以市场价格确定补偿价格，且以市场价格确定农地转用价格，并在再次分配过程中形成规范的税收体制，以土地增值税等回赠形式取回国家应该分享的部分。

二、征地制度和社会保障制度等安置方式角度的研究成果

（一）**政府责任角度的研究成果**。被征地农民是一个规模庞大的弱势群体，解决被征地农民权益保障的缺失，首先应从政府层面的探讨入手，强化政府的角色、职能与责任，从法律、制度、政策上消除不合理因素的障碍，加强对被征地农民权

益相关的法律法规保护。杜润生更是明确提出,要为失地农民提供法律援助,成立农会、土地法庭,建立律师援助系统,让农民能支付法律援助的律师等费用。

(二) 社会保障制度角度的研究成果。土地被征用后,由于补偿和安置不尽如人意,被征地农民丧失了土地所带来的社会保障权利,因而沦为既不同于农民、又不同于市民的边缘群体,许多学者大声呼吁并致力于研究被征地农民的社会保障体系。有学者认为,必须改革现行的社会保障制度,及时将失地农民纳入社会保障体系之中,赋予失地农民国民待遇,为他们提供基本的社会保障。这既可以减少土地征用的阻力,又有利于消除因土地征用造成的社会不稳定因素①。一项对农村土地制度的具体研究表明,农民土地产权缺乏有效保障、组织化程度偏低及政府的土地征用垄断导致农民土地供给不足,形成土地征用的非均衡。虽然《土地承包法》等法律对农民的土地承包经营权给予了一定程度的保障,但中国的农民实质上并不具备多少个人选择的权利,农民的土地产权保障程度偏低,同时,政府的土地征用垄断造成土地征用方和被征用方地位的不平等。法律规定土地征用须以公共利益为前提,却未对公共利益作出明确的界定,未对国家行使土地征用权力作出具体的限制,从而导致失地农民权益受损②。

(三) 从征地制度改革角度的研究成果。一是在土地征用方面,普遍存在过多、过急和严重侵害农民权益的问题,具体表现为非法占地数量大;大量征地造成大批农民失地;征地补偿标准低;安置无着落等。二是将失地农民权益受损的原因归于征地程序的不完整,认为征地部门常将事前调查和事后调查合二为一,缺乏实地核实以及批准机关自由裁量权过大。这都是征地程序不规范和监督机制不健全的结果,必然导致被征地农民的权益损失。三是对于征地补偿标准的规定不统一、征地补偿款发放的监督机制不健全,以致经常出现征地补偿纠纷。四是征地程序的不规范以及监督机制的不健全是造成失地农民权益损失的直接原因。五是认为农民诉求的表达渠道不畅通是失地农民权益遭受损失的另一个重要原因。失地农民对法律法规了解、掌握得还很不够,对自己应当享有什么样的权益知之甚少,当自己的权利受到侵犯时,寻求法律保护、运用法律手段的意识很淡薄③。

(四) 妥善安置失地农民角度的研究成果。学者们普遍认为,征地时仅考虑短期补偿是不够的,必须将征地补偿与被征地农民社会保障结合起来考虑,以土地换保障。持此观点的有张时飞等人。唐钧主张采取可持续的措施,以土地换保障、以保障促就业、以就业促发展,让农民以土地入股长期参与土地收益的分红。在实行

---

① 钱忠好,曲福田. 规范政府土地征用行为,切实保障农民土地权益. 中国农村经济,2004 (12).
② 钱忠好. 中国农村土地制度变迁和创新研究(续). 社会科学文献出版社,2005:156.
③ 李平,徐孝白. 征地制度改革:实地调查与改革建议. 中国农村观察,2004 (6);张友祥. 失地农民权益损失的成因与对策. 山东工商学院学报,2006 (2);喻国华. 失地农民权益流失与保障机制. 生产力研究,2006 (6)。刘文烈,刘晨之. 试论城镇化过程中失地农民权益保护问题. 齐鲁学刊,2007 (3).

土地换保障：
扩大推动发展民众基础的政策选择

以土地换保障时，必须明确被征地农民社会保障的范围、保障水平和政府责任。王政（2006）提出，可将征地补偿安置费的一部分发放给失地农民，保障其当前的生活需要，另一部分作为失地农民的社会保障专项资金。张亚（2005）① 提出"土地变资产、农民变股民"的设想，让农民"失地不失权、失地不失利"，即通过股份制或股份合作制改革的办法，使农民在土地改变使用方式以后，能够继续凭借产权获得土地经营收入，享受土地增值收益，利用入股分息充交保费。温铁军（2000）② 主张国家在继续维持土地垄断征占的条件下，原则上应将土地垄断征占所产生的批租收益定向用于无地农民的社会保障，即把特定的土地转让产生的增值收益作为土地基金上市，所产生的收益用于支付无地农民的社会保障。

被征地农民的安置方式有货币安置、招工安置、就地安置、保险安置等，以货币安置为主（2006年前，在各地报国务院审批的建设用地项目中，有百分之九十以上采用货币安置）。张晓玲等认为，货币安置的优点在于操作简单，但不适宜四十五岁以上群体和劳动技能较低群体。谭俊华、谭文兵认为，招工安置有一定的用工要求，安置面窄，若遇上安置企业减员增效、停工破产等，势必造成被安置人员失业下岗，带来新的就业压力。就地安置因村办企业的生命力问题存在短效性。保险安置目前已开始在越来越多的地区试点，但很多问题仍无法落实。解决被征地农民问题需要突破传统安置模式，进一步探索多元化的安置途径。目前我国被征地农民安置以货币安置为主。该安置方式操作简单，也易于被征地农民接受。然而，被征地农民在由计划经济向市场经济转型、由农民向市民转型的过程中，这种以低水平补偿为特征的方式掩盖了其对被征地农民土地承包经营权、生存权和发展权的侵蚀，政府责任也没有及时到位，由此产生了被征地农民问题，引起了各界学者和政府部门的高度重视。

本人较为完善地提出了"土地换保障"的解决思路，认为征地制度改革应按照"土地换保障"的思路和"以民为本"的政策思想，确立"就业优先"的政策目标，以被征地所承载农民安置的实际社会成本为依据，制定征地补偿标准，明确补偿安置费用主要用于失地农民的就业和社会保障，从土地出让金中分割一定比例来支撑保障资金③。常进雄在阐述"土地换保障"的基础上，详细阐发了失地农民的合理利益结构和保障成本，并评价分析了上海市"小城镇保险模式"④。葛永明、吴刚也对失地农民社保制度安排的基金问题作了研究和阐述⑤。周伟、车江洪则建议

---

① 张亚.被征地农民权益保障之管见.农村经济，2005（2）.
② 温铁军."三农"问题与世纪反思.北京：生活、读书、新知三联书店，2000.
③ 卢海元.土地换保障：妥善安置失地农民的基本设想.中国农村观察，2003（2）.
④ 常进雄.城市化进程中失地农民合理利益保障研究.中国软科学，2004（3）.
⑤ 葛永明.在农村工业化、城市化进程中必须高度重视和关心"失土农民".调研世界.2003（3）；吴刚等.农民变市民：将被征地农民纳入城镇社会保障体系的思考与研究.国土资源，2002（1）.

建立土地股份制或股份合作制,当时这种模式已经在无锡新桥得到实践①。随后,不少学者对土地股份合作制进行了逐步深入的研究,认为这种制度安排实现了对土地增值收益等各类潜在收益最大程度的挖掘和集体分享②。陈锡文等认为,土地交易过程中既要保护农民利益,又不妨碍经济发展,也不妨碍推进城市化,可以有以下办法:不必都用现金买土地,可以由土地所有者将土地作为生产要素,在投入生产过程中逐步获取收益,投入方式有出租、入股、合营等。各地在实践中有很多这个方面的创举,这些方式可以在全国推广。对城郊的地价,政府有权从管理的角度把它分成三个部分:第一是对于失去土地需要安置的农民,要确保他们眼前的生计,保证其正常生活费用;第二是土地作为稀缺资源,在今后的运作中长期有收益,可将地价的一大块转化为农民的预期收益;第三是结合当前的整个社会经济发展和改革需要,把其中一大部分作为失地农民的社会保障基金③。徐孝白和李平的调查发现,集体干部利用程序保护措施的缺乏侵害农民权益的表现可分为下述三类:截留土地补偿金;少报土地补偿金;明目张胆地将农民的土地补偿据为己有等(李平,徐孝白;2004)。

(五) 建立失地农民社会保障制度角度的研究成果。有学者建议,当务之急是建立和完善失地农民社会保障基金,认为土地转用后的巨额增值收益不加以公平分配不符合社会正义原则。从社会公正角度看,占全国人口百分之七十多的农民有权利获得农地转用后的增值收益,百分之七十或者至少一半的涨价应归农民,而属于农民部分的土地转用涨价是建立失地农民社会保障基金的主要来源(陈亚东,2006)。鲍海君、吴次芳建构了失地农民社会保障体系,包括资金来源、运行机制、模式类型、内容(涵盖最低生活、养老、医疗保障、教育培训机会和法律援助)等方面,将征地中土地补偿安置费以及土地转用后的增值收益作为保障基金的主要来源④。廖小军认为,失地农民社会保障是一个庞大的体系,包括生存保障和发展保障两个方面。生存保障主要体现在保障基金的筹集、运营、管理和养老保险、最低生活保障、医疗保障、失业保险等模式类型及构建上。发展保障主要体现为失地农民增强再就业能力提供服务,为失地农民增强创业能力提供服务平台(廖小军,2005)。覃国良认为,国家因财力有限,在现阶段还不可能给失地农民购买低保,因此,有必要建立失地农民共同基金,把土地补偿费投入其中,通过基金专家的精心运作,农民分享年红利,用它来保障农民失地、失业后的基本生活需要(覃国良,2006)。徐莉、严予若、王晓凤在对失地农民生存现状进行调查的基础上,分析了失地农民权益遭受侵害的负面影响,并提出了建立失地农民权益长效保障制度

---

① 周伟,车江洪.农村土地非农化过程中农民利益保障问题的对策研究.中国农村经济,1996 (8).

② 刘守英.土地使用权流转的背景、原因及要注意的主要问题.国研报告,2001年11月16日;史金善.社区型土地股份合作制:回顾与展望.中国农村经济,2000 (1);王小映.土地股份合作制要慎行.经济学消息报,2002年1月4日.

③ 陈锡文.为了保护农民利益,必须改革征地制度.地政研究动态,2002 (11).

④ 鲍海君,吴次芳.论失地农民社会保障体系建设.管理世界,2002 (10).

土地换保障：
扩大推动发展民众基础的政策选择

的框架和措施。这套机制包括基本养老保障、基本医疗保障和最低生活保障三个部分（徐莉，严予若，王晓凤；2006），这是一种比较综合性的思路，但仍然是从保障及保障内容的角度来进行机制设计的。

（六）**农民社会保障权角度的研究成果**。社会保障权是公民的一项基本权利，与个人的生存、发展、地位直接相关，是社会成员从社会获得基本生活保障的权利。随着农村劳动者生产经营活动日趋频繁，他们的生、老、病、死、伤、残等风险明显增加。鲍海君、吴次芳认为，失地农民既丧失了拥有土地所带来的社会保障权利，包括生活保障、就业机会、土地继承权、资产增值功效、直接受益功效和免于重新获取土地时再支付大笔费用的效用，同时又无法享受与城市居民同等的社会保障权利，使其成为既有别于一般农民又不同于城市居民的边缘弱势群体（鲍海君，吴次芳；2002）。

三、维护被征地农民市场主体平等地位角度的研究成果

童中贤认为，在市场经济条件下，农民作为市场主体之一理应享有法定的权利。然而，在目前的征地制度下，农民相当一部分"权"和"利"被双重忽视和剥夺了。首先，土地是否被征用，农民没有发言权，更没有决定权，完全由地方政府决定。农民对法定属于自己的物品没有决定是否交易的权利，这是农民对土地所有权——最高权利的丧失。其次，对于市场主体而言，在交易中应有讨价还价的权利，而在现实生活中，农民对于征地交易的价格没有与买方平等坐下来谈判的权利，在交易时，法定属于农民的物品价格也完全由买方决定。再次，作为市场交易主体，对交易应该知情，而现行征地交易却没有赋予农民知情权（童中贤，2006）。陆子修指出，正在起草的《农民权益保护法》要有较强的针对性和操作性。"该法应正视现实存在的侵犯农民权益方面带全局性的重大问题，不回避矛盾，总结实践经验，提出解决办法。除保护农民土地、保护进城农民工权益、免除不应由农民负担的税费、保护农民财产权益以外，还应把保护农民政治权益作为一项重要内容，对村民自治、农民代表比重、农民结社权、诉讼权、知情权以及人身安全保障权等尽可能作出具体规定，充分体现社会主义政治文明的要求。"中国社会科学院程宗璋研究员更是主张以国家和社会的良性互动为理论基础，来建构保护农民权利的法律机制，主要包括利益需求的表达机制、正义观念的制导机制、法律程序的控制机制、诉讼程序的救济机制、违宪审查机制和自律机制等。

在市场经济的环境下，土地对于农民来说，不仅具有单一的生产功能，更具有广泛的发展功能和保障功能。随着我国改革开放的进行以及计划经济体制向市场经济的转变，土地征用制度也几经调整，但失地农民群体在征地博弈中仍处于弱势地位，其权益受损严重。从失地农民权益受侵害原因来看，现行农地制度缺陷是导致失地农民土地权益屡遭侵害的根源。这主要表现在农村集体土地产权不清和政府行政权对农民土地财产权的肆意侵害（黄小虎，2002；陈锡文，2004；钱忠好，2005）。

针对目前我国征地制度中存在的问题，有学者认为，现行征地补偿按照被征地前三年平均产值的六至十倍计算，既没有考虑今后农业产出逐年增加因素，也没有考虑以后物价上涨的因素，更没有考虑今后土地的升值因素。因此，保障失地农民合法权益当务之急是必须从法规上进行调整，政府通过垄断土地一级市场，适当降低税费，调整土地出让收益分配比例，以提高征地补偿。农民所得补偿调整的幅度可以从目前征地收入的百分之十至百分之十五提高到百分之三十以上，或者按照被征用地的使用年限给予补偿（赵明学，邹薇，穆建华；2006）。王克强等学者认为，应以市场价格作为确定土地征用费的基本依据。按照公平补偿原则，征地补偿金包括两部分：土地的市场价格和相关补助金。土地的市场价格是指某一特定土地在公开市场中所有权形态所具有的无限年期的正常市场价格，即无限年期可预见现金流的折现价值，相关补助金是指因征地而导致拆迁费用、新的工作的前期费用以及农地中一些尚未折旧完毕的投资等（王克强等，2005）。沈飞、朱道林认为，征地制度矛盾的本质在于政府鉴于经济关系的强制性造成政府与集体经济之间的产权经济关系紧张，导致集体经济福利严重受损，失地农民成为最终的利益受害者。解决问题的关键在于使政府失去"经济人"和"行政人"的双重身份，让市场来确定土地价格与土地主体之间的收益分配关系，使得政府制度性租金空间得以压缩（沈飞，朱道林；2004）。杨春嬉认为，应赋予集体土地使用权和国有土地使用权在土地一级市场上平等的法律地位，打破国有土地对建设用地的垄断，为集体土地使用权进入土地一级市场创造合法的制度基础。在进一步强化土地用途管理制度、落实最严格的耕地保护制度、强化土地利用总体规划约束的前提条件下，允许按照土地利用规划为建设用地的集体土地的使用权直接进入土地的一级市场，将政府的主要精力集中在土地利用规划的编制、执行、监督和完善土地用途管制制度上，集中在土地规划、信息服务和执法监督上，而把农地转用的土地增值收益还利于民，使农民能充分、切实地享受到城市化、工业化的利益（杨春嬉，2005）。征地制度的合理与否很大程度上取决于政府决策的科学性与合理性的大小。为了维护失地农民的合法权益，郭军波提出，应该提高政府相关工作方案的科学性和合理化，加强对失地农民的各种扶持和新技能培训，可以促使政府与农民的相互信任和理解，合力化解矛盾和开创未来（郭军波，2006）。

综上所述，目前的失地农民权益受损原因和保障对策的研究多是从政府土地征用制度、社会保障制度的缺失、法制的不完善等角度入手，缺乏对造成失地农民权益受损现状原因的综合考察，农民失地后权益无法得到保障不但有政府制度上的原因，还有司法、社会甚至是农民自身的一些原因。这些因素相互作用和加强，共同造成了失地农民权益受损的现状。目前，对失地农民权益受损原因的综合考察还比较欠缺。由政治学视角看来，农民政治权益的保障是根本，只有促进现代政治的改革与发展，才能促进城乡一体化格局的建构与形成。对于失地农民来说，不仅要完善征地制度，还要保障失地农民的基本政治权利，赋予被征地农民参与权、知情权和监督权。政治学视角下农民权益的丧失原因及其对策研究对改善农民处境具有重要借鉴意义，也奠定了一定的理论基础。

四、关于被征地农民生活现状的研究

集中的大规模土地征用在改变人口结构从而产生大量失地农民的同时，还导致原有生产体系、社会网络的解体，给被征地农民造成极大的经济和心理压力。以上海社科院和宁波大学陈传锋为代表的学者对被征地农民的实际生活状况进行了研究。此外，现状素描型的调研报告和通俗读物也较多。在失地农民对土地被征收的意志反映调查中，高珊、徐元明对江苏省失地农民进行调查的结果表明，对土地补偿标准非常满意只占百分之五点七，不满意和非常不满意者占百分之三十六点五，一般满意者占百分之五十七点四，而且满意程度随着经济水平由南向北逐步降低（高珊，徐元明；2004）。毛峰对二千九百四十二户失地农民的调查表明，失地农民对今后的生活前景感到彷徨、焦虑。他们对耕地补偿低、补偿不到位感到不满，并且对政府直接介入土地买卖反应强烈，但还盼望着政府的关心，失地农民在就业问题、农业经营扶持、社会生活保障、教育问题以及拆迁后的安置等方面迫切地需要政府的关注和解决（毛峰，2004）。陈晨、陆铭等的调查显示，实际分配过程中乡村截留大部分补偿费，而农民最终得到的很少。但也有调查显示，农民有土地被征收的倾向，农村集体一般只渴望农地经济价值的实现，不考虑农地的外部效益，加上土地产权不清晰，具有土地非农化的倾向（陈晨，陆铭等；2004）。对苏南农村家庭的土地保障作用进行的调查研究结果表明，土地保障作用呈虚化趋势，特别在经济较为发达地区，已无法承担农村居民全部的生活负荷（梁鸿，2000）。

五、政府部门的主要研究成果

在理论界进行研究的同时，相关政府部门对上述问题也高度重视。2002年，国土资源部成立了"征地制度改革"课题组，先后选择了十九个城市进行征地制度改革试点。"征地制度改革"课题组在总结各地创新实践和经验的基础上，对征地目的、征地范围、征地补偿标准、征地安置方式、征地程序、征地争议调处办法、征地管理费收取、违法征地等问题进行了全面系统深入的研究，提出了征地制度改革的总体设想，形成了一系列富有改革和创新意义的调研成果，出版了由鹿心社副部长主编的《研究征地问题，探索改革之路》系列丛书（中国大地出版社2002年、2003年）。与此同时，与亚洲开发银行、世界银行合作开展了相关研究，推动了征地制度的改革与创新，维护了农民的合法权益。2004年劳动和社会保障部对被征地农民和农民工社会保障问题进行了全国范围内的调研，形成了《被征地农民和农民工社会保障调研文集》，为国务院研究制定关于做好被征地农民和农民工社会保障工作系列文件奠定了基础。

就政府部门的研究而言，被征地农民社会保障工作的政策研究进展最大。2004年至今，党中央、国务院及有关部门制订的关于建立被征地农民社会保障制度的有关政策框架基本形成,被征地农民社会保障工作也进入了一个以贯彻落实上述政策文件和完善相关政策措施的新阶段。2004年《国务院关于深化改革、严格土地管理的决定》(国发〔2004〕28号)提出,劳动和社会保障部会同有关部门,尽快提出被征地农民就业培训和社会保障工作指导意见,并对被征地农民社会保障资金来源做了原则规定。2006年,《关于做好被征地农民就业培训和社会保障工作的指导意见》(国办发〔2006〕29号),从覆盖对象、资金来源、待遇水平等方面要求各地采取多种方式,保障被征地农民基本生活和长远生计。2006年《国务院关于加强土地调控有关问题的通知》(国发〔2006〕31号)强调,被征地农民社会保障费用不落实的,不得批准征地。2006年《国务院办公厅关于规范国有土地使用权出让收支管理的通知》(国办发〔2006〕100号)对被征地农民社会保障费用支出作出了规定。2007年《关于切实做好被征地农民社会保障工作的通知》(劳社部发〔2007〕14号)要求各地加快推进被征地农民社会保障制度建设,对没有出台被征地农民社会保障实施办法、被征地农民社会保障费用不落实、没有按规定履行征地报批前有关程序的项目,一律不予报批征地。2007年《关于做好当前农村社会养老保险工作有关问题的通知》(劳社部函〔2007〕31号),对切实做好被征地农民社会保障工作提出了高度重视被征地农民社会保障工作、明确被征地农民社会保障工作机构和职责、规范被征地农民社会保障审核工作等三方面的具体要求。2007年《中华人民共和国物权法》第四十二条首次以法律的形式,对安排被征地农民的社会保障费用作了规定。2008年《违反土地管理规定行为处分办法》(15号令)规定了对未按规定落实社会保障费用而批准征地的行政机关有关责任人的处罚措施,进一步明确了责任,严肃了法纪。2008年《关于推进农村改革发展若干重大问题的决定》提出,要"依法征收农村集体土地,按照同地同价原则及时足额给农村集体组织和农民合理补偿,解决好被征地农民就业、住房、社会保障"和"做好被征地农民社会保障,做到先保后征,使被征地农民基本生活长期有保障"。2009年,监察部、人力资源和社会保障部、国土资源部联合下发《关于适用〈违反土地管理规定行为处分办法〉第三条有关问题的通知》(监发〔2009〕5号),就违反土地管理规定行为有关具体问题作出明确规定。《通知》要求,《违反土地管理规定行为处分办法》第三条关于追究地方人民政府领导人责任、应当给予处分的规定适用于2008年6月1日以后发生的违反土地管理规定行为,但对发生在2008年6月1日以前的违反土地管理规定行为在其施行后仍不制止、不组织查处、隐瞒不报、压案不查的,应当依照第三条规定给予处分。

六、关于被征地农民行为心理的研究

被征地农民在城市化进程中的社会心理适应过程包括身份、角色和自我意识的转变过程、就业心理的调整过程,以及对城市文化的适应过程。被征地农民在征地以后的漫长时间里,能否真正融入现代城市是贺豪振等诸多学者关注的问题。

七、关于被征地农民市民化的研究

浙江省人民政府研究室课题组通过对被征地农民的补偿安置、劳动就业、社会保障、社区管理和生活方式等问题的问卷调查,试图探讨被征地农民的市民化问题,并主要从政府工作和社会学的角度对这一问题进行了理性思考。

第二节 关于被征地农民社会保障政策制度的研究成果

将被征地农民直接纳入社会保障体系是保障被征地农民权益的重要途径,也是世界范围内最具中国特色的创举。因此,有必要对被征地农民社会保障问题的相关研究成果进行更详细的综述。

一、被征地农民社会保障制度建设的依据

从现有文献来看,学界的主流观点是,现阶段失地农民的社会保障应该按照"土地换保障"的思路进行。支持"土地换保障"观点的代表专家有陈颐、卢海元、常进雄、唐钧和张时飞等人。陈颐(2000)认为,土地具有产出和提供就业机会的功能,并且符合《土地管理法》的精神,可以作为实现由土地保障向社会保障转变的重要机制。① 卢海元(2002)在博士论文中不仅对"土地换保障"的理论设想和运行模式进行了比较深入系统的论证和设计,而且将"土地换保障"作为建立农村社会养老保险制度的创新之路、破解"三农问题"最重要的突破口、完善城镇化机制最重要的政策选择寄予了莫大的希望②。2003年他进一步提出,将提高征地补偿标准同解决失地农民的养老保障有机结合起来,使用土地补偿费和安置补助费足够解决养老保险问题,逐步将失地农民纳入社会养老保险体系。③ 2004年他又进一步提出了建立、健全被征地农民社会保障制度的一系列政策建议,明确提出了要建立适合被征地农民特点的社会保障制度④,建议新设立被征地农民社会保障补偿费⑤,

---

① 陈颐. 论以土地换保障. 学海, 2000 (3).
② 卢海元. 实物换保障:完善城镇化机制的政策选择. 经济管理出版社, 2002年7月: 371~394.
③ 卢海元. 土地换保障:妥善安置失地农民的基本设想. 中国农村观察, 2003 (6).
④ 卢海元. 建立健全被征地农民社会保障制度的理论思考和政策建议. 经济学动态, 2004 (10);建立适合被征地农民特点的社会保障制度. 经济要参, 2005 (49).
⑤ 苏州市失地农民社会保障制度改革调研报告. 征地事务动态, 2003 (7);嘉兴市失地农民社会养老保险制度改革调研报告. 征地事务动态, 2003 (8)、2004 (1、2);张晓玲,卢海元,米红. 被征地农民贫困风险及安置措施研究. 中国土地科学, 2006 (1): 2~6.

建立"土地银行",将土地流转收入用于缴纳养老保险费①。常进雄(2004)指出,失地农民的产生过程和土地增值过程具有一定的同步性。在土地增值过程中,土地对农民的保障功能也在不断提高,适时出让土地可以保障失地农民未来的生计。②中国社科院社会政策研究中心的张时飞和唐钧(2004)提出"土地换保障"的政策建议,即从土地征用款中确定一定数额的资金来建立失地农民的基本养老保险制度。他们认为,土地征用款是农民失去土地后维持生计的唯一资本,政府积极引导失地农民参加养老保障,是维护他们切身利益的举措。只有切实解决失地农民的后顾之忧,才能降低企业吸纳失地农民的成本,增强失地农民的就业竞争力,从而形成"以土地换保障、以保障促就业、以就业促发展"的良性循环。③ 也有少数学者对"土地换保障"的做法存有质疑。杨翠迎等人(2004)认为,将失地农民的土地补偿费转移为未来生活保障金的做法缺乏足够的理论基础。④ 杨一帆(2008)认为,"土地换保障"思路忽视了政府长期以来在农民社会保障中责任缺失的事实,应该审慎对待这种看似合理的思路。他主张,国家应该通过制度安排为失地农民提供如同国有企业职工"视同缴费"的进入条件,而不是让其依靠自己的征地补偿费来补足"社会保险制度的历史缴费"。⑤ 这种观点强调了政府在失地农民社会保障中的责任,但忽视了国家财力的实际情况。在国家财力有限的情况下,完全寄希望于政府是不可行的。

二、被征地农民社会保障制度建设的思路选择

尽管多数学者支持"土地换保障"的做法,但对具体的政策设计持有不同意见。宋斌文、荆玮(2004)认为,城镇统账结合的养老保险模式没有可持续性,给失地农民建立基本养老保险的模式应该是个人账户式的完全积累制,采取三方付费制,即"政府出一点、集体补一点、个人缴一点"。⑥ 成得礼、董克用(2004)则建议吸纳失地农民进入城镇养老保险。对于"农转工"人员,以将其农龄按照一定比例折算成工龄的办法,使农龄和工龄接轨;对于自谋职业人员,为其开辟参加养老保险的渠道达不到基本养老保险缴费年限的,允许其一次性补缴,使他们享受与

---

① 卢海元.走进城市:农民工的社会保障.中国经济管理出版社,2004年1月出版。该设想已在河南南阳社旗县等地开展了试点工作。该县每个乡镇均成立了土地流转服务中心。
② 常进雄.土地能否换回失地农民的保障.中国农村经济,2004(5).
③ 张时飞,唐钧.土地换保障:解决失地农民问题的唯一可行之策.北京劳动保障网,2004年9月7日.
④ 杨翠迎,黄祖辉.失地农民基本生活保障制度建设的实践与思考.农业经济问题,2004(6).
⑤ 杨一帆.失地农民的征地补偿与社会保障.财经科学,2008(4).
⑥ 宋斌文,荆玮.城市化进程中失地农民社会保障问题研究.理论探讨,2004(3).

城镇职工同等的养老保险待遇。① 以上两种观点分别体现了处理失地农民社会保障的两种思路：第一种是为失地农民建立单独的社会保障体系。这种思路存在一些问题。从经济学的角度看，无法达到规模效应，还会增加管理成本；从保险学的角度看，不符合大数原则，容易产生基金缺口；从整合制度的角度看，不利于城乡社会保障的一体化。第二种是将失地农民直接纳入城镇社会保险体系。这种模式同样面临一些问题。城镇社会保险要求参保者具有一定的就业能力、缴费能力，但失地农民很难在城市正规部门就业，部分失地农民已经超过缴费年龄，或者难以达到享受养老金待遇的缴费能力或年限，个人账户难以建立。

三、被征地农民社会保障的主要对象、项目和内容

陈康来、赵芸（2009）将失地农民分为完全失地农民和部分失地农民。完全失地农民理所当然地要被纳入失地农民的养老保障体系，对于纳入该体系的部分失地农民难以给出明确的固定的标准。浙江省宁波市鄞州区把村集体土地被征用百分之六十以上、现有常住农业人口人均耕地零点二亩及以下的行政村居民定为被征地农民。对于个别农民土地全部被征但整个行政村人均占有土地在零点二亩以上的情况可由村委会提出申请，经批准后，纳入被征地农民社会养老保障系统。

汪敏（2009）② 认为，土地换保障的对象主要是指因政府统一征收农村集体土地而导致失去全部或大部分土地且在征地时享有农村集体土地承包权的在册农业人口，包括因城市改造扩建、失去土地的"城中村"农民，因兴建"经济技术开发区""高新技术开发区"等而被征地的农民，因兴建大型企业或其他生产项目、建设发展小城镇、道路扩建、延伸等原因而被征地的农民。以下几种情况可以不被列入保障对象范围：土地被征收后重新获得了调剂土地的农民；土地被征收后政府已做适当安排并参加了城镇企业职工基本养老保险的农民。另外，还应该包括那些土地被征收后已享受了土地补偿费和安置补助费且户口已迁往外地的农民，以及属于保障范围但正在服刑期间的农民。

关于失地农民社会保障体系所涵盖的内容，不同学者持有不同的看法。一种观点认为，尽管从理论上说，为了实现与城镇社会保障体系的接轨，失地农民社会保障应该涵盖广泛，但受到客观条件制约，立刻建立完备的社会保障体系是不现实的。当前需要设计一个与当地城市居民相对接近，便于今后与城镇社会保障相衔接的可操作性方案，因地制宜，循序渐进。严虹霞、张宏（2007）认为，现阶段失地农民的社会保障主要包括养老保险、失业保险和医疗保险，失地农民向市民身份的转变使得他们所承受的社会风险与其他城市居民没有区别，因而失地农民社会保障安置

---

① 成得礼，董克用. 城乡结合部年第北京市期失地农民劳动力供给的影响因素研究. 经济科学，2004（4）.
② 汪敏. 论我国被征地农民社会保障制度的完善. 理论界，2009（1）.

应该完全参照城市企业职工社会保险标准。① 第二种观点相比第一种观点来说，失地农民社会保障的基本内容更加广泛。鲍海君、吴次芳（2002）认为，失地农民社会保障应该包含：（1）失地农民最低生活保障。这是国民享有的基本权利。（2）失地农民的养老保障。目前的家庭养老方式存在一定风险。（3）失地农民的医疗保障。高额的医疗费用对失地农民是巨大的压力。（4）为失地农民提供受教育和培训的机会，提高失地农民素质，增强就业技能。（5）为失地农民提供法律援助，保障失地农民在其合法权益受到侵害时具有平等的接近法律、寻求保护的能力。②

四、被征地农民社会保障资金来源渠道

由于被征用土地的性质、用途、征用主体存在差异，因此而发生的社会保障资金来源渠道也不尽相同。这其中，以水利工程移民涉及的相关利益方最复杂，筹资渠道最广泛，形式最多样。因此，本文结合水利工程移民社会保障资金筹资情况来概述被征地农民社会保障资金来源渠道，主要包括政府、工程业主单位、工程受益地区、移民个人、社会捐赠等。

（一）政府

学者普遍认为，在移民社会保障资金筹措问题上，政府应当承担主要责任。朱东恺等（2006）反对将农村移民问题完全土地化，让土地补偿承担移民社会保障的全部成本，地方政府分摊部分成本。阳义南（2004）提出，跨省、数量大、迁移距离远的移民主要由国家财政拨款建立社会保障基金。本省范围内、数量适中的由国家、省政府、各地政府财政按一定比例拨款，以省一级政府拨款为主。现在主张政府承担大部分保障资金的呼声越来越高，一些研究者甚至主张政府承担百分之三十的出资比例。汪敏（2009）认为，政府承担部分不低于保障资金总额百分之三十。政府承担的保障资金必须在所征土地的出让金使用年终决算日之前到位，不能在建立社会保障制度当年到位的，各级政府应列出拨付计划，确保政府承担的保障资金按时足额到位。关于政府筹资的渠道，卢海元（2003）认为有五个：一是一定比例的财政拨款；二是从政府土地出让净收益中提取不少于百分之十的资金；三是在行政划拨土地和有偿出让土地时，按照每平方米三十元以上的标准提取资金；四是从土地储备增值收益中提取百分之十的资金；五是通过全国社保基金投资收益、社会各界捐献、国有资产变现收入等渠道筹集资金。朱东恺等（2006）也主张将土地出让收入按一定比例划入移民社会保障基金。为此，可提高"两个比例"：一是可以适当提高征地费用在项目建设投资预算中的比例。我国目前这一比例为百分之二十左右，与国外项目标准还存在很大差距。二是适当提高征地费用占用地成本的比例。目前，在我国一般的建设项目用地成本中，征地补偿费仅占百分之三十至百分之四

---

① 严虹霞，张宏. 失地农民社会保障安置模式研究. 南京社会科学，2007（5）.
② 鲍海君，吴次芳. 论失地农民社会保障体系建设. 管理世界，2002（10）.

十，而政府各项税费约占百分之六十以上，有的甚至达到百分之八十以上。

（二）工程受益者

工程受益者可大致分为工程业主单位和工程受益地区。

1. 工程业主单位。很多学者认为，工程移民后，工程会产生经济效益，这是移民土地增值的表现，移民有权分享这种收益。鲍海君等（2002）认为，征地补偿安置费以及土地转用后的增值收益是失地农民社会保障基金的主要来源。段跃芳（2005）认为，移民分享水利水电工程效益的做法可以使土地的社会保障功能得以延续，提出修改《大中型水利水电工程建设征地补偿和移民安置条例》中的土地补偿标准，确保移民分享工程收益。陈绍军等（2006）主张，按照"谁受益、谁负担"的原则，水库工程受益单位应该为失去土地的移民支付部分社会保障基金，支付比例可以根据工程收益情况、当地居民的生活水平等因素来确定。持上述观点的还有葛如江、朱东恺等人。学者们对上述问题的探讨不局限于理论观点层面，还给出了具有一定可操作性的办法。关于移民分享水电工程收益的方式，学界目前有两种看法：（1）入股式。段跃芳（2006）借鉴了日本的移民安置经验，认为应将被征用的移民土地折算成股份，作为资本金投入到水电工程项目中，移民按持股比例分配水力发电企业稳定的收益。在移民基本收入得到保障的前提下，采取以自谋职业为主的就业方式，可以规避自谋职业给移民带来的风险。（2）"产权置换"式。安虎森（2005）主张将移民土地使用权的一部分用以置换一定份额的水电工程发电量的所有权。他们以2008年三峡工程机组全部投产为标准，总发电量为九百五十九亿千瓦/时，计算出移民人均贡献的发电量为八点五万度/年。库区人均土地为零点九五亩，移民每失去一亩土地贡献的发电量为八点九万度/年。如果移民能以土地使用权置换三峡发电量的百分之八，按每度电价零点六元计算，则移民每亩地每年能置换到的产权收益为四千二百八十八元三分。孙中艮、杨文健（2007）则详述了水库移民由水库建设（管理）单位和移民共同筹集社保资金的具体办法：水库建设（管理）单位出资，其中部分资金存入水库移民个人账户，另外部分存入共有账户；移民个人承担部分个人账户费用。此外，地方财政也应给予适度支持。水库建设（管理）单位社会保障出资可以从移民土地补偿和安置补助费以及以后水库收益中划拨。具体方法为：水库效益出现前，由水库建设（管理）单位从土地补偿费和安置补助费中提取相应的费用投入移民社会保障账户；待水库经济效益产生后，水库建设（管理）单位从库区收益中提取相应比例资金投入移民社会保障账户。持上述观点的学者还有杨文健等。

2. 工程受益地区。许多工程，尤其是三峡这样的水电工程会使上游地区利益受损，而使下游地区受益，因此，下游受益地区有责任对上游受损地区进行经济补偿。段跃芳（2005）提出了改革水库移民补偿政策的建议：由部分补偿逐步向完全补偿过渡，逐步引入市场谈判机制，实现工程受益者和受损者之间收益与成本的合理分配。陈绩（2008）主张把享受电能的所有用户也纳入供款来源，其供款方式就是支付更高的电价。

3. 移民个人。阳义南（2004）认为，可以从征地搬迁的补偿安置费用或后期扶持基金中规定一定比例建立社会保障基金。持此观点的学者还有朱东恺（2006）、冉丛波（2007）等。但有些学者不同意上述观点。如陈绩（2008）认为，土地补偿费和安置补助费并不属于移民个人，而是属于集体经济组织集体所有。如果实行移民社会保障，业主也就不需要先支付土地补偿费和安置补助费，再由政府收回来，而是直接分期给付，这笔资金不能算作移民个人的缴费。

4. 其他。移民社会保障资金的其他来源渠道包括社会捐赠、对口支援等，持此观点的学者有阳义南（2004）、冉丛波（2007）等。另外，钟水映、李魁（2009）提出社会保障资金可采用"存量+增量"的方式解决。征地补偿费为保障资金的一次性存量供给，增量部分来源于政府土地征收后的增值或土地使用过程中的收益。

五、被征地农民社会保障基金投资管理

（一）基金筹集

关于失地农民社会保障基金的来源主要有以下三种观点：第一种观点认为，征地中土地补偿安置费以及土地转用后的增值收益是失地农民社会保障基金的主要来源，利用社保基金进行投资，以确保未来有足够的资金来支持失地农民的最低生活保障、养老保障、医疗保障、受教育培训和法律援助。持这种观点的代表人物有鲍海君、吴次芳、① 马驰、张荣②等。鲍海君、吴次芳（2002）同时提出，目前征地补偿安置费低以及增值收益分配不合理的现状一定程度地妨碍了失地农民社会保障基金的设立，因此必须改革现行的有关征地补偿和安置方法，为筹集失地农民社会保障基金提供法律依据。第二种观点认为，社会保险费用由以下三部分组成：政府投入、土地开发中增值效益、农民出资。首先，政府有责任为失地农民投保，同时政府的参与可以增加失地农民的信任感。其次，从土地增值的效益中拿出一部分投保可以让失地农民享受到土地增值的收益；再次，失地农民出资也是理所当然的。持这种观点的代表人物有杨盛海、曹金波。③ 第三种观点认为，失地农民社会保障专项可以通过以下渠道筹集：（1）政府按一定比例发放财政拨款；（2）从政府土地出让金净收益中提取不少于百分之十的资金；（3）在行政划拨土地和有偿出让土地时，按照每平方米三十元的标准提取资金；（4）从土地储备增值收益中提取百分之十的收益；（5）从全国社会保障基金投资收益、社会各界捐款、国有资产变现收入等渠道筹集资金。这种观点体现多元化的资金来源，持这种观点的代表人物有张时飞（2004）。④

---

① 鲍海君，吴次芳. 论失地农民社会保障体系建设. 管理世界，2002（10）.
② 马驰，张荣. 城市化进程与农民被征地. 农村金融研究，2004（1）.
③ 杨盛海，曹金波. 城市化进程中的被征地农民问题对策探析. 中国农村研究网，2004年9月19日.
④ 张时飞. 解决被征地农民问题的政策框架. 中国社会科学院网，2004年.

(二) 基金运营

学术界普遍认为，失地农民社会保障基金应该多元化投资，将基金投资的风险降到最低。陈信勇、蓝邓骏（2004）建议设立一个专门从事失地农民社会养老保险基金存储和管理的机构，实行收支两条线和财政专户管理，单独建账，专款专用，确立多元化的投资理念，采纳实物投资、购买国债、银行存款等途径，降低基金投资中的风险。① 冯健（2004）则建议分开设置失地农民社会保障基金的管理机构和经营机构，前者负责对后者的监管和对社会保障市场的调控，后者负责基金的筹集、投资运营和保险金的发放等，并保障监督管理机构的权威性、公正性、独立性和科学性。② 鲍海君、吴次芳（2002）通过比较私营机构和公营机构运营基金的特点，建议基金可以由银行和非银行金融机构经营管理，并且引入竞争机制。关于如何保证失地农民社会保障基金的保值增值，他们建议必须实现投资方式多样化，适当涉足实物投资、银行存款、国债以及股票等其他投资，同时还要加强投资的风险管理。③

(三) 基金监管

社会保障基金的投资运营不同于一般的商业行为，事关百姓的切身利益，为了避免基金被挪用、侵蚀等恶性事件发生，加强基金监管十分重要。鲍海君、吴次芳（2002）设计了失地农民社会保障基金的监管模式，如图3-1所示，由政府组建的社会保障管理部门承担对信托公司、保管银行、投资机构、失地农民档案管理等总体管理工作，信托公司、保管银行和投资机构三方之间存在横向的业务流程。社会保障管理部门通过建立市场准入制度，规定最低法定准备金和相应责任，建立财务公开制度、绩效评级制度以及经济处罚制度等措施，实现对基金经营管理机构的监管职能。

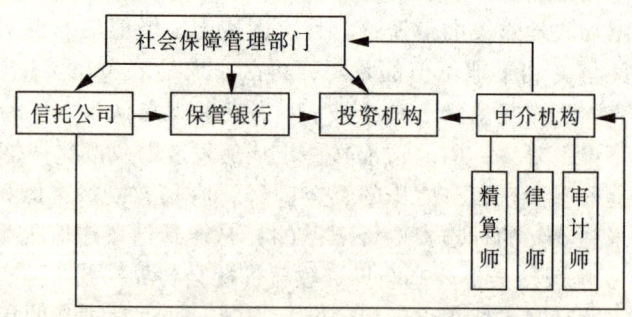

图3-1 失地农民社会保障基金监管模式

---

① 陈信勇，蓝邓骏．被征地农民社会保障的制度建构．中国软科学，2004（3）．
② 冯健．被征地农民社会保障初探．财政研究，2004（6）．
③ 鲍海君，吴次芳．论失地农民社会保障体系建设．管理世界，2002（10）．

六、失地农民社会保障的地方实践

(一) 地方模式比较

伴随我国工业化和城镇化进程的加快,土地被征用数量不断增加,失地农民规模不断扩大,如何解决失地农民的生活安置是地方政府普遍关心的问题,各地政府在实践中不断探索适合本地实情的失地农民社会保障政策和措施。学者们对于失地农民社会保障的地方实践进行了深入探讨,主要有:李淑梅(2007),[①] 王建、何兰萍(2008)[②],郑美雁、泰启文(2008)[③],严新明(2008)[④],王竞等人(2008)[⑤]。总体来说,地方实践可以归纳为四种模式。

第一,单独为失地农民设立制度。这种模式的特点就是针对失地农民量体裁衣,单独设立一套制度,主要代表是上海市小城镇社会保险(镇保)。上海市镇保的主要内容是:征地责任单位按照全市统一的镇保基数和比例,一次性为失地农民缴纳十五年的基本养老、医疗保险金。达到养老年龄且缴费年限满十五年的,养老金按办理退休手续时上年度全市职工月平均工资的百分之二十计发,缴费年限每增加一年,相应增加上年度全市职工月平均工资的百分之零点五,最高不超过上年度全市职工月平均工资的百分之三十。镇保模式的特点就是它与城保相比,缴费水平和保障水平较低,但总体制度设计与城保基本一致,实行社会统筹和个人账户相结合的基本制度。上海镇保模式一定程度地解决了失地农民的基本养老、医疗问题,把安置原则调整为"落实保障、户籍转性、市场就业、政府帮助",转变了失地农民的保障观念,促进失地农民的市场化就业。但是,这种模式将来存在较大的资金缺口,增加制度运行成本,使政府财政面临较大压力,而且,保障范围不全面,没有考虑到失地农民的失业保险、转岗培训、基本生活保障等方面的需求。

第二,纳入新型农村社会保险。实施这种模式的主要代表是青岛市新型农村社会养老保险。在资金筹措上按照个人、村集体、镇、市四方共同缴费的原则,以该市上年度农民人均纯收入为当年缴费基数,合理确定缴费比例。缴费比例不低于缴费基数的百分之十六,其中失地农民个人缴费比例的下限不低于缴费基数的百分之六,村集体补助的比例应不低于缴费基数的百分之六,各市、镇两级财政补助的比例之和应不低于缴费基数的百分之四。参保者达到养老年龄并且累计缴费满一百八十个月的按月领取养老金,养老金由基础养老金和个人账户养老金构成。这种模式

[①] 李淑梅. 失地农民社会保障制度研究. 北京:中国经济出版社, 2007.
[②] 王建,何兰萍. 失地农民社会保障安置问题研究. 社会科学(天津大学学报). 2008 (2).
[③] 郑美雁,泰启文. 城乡统筹背景下失地农民社会保障的路径分析与选择. 社会科学(西南大学学报). 2008 (4).
[④] 严新明. 失地农民的就业和社会保障研究. 北京:中国劳动社会保障出版社, 2008.
[⑤] 王竞主编. 保障与民生:太仓市城乡统筹社会保障体系建设研究. 北京:中国劳动社会保障出版社, 2008.

土地换保障：
扩大推动发展民众基础的政策选择

的特点是对原先试点开展的农村社会养老保险进行制度创新，初步具备了城镇保险的制度框架，比如实行社会统筹和个人账户相结合的模式，养老金计发模式和办法与城镇保险基本一致，强调村集体和地方政府的资金扶持义务。有些学者认为，继续沿用农村社会养老保险的做法存在一些问题。由于这项制度是在农村低生活水平的基础上以低保障、广覆盖为原则制订，无论基金缴纳还是养老金的测算，与城镇居民的社会保障差距很大，无法保障失地农民进城以后的生活水准，而且不利于失地农民融入城市，也不利于城乡统一的社会保障体系（王建，何兰萍；2008）。王竞等（2008）还认为，新农保资金来源于个人、村集体、地方政府三方，农村集体经济实力不强、投入不足，使得三方缴费原则事实上变成个人与政府的两方缴费，不仅增添了失地农民的个人负担，同时也对地方政府的财政投入提出更高要求。

第三，直接纳入城镇社会保险。实施这种模式的主要代表有北京、广州、成都、苏南等地。北京市根据不同年龄段群体采取不同的保障措施。一是将"农转非"劳动力直接纳入城镇社会保险体系，补缴社会保险费由征地单位从征地补偿费中直接拨付到社会保险经办机构。二是将照转人员（即征地转为非农业户口且男性满六十周岁、女性满五十周岁及以上人员）划归民政部统一管理，享受城镇居民低保待遇，资金由市财政和征地单位共同负担。三是对不满十六周岁的未成年人及十六周岁以上正在接受义务教育和学历教育的学生只办理农转非手续，不享受安置补偿待遇。广州、成都、江苏等地的做法与北京相类似，对就业年龄的农转非人员直接纳入到现行城镇养老保险体系，不再建立相对单独、过渡性的失地农民社会保险体系，从制度形式上消除失地农民和城镇居民的城乡差异。同时，考虑到失地农民的缴费负担问题，各地都设置相对较低的社会保险缴费基数和缴费比例，减轻了失地农民的参保负担，有利于提高他们的参保积极性。王竞等（2008）认为，将失地农民直接纳入城镇社会保险的做法有两大优势：一是保障项目比较齐全。二是保证了现行城镇社会保险体系的一元化，运行管理成本最优。郑美雁、泰启文（2008）认为，它与城镇对接模式的保障水平相对较高，体现了社会公平。但是，这种模式的最大问题就是，进一步加剧现有城镇社会保险固有的矛盾和问题，无论是近期还是远期，都对失地农民个人、村集体和政府造成较大的经费压力，而且这种模式目前只适合在少数经济发达、城镇化水平高的大中城市，在全国范围内推广还存在相当的难度。

第四，参加商业保险。实施这种模式的主要代表是早期的重庆市。具体操作是由政府从土地补偿金里负责向保险公司投保，使失地农民参加商业保险，或者鼓励失地农民自己参加商业保险。由于商业保险不同于社会保险，具有明显的营利性质，不适宜在广大的失地农民中推行。

（二）实践问题及政策建议

针对当前各地有关失地农民社会保障制度的改革实践，陈信勇、蓝邓骏（2004）总结出诸多亟待解决的问题，主要有以下几个方面：第一，目前各地几乎没有真正建立失地农民的社会保障制度。既有实践只是基本生活保障制度，与以社会性、福利性、公平性和互助性为本质特征的社会保障相差甚远。朱明芬（2003）

的调查结果显示，失地农民社会保障供给和需求严重不平衡，缺口较大。在对浙江几个市的二百五十五户农户调查中，仅有三十二个农户家庭对符合年龄段的人口投保养老保险，占被调查农户总数的百分之十二点五。① 第二，各地为推出所谓的独创性改革措施，往往不顾农民的真实意愿和利益，强制性地扣留农民的土地征用补偿费，实行政府主导的保障措施。第三，制度安全性不够。一方面，目前各地施行的社会保险措施仅停留在村级范围，统筹层次过低，降低分散危险、消化损失的经济功能有损于支付能力等制度本身的安全性；另一方面，各地缺乏统一明确的运营机制和监管机制处于混乱、于法无据的状态。第四，保障方式单一，水平过低。各地失地农民的保障方式主要是提供一定程度的养老保障，而医疗、失业等其他保障方式较少，而且缺乏对失地农民提供转岗培训等就业保障。

针对这些问题，学者们提出构建失地农民社会保障制度的政策建议，主要有以下内容：第一，完善土地征用法规和补偿办法。这是维护农民利益和建立失地农民社会保障的关键。首先，构建新型的农村集体土地产权制度，明确农民承包土地的"占有、使用、收益、处置"的完整物权制度。其次，完善土地征用补偿制度，提高征地补偿标准，打破政府定价的做法，由市场价格生成土地补偿费。第二，确立失地农民社会保障与城市保障体系衔接的时间计划。失地农民社会保障的制度框架应该包括最低生活保障、养老保险、医疗保险和失业保险等项目，尽管各个项目建立的迫切程度不同，但是仅仅考虑养老保险而忽略其他项目的建设将会引发社会不稳定。第三，研究解决新老制度的衔接问题。失地农民社会保障的安置办法既要考虑到与城市社会保障的衔接，也要考虑到与以往失地农民安置老办法的衔接，这样才能化解历史遗留问题。第四，建立失地农民社会保障资金的合理筹措方式需要坚持政府、集体、个人三方缴费的原则，强调权利和义务对等，保证资金到位和安全运营。第五，针对失地农民文化素质、职业技能较低的特点，政府应该承担起对失地农民进行职业教育、技能培训的责任，帮助他们提高就业能力，适应城市就业需求结构的变化。

七、被征地农民社会保障存在的问题

（一）旧的征地补偿政策已经不能满足经济社会的发展要求

卢海元（2003）认为，旧的征地制度形成于计划经济和城镇化发展缓慢时期，以招工安置和农业安置为主的安置方式没有预见到就业市场化和保障社会化的影响，在政策上没有设置对失地农民就业和社会保障进行必要的补偿，不适应市场经济和工业化、城镇化、现代化发展的新要求。廖藏宜（2009）认为，征地的财富功能受到损害。首先，城市土地（除划拨）及其他所有的生产要素均已采用市场机制进行配置，并充分按市场价格进行交换，而唯独农村集体土地还实行计划经济条件下的

---

① 朱明芬. 浙江省失地农民利益保障现状调查及对策. 中国农村经济，2003（3）.

配给制征用和补偿。其次,农民在参与社会生产过程中,都是按照市场价格购买生产资料,但拥有和使用的土地则被征地主体以较低价格拿走。陈康来、赵芸(2009)① 指出,在计划经济时期,国家对失地农民采取了"谁征地、谁安置"的原则,要求由企业自行安置征地农业人员,但已安置的征地劳动力相当一部分实际处于失业状态。20 世纪 90 年代以后,各地普遍采取征地时一次性支付补偿金,让被征地农民自谋职业。自谋出路的失地农民很容易陷入失地又失业的困境。

(二)征地补偿标准低,社会保障筹资难

鲍海君等(2003)认为,作为现行征地安置方式的货币安置,补偿标准过低,没有考虑失地农民的居住安顿、重新就业等问题。卢海元(2003)② 认为,征地后,绝大多数失地农民的生产、生活方式将被迫城镇化,经过社会转型,他们将成为新市民,但征地制度的安置补偿标准依然是以农用地的产值倍数为计算依据,实质是以农村的生产和生活方式作为安置补偿标准,而没有按照市民标准进行安置补偿。这在制度设计上没有充分考虑工业化、城镇化和现代化给失地农民带来的深刻变化。徐琴(2003)认为,《中华人民共和国土地管理法(1998)》规定的补偿标准极大低估了土地的社会功能,不能为被征地农民提供足额的经济补偿、就业补偿和社会保障费用。经济补偿标准极大地低于土地的市场价格,难以解决农民失去土地以后的生活、就业和社会保障等一系列问题。栗胜华(2006)认为,一亩土地的补偿费不过是两万四千元左右,仅能维持被征地农民七年的生活开支,不能承担起被征地农民的养老和医疗保障费用。章贵军、翁海丹(2009)认为,在市场经济的大背景下,旧有的补偿费既没有反映出土地的地理位置、地区经济发展水平、土地市场交易价格、人均耕地面积等影响土地价值的经济因素,又不能体现同一宗土地在不同投资水平或者不同投资情形下出现的价值差别,也没有考虑市场条件下农民分享土地增值收益的权益。李薇、张学英(2010)③ 认为,1979~2000 年间国家通过征地从农民那里拿走了不低于两万亿元,征地收益的分配比例大致是:农民得到百分之十,集体得到百分之十五,各级政府及部门得到百分之六十五。

(三)政府补贴资金到位率不高

李淑梅(2006)④ 将原因归结为:(1)政府并不能按期取得土地收益。在土地征用过程中,有不少村的土地是以前征用的,而且征地主体有多个,其中一方资金不到位,便影响政府资金的及时、足额到账;(2)公益用地所造成的被征地农民政府补贴资金由谁承担的现行政策尚未明确,高速公路用地造成的被征地究竟是由高速公路业主支付还是由政府支付并不明确。

---

① 陈康来,赵芸. 城市化进程中失地农民的养老保障. 上海城市管理职业技术学院学报,2009(1).
② 卢海元. 土地换保障:妥善安置失地农民的基本设想. 中国农村观察,2003 年 6 月.
③ 李薇,张学英. 关于进一步完善被征地农民社会保障制度的研究. 生产力研究,2010(3).
④ 李淑梅. 被征地农民社会保障制度的完善. 西部农村研究网,http://www.xbnc.org.

（四）征地补偿分配不规范，农民获得的收益偏少

分配不规范的根源是土地产权不清晰，补偿费用如何在村集体与农民之间界定并没有统一的规定。卢海元（2003）认为，征地补偿不规范具体体现在三个层次上。第一是乡镇参与征地补偿不合法。乡镇是政府基层组织，并非农村土地所有者，却不同程度地参与征地补偿的分配，一般在百分之五至百分之十。第二是村集体与农民分配不统一，各村对留用部分的使用方式不一、利用效果也不同。第三是失地农民之间的分配比较混乱，不同的村进行分配的依据往往不同，农业户口、农龄、口粮、田亩面积等因素都可能构成分配的依据，不同的依据会产生错综复杂的矛盾。有鉴于此，部分主张增加对被征地农民的补偿比例。徐琴（2003）认为，要调整土地补偿费的支配权，将土地补偿费中的大部分直接发放给农民，农村集体经济组织只应获得其中的一小部分以用于公益事业的开支。

（五）部分被征地农民未真正被纳入城镇社会保障体系

王亮（2006）认为，被征地农民的社会保障衔接出现问题，农民在丧失原有土地保障之后，却没有被及时纳入城镇养老保障体系。王艳成（2006）根据各地具体实践，认为被征地农民的社会保障制度并未真正建立，很多都是"生活保障"，与以社会性、福利性、公平性和互助性为本质特性的社会保障相差甚远，而且现有的统筹层次低，各地试行的社会保障措施大多停留在村级范围，绝大多数被征地农民还处在无保障或低保障状态。

（六）社会保障项目单一且水平较低，被征地农民的基本需求得不到保障

李薇、张学英（2010）认为，目前各地都将养老保险和就业保障视为社会保障工作的重点，对医疗保险、社会救助等项目关注度远远不够。尽管各地被征地农民养老保障制度的保障水平同农村社会养老保险制度比较有较大的提高，但同农民的土地利益损失或与城镇居民养老金相比，保障水平依然偏低，甚至无法保证基本生活。缺乏多层次的保障将给被征地农民的生活造成很多隐患，而且很多地区将被征地农民纳入新农合，享受和农民一样的待遇，显然不符合被征地农民的身份，也不利于医疗保障制度的衔接。

（七）法律法规不明确、不健全

一是法律层面存在冲突。廖藏宜（2009）认为，《土地管理法》与《宪法》在征地环节存在冲突。《土地管理法》规定，因建设需要使用农村集体所有土地的任何单位和个人，即使用土地的目的并非为"公共利益"，也必须申请使用政府统征为国有后的原农村集体所有土地。这就造成一些商业性项目用地也必须由政府低价统征后高价转卖给开发商，对农民的合法权益造成侵害。陈晨等（2004）也认为，现行法律允许不论何种投资主体搞建设均可征用农村集体的土地，远远超出了《宪法》"为了公共利益"的范围。二是制度层面没有明确。卢海元（2003）认为，法律对失地农民的安置没有明确责任主体，也没有对失地农民基本生活和社会保障等内容作出明确的规定，更没有对安置程序和安置途径作出明确的规定。浙江省政府研究课题组（2003）认为，被征地农民社会保障制度缺乏规范化的操作程序，监管

土地换保障：
扩大推动发展民众基础的政策选择

体系不健全，监管手段和力度不够，各地政府都是根据当地的情况自行设计执行，制度不稳定、不统一，普遍缺乏法律效力，政策的衔接和标准的统一比较难。陈信勇等（2004）也认为，被征地农民社会保障制度目前尚缺乏法律的明确规定，各地的措施有差别，尤其是运行、管理、监督等制度处于混乱、于法无据的状态，更不能实现基金的保值增值。三是操作层面存在困难。由于制度设计不统一，导致制度之间的衔接不畅。吴访菲等（2010）[①] 认为，由于各地的制度不统一，在被征地农民跨地区流动时便会遇到各地制度不能衔接所造成的保障关系不便转移的问题。另外，有些地方专门建立的有关被征地农民的保障制度与现行的城乡社会保障制度之间也存在不易衔接的问题。

八、完善被征地农民社会保障的政策建议

（一）完善征地补偿制度

被征地农民社会保障的难点是筹资，根源是征地补偿制度不合理。因此，完善被征地农民社会保障制度首先要规范征地补偿制度。土地征用是国家行政行为，而不是民事行为，需要按照严格的法律程序施行。章贵军，翁海丹（2009）[②] 介绍了国外的征地补偿程序：（1）土地的原所有者和利益相关人先提出补偿申请；（2）主管土地征用的政府机构自己或请专业评估师对被征地及相关资产进行调查评估；（3）主管机构确定补偿金额及方式；（4）支付补偿；（5）如果在补偿方面有争议，由法定机构进行裁决。穗纪宣（2006）介绍了广州推行征地预存款制度的情况：（1）征地方案出台前，充分听取农村集体组织和农民群众的意见。对安置措施没有落实、征地补偿款没有兑现的，停止受理建设用地申报。征地前，按程序开展告知征地情况、确认征地调查结果、组织征地听证等工作，确保被征地农民的知情权和表达意见权得到落实。（2）推行征地预存款制度，设立征地补偿款专户。征地单位必须将征地补偿款预先足额存入专户，取得国土房管部门出具的被征地集体经济组织认可的进账凭证后方可办理报批。（3）征地项目报批后，依法发布征收土地公告，监督征地单位按时、足额支付征地补偿款。国土房管部门在征地单位提供支付凭证、被征地农民出具全额收款证明后，给予办理征地结案和后续供地手续，从源头上防止新征地拖欠农民征地款问题的发生。

（二）借鉴城镇职工基本养老保险制度，实行统账结合模式

被征地农民的养老保障制度是在转型期暂时采取的一种特殊保障方式，从长远看，被征地农民终将逐步步入城市，进入城镇社保体系。因此，可在设计之初就采取统账结合的养老保险模式。这符合接轨城镇社保体系的大方向，有利于加快被征

[①] 吴访菲，宇光，贾艳婷. 被征地农民社会保障问题初探. 沈阳干部管理学院学刊，2010（2）.

[②] 章贵军，翁海丹. 城市化进程中失地农民社会保障问题探讨. 经济师，2009（12）.

地农民的市民化进程。李淑梅（2006）① 认为：政府负担部分用作养老保险基金，建立养老保险的统筹账户；村集体负担的部分和个人从安置补助费中列支的资金建立个人账户。采取个人缴费的方法来充实个人养老账户，缴费水平可以较低但应有一个下限，并鼓励多缴多得，但不应低于当地最低生活保障水平。这一方式符合接轨城镇社保体系的大方向，有利于被征地农民享有与城镇居民对等的养老保险待遇，加快被征地农民的市民化进程。

（三）按被征地农民的不同去向安排不同的社会保障项目

土地被征收后，农民的去向不一，大体可分为三种情况，一是留居农村，二是进城务工（即农民工），三是移居城镇。黎爱华（2007）主张对上述三类移民实行侧重点不同的保障模式。（1）对于留居农村的移民，提供包括养老保险、新型农村合作医疗、农村最低生活保障、五保供养等在内的保障项目；（2）对于进城务工的移民，应将其社会保障逐步与城镇接轨。前期实施与城镇社会保障水平接近、适合农民工经济收入水平的社会保障政策。随着城乡统筹的发展，逐步将农民工的社会保障纳入城镇社会保障体系，社会保险包括养老保险、医疗保险、失业保险、工伤保险、生育保险，在未搬迁到城镇居住前，纳入农村社会救助体系，搬迁到城镇居住后，纳入城镇社会救助体系；（3）对于迁居城镇的移民，将其全部纳入城镇社保体系，按照灵活就业人员的政策与标准，实施社会保险，包括养老保险、医疗保险、失业保险、工伤保险、生育保险，将其中的弱势群体纳入城镇社会救助体系。

（四）从系统学的角度构筑移民社会保障体系

移民是一项复杂的系统工程。冉丛波（2007）主张从四个方面构筑完整的移民社会保障体系。（1）以"国家为主、个人为辅"的方式建立移民社会保险，分为城镇移民社会保险和农村移民社会保险两部分，主要用以保障移民在年老、失业、疾病条件下能够顺利地生活。城镇移民社会保险的主要项目有养老保险、失业保险、医疗保险、残疾保险等；农村移民社会保险主要有养老保险、合作医疗保险、灾害保险等。（2）以"国家无偿拨款和社会捐助相结合"的方式建立移民社会救济，为移民提供基本生活及恢复基础设施等方面的帮助。城镇移民社会救济包括灾害救济、贫困救济、失业救济等；农村移民社会救济包括生活救济、以工代赈等。（3）提供移民社会福利属中高层次的社会保障，主要体现在为移民提供基本生产和生活资料的优惠政策性补贴，主要包括特殊教育、康复服务、劳动福利等方面的残疾移民福利。（4）开展移民培训。移民培训的方式可采用自愿与强制相结合，培训经费完全由政府负担。同时，各级政府职能部门要做好与用人单位的协调工作，加强对移民的就业指导和职业介绍，以提高移民自谋职业的积极性和成功率。

（五）做好社会保障子项目的衔接

考虑到目前被征地农民的社会保障工作多集中于养老保险和就业促进，医疗、低保等方面几乎未涉及，李薇、张学英（2010）主张，要做好社会保障子项目的衔

---

① 李淑梅. 被征地农民社会保障制度的完善. 西部农村研究网，http://www.xbnc.org.

接工作。在医疗保险方面，让每位被征地农民都被医保覆盖。对于有条件地区的被征地农民，可选择参加城镇居民基本医疗保险；对于不具备条件的地方，被征地农民可以暂时加入新农合，但在资金筹集时要加大政府和村集体投入，报销比例上也应给予一定的优惠。在保障就业方面，进一步加强适合被征地农民自身情况和需求的职业培训。另外，要将所有符合条件的被征地农转非人员纳入城镇最低生活保障范围，同时科学地确定最低生活保障标准。确定最低生活标准时，需从维持其基本生活需要、当地人均纯收入、各级政府承受能力、土地转让收入、被征地人员年龄等多方面来确定。

（六）合理确定保障水平，分类、分层制定具体的保障办法

何菊芳、张崇安（2008）批评那种认为保障水平如果较高就会增加政府负担的想法是不对的。被征地农民是为城市化作出牺牲，即使增加政府负担，也是推进城市化所必须付出的成本。城市规划区内被征地农民养老保障标准应按照不低于当地城镇居民最低生活保障标准的原则确定；城市规划区外被征地农民养老保障标准可以参照当地城镇居民最低生活保障标准确定，但不应低于当地城镇居民最低生活保障标准的百分之六十。汪敏（2009）主张分类、分层设计被征地农民的社会保障制度。对于城镇规划区内的被征地农民，经济发达地区可以将其纳城镇社会保障体系，采取与城镇职工一样的缴费标准，享受一样的社会保障待遇；经济欠发达地区也可以将其纳入城镇社会保障体系，缴费标准和社会保障待遇水平可以略低于城镇职工。对于城镇规划区外的被征地农民，在已经建立农村社会养老保险制度、开展新型农村合作医疗制度试点和实行农村最低生活保障制度的地区，除了要纳入相应的保障范围之外，还应通过帮助就业、建立个人账户等方式给予被征地农民一些特殊的保障。而在尚未建立农村社会养老保险制度、开展新型农村合作医疗制度试点和实行农村最低生活保障制度的地区，对被征地农民则可按照不同年龄层次采取多元化的保障形式。廖藏宜（2009）认为，被征地农民养老保障制度应坚持"分年龄、多层次、全覆盖"原则。对征地时年龄在十六周岁以下的失地农民实行一次性货币安置；对征地时在劳动年龄段内的失地农民，参加城镇职工养老保险缴费能满十五年的给予参加城镇职工基本养老保险；不能满十五年的，参加杭州市政府规定的"低标准缴费、低标准享受（简称"双低"）"基本养老保险；对征地时年龄在五十至六十周岁的妇女又不符合参加城镇职工基本养老保险或"双低"基本养老保险的，参加农村养老保险；对征地时年龄在六十周岁以上的失地农民建立基本生活补助制度。

（七）引入商业保险管理模式

李薇、张学英（2010）从提高资金使用效率出发，主张建立政府主导、商业保险公司管理的失地农民社会保障体系。具体操作是：以政府主导为前提，由政府、集体和个人各出一部分资金，由商业保险机构作为承办主体，在收取部分手续费的基础上，以优惠费率的保险产品为载体，科学合理测算农民的生存概率、待遇水平、投资收益，为被征地农民提供一个稳定、安全、高效的养老保障机制平台。根据政

府部门的政策设计,具体负责基金的保值增值、养老金发放等工作。这种模式下,商业保险机构属于信托制的代人理财,不承担盈亏责任,但政府应承担最低收益率及提供最低担保。

第三节 关于"增加农民财产性收入"的相关研究成果

"增加农民财产性收入"是党中央确定的既定方针,增加被征地农民的财产性收入更是解决被征地农民问题的治本之策。

一、农民的财产性收入

根据发达国家的经验,一个国家越富裕,居民的财产性收入就越多,居民个人的金融资产等非劳动收入部分占全部收入的比例就越大。居民财产性收入的多少甚至可以成为国家和民族是否富强的一个重要标志。胡锦涛同志在党的十七大报告中就提出,"创造条件,让更多群众拥有财产性收入"。

我国城市居民的财产性收入主要有经营家庭拥有的动产如银行存款、有价证券等,不动产如房屋、车辆、土地、收藏品等所获得的收入。近年来,城镇居民通过各种投资获得收益的比重在提高,如实业投资、金融产品投资,涵盖了储蓄、债券、保险和股票等。[①] 比较而言,财产性收入中银行存款利息收入几乎无变化。变化较大的财产性收入是股息与红利收入、保险收益、出租房屋收入和其他投资收入。城镇居民的租金收入在这几年上升很快,这在很大程度上和城市经济发展所带来的巨大的住房需求息息相关。最能直接反映经济增长所带来的利益的则是股息和红利,而这几项正是城市居民财产性收入增幅最大的部分,但是这些部分收入与农村居民基本无缘。

农民占中国居民的绝大部分,农民增加收入是建设社会主义新农村的关键,它关系到中国经济发展和社会稳定。农民财产性收入指拥有金融资产或有形非生产性资产的农村住户向其他机构单位提供资金或将有形非生产性资产供其支配,作为回报而从中获得的收入,如利息、股息、红利、土地征用补偿等。长期以来,中国农民的财产性收入不高,在农民总收入中所占份额不超过百分之三。这限制了农民总收入的快速增长。[②] 在农民的财产性收入中,土地承包经营权和土地补偿收入是最重要的财产性收入。

---

① 见林艳艳. 从城乡居民财产性收入差异看提高农民财产性收入问题. 经济研究,2008 (10).

② 见肖红华,刘吉良. 提高农民财产性收入的途径. 湖南农业大学学报(社会科学版), 2008 (9.2).

二、农民财产性收入较低的原因分析

一、农村土地的产权制度不明晰，所有权主体位置虚置，导致行政权力主宰土地所有权

产权制度是一种基础性的经济制度。它不仅独自对经济效率有重要影响，而且又构成市场制度以及其他许多制度安排的基础。在法律经济分析学中，财产权制度就是产权制度。产权制度最基本的功能是通过界定产权主体对产权客体的关系，以及产权主体之间的关系，即明确谁所有、谁支配、谁受损和谁受益来引导人们将行为外部性较大化地转为内在化。产权完整和安全必备的三个标准或条件即产权界定的全面性、产权的排他性和可转让性。按照制度经济学的观点，产权完整性的意义在于产权效率的发挥，它使产权主体具有自由处理财产的权利，完全享有财产收益的权利。①

我国《宪法》第十条规定："农村和郊区的土地除由法律规定属于国家所有外，属于集体所有。"《土地管理法》规定农村土地属于三级所有，即"乡集体、村集体、村民小组"。这些规定虽然明确了农村土地集体所有权的代表，但"农民集体"在法律上的具体内涵很模糊，由谁来代表集体实施其权利与义务却难以确定，"集体"有乡镇、村、村民小组三个层次，在不同程度上是虚无的。

从所有权主体来看，1998年颁布的《村民委员会组织法》第二条规定，"村民委员会是村民自我管理、自我教育、自我服务的基层群众性自治组织"，不是农村集体经济组织，基本上不可能在市场经济条件下认定这种社区共同体可以作为农地所有权的人格化代表。在现实中，村民委员会充当集体土地财产的所有者代表，在村民现有民主法制知识积累有限和文化素质不高的情况下，土地集体所有往往成为村长和村委会少数人所有。有的基层政府借土地集体所有之名，违背农民意愿进行大面积土地流转。正因为这种产权主体的虚置使农民的财产权益实现和农地资源配置效率提高一直处于隔靴搔痒的状态。②

二、农民土地承包经营权的性质尚不够明确

根据2003年3月1日生效的《土地承包法》，"土地承包经营权"是一种债权。债权，是权利主体按照合同约定或者法律规定，请求相对人为或不为特定行为的权利，具有请求权和受领权的权能，不具有排他性。尽管《土地承包法》规定了承包期为三十年，从法律关系来说，它表明了与农民仍是一种债权关系；另一方面，承包期仍然太短，使得农民不愿意在土地上做长期投资。因此，这种土地产权主体虚置和债权关系使得农民由此获得的财产收入受到了根本性制约，难以形成财产的集

---

① 张合林. 实现农民的土地财产性权益是增加农村居民财产性收入的根本途径. 城市发展研究，2008（5）.

② 夏宁，夏锋. 农民土地财产性收入的制度障碍与改革路径. 农业经济问题，2008（11）.

聚效应。

从土地承包经营权的效力看,它不仅不能有效地对抗第三者,而且还难以对抗土地所有者即实际的发包方,实际的土地发包方始终有理由和权利对土地承包人的权利进行干预和限制。这正是我国现有土地承包经营权的基本缺陷。从土地承包经营权的保护看,我国现行的有关法律都是以发包方与承包方合同约定的权利和义务为内容,法律所保护的实质上是双方的承包合同关系,并没有按照《物权法》定义的原则对土地承包经营权的物权性质直接、明确地作出法律界定,在现实的具体法律关系中的实现则更是极不普遍。在实际的司法过程中,土地承包经营权的法律效力受到很大的限制,承包人对发包方违约侵害只能提起违约抗辩,而不能提起违法抗辩,这极不利于农民土地财产权益的保护与实现。①

农民持有土地的财产权和发展权性质等未被确认,导致农民的有些权利和权益未被重视甚至被剥夺,当然也很难切实得到维护,而且最有实质意义的产权处置权不能自主行使。虽然农地在农业用途范围内可以有条件的转让,但农地一旦转为非农建设用地,承包农户的农地转让权就不再得到现行法律的承认。一方面由于转让权受到限制,农民潜在的资源价值受损;另一方面国家征用农地就成了城市化利用农地资源的惟一合法途径,城乡土地市场被割裂。决定工业和城市用地供给的既不是农地的所有权,也不是农地的使用权。就是说,农地产权在法律上没有资格作为土地交易的一方,农民无权参加讨价还价。政府对工业和城市用地的需求作出判断,运用行政权力决定土地的供给及价格。这样,土地市场价格机能因此在很大程度上被排除在城市化土地资源的配置之外。

三、相关住房制度限制了农民房产方面的资产性收入的提高

一是农民住房产权的虚化。农民住房是建在宅基地上的,而宅基地所有权是属于集体的。集体经济组织成员才有权力申请宅基地,且每人只能申请一处。与土地所有权类似,农民宅基地所有权也不能算是农民个人的。农民对使用的宅基地没能真正得到财产权地位,导致房屋产权虚化。② 二是农民房屋出售受到相关法律制约。《中华人民共和国土地管理法》规定:"农村和城市郊区的土地,除由法律规定属于国家所有的以外,属于农民集体所有;宅基地和自留地、自留山,属于农民集体所有。"这就意味着农民的宅基地除了农民以外,其他人不能占用。因此,农民的房屋只能向农民出售,而不能向市民出售,使农民出售房屋的行为局限在较小范围内,大大地减少了农民房屋的交易量,减少了农民住房性财产收入。以农村宅基地为例,与城镇住房制度相反,现有的法律所采取的原则是"一户一宅",法律禁止把宅基地转让给市民。在一个村庄中并不存在对宅基地的市场需求。如果农户仅以将房屋

---

① 张合林.实现农民的土地财产性权益是增加农村居民财产性收入的根本途径.城市发展研究,2008(5).

② 肖红华,刘吉良.提高农民财产性收入的途径.湖南农业大学学报(社会科学版),2008(9、2).

转让给本集体内的农户,由于在目前的法律下一个农户只能拥有一处宅基地,那么有条件成为受让人农户的数量将会非常少,在几乎没有市场需求的情况下供给价格必然极低。即使迁移至城镇定居,农民或是让房屋闲置,或是以极低的价格出卖。现有法律对农民在处理房屋及其房屋下面的宅基地方面的权利限制过于严格,其结果是农民不动产的流转价格难以反映土地资源的稀缺程度,掩盖了真实的市场需求价格。制度扭曲下的价格实质上是二元土地制度对农民财产权的一种变相剥夺。[1]

四、土地财产权实现方式的严格限制导致土地这种稀缺性生产要素的流动性大打折扣

土地资本化是实现土地财产保值增值的重要手段。土地资本化的实现方式是,农民在土地上的权益可以以权证形式被交易,或者可以在金融机构取得可抵押性,可以为现代农业的扩大再生产和规模化、专业化的农业生产经营提供内在的资本性融资渠道。但是,我国涉及农村土地的法律都把农民在土地上的权益转化为资本,从而对凭农民的权益性融资实现生产扩大和收入流增加的可能性加以严格限制,使土地这种最为稀缺的生产要素的流动性大打折扣,配置效率低下。

《物权法》对集体土地流转与抵押做了如下规定:第一百二十八条规定,土地承包经营权可依法定方式流转,但排除了抵押流转和将承包地用于非农建设(除非依法批准)。第一百三十三条和一百七十九条规定,以其他方式承包的农村土地(主要指"四荒"地)可以对土地承包经营权进行抵押。第一百八十四条规定,耕地、宅基地、自留地、自留山等集体所有的土地使用权不得抵押,但法律规定可以抵押的除外。依据《担保法》的有关规定,集体土地(含建设用地)使用权本身不能单独设定抵押(只有两种情形除外)。土地承包经营权的抵押由《农村土地承包法》来规范。这部法律明确规定,通过家庭承包的土地在流转上不允许设定抵押,但对于"四荒"土地的承包经营权允许设定抵押。从以上法律规定可以看出,在目前的土地管理法律框架下,集体土地建设用地使用权的流转为法律所禁止,集体土地使用权抵押受到严格限制。除以上两种可以抵押的集体土地使用权外的集体土地使用权不允许设定抵押。

五、土地征用制度不完善导致农民缺少利益表达权

从理论上讲,征地过程实际上是政府购买农村集体土地所有权的过程。它是一种交易行为,只有在双方自愿的基础上形成的交易价格才是合理的,才能实现供求双方的交易剩余最大化。由于农民土地产权的不完整,实际上形成一种政府垄断土地市场的交易价格。农民在土地价格形成中并没有太多的发言权,只是垄断价格的被动接受者。制度缺陷客观上造成了农民土地财产并没有得到有效保护,也没有获得应当享有的土地增值收益。从实际操作来看,现行的征地制度缺陷主要表现在两个方面:(1)公共利益界定的模糊性。由于现行征地范围既没有明确的、罗列式的具体规定,也没有法律明确的机关界定公共利益,所以存在公共利益征地被扩大和

---

[1] 夏宁,夏锋. 农民土地财产性收入的制度障碍与改革路径. 农业经济问题,2008 (11).

滥用的现象；(2) 土地征用补偿标准不合理。现行的产值倍数法以及正在推广的征地区片综合地价法都是政府主导确定补偿的具体标准，这些补偿标准往往是不合理的。①

六、不健全的农村社会保险制度和商业保险制度影响了农民的财产性收入

社会保障方面，长期以来，城镇居民享受着养老、失业、医疗、最低生活保障费等多项保障，农民却只有合作医疗和低水平的养老保险制度。

随着我国农村人口老龄化趋势日见明显（据最新人口普查，我国农村六十周岁以上的老人达到农村总人口的百分之十三点三六，高出城市一点二四个百分点，今后五年内，男六十周岁、女五十五周岁的农村人口将以每年八十五万人左右的速度增长），疾病医疗费用逐年快速上涨，原有的养老、医疗保障措施和安排远不能满足农村养老和医疗保障的需求。

从我国农村地区的实际情况看，单纯实行社会保险，则财政财力不及，单纯实行商业保险，则农民财力不及。因此，应选择社会保险和商业保险相结合的制度模式。在参保和分配方面，采取社会保险模式，以扩大养老、医疗保障的社会覆盖面；在资金管理方面，则采取商业保险模式，以引入竞争，提高运作效率。②

七、农村的融资困境影响农民财产性收入的提高

信贷可能对于农村经济和农民生活至关重要，因为它牵涉到能否使一个有利可图的农村小型投资进行下去，能否使农户的季节性收入和连续性支出之间的消费平滑化。更为关键的是，在小农最为关注的涉及婚丧嫁娶、生病上学等突发性的大额而刚性的消费需求来临时，能够获得必要的融资。因此，农村金融安排的存在对于农业生产、农村发展和农民生活都至关重要。没有融资渠道，意味着农民的再生产链条可能中断。对于工商信贷而言，农村信贷市场的信息不对称问题远比城市普遍和严重。在一项贷款合同中，借贷人只负有限责任。如果项目运作良好，除非策略性赖账者外，他将归还贷款；项目运作不良，借贷人将不支付任何东西。在难以获得有效信息、缺乏信用记录保障的情况下，为了预防赖账损失，银行等机构性放贷人通常坚持信贷合同要有抵押物。但农村可用来抵押的物品主要是农村的土地、房屋、劳动力以及农机用具等，但银行可能不愿意接受这些抵押物。农村的抵押物对于金融机构无效的原因是执行成本太高，或近乎不可执行（如劳动力以及没有完全产权的土地）。发展中国家的农村经济一般以小规模农户家庭经营为基础，农村金融需求者通常有居住分散、收入低下、生产有明显季节性、单笔存贷款规模小、生产项目的自然风险和市场风险比较大、缺乏必要的担保与抵押品等特点，这决定了农村信贷服务的风险较大。与城市工商信贷更为不同的是，农户出于生活性目的而

---

① 夏宁，夏锋. 农民土地财产性收入的制度障碍与改革路径. 农业经济问题，2008（11）.
② 董文标. 农村养老保险：社会保险与商业保险相结合. 中国政协新闻网，http://cppcc.people.com.cn/GB/34953/3458604.html.

土地换保障：
扩大推动发展民众基础的政策选择

借贷的现象十分普遍，这意味着未来还款的现金流没有保障。① 单纯的以赢利为目的的相关金融机构对于进入农村市场充满了担心。上述问题都将导致农村金融市场等融资市场的发展的缓慢，而"钱生钱"的收入方式对于农民来说几乎就不可能了，而这些都将影响农民的财产性收入的提高。

三、提高农民财产性收入的途径

一般而言，增加农村居民的财产性收入主要有两种途径：一是创造条件让农民现有的财产实现其经济价值，即获得财产性收入；二是创造条件让农民不断增加各种收入，不断积累财产并进一步获得更多的财产性收入。②

一、从法律上进一步赋予和明确农民拥有完整的土地财产权法律地位

农民土地财产权应该是物权化倾向和使用权的扩大，界定为独占权、排他的使用权、合法自主的交易流转处置权和相应的收益权的有机统一，其核心是农民拥有对土地财产权的自主处置权或交易权。这样，农民通过家庭承包而形成的土地使用权权能就与城市通过出让形成的土地使用权权能一致起来。这是实现农民的土地财产权益和增加农村居民财产性收入的重要法律前提条件。明确界定农民土地承包权的物权性质，使农户真正享有长期占有、使用、处置土地的权利。土地作为一种特殊的生产要素，其生产经营权只有流动才能得到优化配置，并发挥出最大效益。因此，要为土地承包经营权流转积极创造条件。

2007年8月，国务院批准了七部委提出的一项纠正农村地区侵犯土地权现象的行动计划。行动计划确定，要在年底之前根据《物权法》，向百分之九十的农户颁发土地权证书。有分析认为，这是一个宏伟的目标，很有可能决定中国农村的经济前途。因为它可以带来约二百六十万笔额外中长期农民土地投资，创造高达两千亿美元的土地销售价值，而且这类投资有可能翻倍增长。那将大大提高人们对土地的热爱程度，促进农业产出，为农民创造高达五千亿美元的土地财富。这将有利于缩小城乡收入差距，有利于国内外公司从中国农村人口庞大的消费能力中受益。我们认为，这一变化的好处是多方面的，至少在短期内，将有可能从根本上杜绝滥用耕地的违规现象和土地的浪费现象。

二、完善征地补偿机制是农民获得土地财产性收入的保障条件

逐步放开土地一级市场，在符合规划的前提下允许农村集体所有制的建设用地直接进入市场，形成农用地转为建设用地的真实市场价格，赋予农民更多土地价格发言权，有更多的机会参与土地增值收入的分配。我们不必过分担心农民只顾短期利益而贸然出卖土地。在农村社会保障体系还处于探索的现阶段，理性的农民会非

---

① 周立. 农村金融市场四大问题及其演化逻辑. 财贸经济，2007（2）.
② 张合林. 实现农民的土地财产性权益是增加农村居民财产性收入的根本途径. 城市发展研究，2008（5）.

常珍视自己的土地财产。建议先取消所有非农建设用地必须使用国有土地这一法律条款，特别是应当修改《土地管理法》和相关的实施条例，使得商业最终使用者可以从集体所有者的农田中获得土地使用权，只要土地面积和用途符合土地利用规划，就不仅会极大地缩小政府征地权力的使用范围，而且也会减少交易成本，提高市场效率，农民才有可能成为真正的市场交易主体，有更多机会参与土地财产权益的分配。

明确公益性用地的范围。根据国际经验，一个有效的政策选择是列出一个具体的、以公共目的为诉求的完整清单。该清单应当包括普遍认同的公共用途，采用列举法明示其具体内容，限制地方政府判断公益性用地的自由裁量权。政府只允许在清单中所列的目的进行土地征用。对于所有其他使用目的，如果土地属于集体所有，那么最终使用者必须从集体获得土地使用权，并允许在国家土地利用规划下把农地转化为非农业用地。

完善土地补偿办法。把"尊重农民的土地物权"作为征地制度改革政策设计的首要价值取向。在此基础上，建立基于市场价格的征地补偿标准体系。市场机制是最公平的价格形成机制，只有依据公开市场价格确定的补偿标准才能得到各方的认同，避免无谓损失。①

三、完善保护农民住房权益的法律，保障农民住房财产性收入

以法律形式保护农民房屋财产权，最重要的是应确定农民住房的所有权和使用权、完整统一的住宅产权。这是保护农民相关利益的关键。现在，农民的房屋财产仍不能进入房地产市场顺利流通，国家应尽快修改、完善有关法律法规，使农村集体土地上所建私宅能够合法、有序地买卖，同时加强对农村租房市场的管理，允许农民长期出租宅基地使用权。中国城市房屋拆迁的依据是国务院颁布的《城市房屋拆迁管理条例》和各地的地方性法规，而这些法规将农村排除在外。因此，应尽快制定关于农村房屋拆迁补偿安置的法律，填补当前农村大量出现农民房屋拆迁中利益受到严重侵害而多数没有法律依据的空白。② 虽然当前的情况表明，能收取租金的基本上是靠近城市的很少一部分农民，在其他广大的农村，房屋出租市场和买卖市场几乎还未建立起来，农民即使有房产，也很难形成现实的收入，但通过农民宅基地和房屋使用权的抵押，可以使农民的房屋等财产"变现"（厉以宁，2007）。③

四、重视农村金融理财，增加农民的资金财产性收入

增加农民资金财产性收入，与农村金融密切相关。储蓄的利息是农民资金收益的最常见的渠道来源，要完善和规范农村金融机构的储蓄功能。为调动农民投资理财的积极性，金融机构需要设计专门针对农民的金融投资品种，使交易品种多元化，

---

① 夏宁，夏锋. 农民土地财产性收入的制度障碍与改革路径. 农业经济问题，2008（11）.
② 肖红华，刘吉良. 提高农民财产性收入的途径. 湖南农业大学学报（社会科学版），2008（9、2）.
③ 高志仁. 农民财产性收入与城乡差距. 经济科学，2008（4）.

土地换保障：
扩大推动发展民众基础的政策选择

让农民得到较为丰厚的投资理财收益。资本市场是涉及投资金融领域最直接、最广泛的场所，能够为农民投资者提供增加资金财产性收入的机会。政府应推动农村多层次资本市场的建设，提高农村居民保险和债券金融资产的持有量，以此获取资金收益。①

五、构建农村、农民社会保障体制，推动商业保险的发展

为适应我国城乡经济统筹发展的社会需要，必须打破城乡二元结构，从整体上统一规划城乡结构布局，优化土地、劳动力、资金、技术等经济资源和教育、文化、卫生、交通、水利等公共资源的配置，逐步建立和健全以养老保险、医疗保险和最低生活保障为主要内容的城乡统一的农民社会保障体系，并用法律形式将农民的权益从根本上保障下来。②

提及商业保险，人们的第一反应就是商业保险是"贵"的，是高档品，收入不高的农民买不起，但仍然有不少保险产品是农民急需而又可以承受的，比如，农民及农民工投保意外伤害保险，两三万元的保额一年保费不过百元左右；青壮年农民担忧万一意外身故二老的养老问题，那么可以投保定期寿险，十万元保额每年也不过交二三百元保费，即使某些保费费率较高的产品，保险公司也可以有针对性地设计和营销。同时，由于地区之间以及农民内部收入的差异性，也有很多收入较高的农民对商业保险既有消费需求也有消费能力。因此，商业保险并不是农民享受不起的奢侈品，而是农民风险保障的必需品。商业保险的介入可以使得其他农村社会保障制度能够更有效地运行并发挥其功能。从经济学角度讲，农村社会保险等大多数保障项目是一种优效品，具有准公共物品特性。根据世界各国的经验，虽然这类物品主要应当由政府提供或主导，但一般并不需要由政府直接运营或主办，而是委托或者特许商业机构经营。事实上，从 20 世纪 70 年代开始，西方各国在社会保障管理上已将一部分由政府统一承担的职能让渡给市场来执行，并取得了较好的效果。由于商业保险机构在产品开发、风险管理、精算等方面具有政府管理经营所不具备的诸多优势，具有介入农村社会保障体系的先天条件，从当前的农村社保建设的经验看，那些纯粹由政府一手包办的项目多数都存在政府财政支出压力大，运营成本高，效率低下等制度障碍，而商业保险介入的多数制度运行效果相对较为良好。③

---

① 肖红华，刘吉良. 提高农民财产性收入的途径. 湖南农业大学学报（社会科学版），2008（9，2）.
② 于语和，赵宁芳. 农村社会从身份到契约的实现路径谈 [J]. 政法论丛，2007（5）.
③ 佚名. 商业保险与农村社会保障体系协同发展研究. http://www.studa.net/Insures/081016/08481128.html.

第四章 发达国家的土地征收补偿制度①

土地征收是随着土地利用的社会性增强而逐渐产生的。随着人类社会的发展，人地关系逐渐紧张，土地利用中的个人利益与社会公共利益的冲突日益增多，同时由于土地的不可移动性以及自然承载能力的无法替代性，国家为了公共利益需要利用特定土地，这种需求往往无法通过市场或其他途径来实现，唯有通过强制力的措施使国家建设用地需求得到满足（林玉妹，2005）②。

在中国，土地征收和土地征用是两个不同的概念。凡征地对象为集体土地所有权或取得城市中单位和个人使用权的，称为土地征收；凡征地对象为一定期间的土地使用权，这一期间结束后使用权归还原主的，称为土地征用（林善浪，1999）③。为便于分析，一律采用"土地征收"的概念表示上述两个概念的含义，将其定义为，国家为了公共目的，强制取得原土地权利人的土地权利并给予合理补偿的一种行政行为（强培，2008）④。作为一种基本的土地制度，它普遍存在于各个国家（地区）中。公共利益性、补偿性是该制度最重要的特征，因为这是土地征收制度里保护被征收人、防止政府滥用征收权力的最重要的制度安排。综观世界各国（地区）的土地征收制度，征地补偿都是其不可或缺的重要组成部分。1810年3月8日世界上第一部《土地征收法》在法国颁布后，世界各国的土地征收及补偿制度都在不断完善。

第一节 美国的土地征收补偿制度

美国的耕地面积约占国土总面积的百分之二十，是农用地资源十分丰富的国家之一。与中国相比较，其所拥有的一万八千八百一十七万公顷的耕地面积几乎是中国的两倍，而其人均零点七二公顷的耕地面积则是中国的十倍。尽管如此，美国政

---

① 本章内容根据张学英教授承担的本项目子课题《征地补偿与被征地农民社会保障国际比较研究》改写，课题组成员主要有刘立国、李薇、闫妍。
② 林玉妹. 土地征收范围和补偿机制的国际比较及启示 [J]. 福建省社会主义学院学报，2005（1）：66~71.
③ 林善浪. 中国农村土地制度与效率研究 [M]. 北京：经济科学出版社，1999.
④ 强培. 英国土地征收补偿制度启示 [J]. 江苏商论，2008（1）：152~154.

土地换保障：
扩大推动发展民众基础的政策选择

府仍采用种种手段严格限制农地向非农地转化（杨爱文，2006）①。

一、美国土地征收补偿制度

土地征收在美国称为"最高土地权的行使"。关于土地征收的规定散见于《美国宪法》《美国财产法》《美国公有牧地改良法》《美国佛蒙特州土地利用与开发法》《美国联邦土地政策管理法》等相关法律中。其中《美国联邦土地政策管理法》规定，政府有权通过买卖、交换、捐赠或征收的方式获得各种土地或土地权益。同时，1791 年生效的《美国联邦宪法》第五条修正案规定："非依正当法律程序，不得剥夺任何人的生命、自由或财产；非有合理补偿，不得征收私有财产供公共使用。"另外，《宪法》第十四条修正案要求，州政府依据正当法律程序取得私有财产并保证不得拒绝法律对公民的平等保护，各州宪法对此问题也有类似规定。可见，土地征收必须具备三个要件，即正当的法律程序、合理补偿、公共使用（李珍贵，2001）②。

1. 征收补偿原则。法律规定政府因发展公共事业而征地，个人要作出让步。但是，政府必须提出充分理由以及不低于市场价格的足够补偿，充分保障土地所有者的利益。美国《宪法》第五条修正案规定，任何人不经正当法律程序，不得被剥夺生命、自由或财产。不给予公平补偿，私有财产不得为公共所收用。根据《美国财产法》规定，公平补偿是指补偿所有者财产的公平市场价格，包括财产现有价值和财产未来盈利的折现价格。故美国的公平补偿在实际内容上却体现为完全补偿（王太高，2004；马新彦，2001）③。

2. 征收补偿标准。《美国财产法》对土地征收的合理补偿做了明确规定，它是指补偿所有者财产的公平市场价格，公平市场价格通常是参照同类私有土地近期自由买卖的价格而确定，包括财产的现有价值和财产未来赢利的折现价格，土地征收补偿的计算标准是土地征收前的市场价格。该补偿标准充分保障土地所有者的利益，不仅补偿被征土地现有的价值，而且考虑补偿土地可预期、可预见的未来价值（李珍贵，2001）④。此外，补偿还涉及到因征收而导致邻接土地所有者、经营者的损

---

① 杨爱文. 美英日三国土地征收制度的启示 [J]. 生产力研究, 2006 (12): 170~171.
② 李珍贵. 美国土地征收制度 [J]. 中国土地, 2001 (4): 45~46.
③ 王太高. 土地征收制度比较研究 [J]. 比较法研究, 2004 (6): 16~30; 马新彦. 美国财产法与判例研究 [M]. 北京: 法律出版社, 2001.
④ 在合理补偿的框架下，由于征地补偿不但考虑土地的现在价值，同时考虑了对预期价值的补偿，故很容易催生土地投机，因此许多州都通过立法来保护农业用地以避免其不断被侵占。为了制止农地转作他用，美国采取农地差别税率办法，根据人口发展对农业用地需要量的规划，拟订需要保留的农业用地数量，然后由政府或社团集资购买这些土地，签订契约，转售给从事耕作的农民。这些土地在一定年限内，土地拥有者不得出售改作他用。引自李珍贵. 美国土地征收制度 [J]. 中国土地, 2001 (4): 45~46.

失,以充分保障土地所有者的利益(马新彦,2001)①。

3. 补偿范围拓展。不但对被征收土地的所有者进行合理补偿,而且对与所征收土地相关的其他受益人给与补偿,比如土地的承租人,同时还补偿因征收而导致相邻土地所有者、经营者的损失,充分保障了土地所有者的利益。

4. 以就业换保障。基于可持续生计的保障机制,政府高度重视被征地农民的教育与培训工作,通过有针对性的培训增强其再就业能力,以就业换保障,从而减少失业保险的支出。从20世纪60年代开始,美国陆续颁布了很多关于被征地农民接受职业教育与培训的法令,有些地区则直接规定在被征地农民申请救济时要强制其参加某种职业培训。

5. 补偿估价。美国规定征地补偿的价格按征地之日市场价格计算,土地的买卖金额由买卖双方自行确定。

二、美国土地征收程序及救济

由美国法律规定的征收土地的正当法律程序为(姜平,2008)②:第一,预先通告;第二,政府方对征收财产进行评估;第三,向被征收方送交评估报告并提出补偿价金的初次要约,被征收方可以提出反要约;第四,召开公开听证会说明征收行为的必要性和合理性;第五,若政府和被征收方在补偿数额上无法达成协议,通常由政府方将案件送交法院处理,为不影响公共利益,政府方可以预先向法庭支付一笔适当数额的补偿金作为定金,并请求法庭在最终判决前提前取得被征收财产,除非财产所有人可以举证说明该定金的数额过低,法庭将维持定金的数额不变;第六,法庭要求双方分别聘请的独立资产评估师提出评估报告并在法庭当庭交换;第七,双方最后一次进行补偿价金的平等协商为和解争取最后的努力;第八,若双方不能达成一致,将由普通公民组成的民事陪审团(或法官组成的审判团)来确定"合理的补偿"价金数额;第九,判决生效后政府在三十天内支付补偿价金并取得被征收的财产。

第二节 英国的土地征收补偿制度

在英国,基于公共利益需要的用地需求可以通过行使强制购买权征收土地得以满足。由议会确定公共利益的用地范畴并以法律形式予以确定。在议会确认土地的使用目的有利于公众利益后,用地部门可以依法获得强制征收土地的权力。被征收的土地所有者或使用者一般都有获得赔偿的权利。享有对土地的强制购买权的有:

---

① 马新彦. 美国财产法与判例研究 [M]. 北京:法律出版社,2001.
② 姜平. 中美土地征收制度比较研究 [J]. 华商,2008 (7):65~66.

土地换保障:
扩大推动发展民众基础的政策选择

中央政府各部、地方政府、高速公路局、城市发展公司以及自来水和电力公司等。英国土地征收并没有一部统一的法律确定征收的条件和土地强制征收权,而是由不同的法律分别规定相应的情形,最常见的是 1992 年《交通和工程法》(陈勇,2007)[①] 以及一部在英格兰和威尔士实施的《强制征购土地法》(又称 <强制购买令 CPO>,1965 年)(张芝年,2004)[②]。英国确认适用《强制征购土地法》的门槛很高,征地部门必须证明该项目是"一个令人信服的符合公众利益的案例",如证明该项目所带来的好处超过被剥夺土地者受到的损失,因此征地机构非常慎重。

在英国的土地私有制下,公益事业需要私人土地时一般由征地机构以协商购买的方式获取土地,仅在当事人(被征土地原所有者、占有者、使用者等"利益人")不愿出售土地时才启用强制征购权(徐广才,康慕谊,赵从举,冯文利,赵文武;2007)[③]。在长期的资本主义发展实践中,英国已经形成了完善的适应市场经济的征地补偿制度。

一、英国的强制购买原则

英国现行的 1990 年《城乡规划法》对强制购买的规定有(朱怡,2007)[④]:

1. 经由国务大臣许可,地方政府有权在其管辖范围内强制获得以下土地:(1)适合于保护将要进行的开发、再开发或改善的需求用地;(2)为了实现一个地区合理规划的目的而需要的土地。

2. 经国务大臣允许,地方政府有权强制获得以下类型土地:(1)为促进土地的开发和利用所需的相邻土地;(2)为交换构成公共空间或开放空间所需的任何土地;(3)或者划拨为能源及广场绿地开发所需的任何土地。

3. 环境国务大臣可以强制获取以下土地:(1)公共事务[⑤]所需的任何土地;(2)为满足地区合理规划需要的任何土地以及超越公共事务职能、保障土地得到最有效开发和利用的土地。

4. 2004 年的规划与强制购买法对地方政府强制获得土地的基本原则作了调整与规定:如果地方政府认为对即将进行开发、在开发或改善的土地有益,或者对保护

---

① 陈勇. 英国土地制度及其实践 [J]. 山东国土资源, 2007 (2): 5~8.
② 张芝年. 英国政府怎么征地 [J]. 农村工作通讯, 2004 (11): 52.
③ 徐广才,康慕谊,赵从举,冯文利,赵文武. 英国强制征购土地的补偿制度及其借鉴 [J]. 中国土地科学, 2007 (2): 73~77.
④ 朱怡. 借鉴英国经验完善中国土地流转机制的研究 [D]. 江苏:苏州科技学院硕士学位论文, 2007.
⑤ 法律将公共事务(Public Service)界定为:(1)任何国际组织或机构的服务(不论英国政府或女王陛下是不是其成员);(2)组织或机构为了其目的而建立的任何办公或代理服务,以及遵循条约(不论英国是不是条约成员)建立的任何办公或代理服务;(3)一个主权国家或主权政府的服务机构。

与改善地区的经济、社会和环境的良好状态有贡献，就可以获得土地。

二、英国的土地征收补偿制度

《强制征购土地法》将征地补偿划分为被征购土地补偿和非征购土地补偿两种形式（朱怡，2007）①。

（一）被征购土地的补偿

1. 关于补偿原则。强制征购土地的补偿以当事人在公开的土地市场自愿出售土地所能得到的价格为标准，补偿坚持相等的原则，对因征地造成损害的补偿以恢复原状为原则②。

2. 关于补偿范围、标准及支付。（1）土地价值，指根据土地市场价值对土地（包括地上构筑物和附着物）的补偿。土地市场价值指该土地在公开市场上自由交易可能实现的最高价值，其计算以土地原用途为基础，适当考虑其近期潜在用途（征地项目提出前已被或可能被许可的土地开发用途，如被征土地已有的利用和开发许可等），但不考虑强制征购引起的土地价值变化。若被征土地因用途特殊而缺乏市场，补偿参照其重置价格。（2）土地侵害补偿（也称"损害补偿"或"残余地分割、损害补偿"或"契约终止和损害倾向补偿"）是对因土地征收导致当事人的土地被分割、隔离、损害而导致的有害影响或剩余土地贬值的补偿。补偿标准视具体情况而定。其一，因土地征收导致土地贬值后的实际价格与土地征收前实际价格的差额。其二，若征地导致剩余土地无法继续使用，土地所有者可要求征地机构全部征购。反之，若土地的部分征收使残余地升值，应在土地征收补偿中扣除增值额，甚至在增值额大于、等于被征土地价值时免于补偿。（3）迁移、经营损失等干扰补偿（仅针对土地持有者）是对因征地造成的作物损失、被迫出售资产、迁移费以及重新确权时的测量和产权登记等花费和损失的补偿。补偿对象为实际占有土地已满一年的占有者，补偿原则为"减少损失"的原则，即当事人应采取合理的行动以避免损失进一步增加，否则由不作为而增加的损失额将不予补偿。（4）其他必要的费用支出的补偿，指由征地引致的测量以及法律服务费用（如律师或专家的代理费用、权利维护费用等）等由征地机构支付。（5）除了上述补偿外，英国农民因征地离开农场时，还能获得一笔农场损失费。获得该损失费的前提条件有三：其一，其被征农地的使用期至少还有三年；其二，使用权的灭失是因为强制性征地；其三，三年之内又开始在英国另外一家农场从事农业生产③。

---

① 朱怡. 借鉴英国经验完善中国土地流转机制的研究 [D]. 江苏：苏州科技学院硕士学位论文, 2007.

② Office of the Deputy Prime Minister: Compulsory Purchase and Compensation – Compensation to Agricultural Owners and Occupiers [EB/OL]. http://www.odpm.gov.uk/index.asp?id=1144816, 2004 – 10.

③ The Planning and Compulsory Purchase Act 2004, Stationery Office, 2004.

3. 关于补偿估价。征地双方可分别聘请估价师估价,而后就差价进行协商达成一致。若无法达成一致,可交由土地裁判所裁决。补偿估价日期一般为征收者实际占有土地的日期、征地双方协商达成一致补偿金额的日期、土地裁判所裁决的日期。若土地因征收而造成地价上涨,可以考虑某些合理的要求,但原则上补偿价格不包括这部分。

(二) 非征购土地的补偿

指对因征地给周边社区造成的侵害给予补偿,分两种情况:

1. 由于执行工作而引起的贬值。指征地及建设中导致临近土地权益的损害,补偿金额为土地价值的减少额,估价日期为损害发生之日。

2. 由于公共事务利用引起的贬值。指征地后建成的公共设施在运营中对周围土地的侵害(如噪音、人造光等)。根据1973年的《土地赔偿法》,对公路、机场等现存公共设施的利用进行非剧烈变动的补偿,侵权日期为初次使用的日期,估价日期为申请补偿之日。

(三) 关于强制征购土地的其他补偿

1. 对征地后新增开发项目的补偿。征地补偿规划预期对征地及补偿程序结束后,超越原有征地用途而增加的与补偿无关的开发项目用地的补偿有明确规定:自估价日起十年内的新增开发项目,当事人有权对其在原估价日期的应得补偿提出申请,如有争议可向土地法院提起诉讼。

2. 对征购承租人土地的补偿(或称"租赁权损失补偿")。若承租人因征地而在到期前或到期时放弃租赁,可以获得损失赔偿。补偿标准为契约未到期的价值及因征收而引起的损害(杨爱文,2006)①。征购租期不满一年时,补偿范围有土地侵害补偿、干扰补偿、后续承租者补偿(承租者有权得到新来承租者对其未尽利用价值的补偿,如正在生长的作物)等;征购逐年续租的土地除获得上述补偿外,还应获得对租期未满的利益损失的补偿。

(四) 补偿支付

征地补偿金支付包括征地补偿费用支付以及损失支付。

1. 征地补偿支付。指对土地价值、土地侵害、干扰以及相关费用的补偿支付。征地机构在占有土地前后支付该补偿均可,但当事人有权要求先期支付(由征地机构从申请之日起三个月内支付),先期支付额一般为补偿金额的百分之九十。

2. 损失支付。指针对征地对居住年满一年的当事人造成的不便(钟京涛,2005)②,包括基本损失补偿和居住者损失补偿。拥有或使用土地一年以上的当事人可以获得相当于土地价格百分之七点五基本损失补偿(但最高不超过七万五千英镑),同时还可以获得相当于地产价格百分之二点五的居住者损失补偿(但最高不

---

① 杨爱文. 美英日三国土地征收制度的启示 [J]. 生产力研究,2006 (12): 170~171,186.

② 钟京涛. 英国土地争议裁判制度及启示 [J]. 河南国土资源,2005 (5): 34~35.

超过两万五千英镑)。

3. 利息支付。若征地机构在补偿金额确定前占有土地,必须按指定利率支付自土地占有之日到实际补偿支付日期间的利息。对因征地给周边社区造成的侵害给予的补偿,必须支付自提交补偿申请之日起至支付日期间的利息。

4. 安置。征地机构对当事人无法定安置义务,但通常情况下会讨论是否提供安置,但安置费用将在补偿费用中扣除。

三、英国土地争议裁判制度

为及时有效地解决土地争议,英国建立了专门的裁判机构,由以土地裁判所为主的一系列机构负责土地争议裁决(钟京涛,2005)①。

(一) 土地裁判所

1. 土地裁判所成立的背景。第二次世界大战后,英国推行土地开发权公有化改革。随着社会经济的发展,国家对经济生活的干预不断增强,开始从限制土地开发权入手,把土地利用放在社会义务的轨道上,并先后颁布了《城乡规划法》(1947年)《土地委员会法》(1967年)《城市农村计划法》(1968年)《土地公有化法》(1975年)《土地开发税法》(1986年)。这一系列法律实施后,政府开始不得不面临大量与土地权利人之间的补偿争议,土地裁判所应运而生。根据1949年《土地裁判所法案》,英国设立了两个裁判所,以苏格兰为管辖范围的苏格兰土地裁决所和管辖苏格兰以外的英国地区(英格兰和威尔士)的土地裁判所,二者在规则及职能上有所差异。

2. 土地裁判所的职能。包括:(1) 裁定土地征收补偿争议;(2) 决定有关土地案件上诉权的行使;(3) 根据1925年《土地财产法》的规定裁决有关土地财产权利的归属(主要是限制性土地协议的解除或修改);(4) 根据其他规定作为仲裁人裁决争议;(5) 审理土地价值评估争议、租金裁判所的上诉、土地税收争议上诉、土地登记争议上诉;(6) 裁定土地补偿纠纷、土地协议纠纷、土地优先购买权争议、因公共利益造成土地价值损失的认定;(7) 采光权申请裁定;(8) 以及当事人双方同意并提交裁判所审理的案件等。

3. 土地裁判所的特征。土地裁判所是英国行政裁判所的一种,因此具有行政裁判所的一般特征。(1) 它根据议会制定的法律设立,既不属于法院,也不属于行政系统,在组织上与行政机关联系,在活动上则保持独立性。(2) 由精通法律和具有行政经验且具有专门知识的人士组成,善于解决行政纠纷。(3) 裁判所的主席由大法官或部长任命(由部长任命时,部长只能从大法官同意的预定名单中选人)。(4) 裁判所主席必须具有法律资质,曾担任过律师或从事过其他法律工作。(5) 裁判所其他成员由部长或者裁判所主席任命,也须从事先预定的名单中选人,名单上的人员

---

① 钟京涛. 英国土地争议裁判制度及启示 [J]. 河南国土资源, 2005 (5): 34~35.

土地换保障：
扩大推动发展民众基础的政策选择

多是代表各方利益的当地法律界人士或各方面专家，比如，农用土地裁判所成员分别为土地所有者和承租者组织的代表。(6) 裁判所独立办案，不受行政机关及其官员干涉。无大法官同意，部长不能解除裁判所成员职务。(7) 裁判所的办公费用一般由有关的部门供给。

行政裁判所不仅受理行政机关和公民之间的争端，有些还受理公民之间的争端，比如土地裁判所。与普通法院相比，裁判所审理案件方便、迅速、灵活、价廉。行政裁判所不受普通法院诉讼程序约束，可据不同性质的诉讼制定不同程序规则，不受法院证据规则的约束。由于程序简便灵活，办案时间比普通法院快，当事人所花费用较低，法院欲干预裁判所的裁决，只能通过上诉或司法审查途径进行。

土地裁判所是保护公民土地财产权的"准司法机构"，与其他裁判所相比，还享有一系列特权：(1) 因土地争议常涉及法律问题，其成员必须拥有专职律师资历；(2) 公民有权得到诉讼费用补助及获得法律援助，比如为其提供相关法律咨询、解释、建议，或在书写、记录方面提供帮助，责成败诉一方当事人为胜诉当事人承担裁判费用等；(3) 不服土地裁判所的裁决时可直接向上诉法院上诉，有的事实问题还可向法院上诉（而其他裁判所则有的不能上诉，有的只能向上一级裁判所上诉）；(4) 可依法直接传唤证人和命令证人提供证据材料，若不服从，可对之处以罚款或其他处罚（大多数其他裁判所并无此权力，若需传唤证人时必须申请高等法院签发传票）；(5) 高等法院对土地裁判所给予特殊保护，对违反裁判所规则和侮辱其裁判人员的人予以藐视法庭罪处罚（高等法院对其他裁判所很少给予类似保护）。

4. 土地裁判所案件的审理。土地裁判所是特殊裁判机构，一般案件通常由一名裁判员审理；由法律适用问题或土地价值认定引起的争议案件则由两名裁决员（分别来自律师界或土地估价方面的专家）审理；特殊案件则由三名裁判员审理。审理案件的地点可以是固定的审判庭，也可以是争议案件所在地。裁判所必须作出书面决定。

（二）解决土地争议的其他机构

除土地裁判所外，英国负责审理土地争议的机构还有苏格兰郡法院和最高法院。它们可处理土地所有权和继承权争议，其下属法庭还可受理地主与佃农之间的争议；农用地裁判所、估价裁判所、租赁裁判所等也受理与其业务相关的土地争议。后因裁判所分工太细给当事人造成极大不便，英国议会于1958年和1971年先后两次颁布《行政裁判所与调查法》，对各类行政裁判所的组成原则、裁判基本程序、上诉以及普通法院对裁判所的司法审查等问题做了明确规定，统一各行政裁判所的管理。其中，1958年对土地裁判所与有关裁判所进行了合并，扩大了管辖权。目前，英国正进行土地裁判所的进一步改革，拟合并有关裁判所的土地争议裁决职能以形成统一的裁判体系，达到最大限度方便当事人的目的。

第三节 日本的土地征收补偿制度

1946年日本宪法第二十九条第三款明确规定：为了公共利益，可以在进行了正当补偿之后征收和使用包括个人土地在内的私有财产。据此，日本于1951年制定了《土地征收法》，对征收相应土地时的征收条件、征收手续、征收效果以及对被征收者的损失补偿等都做了严格规定。根据《土地征收法》规定，重要的公共事业都可以运用土地征收制度，且应该给土地被征收者以补偿（刘济勇，2005）[1]。

一、日本土地征收补偿制度

（一）征收补偿原则

日本征收补偿制度发端于1889年的明治宪法，"完全补偿"是这一时期的征地补偿原则。1946年《日本国宪法》第二十九条第三款规定，因公用征收及公用限制对私人造成财产上的特别损失时，必须予以正当补偿。正当补偿原则的真实含义也是完全补偿，是比较全面的补偿。具体补偿原则有：

1. 起业者[2]支付。土地所有者因土地被征收而受到的损失由起业者负担。
2. 分别支付。对每个权利者分别支付与其损失相符的赔偿金。
3. 现金支付。原则上以现金支付对土地征收的赔偿。也有一些例外情况需采用非现金补偿，比如，（1）替代地补偿。指耕地开发、宅基地开发。即在土地被征收人的要求下，土地需用人另造耕地和宅基地以代替补偿金的部分或全部。（2）迁移代办补偿。即被征收土地有附着物时，在土地被征收人的要求下，由需用土地人迁移该附着物，以代替迁移费的补偿；（3）工程代办补偿。即残余地须新建、改建、增建、修缮通路、沟渠、围墙、栏栅或其他工作物并须推土、挖土时，在土地被征收人的要求下，由需用土地人完成上述工作，以代替工程费的补偿（张术环，2007）[3]。
4. 赔偿金先付。赔偿金应在土地被征收者失去土地权利前支付。

（二）征收补偿范围

日本土地征收补偿的特点是，按照土地的经济价值，即市场价格进行补偿。除了支付土地的市场价格外，对征地引起的直接或间接损失也必须进行补偿（杨爱文，2006）[4]。《土地征收法》规定，国家对被征收财产的补偿主要限于对财产权自体的补偿即财产权补偿，包括收用损失补偿和事业损失补偿。前者的补偿额为财产权的客观价值，即斟酌一般的交易价格（市场价格或者是再取得价格）来算定；后

---

[1] 刘济勇. 日本土地征收模式对中国的借鉴和启示 [J]. 中国劳动保障，2005（8）：54~55.
[2] 以征收或使用土地为目的从事公益事业者。
[3] 张术环. 浅谈国外征地补偿的方式和原则 [J]. 农业经济，2007（6）：40~41.
[4] 杨爱文. 美英日三国土地征收制度的启示 [J]. 生产力研究，2006（12）：170~171，186.

者为在使用该被收用财产的事业的执行过程中产生的损失,其范围包括残余土地补偿、工事费用补偿、移迁费补偿、物件补偿、通常所受损失之补偿、对于第三人的沟垣补偿等(江义雄,1999)①。

1. 征收损失赔偿。按被征收财产经济价值的正常市价计算赔偿额,一般参考较近地区的交易价格确定。

2. 通损赔偿。对权利者因土地征收而受到的附带性损失进行赔偿,包括搬迁费赔偿、歇业赔偿、停业赔偿、营业规模缩小赔偿、农业赔偿和渔业赔偿等。这是对因土地征收导致地上建筑物、设备、树木等搬迁至别处而产生的搬迁费用、歇业和停业损失、营业规模缩小损失等的赔偿。

3. 少数残存者补偿。水库等大型公共事业建设往往导致原有社区的大部分人口迁至别处,残存下来的少数人群则要承受社区被破坏的损失,征地补偿应对这些残存者因脱离社区而造成的损失进行赔偿。

4. 离职者赔偿。非土地权利人但受雇于土地权利人的人群会因土地征收而失业,也是土地征收补偿中的利益人,也应得到补偿。

5. 事业损失赔偿。公共事业开发后带给社区的噪音、废气、水质污染等则会给社区居民带来困扰和不适,也是一种征地带来的损失,故也应对社区居民给予赔偿。

(三)征收补偿标准

日本《土地收用法》第七十一条规定,补偿的标准为"考虑到近旁类似土地的交易价格等而计算的事业认定告示时的相当价格,乘以对应至权利取得裁决时为止的物价变动的修正率所得的数额"。《公共用地损失赔偿标准纲要》进一步规定对土地以正常的交易额为补偿额,计算的时期为契约缔结时(盐野宏著,杨建顺译,1999;王太高,2004)②。

(四)征收补偿方式

日本曾规定土地征收补偿的唯一方式为货币补偿。现行的土地法吸取了德国的经验,规定以货币补偿为原则,现物补偿为例外。现物补偿的方式有代替地补偿、耕地造成补偿、工事代行补偿、迁移代行补偿、宅地造成补偿和暂时居住补偿、现物给付等(王太高,2004)③。

(五)征收程序及救济

日本的土地征收程序为:举办事业的准备、举办事业的认定、土地的限定、征收协议、补偿金的裁决、补偿金的给付与征收的完成。具体程序为:首先须向建设大臣或都道府县知事申请;其次,起业者与地权人达成征购协议,申请得到批准后,起业者确定被征收土地的所有者和与土地有关的权利人,登记被征收土地及其上的建筑物,起业者与地权人双方对赔偿额无异议可达成征购协议;再次,征收协议须

---

① 江义雄. 日本法上公用征收补偿制度之探讨[J]. 中正大学法学集刊,1999.
② [日]盐野宏著,杨建顺译. 行政法[M]. 北京:法律出版社,1999;王太高. 土地征收制度比较研究[J]. 比较法研究,2004(6):16~3.
③ 王太高. 土地征收制度比较研究[J]. 比较法研究,2004(6):16~3.

经征收委员会确认,若当事人之间不能达成协议,起业者可申请征地委员会裁定,在听取当事人和第三方的意见并慎重审议后,征地委员会作出裁定;又次,在让地期限到来之前,起业者向土地权利人支付赔偿金,权利人让出土地。在将土地交给起业者后土地征收程序并未结束,还要对土地的使用情况进行监督,以促使起业者按规定用途使用土地,对不符合条件的,原土地所有者有优先购买权(林乐,贾生华;2005)①。根据《土地征收法》的规定,当事人对于土地征收委员会作出的征收裁决可以对建设大臣或内政部长提起诉愿,或者向行政裁判所提起行政诉讼,土地征收不因诉愿而停止进行。对于补偿金不服,起业者或土地所有人应根据《行政案件诉讼法》以对方为被告提起当事人诉讼(盐野宏著,杨建顺译,1999;史尚宽,1964;王太高,2004)②。

二、日本土地征收制度的主要特征

1. 公共事业建设是唯一的征收目的。《土地征收法》严格划定了"社会公共事业"的适用范围,在第三条中列举了公路、机场、河道、水坝、下水道、公园等五十一项为公共事业(不但包括国家和地方政府进行的公共事业,也包括民间企业承担的诸如铁路、供电等具有高度公共事业性的建设项目)(周平,2008)③。

2. 保障双方利益是征收程序的宗旨。具体农地征收手续分事业认定和裁决两个主要阶段。事业认定指由都道府县(相当于中国的省、自治区、直辖市)的知事(相当于中国省、自治区、直辖市的最高行政长官)与事业认定审议会对将要进行的建设项目是否必须征收土地的公共事业进行认定。事业认定审议会是挂靠于都道府县的附属机构,由知事任命的法律、都市规划、环境、经济等领域的七名专家学者组成。若当事人对知事的事业认定意见提出异议,知事将召集审议会成员并听取其审议意见。裁决指通过征收委员会完成如何确保正当补偿土地所有者的问题。征收委员会是挂靠于都道府县的咨询审议组织,也是由知事任命的法律、经济、行政等领域的七名专家学者组成。该委员会独立于知事,公正、中立地听取各方意见,调查并给出公正的裁决。虽然事业认定审议会和征收委员会的成员都由地方最高行政长官提名,但它们并不隶属政府,故可从中立的第三者视角,从技术层面来审核和监督土地征收目的,并调节和裁决征收的利益分配。

---

① 林乐,贾生华. 各国(地区)土地征收的理论基础、法律程序和补偿机制 [A]. "征地制度改革与集体土地流转"学术研讨会论文集(上册)[C],2005.
② [日] 盐野宏著,杨建顺译. 行政法 [M]. 北京:法律出版社,1999;史尚宽. 土地法原论 [M]. 正中书局印行. 1964;王太高. 土地征收制度比较研究 [J]. 比较法研究,2004(6):16~3.
③ 周平. 中国与日本农地征收程序差异的特征分析 [J]. 农村经济,2008(6):125~127.

第四节 法国的土地征收补偿制度

法国公用征收原则建立于大革命时期和第一帝国时期，以后经过多次立法规定和判例补充，逐渐发展成为现行制度。

一、法国土地征收补偿的基本原则

法国《人权宣言》第十七条规定，"财产是神圣不可侵犯的权利。除非由于合法认定的公共需要的明显要求，并且在事先公平补偿的条件下，任何人的财产不能被剥夺"。该规定确定了公用征收的基本原则为：其一，合法认定公共需要的存在。其二，公平补偿被征收人的损失。其三，在占有被征收财产之前事先支付补偿（王名扬，1988；李轩，1999）①。《人权宣言》后来直接成为法国宪法的序言。而公平补偿也就顺理成章地成为法国宪法所确定的补偿原则。该原则成为世界**主要国家土地征收制度的基石**。1810年3月8日，世界第一部《土地征收法》在法国诞生。

法国以后的立法和判例保留了上述三项原则，并扩大了公共需要的范围。公共目的的需要最初主要指公共工程建设的需要，到了20世纪，公共目的的需要已扩大到社会经济生活的各个领域，不仅指公共的、大众的直接需要，而且包括间接的能够满足公共利益需要的需要，以及行政主体执行公务和政府进行宏观调控的需要（王太高，2004）②。

二、法国的土地征收补偿制度

（一）征收补偿范围

法国公用征收法典规定，补偿金额必须包括由于公用征收产生的全部直接的、物质的和确定的损失在内，且须全部补偿；不具备这些性质的损失则不补偿。其中，直接损失指和公用征收有直接因果关系的损失；物质损失指丧失财产的利益，即因征收而丧失的不动产所有权和其他权利本身的价值，但不包括精神上和感情上的损失；确定的损失指已发生或将来一定发生的损失（王名扬，1988；王太高，2004）③。

---

① 王名扬. 法国行政法 [M]. 北京：中国政法大学出版社，1988；李轩. 中、法土地征收制度比较研究 [J]. 行政法学研究，1999（2）：30~36.
② 王太高. 土地征收制度比较研究 [J]. 比较法研究，2004（6）：16~30.
③ 王名扬. 法国行政法 [M]. 北京：中国政法大学出版社，1988；王太高. 土地征收制度比较研究 [J]. 比较法研究，2004（6）：16~30.

(二) 征收补偿标准

1. 关于受补偿的财产结构的规定。计算受补偿财产的范围以公用征收裁判当天的财产结构为准。补偿金额在公用征收裁判以前已经确定，则以补偿金判决宣告之日作为计算应受补偿财产构成的日期。但是，基于多得补偿金而作的财产结构改良即使发生在公用征收裁判以前也不计算为补偿金额。为避免证明困难，法律规定，凡在事先调查程序开始以后所做的财产结构改良均假定为旨在多得补偿金，故不包括在应受补偿的财产结构内（王名扬，1988；王太高，2004）①。

2. 关于计算补偿财产价格日期的规定。其一，法国规定的计价日期为第一审法院关于补偿金额判决之日；其二，不动产和不动产物权以事前调查程序开始前一年期间的实际使用情况作为计算补偿金额的财产价格的补充标准，旨在防止所有者为多得补偿金进行财产结构改良；其三，不论何种财产，第一审判决时的价格和事前调查程序开始前一年的价格相比有增加时，若此增加并非基于经济原因，而是因公用征收行为本身所引起的，或由于事前调查开始前三年期间的公共工程建设成就引起的，对增加部分均不给补偿（王名扬，1988；王太高，2004）②。

(三) 征收补偿方式

法国土地征收的补偿方式原则上用货币支付，但近年来也有实物补偿方式（王名扬，1988；王太高，2004）③。根据不同的补偿对象，实物补偿方式主要有如下几种：1. 工业、商业和手工业的承租房屋被征收时，可选择给予金钱补偿方式或同样条件房屋补偿方式，附属的补偿如迁移费、职工解雇费等则用金钱补偿方式。2. 征收生活用房的补偿涉及房客和房东两个主体。其一，对房客的补偿。征收单位必须为承租人安排住房，新住房应符合房客的生活需要，费用和规格不超过低房租住房标准，同时补偿搬家费、安置费和其他损失，另外还给付卫生设备、照明设备的折旧费。其二，对房东的补偿。对房东没有安置住房义务，补偿方式有：重新安排住房；给予优先得到低房租房屋所有权的待遇；给予优惠的建筑贷款。3. 征收私人耕地时，征收单位应为家庭成员提供同样条件和设备的土地。

三、法国土地公用征收的程序及救济

法国是一个公用征地行为频发的国家，因而对征收程序及救济有非常严格、非常琐细、非常完善的规定。法国的公用征收必经行政阶段及司法阶段（王名扬，

---

① 王名扬. 法国行政法 [M]. 北京：中国政法大学出版社，1988；王太高. 土地征收制度比较研究 [J]. 比较法研究，2004 (6): 16～30.

② 王名扬. 法国行政法 [M]. 北京：中国政法大学出版社，1988；王太高. 土地征收制度比较研究 [J]. 比较法研究，2004 (6): 16～30.

③ 王名扬. 法国行政法 [M]. 北京：中国政法大学出版社，1988；王太高. 土地征收制度比较研究 [J]. 比较法研究，2004 (6): 16～30.

1988；王太高，2004)①。

1. 行政阶段。该阶段主要解决两个问题——审批公用征收的目的和确定可以转让的不动产。具体的行政程序包括事前调查、批准公用目的、具体位置的调查和可以转让决定（王名扬，1988；李轩，1999)②。行政法院只有在公用征收引起争议时才进入公用征收程序。法国行政法院是行政机关的组成部分，故行政法院参与公用征收程序不是司法程序而是行政程序。

2. 司法阶段。该阶段也主要解决两个问题，所有权转移和补偿金确定。具体的司法保障程序分两方面。其一，对批准公用目的的决定或可以转让决定不服，或者以违反公用征收程序、超越批准权限为由提起的越权之诉，由行政法院管辖。其二，关于请求被征收财产所有权的移转和补偿金额的确定由普通法院管辖，并设公用征收法庭和公用征收法官专门处理（王名扬，1988；李轩，1999)③。对移转所有权的判决不服不能提起上诉，只能向最高法院提起复核审诉讼，期限为收到裁判书起十五日内。若当事人不服公用征收法官确定补偿金的判决，可在收到判决书后十五天内提出上诉，由上诉法院公用征收庭受理。若当事人不服上诉法院关于补偿金的判决，可就法律问题向最高法院提起复核审诉讼，最高法院认为申诉有理由时，撤销上诉法庭判决，交另一同级法庭重新审判（王名扬，1988；王太高，2004)④。

第五节　德国的土地征收补偿制度

德国法律规定，土地征收是特定少数人为社会公益被迫牺牲了自己的权益，因此，除非公共福利需要，且经与拟征收土地所有权人多次协商购买未果以外，一概不得动用征地权，即使动用征地权，也必须公平合理（刘浩，葛吉绮；2002)⑤。

一、德国土地征收的基本条件

德国土地征收需符合三个基本条件：其一，土地征收目的必须是为公共利益；

---

① 王名扬．法国行政法 [M]．北京：中国政法大学出版社，1988；王太高．土地征收制度比较研究 [J]．比较法研究，2004 (6)：16~30.

② 王名扬．法国行政法 [M]．北京：中国政法大学出版社，1988；李轩．中法土地征收制度比较研究 [J]．行政法学研究，1999 (2)：30~36.

③ 王名扬．法国行政法 [M]．北京：中国政法大学出版社，1988；李轩．中法土地征收制度比较研究 [J]．行政法学研究，1999 (2)：30~36.

④ 王名扬．法国行政法 [M]．北京：中国政法大学出版社，1988；王太高．土地征收制度比较研究 [J]．比较法研究，2004 (6)：16~30.

⑤ 刘浩，葛吉绮．国外土地征收制度的实践及其对中国征地制度改革的启示 [J]．农业经济，2002 (5)：33~35.

其二，必须与被征地主体进行多次协商，在协商未果的情况下才能动用征地权；其三，征地必须保证被征地人的合法权益，做到公平合理。

虽然德国法律未对社会公共利益范围进行明确限定，但由于其他法律对私人土地或者财产给予了充分保护，因而使公共利益的范围受到了严格限制。不过，关于公共利益外延的解释正在逐步扩大，公共福利事业、为实现地区详细规划进行的事业、合理利用空闲地、用于文物保护用地等都可以实行土地征收，最终向私人转让的项目也可实行土地征收（王太高，2004）①。德国法律规定，代表国家的政府机关和依法取得公益性建设的单位均可通过请求获得国家授予的征地权，行使德国的征地权。

二、德国土地征收补偿制度

（一）征收补偿原则

在德国，征收补偿经历了由完全补偿到相当补偿，再到目前的公平补偿的演变。公平补偿以利益衡量为基础，联邦宪法法院对公平原则的内涵解释为"可以依照情况给予完全补偿，也可给予低于完全补偿之补偿"，而联邦普通法院则认为，"公平补偿可低于交易价格仅能在例外情形（如立法机关有特别立法）才能承认，若立法机关已依交易价格规定补偿基准的，法院则不能违反这种规定，必须以交易价格为补偿标准"。故公平补偿原则实际上是对完全补偿原则的回归（毛雷尔著，高家伟译，2000；王太高，2004）②。

（二）征收补偿范围及标准

在德国，征收补偿的范围包括"权利损失及其他财产上之不利益"。所谓权利损失是指被征收土地或其他征收标的物的价值损失（即实质损失）；所谓其他财产上之不利益（即结果损失），包括营业损失、因分割造成不动产价值的降低、迁移费、必要的法律咨询费、权利维护费用等。与不动产联系在一起的财产性或者强制性权益，如抵押、公务负担、租赁关系等，原则上因征收而终止，但必须予以补偿。而间接的后果损失则不在补偿范围之内（毛雷尔著，高家伟译，2000；王太高，2004）③。

德国联邦建设法第九十五条规定，土地征收补偿费"依被征收土地之交易价格算定之"。"交易价格以征收机关就申请征收为决定时之交易价格为基准"。即使在提前占有的情况下仍然以决定时的价格为准。该法规定，所谓交易价格，是指在一般交易上依公平条件、事实状况、其他特性及土地状况等标准所估定，而不考虑特

---

① 王太高. 土地征收制度比较研究 [J]. 比较法研究，2004（6）：16~30.

② [德] 毛雷尔著，高家伟译. 行政法学总论 [M]. 北京：法律出版社，2000；王太高. 土地征收制度比较研究 [J]. 比较法研究，2004（6）：16~30.

③ [德] 毛雷尔著，高家伟译. 行政法学总论 [M]. 北京：法律出版社，2000；王太高. 土地征收制度比较研究 [J]. 比较法研究，2004（6）：16~30.

殊及个人之关系所查的价格而言。这种标准在德国联邦最高法院的判词中有生动的表述：补偿金应可以购买到同样种类和质量的财产，从而平衡被征收人的损失（毛雷尔著，高家伟译，2000；王太高，2004）①。

对农用地的补偿费等于被收回土地的现行市价。在田地被分割和切断的情况下，必须根据下面几种情况支付：（1）花在路上的时间长了，要多买汽油；（2）受走弯路之苦；（3）土地边界增加带来的损害补偿金；（3）被损坏的土地界址带来的损失（王正立，刘丽；2004）②。

国内学者大多将德国的土地征收补偿范围及标准概括为：（1）土地或其他标的物损失的补偿，其标准为以土地或其他标的物在征收机关裁定征收申请当日的移转价值或市场价值。（2）营业损失补偿，其标准为在其他土地投资可获得的同等收益。（3）征收标的物上的一切附带损失补偿（陈和午，2004）③。

（三）征收补偿方式

德国基本法规定，立法机关得于公平衡量公共利益与关系人利益后，决定以金钱或其他方法予以补偿。据此，建设法规定，如"本法无其他规定，补偿应以金钱一次发给""但经被征收人申请，亦得以土地或其他权利为补偿"。这里的其他权利包括土地共有权、类似土地权利等。这表明，在德国，金钱补偿是原则，金钱以外的补偿方法必须有法律的明文规定并以被征收人申请为条件，除了现金补偿外，还有代偿的补偿、代偿权利的补偿等（王太高，2004）④。

各类补偿费由征收受益人直接付给受补偿人，且各类补偿应在征收决议发出之日起一个月内给付，否则征收决议将被取消（肖屹，许恒周，郭玉燕；2007）⑤。

三、德国的土地征收程序及救济

在德国，土地征收程序一般包括：事业的认定、应征土地的确定、补偿金的确定、征收的完成。在救济制度方面，联邦行政法院审查征收的适法性及其法律依据的合宪性，而是否补偿以及在何种范围内补偿则由普通法院管辖（毛雷尔著，高家伟译，2000；王太高，2004）⑥。同时，为充分保障被征地权利人的合法权益，德国

---

① [德] 毛雷尔著，高家伟译. 行政法学总论 [M]. 北京：法律出版社，2000；王太高. 土地征收制度比较研究 [J]. 比较法研究，2004 (6): 16~30.

② 王正立，刘丽. 国外土地征收补偿标准方式及支付时间 [J]. 国土资源情报，2004 (1): 9~13, 5.

③ 陈和午. 土地征收补偿制度的国际比较及借鉴 [J]. 世界农业，2004 (8): 13~15.

④ 王太高. 土地征收制度比较研究 [J]. 比较法研究，2004 (6): 16~30.

⑤ 肖屹，许恒周，郭玉燕. 国外征地制度的特点及对中国征地制度改革的启示 [J]. 新疆农垦经济，2007 (9): 64~70.

⑥ [德] 毛雷尔著，高家伟译. 行政法学总论 [M]. 北京：法律出版社，2000；王太高. 土地征收制度比较研究 [J]. 比较法研究，2004 (6): 16~30.

法律规定，当被征地权利人对补偿金额有争议时，可依法律途径向辖区所在的土地法庭提起诉讼（肖屹，许恒周，郭玉燕；2007）①。

第六节 加拿大的土地征收补偿制度

加拿大土地征收制度沿用的是英联邦体制，在征收土地方面一直进展比较顺利，较好地解决了国家、征地机构和个人的利益关系。

一、加拿大征地制度的特点

1. 公共利益界定非常严格。依据联邦及安大略省征地法规定，征收土地是国家为了公共利益向私人收回土地的一种强制权力。征地的目的必须为公共利益服务，征地范围限制在为公众服务的交通、能源、水利、环境保护、市政建设及文物遗迹保护、学校、医院、社会福利等。公共利益的概念是狭义的，征地的范围是严格的。

2. 征地主体多元化。只要征地目的是为了公共利益，政府及各行业部门、机构组织，如自治市、医院、大学等公共设施建设服务的机构都可以通过立法授权代表政府及团体享有征地权，即使是私人企业也可以按照相关法律享有征地权，如私人拥有的管道公司，可以依据国家能源法或根据某些省立法规定执行征收权。这些政府或机构称为"征地的权威机构"。为防止滥用征地权，加拿大法律规定，征地批准机关与征地机构严格分开，征地机构主要负责征地的具体事务，征地批准机关主要在征地批准、补偿、进入或使用土地等方面起调解、决定作用（肖屹，许恒周，郭玉燕；2007）②。

3. 征地程序大体包括征地申请、征地目的审核、土地登记、征地赔偿四个阶段，并全程公开。

二、加拿大土地征收补偿制度

（一）征收补偿范围

按照加拿大土地征收补偿制度的规定，在市场价格范畴内，补偿的范围包括以下几个方面：1. 被征收部分的补偿。必须依据土地的最高和最佳用途，根据当时的市场价格补偿。2. 有害或不良影响补偿（如严重损害或灭失价值）。主要针对被征收地块剩余的非征地因建设或公共工作对剩余部分造成的损害，可能还包括对个人

---

① 肖屹，许恒周，郭玉燕. 国外征地制度的特点及对中国征地制度改革的启示 [J]. 新疆农垦经济，2007（9）：64~70.

② 肖屹，许恒周，郭玉燕. 国外征地制度的特点及对中国征地制度改革的启示 [J]. 新疆农垦经济，2007（9）：64~70.

或经营损失及其他相关损失的补偿。这种补偿不仅包括被征地，还包括受征地影响相邻地区的非征地。3. 干扰损失补偿。被征地所有者或承租人因为不动产全部或基本征收，因混乱而造成的成本或开支补偿。4. 重新安置的困难补偿（卢丽华，2000）①。

（二）征收补偿标准

加拿大对于土地征收的补偿一般通过法定征地单位与被征地的非正式谈判来解决。如双方不能达成协议，则在取得土地前的一定期间，由征地机构为被征地者提供"法律出价"。根据规定，这种补偿出价应建立在被征不动产的公平市场价格的基础上，而市场价值是"在竞争和开放的市场中，在所有条件符合公平交易的要求，买卖双方行为谨慎，完全知情，并假定价格不受不适当因素刺激条件下形成的最具有可能的价格（卢丽华，2000）②"。

三、加拿大土地征收程序及救济

加拿大的征地程序及其救济制度很有特色（卢丽华，2000）③。

1. 提出征地申请的第一次公告。即要在当地的定期报纸上每周一次、连续三周公告有关征地内容。任何与征收有关的土地所有者可以在接到正式邮件或第一次公告三十日后，向批准机关提出书面申请，要求举行听证会。除非议会副总督认为征地对实现公共利益是必要且有利的因而可以继续征地程序外，一般情况下都得成立调查委员会，批准机构根据调查官的报告再行决定是否批准征收或修改征地计划。在征地批准后的三个月内，征地机构要到相应的登记机关登记由征地机构和土地测绘部门共同签署的规划，登记有关使用土地的时间、权利等。

2. 第二次公告是批准征收后。在补偿协议达成前，征地机构必须在规划登记后的三十日内以书面形式向被征土地所有者下达征地通知书，土地所有者在通知下达后的三十日内，可以向征地机构书面申请有关补偿事宜，选定补偿评估日期。征地通知书下达后，征地机构征得土地所有者同意，可以进入现场进行不动产评估。若土地所有者不同意，征地机关可向市政委员会申请进行赔偿评估。

3. 若土地所有者不接受赔偿价格，征地机构则要提供"法律出价"服务。若仍达不成协议，双方可以向市政委员会请求仲裁。若不同意市政委员会的仲裁，任何一方均可向法院提起诉讼。

4. 强制进入或使用土地。补偿问题解决后，征地机构可以通知被征土地所有者拥有或进入使用土地时间，在下达使用土地通知书的至少三个月后可以使用土地。

---

① 卢丽华. 加拿大土地征收制度及其借鉴 [J]. 中国土地，2000（8）：44~45.

② 卢丽华. 加拿大土地征收制度及其借鉴 [J]. 中国土地，2000（8）：44~45；王太高. 土地征收制度比较研究 [J]. 比较法研究，2004（6）：16~30.

③ 卢丽华. 加拿大土地征收制度及其借鉴 [J]. 中国土地，2000（8）：44~45；王太高. 土地征收制度比较研究 [J]. 比较法研究，2004（6）：16~30.

此时，可以请法院强制执行保证土地的顺利使用。在征地补偿费未全部付清的任何时候，征地机构可以放弃征收，将土地归还给业主，但必须给予相关赔偿，业主可以要求征地机关保留其征收的土地权利，因而获取完全补偿。若土地征收的使用不符合原有目的，未经批准机关批准，征地机关不得将土地首先出售给他人，原土地所有者有优先购买权。

第五章　发展中国家、新兴市场国家（地区）的土地征收补偿制度

第一节　印度的土地征收补偿制度

1991年印度开始经济改革后，经济的快速增长同时带动土地利用结构发生显著变化，1991～2000年间耕地面积减少了一百七十七万公顷，而同期建设用地增加了一百八十八万公顷，成为此间土地面积变化最大的两种土地类型（N. S. Randhawa Farrukh Gupta, 2009)[①]。截至2006年底，印度已经批准了二百三十七个经济特区计划。然而，在人地矛盾极为突出和土地分配严重不均的印度，农民极不愿意失去土地。印度政府原计划开辟六百个经济特区，然而，2007年1月以来，却因印度农民拒绝出让土地从而爆发一系列暴力抗议活动，迫使已经获得批准的六十三个经济特区计划中止。其中最为严重的抗议活动是2007年3月发生在西孟加拉邦的南迪格拉姆，冲突中至少十四人死亡，三千人流离失所（平治，2007)[②]。这些抗议活动迫使邦政府不得不考虑如何实施工业区的实施方案。

一、印度土地征收立法状况

作为联邦架构下的土地资源分散管理体制下的三权分立国家，印度土地资源管理的横向分权与纵向分权现象均十分明显（刘丽，2006)[③]。纵向上，印度是联邦制国家，其土地资源管理和土地改革的法律也呈现出典型的联邦制特点：全国没有统一的土地立法，联邦政府只负责某些具有全国意义的政策与措施；邦政府拥有土地的实际管理权、控制权和征税权等，还有私有土地和邦有土地的最终审批权，负责制定本邦的基本土地法律政策，如土地法，邦与邦之间的土地政策往往差异很大。横向上，涉及土地资源管理的部门甚多，且职能分割不清；不同部门之间的规划自成体系，缺乏沟通与交流，对土地资源的利用和管理产生了严重的影响。由于土地

[①] N. S. Randhawa Farrukh Gupta. 新兴国家土地管理畅谈系列之一：印度的土地管理与保护利用 [J]. 资源与人均环境，2009 (8)：30～32.
[②] 平治. 不愿失去土地，印度农民逼停经济特区计划 [J]. 农村·农业·农民，2007 (4)：63.
[③] 刘丽. 印度的土地审批制度及其相关问题 [J]. 国土资源情报，2006 (11)：22～28.

审批事务所涉及机构众多,程序复杂,再加上全国土地法缺失和邦级土地立法严重滞后,伴随着邦级土地审批制度的非透明性,土地腐败问题成为相当严重的社会问题。

为推动经济发展和社会福利的实现,印度中央政府和邦政府对土地审批制度进行了一系列改革。改革之一即对1894年的《土地征收法》进行修订(1985年已经修订过)。在印度没有全国土地立法的制度下,唯独《土地征收法》是一部联邦性法律,足见政府对土地征收的高度重视。《土地征收法》详细规定了土地征收补偿的原则、补偿范围、补偿形式、补偿估价依据、补偿范围等(武剑,2008)①。

二、印度土地征收补偿制度

1. 补偿对象。按照法律规定,只有对特定资产拥有正式法律授予权的授权人(被称为)才能得到且无条件获得相关赔偿;无地雇农、技工以及林地工作人员不属于利益人范畴,即使因被征收土地而失去收入来源也得不到任何补偿金。《土地征收法》对"利益人"的概念做了明确阐释:"利益人"包括土地所有者或部分土地拥有者(如承租人、执照持有人、地役权所有人);凡是对征地补偿金主张权益的人都可被视为利益人;对土地有物权的当事人即使不对自己的利益进行主张,也仍被视为利益人。

2. 补偿形式。法定赔偿条款允许(但并不强迫)以土地赔偿土地的赔偿形式。

3. 补偿估价依据及补偿标准。以"市场价值"作为依据估算对被征收土地的赔偿金。赔偿金除被征收土地的"市场价值"之外还包括一些条款,比如以相当于"市场价值"百分之三十的额外费用作为强制征收土地的"赔偿费"、利息、搬家费以及造成的其他直接损害赔偿,即赔偿金 = 市值 + 百分之三十市值 + 土地征收造成的损失 + 搬迁费 + 利息。另外,《土地征收法》还赋权有关利益人因土地征收而遭受以下五种损失时获得损失赔偿金:(1) 地上农作物或树木;(2) 原土地所有人的土地受到破坏;(3) 土地征收所造成的个人财务或房地产损失;(4) 土地征收对原土地所有人造成的收入影响;(5) 在第一次公告声明及土地征收者获得土地所有权时间内造成的土地减产或其他收益减少。

4. 补偿范围。政府基于公共用途有权征收土地、告知利益人并给予补偿。"土地"的概念有两层含义:(1) 任何附加及永久附加于土地之物;(2) 任何基于土地的合法权益。另外,印度法定赔偿条例未对公共财产资源(比如牧地、森林和水源等)的赔偿作出规定。在印度(特别是农村地区),公共财产资源是当地居民,特别是贫困人口安身立命的生计手段。但因对这些资源取得的习惯性及非法性,再加上这些资源大部分为村或国家所有,法定赔偿不适用于这类公共财产。

---

① 武剑. 中印土地征收补偿制度比较研究 [J]. 理论月刊, 2008 (4): 147~149.

三、印度土地征收补偿政策述评

(一) 土地征收补偿制度的优越性

1. 土地立法中关于土地征收补偿的原则、补偿范围、补偿形式、补偿估价依据等的规定较好地体现了政府对被征地农民在经济上补偿的力度。

2. 《土地征收法》中关于补偿标准的规定与其他发展中国家（甚至发达国家）的赔偿金制度相比有很多优越性，其中土地市场价值的百分之三十作为对农民被强制征收土地的补偿，且使被征地农民能够获得法律规定的相应损失赔偿金，使得理论上农民拥有更多弥补土地损失的机会。

3. 作为由计划经济体制向市场经济体制转变的国家，印度的土地审批制度具有计划经济特征，虽然实行的是土地私有化制度，但土地要素的市场化几乎未被触动，土地的自由交易受到较为严格的限制，绝大多数工商业用地均需政府审批。这种做法在一定程度上避免了土地征收权利的滥用（刘丽，2006）①。

(二) 土地征收补偿制度的问题及症结

1. 关于补偿估价依据及标准。其一，对被征收土地市值的估算是获得合理补偿的关键，但这一法定的补偿依据在实际中却很难得以应用。一方面，在实际估算中对市值的低估往往导致补偿不足；另一方面，对赔偿金的计算实际上又以土地征收的实际损失为计算基础，这又与土地市值这一法定补偿依据相矛盾。其二，一些管理土地特别用途获取权的法规（如《国家高速公路法》）及其他中央级法规中并没有市值以外的赔偿费，使得因特别用途而征收土地时利益人所获赔偿不足，而这也是印度议会在法律框架内着重解决的弊端和矛盾。

2. 关于补偿范围。公共资源对贫困人口的生计至关重要，一旦其土地被征收，该群体定会因无法获得补偿而使生活陷入窘境。但是法律并未涉及对该群体的补偿，因此土地征收涉及公共资源时会严重影响被征地农民的近期生活且剥夺其谋生的手段，存在严重的长远生计不可持续问题（中国对公共资源征收补偿也没有明确的规定）。

3. 关于对被征地农民的引导和援助。虽然法律对被征收土地的赔偿金做了很好的补偿规定，但由于利益人缺少对该法定权利的认识，致使实践中的补偿与此标准相差甚远。可见，印度政府不但要制定完善的土地征收法规，还应加强土地征收政策和法规的宣传力度，保护农民维护自身利益的权利，至少不至于因缺乏信息和相关知识而丧失对权利的认识和争取，从而也防范土地腐败和违法现象的产生。

4. 关于安置方式。印度对被征地农民的安置方式非常有限，一方面缺乏法律强制力；另一方面，对安置补偿的规定不够详细，以致其土地征收补偿安置规定和政策没有得到很好的执行。

---

① 刘丽. 印度的土地审批制度及其相关问题 [J]. 国土资源情报，2006 (11): 22~28.

5. 关于工业用地审批。印度企业的项目用地获取途径有三：从工业区内购买、向政府提出征地申请（若所需土地面积大或在工业区外）、向私人购买（刘丽，2006）①。企业一般通过前两种途径获得土地。印度土地登记法规定，任何购买土地的行为都需要到地方政府登记，企业要想获取土地必须提交有关的项目报告，即项目审批先于土地审批。

四、例析：古尔冈地区的土地征收问题

Gurgaon（古尔冈市）是印度西北地区 Haryana（哈里亚纳邦）的一个新兴工业中心，也是该邦的第六大城市，曾是印度的主要"菜篮子"之一。它是在政府大面积征收农地发展工业从而推进城市化进程中由一个村庄迅速发展而来的。古尔冈市的发展改变了原有的依赖农业资源的状况，带来了一系列社会、文化、经济的改变，但由征地带来的一系列问题同时也使被征地农民对古尔冈市政府的愤恨和不满悄然滋生（Vishal Narain，2009）②。

1. 土地征收改变了被征地农民的生产方式，不得不进行职业转换。新的城市中心的涌现往往会拓展农业生产的市场，使土地从维持生存的基本用途向商业种植转变。但古尔冈地区是在原有农地改为工业用地的基础上发展起来的工业中心，征地使当地农民手中仅剩小块土地，土地的用途反而因城市化的推进而从商业种植向纯农业生产转化。由于失去了土地，被征地农民不得不进行职业转换以维持生存，有的到邻村从事制砖业，有的在村子里开商店，有的开旅行社和出租车调度站。虽然现在村子附近都是工厂，但他们并不雇用被征地农民，而是更愿意雇用廉价的劳动力移民。再加上雇主害怕被征地农民以工会的名义联合起来进行集体谈判活动，被征地农民很少能在当地工厂从事正规就业。总之，土地征收之后，被征地农民成为非农就业的弱势群体。

2. 土地征收改变了被征地农民的生活方式，未来生计有忧。征地补偿以及土地用途从农用向商用的转换成为消费主义文化和酗酒行为滋生的温床。其一，被征地农民将征地补偿款用于购买电视机、汽车等耐用消费品，或者用于修缮房屋；其二，失地在给农民带来补偿收入的同时，也使被征地农民养成了闲散和酗酒的习惯，啤酒吧和白酒吧在古尔冈地区如雨后春笋般涌现。总之，被征地农民对征地补偿款的使用存在短期强消费偏好，用于构建长远生计的意识非常淡漠，因"短视"存在"后贫"风险。

3. 土地征收补偿对象有限，亟待拓展。其一，现有的土地征收补偿政策并未涉及无地农民，承租人和相关工人无法获得征地补偿。由于在征地中丧失了谋生的机

---

① 刘丽. 印度的土地审批制度及其相关问题 [J]. 国土资源情报，2006 (11)：22~28.
② Vishal Narain. Growing City, Shrinking Hinterland: Land Acquisition, Transition and Conflict in Peri-urban Gurgaon, India. Environment and Urbanization 2009 21: 501~512.

土地换保障：
扩大推动发展民众基础的政策选择

会，无地者一方面对政府非常愤恨；另一方面对有地者售地获得的财富非常妒忌。其二，现有的土地征收补偿政策并未涉及公共资源使用者。城市化的发展使该地区的自然资源受到了侵蚀，牧场和 Johad 也被征收以满足城市发展之需。据统计，该地区有六个 Johad，其中四个被征收，一个因被废水污染而不再适宜牲畜饲养，仅剩一个大约四十公顷的 Johad 供放牧用。当地居民不得不改变饲养方式，从散养转为圈养，或者干脆缩小饲养规模。其中受影响最大的是陶工，这类土地被征收者不得不转行。如前所述，印度法律并未给予因公共资源的征收而受影响的农民以任何补偿。可见，印度的土地征收补偿对象需要拓展至包括利益人在内的承租人和佃农这一无地群体、公共资源使用者等群体。

4. 征地赔偿金不足，且延期支付。研究显示，哈里亚纳邦城市发展局（Haryana Urban Development Authority，简称 HUDA）从潘查亚特（印度的一种村社自治制度）征收了巴塞尔牧场，但却未能支付议定的赔偿金，且未能兑现解决就业问题的承诺。哈里亚纳邦城市发展局采用分期付款的方式支付赔偿金，由于单次支付额度太小，使得被征地农民无法用此款做大额投资或在他处购买土地。潘查亚特和单个农民将哈里亚纳邦城市发展局告上高级法院。当哈里亚纳邦城市发展局分期付款的第三期未能如期支付时，潘查亚特和被征地农民对哈里亚纳邦城市发展局的诉讼得到了法院的支持，但直到项目开始实施时仍然未能及时支付。小额分期付款、延期支付甚至不支付赔偿金的行为营造了农民对政府的不信任和憎恨的氛围。前世界银行首席经济学家马歇尔·克尼和瓦特·芬纳德斯（2008）的研究表明，在印度有六千万人因征地而失去家园，其中百分之七十五的人口与征地前相比变得贫困，且没有人在征地后变得富裕①。

5. 被征地农民在征地中缺乏参与性，渴望表达自己的声音。在强制征收土地中，因为不能参与到那些对自身影响很大的政策的制定和实施过程中来，再加上赔偿金的延期支付，农民对政府的怨恨愈来愈深。实际上，农民对征地补偿有自己的要求，如补偿方式的选择。他们可以选择被安置到工厂就业，给予高额补偿，或选择异地分配土地等。除了补偿方式，他们强烈要求直接与购地者谈判而不是通过政府，这样能够达到高价转让土地的目的。只有这样，他们才可能在异地购买土地，并在异地购地时免除一切登记费。当然，农民认为，最必要的是任何补偿都需即时支付。

印度学者威沙尔·赖内恩认为，应进一步修订 1894 年的《土地征收法》。该法规定的仅仅基于公共用途才可以征收土地显得过于规范、机械和缺乏灵活性，且其所制订的、自上而下、具有社会排斥特点、缺乏参与的征地方式助长了社会对政府的不满。印度需要一个实现被征地农民直接参与征地过程的机制，甚至是一个集体投票机制。该机制能确定受影响者，能规避现有强制征地实践的弊端使征地成为一

---

① Michael M. Cernea, Hari Mohan Mathur. Can Compensation Prevent Impoverishment? Reforming Resettlement through Investments and Benefit – Sharing. Oxford University Press, 2008, pp: 23.

个协商性、参与性的过程,能使被征地农民成为工业的利益相关者享受工业化和城市化的成果,或者能够将农民自己的土地出租给工业。总之,应改变现有自上而下、约定俗成的城市和工业发展模式,使作为城市化的利益相关者的被征地农民积极参与而非被动接受对其生产、生活影响至深的政策的被动接受者。

第二节 韩国的土地征收补偿制度

韩国实行的是土地私有制,大部分土地为个人和法人所有,国有土地的比率仅为百分之十九点五。国家因公共需要的目的而需用私人土地时,在未经土地所有者同意的情况下,可根据《土地征收法》规定对私人土地进行征收,征地的目的在于增进公共福利与私有财产权的调节,并促进国有土地的利用、开发合理化与产业的发展(欧海若,吴次芳;1999)①。

一、韩国土地征收制度

(一)补偿范围、标准

1. 地价补偿。自1990年3月1日《土地公概念法案》生效后,韩国地价补偿标准统一以公示地价为征收补偿标准。
2. 残余地补偿。包括残余地价值降低或其他损失的补偿,以及因残余地需修筑道路、水沟、墙栅等设施或其他工程时应给与的补偿(这是土地所有人利用残余土地所必需的费用)。如因土地征收致使残余土地难以供原来用途进行使用,《土地征收法》规定,被征收者可以要求将残余地一并征收以确保被征收人的权益(欧海若,吴次芳;1999)②。
3. 迁移费用补偿。《土地征收法》规定,为公共需要而收用或使用土地,如土地有附着物而又不是公益事业所必需的,则令其迁移,迁移所需费用由起业人予以补偿。若有如下情形,被征收人或起业人可以要求一并征收其物件:(1)迁移物件有显著困难;(2)物件迁移后无法按原来的使用目的进行使用;(3)物件迁移所需补偿的迁移费超过该物件的价值时,起业人可请求征收该物件(欧海若,吴次芳;1999)③。
4. 其他损失补偿。《土地征收法》规定,因收用或使用其土地,致使土地所有权人或关系人蒙受营业上的损失时,也应予以补偿;如因建筑物的转移致使租赁方面有所损失时,也应予以租金收入减少的补偿;其他因测量、调查而产生的损失,

---

① 欧海若,吴次芳. 韩国的土地征收制度及其借鉴 [J]. 国土经济,1999 (4):43~45.
② 欧海若,吴次芳. 韩国的土地征收制度及其借鉴 [J]. 国土经济,1999 (4):43~45.
③ 欧海若,吴次芳. 韩国的土地征收制度及其借鉴 [J]. 国土经济,1999 (4):43~45.

因事业的废止或变更而产生的损失，或残余土地以外土地整治费用的损失，都给予相当的补偿（王正立，刘丽；2004）①。

补偿金额一般由征收者与被用者协议确定，协商不成由土地征收委员会做审理和裁决。以征地裁决日邻近类似土地的交易价格为参考（肖屹，许恒周，郭玉燕；2007）②。

（二）补偿金的支付

补偿金发给被收用土地所有人及其关系人或提存管辖土地收用委员会是完成土地征收的要件。除因天灾事变导致需要紧张施行土地收用或使用外，起业人应于收用或使用前，支付管辖土地收用委员会所裁决的补偿金。如起业人于收用或使用土地前未交付或提存管辖土地收用委员会所裁决的补偿金时，该土地收用委员会应当撤销裁决的效力（欧海若，吴次芳；1999）③。

（三）补偿方式

除了现金补偿，韩国还采用"土地债券"作为补偿方式的补充（王正立，刘丽；2004）④。债券补偿制度是韩国近年在征收土地补偿上出现的一种新方式。1991年修订的《土地征收法》规定，对于土地征收和使用的补偿，除其他法律的特别规定以外，原则上要以现金进行支付。如果项目人是国家、地方公共团体、公共团体、土地公社及由总统令指定的如道路公社一类的政府投资机构时，在以下条件下：（1）土地所有人及关系人希望时；（2）总统令规定的当事人不在的不动产按总统令规定，补偿金为一亿韩元以下时支付现金，超过部分则可以采用债券的形式进行补偿。另外，依据韩国《土地征收法》第四十五条第五款和"公特法"第三条第二款规定，补偿金超过总统令规定的部分，可以用该项目人发行的债券进行补偿。债券的偿还期限为五年以内，利率应该高于债券发行时的一年定期储蓄利率。

二、征收程序及救济

1. 土地征收的主要机构组织。根据韩国政府组织法第三十八条与建设部职制第一条规定，中央政府负责土地行政业务的部门为建设部，下属的土地局专门处理有关土地问题的行政业务，土地局下设的土地行政科主管研究有关公共用地的取得与损失补偿制度。此外，设置中央土地征收委员会，负责处理有关土地征收的异议等

---

① 王正立，刘丽. 国外土地征收补偿标准方式及支付时间 [J]. 国土资源情报，2004（1）：9~13，5.

② 肖屹，许恒周，郭玉燕. 国外征地制度的特点及对中国征地制度改革的启示 [J]. 新疆农垦经济，2007（9）：64~70.

③ 欧海若，吴次芳. 韩国的土地征收制度及其借鉴 [J]. 国土经济，1999（4）：43~45.

④ 王正立，刘丽. 国外土地征收补偿标准方式及支付时间 [J]. 国土资源情报，2004（1）：9~13，5.

业务（欧海若，吴次芳；1999）①。

2. 土地征收程序。韩国在宪法第二十二条第二项"对于私有财产因公共目的而予以收用或使用时，应当予以正当补偿"的规定的基础上，为了保证公共用地的顺利取得，先后分别制定了《土地征收法》及《公共用地征得及损失补偿特例法》（简称特＜例法＞）。需地机关首先必须依特例法的规定，先行与地主进行协议，协议成功便可取得用地，协议不成功，再依收用法的规定，强制取得所需用的土地。其操作步骤为：公益事业项目人需要征收或使用土地时必须依据总统令，接受建设部长对项目资格的审查和批准，当项目获准发布公告以后，项目人为了征得或取消该土地的使用权，应按总统令与土地所有人和关系人进行协商。若达不成协议或者不能协商，项目人应该在项目获准公告发布之日起一年以内，向管辖地的土地征收委员会提出征收裁决（肖屹，许恒周，郭玉燕；2007）②。对地方土地征收委员会裁决不服的，可向中央土地征收委员会申请异议。如不服中央土地征收委员会的异议申请裁决的，自裁决书送达之日起一个月内，可提起行政诉讼。最后起业者取得征收土地或物体的权利，征收行为完成（王正立，刘丽，2004；欧海若，吴次芳，1999）③。

第三节 其他国家（地区）的土地征收补偿制度

一、巴西的土地征收补偿

1. 补偿原则。巴西宪法第一百五十三条规定，为公共利益征收财产必须由国家进行公平赔偿。故巴西的土地征收补偿遵循的是公平补偿原则。

2. 补偿范围。巴西1956年的《土地征收法》规定，征地补偿项目包括土地的原购置费用、土地的产出等项目：（1）土地的征税基础；（2）土地的原购置费用；（3）土地的产出；（4）土地的维护状况；（5）土地的位置；（6）土地的投保价值；（7）相邻土地在过去五年中的市场价值；（8）若只征收部分土地，对残余地价值下降部分予以补偿（刘丽，王正立；2004）④。

---

① 欧海若，吴次芳. 韩国的土地征收制度及其借鉴 [J]. 国土经济，1999（4）：43~45.
② 肖屹，许恒周，郭玉燕. 国外征地制度的特点及对中国征地制度改革的启示 [J]. 新疆农垦经济，2007（9）：64~70.
③ 王正立，刘丽. 国外土地征收补偿标准方式及支付时间 [J]. 国土资源情报，2004（1）：9~13，5；欧海若，吴次芳. 韩国的土地征收制度及其借鉴 [J]. 国土经济，1999（4）：43~45.
④ 刘丽，王正立. 世界主要国家的土地征收补偿原则 [J]. 国土资源情报，2004（1）：1~5.

二、中国台湾地区的土地征收补偿

1. 补偿原则。台湾地区的所谓"宪法"对征收补偿原则未有涉及。从所谓"土地法"及相关的规定来看，台湾地区的土地征收补偿原则经历了由完全补偿到不完全补偿，再从不完全补偿到当前合理补偿即完全补偿的演变（王太高，2004）①。

2. 补偿范围。"土地法"及其他相关规定认定，土地征收补偿的范围因征收的种类不同而有区别：（1）被征收土地的地价补偿及负担清算；（2）被征收土地地上改良物的补偿（包括土地改良物补偿、农作改良物补偿）；（3）被征收土地地上改良物的迁移费；（4）坟墓及其他纪念物迁移费补偿；（5）因征收土地致使相邻土地受到损失者的补偿；（6）搬迁费补偿；（7）佃农补偿；（8）耕地承租人生活转业补助金；（9）土地所有人或房屋承租人营业损失补助费等。另外，在土地征收对接连土地所有权人产生较大影响时，"残余土地之一并征收"制度规定，接连土地所有权人也可请求一并征收其土地（王太高，2004；王正立，刘丽，2004）②。

3. 补偿标准。台湾地区涉及土地征收补偿的相关规定较多，补偿标准各异，有法定地价说、估定地价说、最后移转地价说、征收当期公告土地现值说、公告土地现值加成说、市价、市价协议说等。补偿标准的不统一造成了土地征收补偿的不公平及执行上的困难（黄宗乐，1991）③。

4. 补偿方式。地价补偿费及迁移费原则上应以现金一次全部发给。在特殊情况下会同时结合以下方式：搭发土地债券或发给土地债券、搭发土地债券及公营事业股票、抵价地补偿（王太高，2004）④。

5. 征收程序及救济。台湾地区土地征收程序为：需用土地人的征收申请、征收的核准及核准征收土地案的公告并通知、补偿金额的确定及发给、土地权利或使用的迁移完成。所谓"土地法"中规定的救济程序有："诉愿于征收土地有违法或不当之处分时，依法为之""征收土地不因诉愿而停止其进行程序。"后来的所谓"土地法"修订中这些条文被删除，但并不妨碍当事人依诉愿法对征收补偿提起诉愿，并且因违"法"征收核准或征收补偿决定等损害其权利者，可依行政诉讼法提起行政诉讼（史尚宽，1964）⑤。

---

① 王太高. 土地征收制度比较研究 [J]. 比较法研究，2004（6）：16~30.
② 王太高. 土地征收制度比较研究 [J]. 比较法研究，2004（6）：16~30；王正立，刘丽. 国外土地征收补偿标准方式及支付时间 [J]. 国土资源情报，2004（1）：9~13, 5.
③ 黄宗乐. 土地征收补偿法上若干问题之研讨 [J]. 台大法学论丛，1991（21、1）：72.
④ 王太高. 土地征收制度比较研究 [J]. 比较法研究，2004（6）：16~30.
⑤ 史尚宽. 土地法原论 [M]. 正中书局印行.1964.

三、中国香港特别行政区的土地征收补偿

在香港特别行政区,土地征收被称为官地收回。《官地收回条例》是管制香港特别行政区官地收回的主要成文法律。

1. 补偿范围。(1) 收回土地当天土地和房屋的价值;(2) 附属物的价值;(3) 土地或建筑物脱离索赔人的其他土地造成的房屋损失或损坏的数额;(4) 搬迁造成的损坏或损失的数额;(5) 合理搬迁费(刘丽,王正立;2004)①。

2. 土地征收补偿程序。香港特别行政区政府地政处在将申请收地的文件呈交港督会同行政局审批之前,要规定收地的地界,划出详细蓝图,估计收地费用及所需作出的赔偿,然后以书面形式将收地申请呈交港督会同行政局审批;行政局的正式批文下达后,收地立刻开始。从在《宪报》上刊登批文的当日起至未来三个月后,凡属收地范围内的一切业权属于政府所有;在《宪报》公布的期限届满之前,地政处会发信给该地所属各业主,说明收地原因并征求意见,任何人如认为自己的权益直接或间接受损,都可以向地政处提出书面要求,如果地政处认为其要求不合理而不予满足,他们有权将诉讼提交土地审裁处予以公正处理(林乐,贾生华;2005)②。

四、中国澳门特别行政区的土地征收补偿

在中国澳门特别行政区,强制征收土地的前提是实现特定的公共利益。

(一) 土地征收补偿的基本原则

第12/92/M号法律第一条第二款规定:"通过支付公正补偿,不动产及其所派生之权利可因公共利益而被征收。"该规定确定了公益征收必须信守的两项基本原则:公正补偿和先行补偿(米万英,2007)③。

1. 公正补偿原则

(1) 公正补偿的基本判断标准。该标准指被征收人因征收而切实遭受的"实际损失",不考虑征收人因征收而可能获得的利益,也不考虑被征收财产因征收而产生的价值增值。补偿数额相当于被征收财产在公益声明作出时的实际市场价格,即同类不动产在市场上自由流通时的合理、正常(非投机性)的出售价格。

(2) 例外情况。当突发性自然灾害或社会灾难导致不动产售价急剧大幅下滑时,"公正"的判断标准不再是实际市场价格,补偿数额应足以弥补被征收人购买被征收财产时实际支付的价款。理由为,征收剥夺了财产所有人等待市场复苏的机

---

① 刘丽,王正立.世界主要国家的土地征收补偿原则[J].国土资源情报,2004 (1):1~5.
② 林乐,贾生华.各国(地区)土地征收的理论基础、法律程序和补偿机制[A]."征地制度改革与集体土地流转"学术研讨会论文集(上册)[C],2005.
③ 米万英.澳门征收制度的特色[J].法学,2007 (8):18~22.

会，且公权力（或许）可以不出手救市但绝不可对私人落井下石而发"灾难财"。

（3）公证补偿的范围。第12/92/M号法律和第43/97/M号法令规定了公正补偿的其他内容：其一，对因征收导致被征收人不得不终止工业、商业或自由职业的经营活动支付单独补偿；其二，对被征收财产上存在租赁或用益权等法律关系的补偿与被征收财产的所有人和其他权利人的补偿彼此独立、不得相互抵消；其三，即使中途放弃征收，被征收财产之所有人和其他权利人仍有权获得补偿；其四，若征收人在征收完毕后变更被征收财产用途，被征收财产的所有人和其他权利人有权按照物价上涨指数而要求追加补偿数额。

（4）确定补偿数额的方式。其一，征收人与被征收人的磋商；其二，若未达成协议则需由独立的专业人士（至少三人）进行仲裁；其三，若被征收财产之所有人或其他权利人不接受仲裁结果，可诉诸法院由法官确定补偿数额。

2. 先行补偿原则

（1）先行补偿原则的含义。澳门特别行政区强制征收土地遵循"先补偿、后取得"原则，即向被征收财产所有人或其他物权的享有人支付补偿之前，不得将被征收财产的所有权或其他物权转换到征收人的名下。

（2）例外情况。"行政占有（行政当局出面实施的占有）"是先行补偿的例外情况，前提是行政占有为紧急性的公共工程所必需，且需同时满足如下条件（第12/92/M号法律规定）：其一，在银行存储由已知悉其身份的利害关系人领取的款项，若不知道利害关系人的身份，则按法官的指令开设专门的补偿金账户；其二，对被征收的不动产已完成"永久存档"所需要的实地勘验，永久存档须详细记录易于消失且对将来或然的司法诉讼有用的资料。

（二）被征收人的权利

第12/92/M号法律和第43/97/M号法令赋予被征收财产的所有权人或其他物权的享有人的主要权利有：公正补偿权、诉权、全部征收权及索还权。关于公正补偿已有明确阐述，下面主要介绍诉权、全部征收权及索还权（米万英，2007）①。

1. 诉权。指诉诸法院的权利：其一，被征收财产的所有权人或其他物权的享有人对行政长官的"公益声明"不服时拥有提起行政诉讼的权利，请求法官撤销声明或宣告其无效；其二，被征收财产的所有权人或其他物权的享有人对补偿数额的仲裁结果不服时拥有起诉至法院的权利，请求由法官出面确定补偿数额（对一审法院判决不服还可以提起上诉）。

2. 全部征收权。第12/92/M号法律第四条第一款订立了必要性原则，规定征收应以实现其目所必需部分为限，使对被征收人的损害减至最低。但该条第二款同时赋予被征收人主张全部征收的权利，即使只需征收不动产的一部分，但在下列任一情况下，被征收财产所有人得申请全部征收，以保证不动产的物尽其用：（1）若剩余部分不能按比例提供整个不动产所提供的相同舒适；（2）若剩余部分对被征收人不

---

① 米万英. 澳门征收制度的特色 [J]. 法学，2007（8）：18~22.

具有经济价值。

3. 索还权。指被征收财产的所有权人购回已被征收财产的权利。第12/92/M号法律第六条第一款规定索还权的前提条件为，在征收完结后的三年期间内，被征收的财产未被用于当初所说的特定公共利益或不再继续用于该特定公共利益时，被征收财产的所有权人可申请购回该财产。该法律第七条规定，索还申请需在上述事实发生两个月内呈交行政长官审批，否则索还权失效。如果行政长官在接到申请之后的九十日内没有作出任何决定，则申请被视为默示驳回。对行政长官明示或默示驳回索还申请的决定可以提起行政诉讼。

五、新加坡的土地征收补偿

1. 公共利益的界定。新加坡对政府基于公共利益的征地需要界定有三方面：政府为发展公益建设事业，为实施国家经济政策，为国家国防安全的需要使用土地。

2. 补偿范围。(1) 土地补偿；(2) 残余地补偿；(3) 财产补偿；(4) 迁移费用补偿；(5) 动乱补偿；(6) 所有权的重新确认补偿（缪青，朱宏亮；2006）[1]。

3. 补偿方式。新加坡法律规定，赔偿费应当用现金支付，但地税征收官也可同享有有限权益的当事人进行协商，在保证当事人享有公平权益的情况下，以其他方式进行赔偿。

4. 征收补偿程序。有四个阶段：(1) 通常由享有土地征收赔偿的当事人向地税征收官提出赔偿要求；(2) 地税征收官调查被征收土地的价值及要求赔偿的人所各自拥有的权益；(3) 根据新加坡《土地征收法》规定的补偿价格标准，确定对被征收的土地进行赔偿的数额；(4) 向当事人支付赔偿金（宋国明，新加坡；2006）[2]。

5. 救济。如果被征土地所有者对地税官确定的赔偿方式、金额以及赔偿费的分配等不服，都可以向上诉委员会提出上诉。上诉委员会在听取上诉后，可作出确认、减轻、加重、撤消地税官的裁决，或发布其他适当的命令。如果诉讼案涉及金额在五千新元以上，上诉人或地税征收官可以依据法律就上诉委员会所做的决定中有关的法律问题向法院上诉，由法院进行最终裁决（宋国明，新加坡；2006）[3]。

六、澳大利亚的土地征收补偿

1. 补偿原则、补偿范围。澳大利亚采用全面补偿原则。土地征收法案规定的补偿标准十分全面充分，补偿内容不仅包括土地市场价格、因征收而致其毗邻土地的贬值等物质损失，还包括该土地对土地所有人的特殊意义、由于生活被扰乱引起的

---

[1] 缪青，朱宏亮. 东亚部分国家和地区土地征收法律制度比较研究 [J]. 建筑经济，2006 (7)：181~183.

[2] 宋国明. 新加坡：土地征收中的征收赔偿是如何做的 [J]. 河南国土资源，2006 (3)：49.

[3] 宋国明. 新加坡：土地征收中的征收赔偿是如何做的 [J]. 河南国土资源，2006 (3)：49.

土地换保障：
扩大推动发展民众基础的政策选择

任何损失、慰藉金等精神类损失。

2. 征地前的征地程序。征地前的征地程序充分保障居民知情权。主要体现为：（1）土地征收法案明确规定，除非事先发出拟征收土地的通知，否则不可以强制征地。（2）拟征收土地通知需遵循严格的要求：必须至少在正式征收土地日前九十天发出；必须采用法定的格式或局长批准的格式；必须列明拟征收土地的部门；必须包含对拟被征收土地的详细描述；必须规定征收土地日期；必须告知土地所有人在通知规定期限内向征收机关提出补偿申请；必须附有申请补偿的表格。（3）拟征收土地的通知要发给土地所有人、其他相关权利人、总登记员、总评估员。发布拟征收土地通知有利于土地被征收人作出包括解除租约、更改土地利用计划、寻求补偿等妥善安排（丁晓华，2006）①。

3. 司法救济。司法救济途径非常便捷，主要体现为：（1）在公布土地征收决定之日起三十日内，征收部门会书面通知土地所有人。当事人对土地补偿数额有异议的，可在收到书面通知之日起九十天内向土地和环境法院提起诉讼以寻求救济。（2）若当事人未收到书面补偿通知或者其要求补偿的请求被土地征收机关拒绝，也可在被拒绝补偿之日起九十天内向土地和环境法院提起诉讼。（3）当事人逾期提起诉讼但有正当理由的，土地和环境法院亦会受理。（4）土地征收法案规定了专门的先行支付制度以避免因土地征收引起的生活困难，即被告应当在收到应诉通知后的二十八天内将书面补偿通知中百分之九十的补偿金先行支付给原告；若是针对被告的拒绝补偿行为提起的行政诉讼，法院也会确定合理的先行支付数额，以保障被征收土地所有人的正常生活。（5）电子法院系统的创建、庭前磋商程序和调解的大量运用也为当事人寻求司法救济提供了便利（丁晓华，2006）②。

4. 对补偿决定的审查。（1）价值性审查，指由土地和环境法院对补偿决定的合理性进行审查。土地和环境法院法案第三十九条规定，在行使价值性审查职能时，该法院被赋予了作出决定机构所拥有的一切职能和自由裁量权，可以不受证据规则的约束，以其自认为合适和适当的方式对所涉行政决定的合理性作出价值判断，并可以直接更改行政机关的行政决定。故价值性审查对当事人利益的保护更为直接和全面。土地和环境法院由十名专家委员专司审查行政决定是否合理，保证了价值性审查的质量。（2）司法审查，指向州最高院提出对所作出的行政决定是否合法而提起审查要求（丁晓华，2006）③。

---

① 丁晓华. 亲历澳大利亚土地征收补偿程序 [J]. 中国社会导刊, 2006 (7): 52~53.
② 丁晓华. 亲历澳大利亚土地征收补偿程序 [J]. 中国社会导刊, 2006 (7): 52~53.
③ 丁晓华. 亲历澳大利亚土地征收补偿程序 [J]. 中国社会导刊, 2006 (7): 52~53.

第六章 被征地农民补偿安置制度的实践

被征地农民的补偿安置制度是事关我国改革发展稳定的重大制度安排,经历了一个不断调整和完善的过程。被征地农民社会保障制度的建立是"土地换保障"理论和实践的重大突破。

第一节 被征地农民补偿安置的历史沿革

我国被征地农民补偿安置政策制度大致经历了起步、调整、逐步完善和创新发展四个阶段。

(一) 被征地农民补偿安置制度的起步阶段 (1949~1955年)

新中国建立后,为了适应城市建设和工商业发展的需要以及城市郊区农业生产的现实情况,1950年政务院通过了《城市郊区土地改革条例》。其中第十三条规定:"国家为市政建设及其他需要收回由农民耕种的国有土地时,应给耕种该项土地的农民以适当的安置,并对其在该项土地上的生产投资(如凿井、植树等)及其他损失予以公平合理的补偿。"第十四条规定:"国家为市政建设及其他需要征用私人所有的农业土地时,须给以适当代价,或以相等之国有土地调换之。对耕种该项土地的农民亦应给以适当的安置,并对其在该项土地上的生产投资(如凿井、植树等)及其他损失予以公平合理的补偿。"《城市郊区土地改革条例》仅仅提及应给被征地农民以适当的安置,予以公平合理的补偿,并没有提出具体的补偿标准和安置措施。

为适应国家建设的需要,妥善处理国家建设征用土地问题,1953年政务院通过了《中央人民政府政务院关于国家建设征用土地办法》。这是新中国第一部关于土地征用比较完整的法规。该办法规定了征用土地的基本原则及对被征地农民的补偿标准和安置办法。第三条规定:"国家建设征用土地的基本原则是,既应根据国家建设的确实需要保证国家建设所必需的土地,又应照顾当地人民的切身利益,必须对土地被征用者的生产和生活有妥善的安置。"第八条规定:"被征用土地的补偿费一般以其最近三年至五年产量的总值为标准,如另有公地可以调剂,亦须发给被调剂土地的农民以迁移补助费。对被征用土地上的附着物及种植的农作物按公平合理的代价予以补偿。"关于被征地农民的安置,第十三条规定:"农民耕种的土地被征

土地换保障：
扩大推动发展民众基础的政策选择

用后，当地人民政府必须负责协助解决其继续生产所需之土地或协助其转业，不得使其流离失所。用地单位亦应协同政府劳动部门和工会在条件许可的范围内，尽可能吸收其参加工作。"

这一阶段国家征用的对象主要是农民的私有土地，在对被征地农民的补偿时强调"公平合理"的原则，同时也确定了一定的补偿标准。强调要"给群众以必要的准备时间，使群众在当前切身利益得到照顾的条件下，自觉地服从国家利益"，不突出土地征用的"强制性"。对于被征地农民的生产和生活都作出了妥善安置的规定，"不得使其流离失所"。总之，被征地农民补偿安置制度的起步阶段确立的这些规定较好地处理了国家与被征地农民之间的土地关系，维护了被征地农民的合法权益，保障了被征地农民正常的生产和生活状态。

（二）被征地农民补偿安置制度的调整阶段（1956~1981年）

1956年，社会主义改造基本完成，生产资料所有制性质发生了根本改变，原来的《国家建设征用土地办法》已经不能适应新形势下社会主义国家建设的需求。1958年经全国人民代表大会常务委员会批准，国务院公布施行了修订后的《国家建设征用土地办法》。《国家建设征用土地办法》规定，征用土地的补偿费由当地人民委员会会同用地单位和被征用土地者共同评定。对于一般土地，以它最近两年至四年的定产量的总值为标准给予补偿。根据农村土地已由原来的农民私有变为农业生产合作社所有、土地所有权发生变化重新作出规定。第八条规定："征用农业生产合作社的土地，土地补偿费或者补助费发给合作社；征用私有的土地，补偿费或者补助费发给所有人。土地上的附着物和农作物属于农业生产合作社的，补偿费发给合作社；属于私有的，补偿费发给所有人。"关于被征地农民的安置，第十三条规定："对因土地被征用而需要安置的农民，当地乡、镇或者县级人民委员会应该负责尽量就地在农业上予以安置；对在农业上确实无法安置的，当地县级以上人民委员会与劳动和社会、民政等部门应该会同用地单位设法就地在其他方面予以安置；对就地在农业和其他方面都无法安置的，可以组织移民。组织移民应该由迁出和迁入地区的县级以上人民委员会共同负责。移民经费由用地单位负责支付。"

与前一阶段相比，这一阶段的土地补偿费标准降低，由原来的"一般以其最近三年至五年产量的总值为标准"降为"最近两年至四年的定产量的总值为标准"给予补偿。但新《国家建设征用土地办法》第三条规定："国家建设征用土地既应该根据国家建设的实际需要，保证国家建设所必需的土地，又应该照顾当地人民的切身利益，必须对被征用土地者的生产和生活有妥善的安置。如果对被征用土地者一时无法安置，应该等待安置妥善后再行征用，或者另行择地征用。"也就是说，土地征用必须在保障被征地农民的生产和生活有妥善安置的情况下才能进行。安置方式也主要以农业为主。虽然土地补偿费标准降低，但被征地农民的后路有了保证。此外，由于被征地农民处于合作社中，征用的是集体土地，农民个体失地问题不是很普遍。以前土地补偿费都是发给农民个人，土地由私有转为集体后，补偿费发给集体，尽管补偿费用降低了，由于不完全涉及个人利益，农民还是能够接受。总之，在这一阶段，被征地农民的生产和生活都有保障，社会相对稳定。

(三) 被征地农民补偿安置制度的逐步完善阶段 (1982～1997年)

十年"文革"期间，由于国内社会环境的影响，各项立法工作基本处于停顿状态，对于被征地农民补偿安置制度的相关法律法规也处于停滞阶段。党的十一届三中全会作出了改革开放的关键决策。1978年后，农村实行家庭联产承包责任制，中央一系列政策文件明确了农民土地承包权、经营权和收益权。党的基本路线转为以经济建设为中心，极大地解放和发展了生产力，促进国民经济建设全面复苏。随之，建设用地大幅度增长，国家建设征用土地出现了一些新情况和新问题。为适应这种新形势的需要，经全国人大常委会通过，1982年国务院公布施行了《国家建设征用土地条例》。这是第三次颁布的国家建设征用土地办法，无论政策的深度、广度，还是内容上均有大幅度增加。

《国家建设征用土地条例》第九条沿用了1958年《国家建设征用土地办法》中的规定，指出征用土地应当由用地单位支付补偿费，并规定"征用耕地（包括菜地）的补偿标准为该耕地年产值的三至六倍，年产值按被征用前三年的平均年产量和国家规定的价格计算""青苗补偿费和被征用土地上附着物补偿费的标准由省、自治区、直辖市人民政府制定"。由于新中国建立后我国经济发展水平和人口超速增长，人地关系紧张程度加剧，特别是劳动力安置日益困难，因此，《国家建设征用土地条例》首次提出安置补助费。第十条规定，为了妥善安排被征地单位的生产和群众生活，用地单位除付给补偿费外，还应当付给安置补助费。每一个农业人口的安置补助费标准为该耕地的每亩年产值的二至三倍。每亩耕地的安置补助费最高不得超过其年产值的十倍。同时还规定，按照上述补偿和安置补助标准尚不能保证维持群众原有生产和生活水平的，经审查批准，可以适当增加安置补助费，但土地补偿费和安置补助费的总和不得超过被征土地年产值的二十倍。此外，《国家建设征用土地条例》还首次提出，"因征地造成的农业剩余劳动力由县、市土地管理机关组织被征地单位、用地单位和有关单位分别负责安置"。安置的主要途径有发展农业生产、发展社队工副业生产、迁队或并队、集体所有制企业吸收、用地单位吸收、农转非后招工安置等多种安置途径。

20世纪80年代初，经济体制改革处在一个发展初期，各种经济形式纷纷出现，我国的就业形势较好，再加上国家对被征地农民采取了多种安置方式，被征地农民的就业安置问题不是太突出，被征地农民的生活也得到了基本保障。《国家建设征用土地条例》仍然带有典型的计划经济体制的特征。1986年，全国人大常委会第十六次会议通过了《中华人民共和国土地管理法》。该法在总结经验的基础上，采纳了《国家建设征用土地条例》中的土地补偿费、安置补助费等大部分规定，并将其上升为法律。《土地管理法》根据当时的社会发展情况，在安置途径上增加了举办乡（镇）村企业和安排到全民所有制单位工作。第三十一条规定："因国家建设征用土地造成的多余劳动力要通过发展农副业生产和举办乡（镇）村企业等途径，加以安置；安置不完的，可以安排符合条件的人员到用地单位或者其他集体所有制单

土地换保障：
扩大推动发展民众基础的政策选择

位、全民所有制单位就业，并将相应的安置补助费转拨给吸收劳动力的单位。被征地单位的土地被全部征用的，经审查批准，可以转为非农业户口。"1988年，第七届全国人民代表大会常务委员会第五次会议通过修改《中华人民共和国土地管理法》的决定，对1986年的《土地管理法》作了部分修改，但其中关于被征地农民的征地补偿安置相关规定却没有变更。

总体来说，这一阶段是我国征地补偿安置制度发展史上的另一个重要阶段。农民将土地用作国家建设是一项应尽的义务。与前一阶段的征地补偿安置制度相比，基本精神是一致的，都是按当时计划经济的体制条件来设计的，带有浓厚的计划经济色彩。然而，随着经济体制的改革，这些制度越来越不适应社会主义市场经济条件下被征地农民补偿安置工作的需要。

（四）被征地农民补偿安置制度的创新发展阶段（1998年至今）

随着工业化、城市化的发展，我国掀起了一场征地热潮。为了严格保护耕地，1998年国家对《土地管理法》进行了大规模的修订，明确规定了"用途管制"和"耕地占补平衡"制度，加强了建设用地的审批力度。应当说，这是在土地管理制度、特别是在耕地保护方面的一部具有开创性意义的法律。但在土地征用补偿和保护农牧民方面却没有重大的改变，只是在补偿标准上有所提高，并仍然保留着补偿上限的限制。第四十七条规定："征用土地的，按照被征用土地的原用途给予补偿。征用耕地的补偿费用包括土地补偿费、安置补助费以及地上附着物和青苗的补偿费。征用耕地的土地补偿费为该耕地被征用前三年平均年产值的六至十倍。征用耕地的安置补助费按照需要安置的农业人口数计算。需要安置的农业人口数按照被征用的耕地数量除以征地前被征用单位平均每人占有耕地的数量计算。每一个需要安置的农业人口的安置补助费标准为该耕地被征用前三年平均年产值的四至六倍。但是，每公顷被征用耕地的安置补助费最高不得超过被征用前三年平均年产值的十五倍。"尚不能使需要安置的农民保持原有生活水平的，可以适当增加安置补助费；但补偿费和安置补助费的总和不得超过土地被征用前三年平均年产值的三十倍。对于被征地人员的安置问题，新《土地管理法》没有明确提出具体的安置措施，只是提到由农村集体经济组织安置、其他单位安置或是自己安置。第五十条规定："地方各级人民政府应当支持被征地的农村集体经济组织和农民从事开发经营，兴办企业。"这里的"支持"实际上弱化和简化了地方政府和征地单位对被征地农民安置的责任。1998年的《土地管理法》并没有充分考虑到我国经济体制已经实现从计划经济体制向市场经济体制转变这一根本性变迁，在征用补偿安置机制已明显失效的同时，仍延续了计划经济体制下的补偿安置机制，法律已严重滞后于现实情况，不能很好地解决被征地农民的基本生活和长远生计问题。

2004年第十届全国人民代表大会常务委员会第十一次会议通过了对《中华人民共和国土地管理法》第二次的修正，将1998年的《土地管理法》第二条第四款修改为："国家为了公共利益的需要，可以依法对土地实行征收或者征用并给予补偿。"并将其他条款中的"征用"修改为"征收"，但在关于被征地农民征地补偿安置方面并没有新的突破。

我国"十五"规划提出，农村耕地必须确保不低于"十八亿亩红线"，土地局势严峻。2004年《国务院关于深化改革、严格土地管理的决定》提出被征地农民生活水平"不因征地而降低，长远生计有保障"的方针，要求劳动和社会保障部会同有关部门，尽快提出被征地农民就业培训和社会保障工作指导意见，并对被征地农民社会保障资金来源做了原则规定。2006年，国务院办公厅转发劳动和社会保障部《关于做好被征地农民就业培训和社会保障工作的指导意见》，从覆盖对象、资金来源、待遇水平等方面要求各地采取多种方式，保障被征地农民基本生活和长远生计，明确了被征地农民社会保障所需资金要从当地政府批准提高的安置补助费和用于被征地农户的土地补偿费中统一安排，两项费用尚不足以支付的由当地政府从国有土地有偿使用收入中解决。

2006年8月，《国务院关于加强土地调控有关问题的通知》强调，被征地农民社会保障费用不落实的不得批准征地。2006年12月，《国务院办公厅关于规范国有土地使用权出让收支管理的通知》对被征地农民社会保障费用支出作出了规定。2007年4月，劳动和社会保障部与国土资源部联合下发了《关于切实做好被征地农民社会保障工作的通知》，要求各地加快推进被征地农民社会保障制度建设，对没有出台被征地农民社会保障实施办法、被征地农民社会保障费用不落实、没有按规定履行征地报批前有关程序的项目，一律不予报批征地。

2007年8月，劳动和社会保障部、民政部、审计署联合下发了《关于做好当前农村社会养老保险工作有关问题的通知》，对切实做好被征地农民社会保障工作提出了高度重视被征地农民社会保障工作、明确被征地农民社会保障工作机构和职责、规范被征地农民社会保障审核工作等三方面的具体要求。2007年10月1日起施行的《中华人民共和国物权法》第四十二条首次以法律的形式，对安排被征地农民的社会保障费用作出了规定：为了公共利益的需要，依照法律规定的权限和程序可以征收集体所有的土地和单位、个人的房屋及其他不动产。征收集体所有的土地应当依法足额支付土地补偿费、安置补助费、地上附着物和青苗的补偿费等费用，安排被征地农民的社会保障费用，保障被征地农民的生活，维护被征地农民的合法权益。征收单位、个人的房屋及其他不动产，应当依法给予拆迁补偿，维护被征收人的合法权益；征收个人住宅的还应当保障被征收人的居住条件。任何单位和个人不得贪污、挪用、私分、截留、拖欠征收补偿费等费用。

2008年5月，人力资源和社会保障部与监察部、国土资源部等又联合下发了《违反土地管理规定行为处分办法》，规定对未按规定落实社会保障费用而批准征地的行政机关有关责任人的处罚措施，进一步明确了责任，严肃了法纪。2008年10月，中共中央十七届三中全会通过了《关于推进农村改革发展若干重大问题的决定》，提出要"依法征收农村集体土地，按照同地同价原则及时足额给农村集体组织和农民合理补偿，解决好被征地农民就业、住房、社会保障"和"做好被征地农民社会保障，做到先保后征，使被征地农民基本生活长期有保障"。

土地换保障：
扩大推动发展民众基础的政策选择

这一阶段尤其是 2004 年之后的相关规定具有里程碑意义，被征地农民的权益得到了较大的改善和保护。中共中央和国务院的一系列法律法规都明确提出，要确保被征地农民的当前生活和长远生计。在新的历史时期，他们第一次享有了社会保障权。在征地补偿标准不高、其他安置方式面临严峻挑战的形势下，社会保障解决了被征地农民的后顾之忧，维护了社会稳定，有利于我国工业化、城镇化、现代化进程的顺利推进。

第二节 被征地农民社会保障制度框架

被征地农民就业培训和社会保障制度的建立是我国被征地农民补偿安置制度的重大突破与创新。党中央、国务院一直非常重视做好被征地农民社会保障工作。2004 年以来，党中央、国务院和有关部门出台了包括《物权法》在内的十个与做好被征地农民社会保障工作相关的政策文件和法律法规，提出了社会保障资金不落实不得批准征地、"同地同价"和"先保后征"等要求，对被征地农民社会保障对象、资金来源、保障水平等内容都做了原则规定，被征地农民社会保障制度框架已经形成，确保被征地农民原有生活水平不降低、长远生计有保障的目标愈加清晰，相关政策措施逐步细化、配套，工作要求越来越高，目前已进入全面实施和攻坚阶段。

（一）基本原则

一要确保被征地农民生活水平不因征地而降低，二要确保被征地农民的长远生计。这"两个确保"是制定实施被征地农民就业培训和社会保障各项政策措施的基本依据，也是检验这项工作成效的基本标准。实现"两个确保"，一靠就业培训，二靠社会保障。我国过去征用农村土地主要实行货币安置，要地不要人，安置方式单一。各地实践中也探索了招工安置、农业安置、划地安置、住房安置等方式，但安置总体处于低水平，局限性较大，相当一部分被征地农民的基本生活、就业与创业、社会保障得不到制度性保障，对长远生计的后顾之忧严重。综合分析评价各种安置方式，就业和社会保障安置方式具有普遍适用性、长期性和稳定性，有利于更好维护被征地农民权益和社会稳定。《关于做好被征地农民就业培训和社会保障工作的指导意见》确定了就业和社会保障安置的基本方式。贯彻该文件精神，建立起"两个确保"的长效机制，要求各地在改革完善征地制度的同时，因地制宜，以就业和社会保障安置为基本方式，同时采用货币安置、招工安置、入股安置、划地安置、住房安置等多种方式。

（二）覆盖范围和筹资模式

被征地农民社会保障工作的对象主要是因政府统一征收农村集体土地而导致失去全部或大部分土地、不足以维持基本生活，且在征地时享有农村集体土地承包权的在册农业人口。这里有两个明确的口径：一是由政府出面征地导致的被征地农民；那些非政府征地行为和不合规的征地不在此列；二是征地时享有农村集体土地承包权的在册农业人口。社会保障所需资金由农民个人、农村集体、当地政府共同承担。

被征地农民参加有关社会保障所需的个人缴费可以从其所得的土地补偿费、安置补助费中直接缴纳。地方人民政府可以从土地出让收入中安排一部分资金用于补助被征地农民社会保障支出，逐步建立被征地农民生活保障的长效机制。《关于做好被征地农民就业培训和社会保障工作的指导意见》规定，被征地农民社会保障资金从当地政府批准提高的安置补助费和用于被征地农户的土地补偿费中统一安排，两项费用尚不足以支付的，由当地政府从国有土地有偿使用收入中解决。有条件的地区，地方财政和集体经济要加大扶持力度，支持和引导被征地农民参加城乡社会保险。资金的具体筹集办法由各省级政府制定。从先行探索地区的实践经验看，被征地农民社会保障资金中政府承担的部分一般不低于百分之三十，同时建立起专项调剂金，主要用于弥补养老保障基金长期支付的缺口和提高待遇水平。

（三）保障水平

区别城市规划区内和城市规划区外，实行分类指导。对城市规划区内的被征地农民，要纳入城镇就业体系和相应的社会保障制度。各地可根据当地经济发展水平和被征地农民不同年龄段，制定保持生活水平不下降的基本生活和养老保障办法，有条件的可纳入城镇职工养老、医疗、失业等社会保险制度；符合城市居民最低生活保障条件的，按规定纳入城市最低生活保障范围；已开展城市医疗救助制度试点的对符合医疗救助条件的要按规定纳入救助范围。总之，主要通过现行城镇社会保障制度解决其基本生活保障问题。对城市规划区外的被征地农民，要留有必要的耕地或安排相应的就业岗位，并纳入农村社会保障体系。凡已经建立农村社会养老保险制度、开展新型农村合作医疗制度试点和实行农村最低生活保障制度的，要按有关规定将他们纳入相应的保障范围；没有建立上述制度的地区，可由当地政府根据实际情况采取多种形式保障他们的基本生活、养老和医疗服务，符合条件的纳入当地的社会救助范围。要根据当地经济社会发展水平、政策可衔接、政府财力能承受、被征地农民生活水平不降低、简便易行的原则，合理确定被征地农民的社会保障水平，基本生活和养老保障水平应不低于当地最低生活保障标准。

（四）区别新老被征地农民

对新的征地，必须严格执行新政策。在征地时对被征地农民作出就业培训安排并落实社会保障资金。这是征地的前置条件之一。谁征地，谁负责，没有解决被征地农民的就业培训和社会保障问题，不能征地。2008年，《中共中央关于推进农村改革发展若干重大问题的决定》提出，要"依法征收农村集体土地，按照同地同价原则及时足额给农村集体组织和农民合理补偿，解决好被征地农民就业、住房、社会保障"和"做好被征地农民社会保障，做到先保后征，使被征地农民基本生活长期有保障"。对以往被征地农民的就业培训和社会保障问题，各地要根据财力统筹考虑新老被征地农民政策的衔接问题，作出规划和安排，逐步加以妥善解决。

第三节 部分地区被征地农民社会保障工作的主要做法

目前，北京、天津、上海、重庆、浙江、江苏、山东、河北、安徽、辽宁、吉林、内蒙古、甘肃、广东、四川、湖南、海南、福建、贵州、山西、陕西、宁夏、广西、新疆、河南、云南、黑龙江、江西、湖北等二十九个省级政府和许多地市县都出台了做好被征地农民社会保障工作的政策文件，对维护被征地农民社会保障权益发挥了积极作用。归纳起来，各地的主要做法可以大致划分为六种类型。

（一）纳入城镇社会保障体系

一些地方将被征地农民纳入城镇社会保障体系主要采取两种形式：一是根据被征地农民的不同年龄和个体能力，将其分别纳入城镇职工基本养老、医疗和失业保险体系或城镇居民最低生活保障体系，代表性的地区有北京市、江苏苏州市；二是按照"双低"标准，将所有被征地农民按不同征地时间、不同年龄阶段设定不同的缴费标准，纳入城镇社会职工基本养老、医疗保险，代表性的地区有成都市。

北京模式。北京市政府于2004年5月出台有关建设征地补偿安置办法，对征地转为非农业户口的两类主要人群的社会保障问题采取不同的保障措施。一是对"农转非"劳动力，将其纳入城镇社会保险体系，依法参加各项社会保险，并按规定缴纳社会保险费，由征地单位从征地补偿费中直接拨付到社会保险经办机构。对不同年龄段的人员按照不同的标准补缴保险费，养老、医疗、失业保险均以依法批准征地时上一年本市职工平均工资的百分之六十为缴费基数。二是对于超转人员（即征地转为非农业户口且男满六十周岁、女满五十周岁及以上人员和经认定完全丧失劳动能力的人员）的安置问题，按照北京市的有关规定，将其划归民政部门统一管理，享受城镇居民低保待遇。低保资金由市财政和征地单位共同负担。

成都模式。成都市政府于2004年3月颁布了有关征地农转非人员社会保险办法，将征地农转非人员纳入城镇社会保险体系，对不同年龄段的被征地农民分别采取相应的政策，并对2004年出台有关征地农转非人员社会保险办法的政策文件前后的新老被征地农民作出不同的制度安排。成都市规定，从2004年开始，对于不同年龄段的征地农转非人员，由征地部门按不同标准为其缴纳一定年限的基本养老保险费、基本医疗保险费以及一定数额的就业补助金或生活补助费。对不满十八岁的人员，按每人一万元的标准发给生活补助费。

对于新政策出台之前一段时期内的被征地农民，按征地时间、区域、年龄段设置不同的缴费规定，并确定相应的待遇标准，与新政策有一定差别。所需保险费由被征地农民缴纳，同时政府给予一定金额的社会保险补贴。个人缴费和财政补贴专款专用，出现缺口则由区（市）县人民政府解决。

（二）纳入农村社会养老保险制度

一些地方将被征地农民纳入农村社会保障体系，主要采取两种形式：一是按照

"仿城模式"纳入农村社会养老保险制度。这种类型比较有代表性的是青岛模式。二是按照农村社会养老保险制度模式,纳入新型农村社会养老保险制度。

青岛模式。青岛市明确规定,将被征地农民纳入农村社会养老保险制度。该市在农村社会养老保险方面探索建立个人账户与社会统筹相结合的制度。按照青岛市政府2004年出台的有关建立农村社会养老保险制度的文件规定,村集体土地被征用的应首先将安置补助费、土地补偿费用于缴纳农村养老保险。对人均耕地不足零点三亩的被征地农民,要适当提高财政补助标准。被征地农民按照该市农村社会养老保险缴费的有关规定,个人基本养老保险缴费按所在区(市)上年度农民人均纯收入的百分之六缴纳,村集体和地方财政按相同比例补助。

新农保模式。在绝大多数地区,特别是城市规划区外的被征地农民,基本政策取向是纳入新型农村社会养老保险制度。

(三) 建立被征地农民社会保险制度

被征地农民是城镇化过程中因征地而产生的一个特殊群体,是处于城镇化最前沿却又处于城乡之间的边缘群体。如果将这一群体直接纳入城市或农村现有社会保障体系,容易出现缴费标准过高或者待遇过低等不相适应的问题。因此,有些地方针对被征地农民的特殊情况,专门建立被征地农民社会保险制度,如天津、河北、内蒙古、安徽、西安、佛山等地都陆续出台了有关文件,比较有代表性的地区有天津和西安。

天津模式。天津市政府于2004年12月颁布《天津市被征地农民社会保障试行办法》,明确规定建立被征地农民社会保障基金制度,由征地参保人员社会保险基金和征地养老人员社会保障基金组成,实行统一筹集、分类保障、分级管理,所需资金来源于征地补偿费和政府补贴。对于征地参保人员,以征地上年度全市职工月平均工资的百分之六十作为缴费基数,按照百分之十三或百分之十七的比例一次性缴纳十五年的费用,实行全市统筹;在达到符合享受养老保险待遇的年龄之后,按上年度全市职工月平均工资的百分之十六或百分之二十计发养老金。此外,对于不满十六周岁的未成年人,发给不低于一万元的征地安置补助费。

西安模式。西安市政府于2005年4月出台了关于建立被征地农民社会保障制度的文件,规定建立与城镇社会保障体系既有区别又相衔接的被征地农民社会保障制度框架和运行机制,主要包括被征地农民养老保险和医疗保险,并建立被征地农民社会保险基金管理系统,由市劳动保障局主管。

1、养老保险。对新被征地农民按不同年龄段一次性分别缴纳五至十五年的养老保险费,由国土资源管理部门从土地补偿费和安置补助费中一次性扣除。对过去已被征地农民,分别设立不同的缴费标准供其选择,缴费方式与新征地农民相同,不同的是所缴费用由村集体经济组织和个人合理分担,同时财政相应给予百分之二十三至百分之三十的补助。

2、医疗保险。对新的被征地农民实行城镇住院医疗保险,由征地单位根据被征

土地换保障：
扩大推动发展民众基础的政策选择

地农民年龄段，按上年西安市职工平均工资的百分之四点九一次性缴纳相应年限的保险费。已征地农民以村、组为单位采取自愿的方式参加住院医疗保险，参保办法与新被征地农民相同。条件较差的村、组也可采取村民个人参保方式，其费用由村、组或个人负担。在达到领取养老金年龄后，对于累积缴费年限男满三十年、女满二十五年的人员，可享受西安市退休人员住院医疗保险待遇。

（四）建立被征地农民基本生活保障制度

一些地方针对被征地农民的特殊情况，专门建立了被征地农民基本生活保障制度。这种制度既不同于城镇居民最低生活保障制度，也不同于城乡社会保险制度，代表性的地方有浙江、江苏、山东等省。

浙江模式。 浙江省于2003年在全省各地全面建立被征地农民基本生活保障制度，对被征地农民实行分类保障。各地设立被征地农民基本生活保障专项资金账户，纳入财政专户管理，由政府、集体和个人共同筹集资金。其中，政府出资部分不低于保障资金总额的百分之三十，从土地出让金收入中列支；集体承担部分不低于保障资金总额的百分之四十，从土地补偿费中列支；个人承担部分从征地安置补助费中抵交。对征地时已经是劳动年龄段以上的人员，直接实行养老保障，待遇水平原则上高于当地城市居民最低生活保障水平，或比照当地失业人员失业保险金发放标准确定。征地时属于劳动年龄段内的人员，按当地测算标准一次性缴足基本生活保障费用，并建个人专户。在其未就业时，可从征地调节资金中发放不超过两年的生活补助费，也可从征地安置补助费留存中解决；补助期满后仍未就业并符合城市居民最低生活保障条件的纳入城市低保；就业后按规定参加职工基本养老保险的，其个人专户储存额可与之衔接和折算；就业后失业的，依法享受失业保险；因年龄偏大或其他原因不能就业的，在到达养老年龄时，享受与劳动年龄段以上人员相同的养老保障待遇，其个人专户亦与之相衔接。

江苏模式。 江苏省政府于2005年7月颁布了关于征地补偿和被征地农民基本生活保障的行政规章，对被征地农民（不包括"农转非"人员）专门建立基本生活保障制度，实行社会统筹与个人账户相结合的方式，资金来源主要有四项：一是不低于百分之七十的土地补偿费和全部的安置补助费；二是政府从土地出让金等土地有偿使用收益中列支的部分；三是被征地农民基本生活保障资金的利息及其增值收入；四是其他可用于被征地农民基本生活保障的资金。其中，安置补助费和土地补偿费进入个人账户；政府出资部分和其他可用于被征地农民基本生活保障的资金进入社会统筹账户。对于被征地农民男性满六十周岁、女性满五十五周岁以上，按月领取养老金，养老金最低标准按不同地区分为四档；对于男性五十至六十周岁，女性四十五至五十五周岁，可按月领取生活补助费，最低标准按不同地区分为四档；对于男性十六至五十周岁，女性十六至四十五周岁，可按月领取生活补助费，最低标准按不同地区也分为四档，领取期限为两年，待达到养老年龄时，方可按月领取养老金。

(五) 纳入小城镇社会保险制度体系

这种类型只在上海市实施。

上海模式。上海市政府2003年出台了有关被征地农民社会保障管理办法，其中规定被征地农民参加上海市小城镇社会保险（简称"镇保"，主要对象是被征地农民、郊区新设立的用人单位及从业人员；目前全国只有上海建立了"镇保"）。被征地劳动力（男十六至五十五周岁、女十六至四十五周岁）全部纳入镇保范围，由征地单位按照征地时全市统一的镇保基数和比例，为被征地农民一次性缴纳不低于十五年的基本养老保险、医疗保险费，并缴纳一定的补充社会保险费（其中包括不低于二十四个月的生活补贴）。而且，被征地农民在征地后的十五年内就业，可免缴上述基本养老保险、医疗保险费，只缴失业保险费，从而降低了就业门槛。如果就业后仍缴纳各项保险费，可与一次性缴费合并计算，提高今后的保障待遇。镇保制度实施前的被征地劳动力也要纳入镇保范围。此外，对征地养老人员（男满五十五周岁、女满四十五周岁），由征地单位从支付的安置补助费中为其缴纳征地养老费，包括生活费、医疗费、补助费等，缴费年限为男性十五年、女性二十年。

(六) 建立适合被征地农民特点的社会保障制度

《国务院办公厅转发劳动保障部关于做好被征地农民就业培训和社会保障工作指导意见的通知》（国办发〔2006〕29号）文件下发后，部分地区已经根据该文件精神和城市规划区，按照不低于当地城镇或农村最低生活保障标准，分别建立适合被征地农民特点的社会保障制度，包括养老保障制度、大病医疗保障制度和基本生活补贴制度。该文件的下发意味着被征地农民社会保障制度建设进入了一个以规范、统一和可持续发展为主的新阶段。

二、各地被征地农民社会保障工作的主要经验

做好被征地农民社会保障工作是一项新、急、难的工作。截至2008年底，全国已有二十八个省级政府或政府部门、二百零八个地市级政府出台或转发了关于做好被征地农民社会保障工作的政策文件。有一千二百零一个县（市、区）启动了探索建立适合被征地农民特点的社会保障制度的工作，一千三百二十四万被征地农民被纳入基本生活或养老保障制度，三百九十四万人领取被征地农民养老保险待遇。

上述成绩的取得充分说明，党中央、国务院采取的一系列政策措施是正确的。这些政策不仅完善了被征地农民社会保障政策，建立了适合被征地农民特点的社会保障制度，将被征地农民纳入了城乡居民社会保障体系之中，使被征地农民能够通过社会保障安置途径获得基本生活保障，解决他们的长远生计问题，促进农村社会的稳定。与此同时，上述文件的出台和实施，标志着我国初步建立了适合被征地农民特点和需求的社会保障制度。该制度的建立是对我国多层次社会保障体系的重要

土地换保障：
扩大推动发展民众基础的政策选择

补充，填补了我国城镇化进程社会保障制度建设的空白，有效地解决了被征地农民的基本生活和长远生计。我国在安置被征地农民的实践中，通过建立适合被征地农民特点与需求的社会保障制度，将被征地农民纳入社会保障范围，初步探索出了以做好被征地农民就业培训和社会保障工作为重点的妥善安置被征地农民的有效途径。这既是符合国情的政策和制度创新，在世界上也是一个没有先例、值得推广的创举。目前，世界银行、亚洲开发银行等国际机构的一些权威专家对这一创举都给予了高度评价。随着时间的推移，这一制度对加快建立覆盖城乡居民的新型社会养老保障制度的深远意义已经进一步显现。

从各地的实践看，做好被征地农民社会保障工作的经验可以概括为以下几方面。一是把做好被征地农民社会保障工作作为征地制度改革的重要内容。二是将落实社会保障资金作为征地的必备程序。部分省份建立了风险准备金或调剂金制度，作为政府储备基金、补充资金的不足，如宁夏、湖南、甘肃、贵州、陕西、重庆、天津、广东、内蒙古、辽宁、浙江。部分地区还规定了进入被征地社会保障专项基金的国有土地收入比例：重庆是百分之六，湖南是百分之二十，海南是百分之十五，江苏按照土地出让的面积，每亩按一定金额提取。三是统筹考虑新老被征地农民的社会保障问题，区别城市规划区内和城市规划区外被征地农民的不同情况，区分被征地农民不同年龄段采取有针对性的社会保障政策措施。四是建立个人、集体、政府三方负担的筹资机制。采取统账结合的地区多数是将个人缴费和集体补助计入个人账户，政府补贴进入社会统筹账户。个别省份将政府补贴的全部或一部分计入个人账户，如宁夏，将个人缴费、集体补助、政府补贴总额的百分之九十计入个人账户，百分之十作为统筹。采用个人账户的地方，一般是将个人缴费、集体补助、政府补贴总额的全部计入个人账户。个人、集体、政府三方分担的比例各地不尽一致。多数省份是政府出资不低于百分之三十。少数省份政府补贴的比例较多，如宁夏和海南，政府补贴百分之五十，福建政府补贴百分之七十，贵州是百分之四十。多数省份的缴费基数是根据当地低保水平等因素确定的。五是建立被征地农民社会养老保险个人账户。除北京没有为被征地农民单独建立账户、部分地区建立了个人账户和社会统筹相结合的基本养老保险制度外，大部分地区都为被征地农民单独开设了被征地农民社会保障资金账户，资金进入财政专户管理。实现了被征地农民社会保障资金专户的"收支两条线管理"。六是在待遇支付上，区别不同类型的参保对象，基本保证了被征地农民的基本生活保障或养老待遇不因征地而降低。没有单独建立制度的省区，规划区内的待遇水平主要参照城镇企业职工待遇水平的最低档。单独建立制度的地区，待遇水平主要参照当地低保水平。也有的与缴费挂钩，根据计发系数、平均余命确定。多数省没有规定缴费年限，是按一次或分次缴费。只有广东、山西（参照城保的人群）、北京、重庆规定最低缴费年限十五年。上海、甘肃也作出了规定。宁夏是在一次性缴费后有愿望的可以参照城保继续缴费。

第四节　被征地农民社会保障地方政策特点[①]

截至目前，共有二十九个省、区、市（青海、西藏尚未出台）及一千零一十个县出台了被征地农民社会保障实施办法。为更好地研究被征地农民社会保障制度建设，我们对二十九个省、区、市出台的政策文件进行归纳和总结，主要包括覆盖对象及范围、保障制度及保障项目、筹资机制、预存款制度以及审核程序等。

一、覆盖对象及范围

本着明确范围、突出重点、统筹兼顾的基本原则，被征地农民社会保障工作以新被征地农民为重点人群，以大龄和老龄人群为社会保障重点对象。在二十九个省份的政策规定中，均要求纳入社会保障范围的被征地农民具备三个方面的基本条件：①具有本市常住农业户籍、年满十六周岁（对于未达到劳动年龄的十六周岁以下人口，按征地补偿规定发给一次性安置补助费，待达到劳动年龄再根据情况参加相应的社会保障制度）；②因政府统一征收农村集体土地而导致失去全部或大部分土地；③征地时享有第二轮土地承包权的在册农业人口。结合本地实际情况，对保障对象除了要求满足基本条件外，有的还提出了新的要求，进一步明确了社会保障覆盖范围，主要分为部分覆盖和全部覆盖两种情况。部分覆盖即以土地大小或是否为规划区内人员为衡量应当覆盖的标准；全部覆盖即包括所有的在册农业人口。

（一）部分覆盖

部分覆盖还分两种情况，一种是以征地后人均耕地面积不足规定的土地面积为条件，另一种是根据规划区内、外不同情况实行分类指导。实行部分覆盖的省份有河北、河南、广西、贵州、福建、江苏、吉林、海南、安徽、江西十个省份（见表6-1）。

1. 征地后人均耕地面积不足规定的土地面积。其特点是，采用被征地后农民人均拥有土地面积为标准，符合条件的纳入被征地农民社会保障范围的标准，大部分地区都以耕地面积零点三亩为界限，标准以下的纳入社会保障范围。河北、河南、广西、贵州、福建五个省都采取这种做法。其中，福建省要求"被征地农户人均剩余耕地面积低于所在县（市、区）农业人口人均耕地面积的百分之三十"；而河北省没有给出具体土地面积的标准，只是要求保障对象在被征地时享有第二轮土地承包权，提出被征地后人均农业用地不足以维持基本生活的农民。

[①] 本节采用了人力资源和社会保障部社会保障研究所《被征地农民社会保障政策研究》课题组的相关内容（李健、郭婕、刘璐执笔）。

土地换保障：
扩大推动发展民众基础的政策选择

表6-1 被征地后按照人均耕地面积规定的省份

省份	具体规定	政策文件
河南	以国办发〔2006〕29号文件下发后的新被征地农民为重点，将被征地时享有第二轮土地承包权、征地后人均耕地零点三亩以下的被征地农民纳入被征地农民就业培训和社会保障制度范围	河南省关于做好被征地农民就业培训和社会保障工作的实施意见，劳动和社会保障局、国土资源局、财政局联合
广西	土地被依法征用后人均剩余耕地面积不足零点三亩的农民	广西壮族自治区被征地农民社会保障试行办法
贵州	政府依法征收土地时，失去全部或大部分农用地，人均耕地面积不足维持基本生产生活（具体标准由统筹地政府制定），且在征地时享有农村集体土地承包权的在册农业人口	关于做好被征地农民就业培训和社会保障工作意见的通知，贵州省人民政府办公厅转发省劳动保障厅
福建	经政府依法征收农村集体耕地后，被征地农户人均剩余耕地面积低于所在县（市、区）农业人口人均耕地面积的百分之三十，且在征地时享有农村集体耕地承包权的在册农业人口	《福建省关于做好被征地农民就业培训和社会保障工作的指导意见》福建省人民政府办公厅
河北	在城镇规划区内和城镇规划区外的独立矿区、国家重点项目建设区范围内，由当地国土资源部门统一征地，根据《中华人民共和国农村土地承包法》的有关规定，被征地时享有第二轮土地承包权，被征地后人均农业用地不足以维持基本生活的农民纳入保障范围	关于建立被征地农民养老保险制度的意见的通知，河北省人民政府转发省劳动和社会保障厅等五部门

2. 规划区内外实行有区别要求。按照国办发〔2006〕29号中"根据城市规划区内外不同情况实行分类指导，妥善解决被征地农民的就业培训和社会保障问题"的要求，多数省份将规划区内被征地农民纳入被征地社会保障体系内，对于规划区外的，若符合当地规定条件的可纳入，不符合的纳入农村社会保险体系。江苏、吉林、海南、安徽、江西五省按照此标准实施（见表6-2）。安徽省对规划区内的农民人均耕地面积没有限制规定，只要是经国务院或省人民政府依法批准征地后，市区全部或大部分农用地的农业人口都纳入。规划区外的被征地农民需要符合人均耕地面积在零点三亩以下的条件，才能参加被征地农民社会保障制度。吉林省要求城镇规划区和城镇规划区外的独立矿区、国家重点项目建设区范围内经依法批准，由当地国土资源部门实施统一征地，按《中华人民共和国农村土地承包法》的有关规定，被征地时享有第二轮土地承包权、被征地后人均农业用地不足以维持基本生活（具体标准由统筹地政府制定）的、年满十六周岁及以上的农业人口。

广东省则以土地占有比来确定保障范围，规定保障对象为：征地时享有农村集体土地承包权的在册农业人口，在城市规划区内因征地失去一半以上农用地的人员；在城市规划区外经征地后，被征地农户人均耕地面积低于所在地区农业人口人均耕地面积三分之一的人员。

表6-2 被征地后按照规划区内外规定的省份

省份	具体规定	政策文件
江西	在城市规划区内，经依法批准，由市、县（区）人民政府实施统一征地，按《中华人民共和国农村土地承包法》有关规定。被征地时享有第二轮农村集体土地承包权、且被征地后完全失地或人均耕地低于零点三亩（含），不足以维持基本生活的十六周岁（含）以上在册的被征地农民，具体界定标准由各地根据当地土地的实际情况制定	江西省人民政府办公厅转发省劳动和社会保障厅关于被征地农民养老保险试点工作指导意见的通知，江西省人民政府办公厅
江苏	征收城市规划区范围内农民集体所有土地的，应当依照本办法建立被征地农民基本生活保障；征收城市规划区范围外农民集体所有土地的，可以依照本办法建立被征地农民基本生活保障	江苏省征地补偿和被征地农民基本生活保障办法，江苏省人民政府
吉林	在城镇规划区和城镇规划区外的独立矿区、国家重点项目建设区范围内、经依法批准，由当地国土资源部门实施统一征地，享有第二轮土地承包权、被征地后人均农业用地不足以维持基本生活（具体标准由统筹地政府制定）的年满十六周岁及以上的农业人口	吉林省劳动和社会保障厅、省财政厅、省国土资源厅、省民政厅关于被征地农民基本养老保险指导意见；《吉林省人民政府办公厅转发省劳动保障厅关于做好被征地农民就业职业培训和社会保障工作实施意见的通知》
海南	在本省行政区域内，土地经省级以上人民政府依法批准征收后，由当地土地行政主管部门根据土地征收数量和被征地单位人均耕地水平核定的，被征地时持有第二轮土地承包权证家庭中的在册农业人员	关于做好被征地农民就业培训和社会保障工作的通知，海南省人民政府办公厅
安徽	被征地农民就业和社会保障工作对象原则上为城市（含建制镇）规划区内，经国务院或省人民政府依法批准征地后，失去全部或大部分农用地的农业人口。城市（含建制镇）规划区外，经依法批准的土地征收或征用后，不具备基本生产生活条件或人均耕地面积不足零点三亩、在农村集体经济组织范围内自愿调剂后不再占有农用地且当地人民政府无法给予异地移民安置的农业人口，也应列入就业和社会保障工作对象	安徽省人民政府关于做好被征地农民就业和社会保障工作的指导意见，安徽省人民政府

土地换保障：
扩大推动发展民众基础的政策选择

（二）全部覆盖

除了实行部分覆盖的省份外，其余十九个省份均对覆盖范围未做其他规定，但山西、黑龙江、海南出台的文件中未对年龄进行限制，湖南省要求年龄范围由各市、县自行制定（见表6-3）。

（三）保障人数及认定程序

1. 保障人数。按照被征用的耕地数量除以征地前被征用单位平均每人占有耕地的数量计算，如北京和天津。

北京　按照被征用的土地数量除以征地前被征地农村集体经济组织或者该村人均土地数量计算。应当转为非农业户口的农村村民人口年龄结构应当与该农村集体经济组织的人口年龄结构一致。

天津　按照被征用的耕地数量除以征地前被征用单位平均每人占有耕地的数量计算，具体保障人员由村民代表会议或村民会议依据有关法律、法规规定讨论提出，报乡、镇政府备案。

2. 认定程序。经村民会议或者村民代表会议讨论通过后，经劳动保障部门和国土资源管理部门审核，报乡、镇政府备案如内蒙古、黑龙江。

内蒙　具体参保人员经嘎查村（居民委员会）代表大会或嘎查村（居民委员会）大会讨论通过后，由苏木乡镇（街道办事处）确定，并报当地政府备案。

黑龙江　由被征地农民所在村民委员会依据市、县人民政府确定的参保人数确定参保人员，经村民会议或者村民代表会议三分之二以上成员讨论通过后，报市、县农村社会养老保险经办机构办理投保手续。

表6-3　其他省份对于保障人数和认定程序的规定

河北　具体参保人员经村（居）民代表大会或村（居）民大会讨论通过后，由乡镇政府（街道办事处）核准确定。
山西　由征地所在的村民委员会提供详细情况、名单，乡（镇）人民政府（街道办事处）初审，县级劳动保障部门会同国土资源部门、财政部门共同审核确定并公示后报县（市、区）政府备案。
吉林　被征地农民申请，村民会议讨论，乡镇人民政府或街道办事处核对公示，当地劳动保障部门和国土资源部门审核备案，当地人民政府批准。纳入保险范围的人员需经所在村民委员会或村民大会（社区居民委员会）讨论通过并公示后，由乡镇政府（街道办事处）和国土资源部门核准，报当地劳动保障部门审批后，到被征地农民基本养老保险经办机构办理参保手续。
江苏　被征地农民的名单由被征地的农村集体经济组织半数以上成员同意提出，经乡镇人民政府审核后，由县级人民政府确定。确定后，应当在被征地农村集体经济组织所在地公示。
浙江　具体保障人员经村集体经济组织成员会议或村民大会讨论，由乡镇政府核准后确定。
安徽　被征地农民就业和社会保障工作具体对象确定的程序为，由被征地农民个人申请，村集体经济组织成员、村民委员会或村民小组讨论，乡镇人民政府或街道办事处研究公示后，经劳动保障部门和国土资源管理部门审核，报市、县人民政府确定。

福建　被征地农民养老保障对象的具体名单经村民代表大会讨论通过并公示一周后，由村委会报乡、镇（街道）人民政府（办事处）审查，经当地农业、国土资源等部门审核后，由劳动保障行政部门所属农村社会养老保险经办机构办理登记手续。

江西　具体保障人员经村民会议或村民代表大会讨论通过，由乡镇政府或者街道办核准确定，并予以公示后，报县（市、区）人民政府有关部门备案。

山东　经村民大会讨论通过，报乡镇政府（街道办事处）核准后确定，并予以公示。以前失地农民生活保障的遗留问题本着自愿参加的原则，由各市、县根据当地实际研究制定解决办法。

河南　被征地农民个人提出申请，村民委员会（村小组）或社区居委会初审，乡镇人民政府或街道办事处研究公示，县（市、区）劳动保障和国土资源部门审核确定，报当地政府备案。

湖南　由被征地农民个人申请，所在的农村集体经济组织、村民委员会或村民小组讨论通过并公示，报乡镇人民政府（或街道办事处）初审，经市或县（市）国土资源管理部门、农村土地承包管理部门审核，报市或县（市）人民政府确定，再返回农村集体经济组织、村民委员会或村民小组公示后，报送市或县（市）劳动保障部门办理登记手续。

广东　纳入被征地农民社会保障对象的具体名单，经村民代表大会讨论，由村委会报镇（乡）人民政府核准并公示七天后，报县（市、区）劳动保障行政部门备案。

广西　具体对象的确定，由符合上述条件的被征地农民个人提出申请，村民委员会或社区居民委员会初审，经乡镇人民政府或街道办事处审核同意，并在被征地农民所在的村民委员会或社区居民委员会公示七天后，报县（市、区）国土资源部门和劳动保障部门核定。

海南　土地经依法批准征收后，负责实施征地的市、县土地行政主管部门根据被征土地数量、被征土地单位人均耕地水平核定被征土地单位被安置人口总数，交由被征地集体经济组织根据本集体经济组织土地承包情况确定具体安置人员对象名单，经本集体经济组织村民或村民代表大会三分之二以上成员同意，报乡镇政府或街道办事处核准后予以公示，经公示没有异议的，由劳动保障部门报市、县政府确定。

陕西　被征地农民个人申请，农村集体经济组织或村民委员会同意，街道办事处或乡镇政府研究，国土资源部门审核公示后，报县级劳动保障行政部门备案。

甘肃　由被征地农民个人申请，村集体经济组织成员、村民委员会或村民小组讨论，乡镇政府或街道办事处研究公示后，经市、州、县、区、市劳动保障部门和国土资源管理部门审核办理。

二、保障制度及保障项目

为落实国办发29号文件精神，各地抓紧制定了以养老为主体的被征地农民社会保障具体办法，大部分省份都建立了以养老保险为主体，实行政府、集体、个人共同出资，易于与城镇企业职工社会保险相衔接的独立于其他形式的被征地社会保障制度。保障内容涵盖了养老、医疗、失业、低保等社会保障项目。

（一）保障制度

被征地农民社会保障工作的基本思路是将被征地农民社会保障纳入政府经济

土地换保障：
扩大推动发展民众基础的政策选择

和社会发展总体规划，采取多种方式保障被征地农民的生活水平不因征地而降低，长远生计有保障。工作重点是以新被征地农民为重点人群，以大龄和老龄人群为社会保障重点对象。其中，劳动年龄段以内的实行养老保险，以上的实行养老保障。

在制度选择上分为三种，一是各地普遍实行的，即建立了独立于其他保障形式的被征地农民社会保障制度。一是不单独建立社会保障制度，将被征地农民农转非，纳入城镇社会保障体系。一是将被征地农民按照符合条件分别纳入城镇和农村社会保障体系。

1. 独立于其他保障形式的保障制度。这种形式主要是以坚持生存和发展相结合、公平和效率相统一，保障水平与经济发展水平相适应，多渠道筹集资金，政府能承受、被征地农民能接受，因地制宜和城乡统筹兼顾，制度设计既要有别于城镇和农村保险又要与城镇职工社会保险相衔接为原则，单独建立的以被征地农民为主要参保对象的社会保障制度，共有二十四个省份，如建立被征地农民基本养老保险制度（河北、内蒙古、辽宁、黑龙江、吉林、安徽、江西、湖北、陕西、海南、甘肃等十一个省份），建立被征地农民基本生活保障制度（江苏、浙江、湖南、广东、广西、福建、河南、云南、宁夏、山东、贵州、天津、新疆等十三个省份），有的地区制度名称不同，有的称为被征地农民养老保障制度，有的称为被征地农民基本养老保障制度，有的还称为被征地农民社会保障制度。其特点就是独立性，但待遇计发、调整机制等不脱离其他社会保险制度，便于衔接以及全面保障各类人群。

2. 参加城镇社会保障制度。北京、重庆、四川三个行政区划不单独建立被征地农民社会保障制度，而是按照被征地农民的年龄（劳动年龄内和非劳动年龄内人员）、工作性质（城镇企业、乡镇企业或是灵活就业等），将农转非后的被征地农民全部纳入城镇社会保障体系。上海则纳入仿城的小城镇社保制度。其中，北京、上海和重庆的保障制度是将被征地农民办理农转非手续，加入城镇社会保障体系，如上海将农转非被征地农民纳入小城镇基本养老保险制度内，未办理农转非的被征地农民纳入现有的农村社会保障体系。

3. 参加城乡社会保障制度。山西省实行规划区内外不同情况的分类指导政策。规划区内处于劳动年龄段的，在城镇企业就业和已转为城市户口自谋职业或灵活就业的被征地农民参加城镇企业职工基本养老保险，并按城镇企业养老保险政策规定的缴费基数、缴费比例缴纳养老保险费。对于城市规划区外所有符合参保条件的被征地农民要参加农村社会养老保险，以及在乡镇企业就业的、城市规划区内征地时已进入供养年龄段和仍为农业户口自谋职业或灵活就业的也要全部参加农村社会养老保险。

表6-4 参加城镇或城乡社会保障制度省份的保障对象规定

省份	保障对象规定	保障制度
北京	征用农民集体所有土地的,相应的农村村民应当同时转为非农业户口。应当转为非农业户口的农村村民数量按照被征用的土地数量除以征地前被征地农村集体经济组织或者该村人均土地数量计算。应当转为非农业户口的农村村民人口年龄结构应当与该农村集体经济组织的人口年龄结构一致	被征地农民农转非后,参加各种社会保险
上海	征地劳动力:男性年满十六周岁不满五十五周岁、女性年满十六周岁不满四十五周岁具有从事正常生产劳动能力的劳动力	加入小城镇社会保险
	征地养老人员:男性年满五十五周岁、女性年满四十五周岁的养老人员	
重庆	1982年1月1日至2007年12月31日期间,市行政区域内农村居民因土地被政府依法征收(用)进行了城镇居民身份登记,且在2007年12月31日前年满十六周岁以上人员(以下简称原征地农转非人员),适用本办法	被征地农民农转非参加城镇各种养老保险
四川	法定劳动年龄内的失地无业农民	按年龄段分别参加低保、失业、城镇基本养老保险等各类保险。在成都开展失地农民的养老、医疗保险试点。因国家征地转为城镇居民的农民都要实行城镇居民最低生活保障制度和失业保险制度
山西	因政府统一征收农村集体土地而导致失去全部或大部分土地,且在征地时享有农村集体土地承包权的在册农业人口	参加城镇企业职工基本养老保险或农村社会养老保险

(二) 保障项目

按照被征地农民的年龄,划分为劳动年龄人员(劳动年龄段内)和非劳动年龄人员(六十周岁及以上),分别实施农村和城镇基本养老保险、基本医疗保险、城乡居民养老保险、城镇居民医疗保险、城镇和农村最低生活保障等社会保障措施。

在各省市政策文件中,有的明确指出了参加的保险项目,有的只对养老、医疗作出了专门说明,其他的保障项目只是原则规定,比如江西省要求"结合本地实际,积极推进本地区被征地农民的其他社会保障工作(各省具体情况见表6-1)"。

1. 劳动年龄人员。基本养老保险 参加当地农村建立的被征地农民基本养老保险（或养老保障）、已建立新型农村养老保险制度的，将其纳入制度范围。对征地后在城镇实现稳定就业和从事个体经营或灵活就业的被征地农民，参加城镇企业职工基本养老保险。征地后户籍转为城镇居民的，参加城镇居民养老保险。

基本医疗保险　参加农村新型合作医疗，参加城镇企业职工或城镇居民基本医疗保险，享受相应政府补贴政策。

失业、工伤和生育保险　对在城镇企业实现就业的被征地劳动人员可通过单位参加。

最低生活保障　征地后转为城镇居民的或未农转非的，符合享受城镇或农村最低生活保障条件的纳入城镇或农村低保范围。

2. 非劳动年龄人员。基本养老保险　参加当地农村建立的被征地农民基本养老保险（或养老保障）制度，或参加城乡居民养老保险，按有关规定领取老年补贴。已参加新型农村养老保险制度的继续参加并领取退休养老金。

基本医疗保险　已参加农村新型合作医疗、城镇企业职工或城镇居民基本医疗保险、达到领取条件的，继续享受相应的政策。

最低生活保障　征地后转为城镇居民的或未农转非的，符合享受城镇或农村最低生活保障条件的纳入城镇或农村低保范围。

符合农村特困救助和农村最低生活保障条件的，要采取农村特困救助和农村最低生活保障等方式，解决他们的基本生活问题。

3. 十六周岁以下被征地农民。对于十六周岁以下被征地农民的儿童，各地基本都按照一次性发放安置补助费的措施保障。年满十六周岁达到劳动人口年龄的，积极推动他们就业并参加各项社会保险制度。

三、保障方案

为落实国办发 29 号文件精神，做好本地被征地农民社会保障工作，各地抓紧制订了具体办法。据统计，目前有三十个省级政府（青海、新疆生产建设兵团除外）出台了被征地农民社会保障实施办法。根据这些地区被征地农民社会保障政策的内容，可将被征地农民社会保障制度划分为以下三种模式：第一种是独立于现行城乡基本社会保障制度之外，单独建立被征地农民社会保障制度。该模式以解决被征地农民的养老保险为主要政策目标，有关养老保险的政策规定具体细致，缴费水平和待遇水平一般介于当地城镇制度与农村制度之间，或职工与居民制度之间。而对医疗、失业等其他社会保障项目的规定较为原则，具体规定相对欠缺。已出台的三十个省级地区中有二十四个省、自治区、直辖市都采用这种模式，包括广西、广东、天津、山东、新疆、内蒙古、江苏、福建、河北、河南、云南、吉林、黑龙江、湖南、海南、宁夏、辽宁、贵州、安徽、浙江、江西、湖北、陕西、甘肃。第二种是不区分城市规划区内外，一律将被征地农民归入现有城镇社会保障制度。实行这种办法的主要是北京、上海、重庆等直辖市以及成都、南昌、银川等特大型城市。第三种是不单独建立制度区分城市规划区内外,分别将被征地农民纳入现有的城镇社会保障制度和农村社会保障制度。四川、山西两个省级地区采用了这种模式,办法主要规定了各类人群的划分和参保办法。此外,西藏只对被征地农民社会保障作出原则规定,难以进行归类分析,故未将其纳入分析范围。

(一) 独立于现行城乡基本社会保险制度,单独建立被征地农民养老保险制度

1. 养老保险缴费办法和缴费水平。各地大都按国家关于被征地农民社会保障三方筹资的原则要求,规定被征地农民养老保障资金由个人、集体、政府共同出资筹集。大多省份在方案中明确规定了三方负担比例(见表6-5),特别是政府的负担比例,有的是具体标准,有的是最低标准。多数省份规定政府负担比例不低于百分之三十;天津最低,百分之二十;福建最高,百分之七十;海南百分之五十。个人出资的比例一般不超过百分之四十,通常为百分之三十或三分之一。部分省份在省级方案中规定个人缴费办法。个别省份(内蒙古、江苏等)只作了原则性规定,具体比例、数额由当地政府结合本地实际确定。

表6-5 被征地农民社会保障资金三方负担比例

省、区、市	三方负担比例
天津	个人+集体百分之八十,政府百分之二十
河北	个人不超过百分之三十,集体不低于百分之四十,政府不低于百分之三十
内蒙古	具体负担比例由当地政府根据实际情况确定
辽宁	个人+集体不高于百分之七十,政府不低于百分之三十
黑龙江	未明确
吉林	原:个人+集体百分之七十至百分之八十,政府百分之三十至百分之二十。现:个人+集体不超过百分之七十,政府不低于百分之三十
江苏	百分之七十土地补偿费+百分之百安置补助费定额
浙江	个人不超过保障资金总额的百分之三十,集体不低于百分之四十,政府不低于百分之三十
安徽	各地区自定
福建	个人+集体不超过百分之三十,政府不低于百分之七十
江西	个人+集体不超过百分之五十,政府不低于百分之五十
山东	个人+集体不超过保障资金总额的百分之七十,政府不低于百分之三十
河南	个人不超过百分之三十,集体未规定,政府不低于百分之三十
湖北	未具体规定
湖南	具体比例由当地县(市)以上人民政府确定
广东	未具体规定
广西	个人+集体不高于百分之七十,政府不低于百分之三十

土地换保障：
扩大推动发展民众基础的政策选择

续表

省、区、市	三方负担比例
海南	个人承担社会保障资金总额的百分之三十，集体百分之二十。政府百分之五十
贵州	个人＋集体不超过筹资总额的百分之六十，政府不低于百分之四十
云南	个人＋集体不高于筹资总额的百分之六十，政府不低于百分之四十
陕西	个人、集体、政府各为三分之一左右
甘肃	个人百分之二十，集体不低于百分之五十，政府不低于百分之三十
宁夏	个人不超过筹资额的百分之三十，集体不低于百分之二十，政府不低于百分之五十
新疆	未明确规定

（1）个人缴费基数。个人缴费基数参照标准大致有下列四种：一种是以城镇居民最低生活保障为缴费基数，如山东、内蒙古、黑龙江、广东等地，缴费比例一般在百分之百至百分之一百三十，最高是海南，百分之二百。第二种是以在岗职工平均工资为缴费基数，缴费比例一般在百分之二十至百分之六十之间，如江西规定"以参保时所在县（市、区）上年度在岗职工月平均工资为缴费基数，以百分之二十为费率"。第三种是以领取待遇标准作为缴费基数，如广西、湖南、天津等地，预先设定养老金月领取待遇标准，依据待遇确定缴费标准。第四种是实行定额缴费基数。一般以地段为单位，各地段内执行不同缴费基数。定额标准根据当地经济发展水平、人均收入、被征地面积、筹资标准等多因素综合确定。江苏省根据土地价值和经济社会发展水平，全省划分为四类地区，每类地区内部执行相同的征地补偿、缴费标准和基本生活保障标准。

（2）个人缴费档次。基于缴费基数不同，个人缴费档次有所差异，一般根据被征地农民年龄、被征地所在地段、失地程度等不同因素划分。第一，根据被征地农民年龄段确定缴费标准。大多以退休年龄为界，划分不同年龄段，不同年龄段实行不同的缴费标准。第二，根据被征地段确定缴费标准。采取这种办法的地区一般根据本地经济及社会发展水平，将所有行政区域划分为几类地区，不同地区实行不同缴费标准。第三，根据失地程度确定缴费标准。海南将失地程度划为：大于等于百分之九十、百分之七十至百分之九十、百分之五十至百分之七十三个层次，以当地城镇或农村最低生活保障标准为基数，确定不同的缴费标准。第四，根据失地程度、失地年龄段、失地时间等因素综合确定缴费标准。一些地区先将失地程度划分为几个档次，再参考失地年龄段因素进一步细分不同的缴费群体。

（3）个人缴费年限。各地对个人缴费年限的规定可概括为两大类型：一类是以平均预期寿命为主要考虑因素，缴费年限或补缴年限与被征地农民本人年龄挂钩，如广西规定"十六至六十周岁的人员的缴费总额 = 月领取待遇标准 ÷ 0.00678 ÷ (1 ＋年利率) n，n 代表缴费年龄到六十周岁的积累年限"。另一类是规定统一的缴费年限，即所有劳动年龄人口或某一年龄段内被征地农民统一缴纳一百二十个月、一百五十个月或一百八十个月。实行这种规定的地区占大多数，如天津、黑龙江、内蒙古、江西等地。

2. 养老保险账户管理。对被征地农民养老保险基金，各地一般均建立个人账户与社会统筹账户，实行"收支两条线"，并单独进行管理。个人账户的资金来源有四种形式。第一种是个人缴费构成，如甘肃等省。第二种由集体与个人出资组成。如山东、河北规定，集体和个人缴纳的基本养老保障金全部进入个人账户（或基本养老保障专户），太原则将农民个人缴纳的百分之三十和村集体经济组织缴纳的百分之四十计入个人账户。第三种，集体、个人、政府三方出资组成。福建规定，被征地农民社会保障个人账户资金由政府补助、村集体和个人缴费组成。第四种，直接将土地补偿费与安置补助费计入个人账户。江苏将高于百分之七十的农用地土地补偿费和全部的安置补助费均计入个人账户。统筹账户的资金来源或构成有两种情况。一是由政府出资组成或政府和集体出资组成。广西规定，政府出资部分计入统筹账户；江苏规定，将政府从土地出让金等土地有偿使用收益中提取的部分按标准足额计入统筹账户；太原则将政府财政补贴的百分之三十计入统筹账户；海南规定，从国有土地出让总价款中提取百分之五至百分之十五的资金作为被征地农民基本养老保险统筹准备金，主要用于年度基本养老保险待遇调整的支出和承担支付风险；甘肃规定，政府出资和集体出资部分全部计入统筹基金，个人缴费部分计入个人账户。二是从总的社会保障资金中划分若干比例作为统筹账户。山东规定，按比例拨付基本养老保障资金进入补充养老金专户；宁夏规定，被征地农民养老保障以个人账户为主，社会统筹为辅，参保时一次性缴纳的养老保障资金总额的百分之九十、个人继续缴费部分及村集体补助计入个人账户，参保时一次性缴纳的养老保障资金总额的百分之十以及养老保障专项调剂金全部计入社会统筹基金账户。此外，各地还创新账户管理方式，广西、河北、天津、太原等地区为防范养老金调整和长寿等风险，建立专门的风险基金；广东开设"收缴被征地农民社会保障资金过渡户"，暂存被征地农民补偿安置方案中确定用于解决被征地农民社会保障问题的资金，对于建立征地预存社会保障款制度是个有益的探索。

3. 待遇项目和待遇水平。关于养老保障待遇标准，各地一般根据当地职工月平均工资、城镇企业退休人员最低基本养老金标准、缴费办法、缴费年限（或预期享受待遇年限）等因素，确定不同的待遇计发办法。从各地的情况看，待遇标准主要分为以下四种：第一，根据年龄段确定待遇标准。大多数省份实行这种办法。从参保人达到规定的待遇领取年龄开始发放，按缴费时计入个人账户和统筹账户的比例，分别计算确定各自应支付的数额，合并发放。对征地时已达到待遇领取年龄的，一般支付定额养老金，年龄越高，定额越高。山东将退休年龄的被征地农民分为三个年龄段，每个年龄段的待遇标准各有不同。天津对非劳动年龄人口按其缴费标准，按月发放统一定额的生活保障金二百六十元或二百一十元。绝大多数省份只设立养老保险待遇项目，个别省份如江苏，除为非劳动年龄人口发放养老金外，也为劳动

土地换保障：
扩大推动发展民众基础的政策选择

年龄人口发放基本生活补助，资金主要来源于土地补偿费和安置补助费。江苏省以征地补偿安置方案批准之日为界限，将被征地农民划分为下列四个年龄段：第一年龄段为十六周岁以下；第二年龄段为女十六至四十五周岁，男十六至五十周岁；第三年龄段为女四十五至五十五周岁，男五十至六十周岁；第四年龄段为女大于等于五十五周岁，男大于等于六十周岁。第一年龄段一次性领取生活补助费，第二年龄段人员领取两年生活补助费，到达养老年龄时，按月领取养老金。第三年龄段人员，从实行基本生活保障的当月起至到达养老年龄时止，按月领取生活补助费，到达养老年龄时，按月领取养老金。第四年龄段人员从实行基本生活保障的当月起，按月领取养老金。第二，根据失地地段确定待遇标准。山西太原依据被征地所在地区，将养老保障金发放标准分为四个地区，每个地区分三个档次，共十二种待遇发放标准，最低二百二十元、最高五百七十六元。江苏根据土地价值和经济、社会发展水平，全省划分为四类地区，执行相应的征地补偿和基本生活保障标准。第三，根据失地程度确定待遇标准。海南仍按缴费时采用的失地程度三个层次，根据其缴费情况，以当地城镇或农村最低生活保障标准为基数，相应的待遇标准为当地城镇或农村最低生活保障标准的百分之百、百分之八十、百分之六十。第四，综合被征地农民年龄和被征地地段因素确定待遇标准。江苏将被征地农民分为男超过六十周岁、女超过五十五周岁，男五十至六十周岁、女四十五至五十五周岁，男十六至五十周岁、女十六至四十五周岁三个年龄段，每个年龄段分四类地区确定不同生活补助费或养老金标准。此外，黑龙江省未设立个人账户和统筹基金，参保人员的月养老保障待遇水平按照其参保缴费时确定的标准发放，分为百分之一百一十乘以当地居民月最低生活保障标准和百分之一百三十乘以当地居民月最低生活保障标准两档计发养老金。

  4. 被征地养老保险制度与城乡养老保险制度的衔接。关于被征地农民社会保障与城镇社会保障之间的接续，各地一般采用三种方式解决。一是分段计算，即被征地农民在城镇企业实现就业后，原被征地养老制度个人账户保持不变，改为缴纳城镇职工保险，达到领取待遇年龄后两段待遇分别计算和领取。如山东规定，建立失地农民基本生活保障制度后，参加城镇职工基本养老保险的人员原个人账户保持不变，达到领取年龄后，分别领取养老金。二是终止被征地养老保险关系，重新参加城镇职工养老保险，即被征地农民在城镇企业实现就业后，被征地农民养老保险制度中个人账户部分或个人缴费部分本息一次性返还本人，同时终止被征地养老保险关系，本人按规定参加城镇职工养老保险并缴费。黑龙江、云南规定，已参加被征地农民养老保险的人员，后来又参加了城镇企业职工基本养老保险，退休后领取城镇企业职工基本养老金。其参加被征地农民养老保险个人缴费部分本息一次性返还本人，同时终止被征地农民养老保险关系。三是折合计算，即将原被征地农民养老保险缴费金额或缴费年限折合为城镇职工养老保险金额及年限计算，具体出现两种折算方法。一是年限折算，即将原来参加的保险制度缴费年限按一比一或一比 X 比例折算为新参加保险制度的缴费年限。天津规定，征地参保人员就业以后应参加城镇企业养老保险社会统筹，达到国家法定退休年龄时凡符合退休条件的，可以办理退休手续。同时，其原参加被征地人员养老保险的缴费时间和缴纳费用可折算。具体办法由市劳动保障行政部门另行制定。重庆规定，农民工养老保险的缴费年限每两个月折算为一个月的城镇企业职工基本养老保险缴费年限，折算后不足一个月的，按一个月计算。二是金额折算，即将原保险制度个人缴费总额计为新参加保险制度的个人缴费，够多少年的缴费额就计为多少新制度缴费年限。云南规定，原农村养老保险个人账户储存额可视为被征地养老保险个人缴费，一次性抵交进入个人账户并终止原农村养老保险关系。也有一些地区几种方式综合实行。吉林规定，参加被征地农民基本养老保险后，在城镇就业并参加城镇企业职工基本养老保险人员，原被征地农民基本养老保险个人账户不变，达到领取待遇条件时，可分别计算和领取待遇；也可以经本人申请退出被征地农民养老保险，个人账户本息一次性退还本人，终止基本养老保险关系。关于被征地农民养老保险与农村养老保险之间的接续，多数省份都规定分段计算，合并计发，即原农村养老保险个人账户保持不变，到达领取年龄后，将两种社会保障的领取额合并，统一发放或分别领取。黑龙江规定，参加被征地农民养老保险的人员在本办法实施前已参加了农村社会养老保险的，达到领取养老金年龄时，其按照农村养老保险规定计发的养老金和按照本法规定计发的养老金合并，统一发放。

5. 其他社会保障项目。对养老保险外的其他社会保障项目，大部分地区未作规定，广东、山东、新疆、湖南等少数地区做了原则规定，只有内蒙古等个别地区做了较为具体的规定。一般来讲，各地普遍依据被征地农民的户籍、就业情况、城市规划区内外等因素，分别将其纳入城镇医疗保险、新型农村合作医疗；各地还普遍要求将被征地农民纳入最低生活保障或社会救助；对于失业、生育、工伤保险，则基本没作规定。

（二）不单独建立制度，将被征地农民全部纳入现有城镇社会保险制度

采取该模式的地区有北京、上海、重庆三个直辖市。北京、上海、重庆三个直辖市将被征地农民全部纳入城镇社会保险制度，一是由于经济较发达，二是征地区域离市区较近。三市均规定，首先将被征地农民户籍由农业户口转为非农户口，之后按照国家和当地城镇社会保障制度予以纳入，被征地农民按规定参加城镇职工养老、医疗、工伤、失业、生育各项保险。具体纳入时一般对被征地农民划分劳动年龄内人口和非劳动年龄人口，实行不同纳入办法。人口划分标准各地有细微差别，北京以男六十周岁、女五十周岁为界，上海男性年满五十五周岁、女性年满四十五周岁。本部分主要介绍劳动年龄内人口纳入办法，非劳动年龄人口纳入办法与下一部分办法相似，在下一部分一并介绍。

由于现行城乡社会保险制度大多有缴费年限规定，对于年龄较高的被征地劳动力必然存在缴费至待遇领取年龄仍不能达到最低缴费年限的问题。因此，各地都相应对年龄较高的劳动力人口出台了允许一次性补缴政策。补缴年限以满足政策规定的最低缴费年限为参考。如北京市规定，征地时男四十周岁、女三十周岁以上年龄

土地换保障：
扩大推动发展民众基础的政策选择

段补缴养老保险费，男三十周岁、女二十五周岁以上年龄段补缴医疗保险，男女十六周岁以上年龄段补缴失业保险。上海规定，被征地农民全部纳入上海市小城镇社会保险，并补缴不低于十五年的小城镇基本养老、医疗社会保险费。补缴标准一般按现行制度规定执行，从土地补偿费和安置补助费中拨付。纳入后账户管理与待遇领取按现行城乡各项保险规定执行。达到退休年龄后，缴费年限累计达到十五年、符合按月领取基本养老金条件的，按规定按月领取基本养老金；缴费年限累计达不到十五年的，将养老保险金转到本人所在地的农村社会养老保险经办机构的基金账户，由该机构根据有关规定按月发放，并终止城镇企业职工基本养老保险关系。

（三）不单独建立制度，区分城市规划区内外，分别将被征地农民纳入现有的城镇社会保障制度和农村社会保障制度

山西、四川将规划区内的被征地农民纳入城镇社会保障，规划区外的被征地农民纳入农村社会保障。

1. *劳动年龄内人口纳入办法*。对城市规划区内被征地农民纳入城镇社会保障体系的做法与北京、上海基本相似。对规划区外被征地农民普遍采取纳入农村社会保险制度。这部分人员一般是乡镇企业实现就业的或仍保留农村户籍的人口，按规定参加农村社会养老保险、新农保、新型农村合作医疗等。

2. *非劳动年龄人口纳入办法*。对征地时已达到非劳动年龄的人口，北京、上海、重庆、四川、山西等未单建制度的省市也都将其纳入了现有的城乡社会保障体系，但待遇享受标准和缴费标准一般单独制定。各地一般根据当地经济发展情况及职工、居民、农民等人群收入状况制定。

（1）养老保险待遇标准和缴费标准。养老保险待遇标准原则上高于当地城市居民最低生活保障水平，根据当地经济条件适度提高。缴费标准主要根据当地土地补偿和安置补助标准、月领取待遇标准、平均预期寿命等指标测算后平衡确定。北京市发放标准在当年城市最低生活保障至最低退养费标准的范围内；孤寡老人和病残人员发放标准在当年城市最低生活保障至最低基本养老金标准的范围内。山西非劳动年龄人口全部纳入农村社会养老保险，月领取标准高于城市居民最低生活保障标准，有条件的地区可以参照当地最低工资标准的百分之八十。缴费标准＝月领标准×12个月×领取年数15年。上海非劳动年龄人口参加小城镇社会保险（镇保），享受镇保养老保险待遇。缴费包括生活费、医疗费、补助费等费用。缴费总额＝（月生活费＋月医疗费＋月补助费）×12×养老缴费年限＋丧葬补助费。缴费年限为男性十五年、女性二十年，由征地单位承担的安置补助费中划拨。

（2）医疗保险纳入办法。未单建制度的地区对于非劳动年龄人口医疗保障问题，多数省级文件中未明确，仅做原则性规定，要求各地切实保障这部分人群医疗需求。北京、上海等在文件中做了明确规定，但各地差异很大。北京对征地非劳动年龄人口医疗费用年内三百六十元以上部分门诊、急诊医疗费用报销百分之八十，最高限额两万元；住院医疗费用、恶性肿瘤放射治疗和化学治疗、肾透析、肾移植后抗排异药的门诊医疗费用报销百分之八十，最高限额十万元。病残人员无门槛费和报销比例。上海则将这部分人群视为小城镇退休职工,纳入小城镇职工医疗保险,缴费标准按照上年度职工月平均工资的百分之六十缴费,享受相应待遇。

3. 其他社会保障。除五大社会保险外,各省市都规定,对符合享受城乡居民最低生活保障条件和《农村五保户供养条例》规定的被征地农民,按现行政策,纳入民政部门管理的保障范围;对开展城乡医疗救助制度试点的地区,分别纳入卫生、民政部门管理的保障和救助范围。

4. 与原有保障制度的衔接。对原已参加农村养老保险、征地后转为城镇制度的,部分省市采取保留个人账户、分别领取方式,也有地区允许用于补缴基本养老保险费,缴纳社会保险费。对于参加了城镇企业农民工社会保险的非劳动力,一般采取视同缴费年限或视同缴费金额的方式。视同缴费年限即其参加农民工社会保险的时间计算为新参加城镇制度的缴费年限(如北京)。视同缴费金额即农保的缴费可以按历年缴费总额对应折算为镇保的缴费年限(如上海)。个人账户累计计算。但包括单建被征地农民保险制度的二十四个省份在内,没有一个省份提及新型农村合作医疗的缴费年限的处理问题。新参加城镇医疗保险的被征地农民缴费年限均从零计算,或逐年缴费或一次性补缴。

(四)遗留问题

许多省份在方案中都提及方案实施前已征地农民社会保障处理办法,多数省份只作出原则性规定,要求各统筹地区考虑新老政策相互衔接,由各地根据实际情况妥善解决。山西、河南规定,对实施意见下达前已失地且土地补偿费、安置补助费等已发给集体或个人的,统筹考虑需要与可能、新老政策相互衔接等因素,由当地政府决定,可组织和引导其参保或通过其他合适的途径、办法妥善解决。内蒙古规定,以前被征地农牧民是否纳入养老保障范围由各地根据实际情况确定。也有个别地区明确了解决遗留问题的具体办法和资金来源渠道。重庆规定,将1982年1月1日至2007年12月31日期间被征地农民纳入城镇企业退休人员养老保险。个人缴费百分之二十至百分之五十,政府给予百分之五十至百分之八十缴费补贴。根据缴费多少发放最低基本养老金至正常职工养老金之间不等数额。江西1999年1月1日至新指导意见下发前已按原征地安置办法安置了的被征地居民,由各地视情况纳入被征地农民养老保险,所需资金由政府、集体、个人共同承担,其中政府承担部分不低于缴纳总额的一半,其余部分由个人承担,集体经济发展较好的地方,集体可适当承担部分个人缴费。四川要求各地要按一定比例从土地收益中划出一部分资金于2005年12月底前建立征地调节资金,解决失地无业农民的安置补偿遗留问题、最低生活保障和失业保险、养老保障等社会保障问题,具体比例由各市(州)、县(市)人民政府按不低于土地收益百分之十的比例确定,不足部分先由当地财政垫付,再从土地收益中逐年归还。

四、资金来源

各省都按照中央"谁征地谁负责"的原则,由征地单位作为社会保障资金的主要出资方。许多省级文件规定,个人缴纳部分从征地安置补助费中抵缴,集体补助部分从土地补偿费中列支,政府承担部分从土地出让纯收益中列支。个人缴纳部分和集体补助部分尚不足以支付应缴养老保险费的,由当地政府从国有土地有偿使用收入中予以补齐。河北、山西、内蒙古、辽宁、黑龙江、吉林、北京、天津、上海、江苏、浙江、安徽、江西、山东、河南、广西、海南、贵州、云南、陕西、甘肃、宁夏、新疆都是如此。只有福建、湖南省规定了其他资金来源渠道。福建规定,省政府根据各地实际情况可以给予适当补助,补助部分从省级集中用于农业土地开发的土地出让金等收入中列支。湖南省规定,征地时各地可以征收不高于每平方米二十元的被征地农民社会保障费。

从资金支出项目看,各地主要规定了三种项目列支渠道。一是来源于土地补偿费和安置补助费。土地出让总价款(区片综合地价款)中与被征地农民有关的项目一般包括土地补偿费、安置补助费、青苗补偿费、其他土地附着物补偿费、拆迁补偿费、被征地农民生活补贴等。大多数省份用于被征地农民社会保障的资金主要来源于前两项。根据各地不同参保方案投入各项社会保障制度,投入比例各省有所差异,本文第三部分已经介绍。一般由征地单位直接划拨社会保险经办机构财政专户或交由财政部门转划入社会保障财政专户。二是从当地政府批准提高的安置补助费和土地补偿费中支付。山西规定,被征地农民养老保险所需资金从当地政府批准提高的安置补助费和用于被征地农户的土地补偿费中统一安排。三是个别省份在省级文件中规定的土地补偿费和安置补助费不足支付时,由财政部门从本级政府国有土地有偿使用收入中予以补足。云南规定,个人缴纳和集体补助部分从不超过一半的安置补助费和不低于百分之七十的用于被征地农户的土地补偿费中列支,两项费用尚不足以支付时,其不足部分由财政部门从国有土地有偿使用收入中予以补足。此外,个别省份规定,可以从集体经济组织的土地出让收入中提取少部分作为社会保障资金纳入财政专户。山西省规定,农村集体经济组织撤销建制后,可在征得有关方面同意的基础上,将其百分之二十的土地补偿费视为集体补助部分缴纳养老金。

五、预存款制度

征地补偿款预存制度是指征(用)地申请单位或个人在将用地申请及附件报送省级国土资源部门审查之前,将依法计列的征地补偿款足额预先存入征地补偿款专户,待用地获得批准后,及时足额兑付给被征地农民集体经济组织和农户的征地补偿资金管理制度。为了贯彻《国务院关于深化改革、严格土地管理的决定》(国发〔2004〕28号)《国务院关于加强土地调控有关问题的通知》(国发〔2006〕31号)两个文件要求,切实保障被征地农民的合法权益,防止出现征地补偿款拖欠、截留、挪用等问题,确保农民征地补偿费发放。目前部分省、自治区、直辖市纷纷出台关于征地补偿款预存制度。据统计,目前天津、广州、太原分别出台关于被征地农民养老保险办法,专门对养老保险预存款制度作出有关规定。同时,安徽、广东、贵州、山西、江苏等省及合肥、南通、泰州、扬州、淮安、南京江宁区等地土地资源管理部门相继出台征地补偿预存款制度的相关规定。

(一) 被征地农民养老保险预存款制度（人力资源和社会保障部门）

2010年1月13日天津市人力资源和社会保障局会同天津市财政局发布了《关于被征地农民基本养老保障有关问题的通知》（津人社局发〔2010〕5号）。通知规定，需要报国土资源部审批的国家征地项目，在向市人力资源和社会保障部门报送被征地农民社会保障实施方案前，上报方案单位应当将被征地农民的养老保险费存入市财政开设的预存专户。征地项目批复后将被征地农民的养老保险费从预存专户转入城乡居民基本养老保险基金，实行专户管理。被征地农民养老保险费的计算以参保缴费时间为准。预存资金不足的由上报方案单位补足；未获国家批准的征地项目或预存资金有余额的，由市财政退还上报方案单位。广州市人民政府2008年4月12日出台了《广州市被征地农民养老保险试行办法》（穗府〔2008〕12号），规定此办法实施后征地的，征地主体应按缴费标准，将缴纳十五年养老保险所需费用（含参保人、经济组织缴费和政府资助）一次性预存入劳动保障部门开设的"收缴被征地农民社会保障资金过渡户"。安置补助费不足个人缴费所需或土地补偿费不足经济组织缴费所需的，可按安置补助费和土地补偿费的实际数额预存。参保人和经济组织应缴纳的养老保险费从征地预存款中扣缴，征地预存款相应扣除该部分资金的数额。太原市人民政府2010年1月14日出台了《太原市被征地农民基本养老保险实施细则（试行）》（太政办发〔2010〕4号），细则规定，市财政设立被征地农民养老保险预存款专户。拟用地单位在将征地报批材料报送国土部门审查之前，应按规定将被征地农民个人和村集体经济组织缴纳的养老保险资金预存入市被征地农民养老保险预存款专户；未按规定将被征地农民个人和村集体经济组织缴纳养老保险资金存入市被征地农民养老保险预存款专户的，国土资源部门不予办理供地手续。被征地农民养老保险资金政府承担部分，市辖六区列入当年市财政预算，从市国有土地出让纯收益中提取财政部门当年从国有土地出让纯收益中提取的养老保险资金不足以支付政府应承担的养老保险费时，其差额部分列入下年度财政预算解决。

(二) 征地补偿款预存款制度（土地资源部门）

2010年，《安徽省征地补偿准备金管理办法》（皖政办〔2010〕22号）中第二条规定，"征地补偿准备金在征地报批材料报送省国土资源厅审查之前，应预先足额缴纳征地补偿费并存入征地补偿费预存专户，作为确保征地补偿费用能够及时足额兑付给被征地农民而准备的资金，同时将征地补偿准备金缴入到本市或县财政部门非税收入汇缴结算户，做到"先预存、后征地"。它还明确征地补偿准备金主要包含：土地补偿费、安置补助费、青苗补偿费、房屋等地上附着物补偿费以及从土地出让金等土地有偿使用收益中应提取的被征地农民社会保障费用。在报送建设用地报批材料时，必须附具金融部门出具的预存征地补偿准备金进账凭证，未有凭证，安徽省国土资源厅将不予受理。合肥市2009年5月12日出台了《合肥市征地预存（收）款制度实施办法》，规定征地预存（收）款包括征地报批税费和征地补偿费两部分。征地报批税费包括征地管理费、水利建设资金、菜改费、耕地开垦费、耕地占地税、新增建设用地有偿使用费等。征地补偿费包括土地补偿费（不含地上附着物补偿费）、安置补偿费、青苗补偿费等。申请征地单位须在市土委会安排新增建设用地计划后十五日内，按规定将征地预存（收）款纳入专户，如不能按时缴纳，取消用地计划。江苏省国土资源厅于2007年5月22日出台了《关于实行预存征地补偿款制度的通知》，要求各级政府，用地申请单位在将征地报批材料报送省国土资源厅审查之前，必须将依法计列的征地补偿款足额预先存入预存征地补偿款专户。预存征地补偿款主要包括土地补偿费、安置补助费、地上附着物和青苗补偿费等，不含房屋拆迁费用，实行基本生活保障制度的地区还包括从政府土地出让金等土地有偿使用收益中提取的被征地农民基本生活保障资金。同时，预存征地补偿款按照"专户存储、专款专用、封闭运行"的原则进行监督管理。不同建设项目、批次建设用地的征地补偿款不得混用；预存征地补偿款在专户预存期间的利息归缴款单位所有，一并计入补偿款管理。预存征地补偿款有余额的，在征地补偿程序完成后及时退回原缴款单位。全省各市、县（市）在报批建设用地材料时，必须将预存征地补偿款证明以及金融部门出具的预存款进账凭证随报批材料一并报送省国土资源厅。南京市政府办公厅于2007年6月27日根据省里要求，出台了《关于农用地转用和集体土地征收报批有关问题的通知》，江宁区也结合本区实际研究并制定了江宁区《关于农用地转用和集体土地征收报批有关问题的通知》，规定从2007年7月之后的征地项目均按照这个文件实行征地补偿款预存制度。泰州市则在1997根据本市征地补偿的实际操作情况，率先制定了征地预存款制度，2007年结合江苏省文件更加规范了该项制度。扬州市也在2006年后实施了征地预存款制度。南通市要求，用地单位征地前必须将全部征地款先行存入征地资金专户。对征地费用未足额缴入专户的地块，不予报批。海南省2009年出台了《海南省征地补偿费分配使用管理暂行办法》，明确指出，要建立征地补偿费预存制度，规定县级以上人民政府应当在征地实施前一个月将预计需要的征地补偿款足额存入同级土地行政主管部门开设的征地补偿费专户，专项用于征地补偿。广东省国土资源厅2005年出台了《关于试行征地补偿预存款制度的通知》（粤国土资发〔2005〕153号），建立起征地预存款制度。

六、审核程序

为确保被征地农民社会保障费用的落实，全面实行被征地农民养老保险制度，强化监督检查，规范审核报批程序，各级人力资源和社会保障部门必须对征地项目社会保障措施情况进行审核。被征地农民社会保障审核工作按照自下而上、逐级报审的原则进行。各省、市在审核报审政府批准征地时，由县级人力资源和社会保障部门提出初审意见，市级人力资源和社会保障部门提出审核意见，同时报省人力资源和社会保障厅备案。为此，部分省（河北、山西、安徽）人力资源和社会保障部门在出台文件中对其进行规范。审核程序由国土资源部门调查被征地单位一些基本情况（征地权属、地类、面积、人口等）后告知人力资源和社会保障部门。人力资源和社会保障部门依据同级国土资源部门提供的征地调查情况，按照本地被征地农民社会保障具体实施方法确定保障条件，来拟定被征地农民社会保障实施方案。方案一般包括保障依据、被征地单位征地前后基本情况、保障对象和保障项目（被征地农民养老保险、基本生活保障以及其他保障）、保障人数、保障标准以及费用筹集办法等。在征地报批前，国土资源部门要将人力资源和社会保障部门确定的社保范围制作成告知书，告知被征地农民。被征地农民就社会保障问题要求听证的，人力资源和社会保障部门要派员参加听证会议。同时，将拟定的保障意见报上级业务主管部门审核同意后，由当地人民政府批准实施。安徽省要求人力资源和社会保障及国土资源部门共同填写《被征地农民社会保障措施落实情况说明表》，随征地报批材料一同报本级政府审查。报上级人力资源和社会保障部门审核的《说明表》需提交五项材料：被征土地所在地被征地农民社会保障工作有关文件；经政府同意的保障意见（包括政府审批意见）；包括被征地农民社会保障内容的征地告知书；涉及被征地农民社会保障内容的征地听证笔录或被征地单位出具的不要求听证的说明；上级劳动保障部门要求提交的其他有关材料。山西规定，市或县级人民政府出具的《拟征土地被征地农民社会保障资金落实意见》，人力资源和社会保障部门在接到报批材料后，对资料齐备的，要在十五个工作日内完成审核工作。

表6-6　各省、自治区、直辖市被征地农民参加保障和保险制度情况

省份	城镇养老	农村社会养老	城镇基本医疗	农村医疗保障	工伤	失业	生育	城镇低保	农村低保	农村特困救助
北京	规定参加各项社会保险，并对基本养老、基本医疗和失业保险规定了具体的补缴办法							文件中未说明		
天津	✓	✓	✓			✓		✓		
河北	✓		✓							
山西	✓	✓	✓			✓				
内蒙古	✓	被征地养老保障								
辽宁	✓							✓		
黑龙江	✓	✓								
吉林	✓	✓	✓	✓	✓					
上海	参加小城镇社会保险									
江苏	建立被征地农民基本生活保障制度									
浙江	建立被征地农民基本生活保障制度									

土地换保障：
扩大推动发展民众基础的政策选择

续表

省份	城镇养老	农村社会养老	城镇基本医疗	农村医疗保障	工伤	失业	生育	城镇低保	农村低保	农村特困救助
安徽	√	建立被征地农民养老保险制度	√	√		√		√	√	√
福建	√	√	√	√	√	√	√	√	√	
江西	自愿参加	建立被征地农民养老保险制度	结合本地实际，积极推进本地区被征地农民的其他社会保障工作					√		
山东	建立失地农民基本生活保障制度									
河南	√	建立被征地农民养老保障制度	√	参加医疗救助制度	√	√	√			
湖北	建立被征地农民养老保险									
湖南	√	建立被征地农民养老保障制度	√	√				√	√	
广东	√	被征地农民基本养老保险				√		六十周岁及以上被征地农民纳入被征地农民基本养老保障制度		
广西		建立被征地农民社会保障制度	√	√		√				√
海南	√	√	√	√		√				
重庆	√									
四川	各地要按一定比例从土地收益中划出一部分资金于2005年12月底前建立征地调节资金，解决失地无业农民的安置补偿遗留问题、最低生活保障和失业保险、养老保障等社会保障问题					√		√		
贵州	建立被征地农民社会保障制度（养老保障、医疗保障）				√		√		√	√

续表

省份	城镇养老	农村社会养老	城镇基本医疗	农村医疗保障	工伤	失业	生育	城镇低保	农村低保	农村特困救助
云南	建立被征地农民基本养老保障									有条件的地方，还可以建立被征地农民基本生活补助制度，向劳动年龄段被征地农民提供基本生活补助，妥善解决征地后农民当前的基本生活。具体办法由各地自行制定
西藏	无政策文件。									
陕西	✓	建立被征地农民养老保险	✓	✓	✓	✓	✓	✓	✓	
甘肃	✓	加入农村养老保险或纳入被征地农民养老保险	✓							✓
青海	无政策文件									
宁夏	✓	建立被征地农民基本养老保障制度	✓	✓	✓		✓			
新疆	✓	建立被征地农民社会保障制度	✓	✓		✓				

说明：该表列举的保障项目为各省、自治区、直辖市政策中已有说明，表中有些省份没有工伤、失业等保障项目的不能完全代表在实施过程中没有。此表仅供参考。

第五节 被征地农民社会保障工作取得的主要成就

截至2010年年底，除西藏和青海外，全国其他省级政府或政府部门均出台或转发了关于做好被征地农民社会保障工作的政策文件，启动了探索建立适合被征地农民特点的社会保障制度的工作，三千多万被征地农民被纳入基本生活或养老保障制度，一千二百多万人领取被征地农民养老保险待遇，江苏、浙江、安徽等省基本实现了全覆盖。

土地换保障：
扩大推动发展民众基础的政策选择

与此同时，部分地区在被征地农民的就业培训、子女教育、住房安置、完善计划生育家庭安置政策、户籍确认和城市规划区内被征地农民农转非工作等方面进行了新的探索，有效维护了被征地农民的合法权益，促进了社会的和谐稳定。总体看，被征地农民社会保障工作呈现出制度越来越健全、政策越来越完善、力度越来越大、可操作性越来越强、参保农民越来越多、保障水平越来越高、被征地农民越来越欢迎、各级党委和政府越来越重视和支持的趋势。

一、解决了被征地农民养老保险的制度缺失问题，推进了补偿方式的多元化和制度化。用其他安置方式不可代替的制度保障有效解决被征地农民的老有所养问题，既是化解被征地农民后顾之忧、落实党的十七大提出的"人人享有基本生活保障"要求的德政善举，又是加快形成城乡一体化新格局、使农民群众共享发展成果、更充分体现社会主义制度公平普惠优越性的重要渠道。

二、创新了补偿方式，提高了补偿标准，建立了被征地农民分享土地增值收益和经济发展成果的新途径。一是突破了土地补偿费不能用于被征地农民的规定，一些地区约百分之八十的土地补偿费开始用于被征地农民。二是提高了安置补助费的水平，并主要用于缴纳养老保险个人所需费用。三是国有土地出让收入用于被征地农民实现了从无到有的突破，一般达到不低于所需缴纳养老保险费用的百分之三十。四是新增财政收入用于缴纳被征地农民养老保险费用在部分地区也实现了从无到有的突破，体现了政府公共财政投入的责任。上海部分区用于被征地农民社会保障的资金甚至超过历年的土地收入，越来越多的财政收入被用于被征地农民社会保障制度。五是社会保障待遇自动调整机制开辟了被征地农民分享土地增值收益和经济发展成果的新途径。

三、探索建立了有中国特色的新型养老保险制度，形成了以被征地农民为突破口、加快建立覆盖城乡居民社会保障体系的新格局。按照保基本、广覆盖、有弹性、能转移、可持续和公平普惠的原则，建立个人缴费、集体补助、政府补贴相结合，下有保底、上有封顶、适合被征地农民特点与需求的新型养老保险制度，既明确了政府责任、加大了财政投入，又建立了引导扶持激励机制，使政府投入能够调动被征地农民参保缴费的积极性，达到低成本建立与经济发展水平相适应的社会保障制度的目的。2011年，新农保和城镇居民养老保险制度覆盖面将超过百分之六十，2012年将实现全覆盖。

四、通过理论、政策、制度的创新，将土地这一潜在的社会保障资源激活为现实的社会保障资源，优化资源配置，提高被征地农民的城镇化能力，有利于加快建立完善被征地农民的农村退出机制和城镇进入机制，有利于在健康和谐的环境下加快推进我国工业化、城镇化和现代化进程，有助于改变城镇化机制缺失问题。

第六节 被征地农民社会保障工作面临的主要挑战

各地在贯彻落实党中央、国务院及有关部门关于做好被征地农民社会保障工作的有关政策措施方面已经取得了一定成效，但做好被征地农民社会保障工作，加强被征地农民社会保障政策制度的建设还面临非常艰巨的任务。应该说，在各大社会保险项目中，目前被征地农民社会保障工作的力度较大，不仅有中央的多项决定、国务院和有关部门的一系列政策，有《物权法》、《社会保险法》等法律法规，各地也出台了一系列贯彻落实的政策措施，但相关政策、法律落实的力度，执行的效果却均不理想，被征地农民社会保障工作没有达到预期目标既有客观原因，也有主观原因。

一、被征地农民社会保障制度建设依然处于探索阶段

（一）**工作任务异常复杂艰巨**。被征地农民群体庞大，历史久远，情况复杂，任务繁重。我国在1978~2008年三十年间形成的被征地农民超过八千三百万人，目前依然有近五千万被征地农民没有纳入社会保障体系。今后十年内如果城镇化水平达到百分之一左右，我国每年还将产生超过四百万新增被征地农民。特别是2009~2010两年内中央新增四万亿元投资，将集中产生一批更大规模的新增被征地农民。而许多项目都没有将被征地农民社会保障费用纳入工程概算。与此同时，被征地农民不仅存在地区差异、城市规划区内外差异、就业差异、年龄差异、能力素质差异，而且存在征地多少、征地好坏、补偿标准高低等差异，现行政策、制度难以满足被征地农民社会保障工作的需要。与此同时，被征地农民社会保障制度和政策的创新还处于探索阶段。因此，做好被征地农民社会保障工作是一项新的、非常具有挑战性的工作。

（二）**政策制度建设有待规范发展**。客观地讲，被征地农民社会保障制度是我国农村社会保障制度的突破口，对探索建立新农保和城镇居民养老保险制度、确保社会的和谐稳定具有不可估量的意义。但在农村社会保障制度模式没有定型的情况下，被征地农民社会保障制度率先突破后，由于制度建设的重点很快转向新农保和城镇居民养老保险制度，被征地农民社会保障制度建设并没有得到应有的重视。因此，被征地农民社会保障制度一直处于探索和停滞阶段。一是试点缺乏法律依据，政策不够规范。我国的被征地农民社会保障制度始于地方实践探索，是按照先地方试点再由中央总结地方做法，制订全国性指导意见和立法的路径建立起来的，还停留在中央和省定指导原则、省以下地方政府探索实践的阶段。从立法本身看，虽然社会保险法有原则规定，但缺乏专门的被征地农民社会保障的行政法规或规章。目前，国家层面只有国办的指导性文件。而国办指导意见只对被征地农民社会保障工作做了原则性规定，对目前业已存在的三种保障模式的具体走向缺乏明确指导，不利于统一被征地农民社会保障政策，实现公平保障和可持续保障。二是制度不统一，政策差异大。从实践看，各地被征地农民社会保障工作也是由省内部分地市先行探索，再由点到面在全省开展起来的。由此带来最为突出的问题是制度五花八门，政策差异甚大。一是省与省之间被征地农民社会保障制度模式不一致，如安徽全省基本都是基本生活保障模式，而浙江则至少有三种不同的模式并存。二是省内各市县

土地换保障：
扩大推动发展民众基础的政策选择

制度模式也不统一。浙江省杭州城区对劳动年龄内被征地农民实行的是城保的双低模式，嘉兴实行的是城保与基本生活保障相结合的模式。一些城市，甚至其所属各县区保障模式也不统一，如杭州市萧山区和桐庐县则又实行不同于主城区的一次性定额缴费模式。这种情况在浙江其他市也不同程度地存在。在同样实行基本生活保障模式的地区，具体政策差异也相当大。在保障人员认定上，浙江基本是只要征地发生，就有保障人员产生，人员数量取决于征地面积与本地人均土地面积，而保障人员则由村集体自主产生，政府一般不会过问，且参加保障的人员不一定是土地被征占的人员。而安徽除合肥外，一般只有在经征地人均耕地面积小于规定的标准后才产生保障人员，而保障人员的产生原则主要是谁征地谁参保，保障人员名单不完全由村集体确定。在筹资标准上，一是政府、集体、个人的比例各地均不尽相同；二是个人缴费金额不同，如合肥规定，安置补助费扣除一万二千元之后全额缴费，淮南实行每人六千元等额缴费；三是从个人缴费看，安徽省文件规定，个人自愿缴费，但地方实际上并非自愿，省里的文件并没有得到有效贯彻。浙江则要求必须有个人缴费，除非村集体承担了个人的缴费义务。在待遇水平上，各地差异更大，杭州与嘉兴为月六百元、五百八十元，合肥为二百八十元，淮南为二百元。此外，两省在预存款制度、先保后征程序审核等方面也有较明显的不同。一些地区如杭州的双低保障、嘉兴市的征地保障均纳入基本养老保险基金管理，当然有的实行一个基金、分账管理。制度政策不统一的主要原因，除这项制度是自下而上开展之外，还与国家及省的政策规定均为指导性意见、约束力差有关，导致省里的文件成为一纸空文，令行而禁不止。安徽省发文件要求建立预存款制度，但淮南还没有建立；省发文件要求个人自愿缴费，但合肥、淮南市均强制个人缴费。浙江的情况也如出一辙，省发文件要求建立风险金，但嘉兴市迄今还没有建立。

（三）征地程序不规范，被征地农民社保存在隐患。首先，被征地农民的范围如何界定，尚存较大争议。失去土地的界限未经科学公平的设定，硬性划定百分之五十或其他失地比例规定未必公平，不少地方采取人均零点三亩的门槛，有些地区如河北省，省内各县（市、区）也不尽相同，有的为人均零点三亩、有的为零点七亩，既不公平，也不合理，很容易引起被征地农民不满，引发社会矛盾。其次，由于缺乏相对统一的规程，导致各地在建设项目要进行时才匆忙制订社保方案。在很多地区，现行征地补偿安置程序实际是"先征后补"和"先征后保"，"即征即保""先保后征"难落实。被征地农民处于被动和不平等的地位，对征地拆迁补偿标准、被征地农民基本生活和社会保障标准等问题缺乏知情权、参与权、表达权、监督权，被征地农民平等的市场经济地位没有得到确认，损害被征地农民土地权益的事件时有发生。再次，实行区片综合地价后，规划区内、外征地补偿费和社会保障费标准差额较大，特别是相邻村庄或同一村庄的不同地块分属规划区内和规划区外的，被征地群众心理难以平衡。而且，征地单位的社保方案往往是一个项目一个方案，一个项目涉及多个地区就有多个方案，标准不一，纷争不断。此外，少数乡村土地确权工作滞后，村集体占用大量未承包的农地，给甄别社会保障对象造成困难。又次，农民如在征地补偿过程中遭遇不公也难以维权。根据《中华人民共和国土地管理法实施条例》第二十五条规定，"征地补偿、安置方案报市、县人民政府批准后，由市、县人民政府土地行政主管部门组织实施。对补偿标准有争议的，由县级以上地方人民政府协调；协调不成的，由批准征用土地的人民政府裁决。征地补偿、安置争议不影响征用土地方案的实施"。法制化水平较高的上海市，在《上海市被征用农民集体所有土地农业人员就业和社会保障管理办法》中也规定："被征地人员与征用地单位或者被征地单位发生争议，由区县政府处理。"由批准征地的地方政府来裁决征地补偿安置争议，对补偿安置持有异议的被征地农民面临的困境可想而知。按照各地的司法实践，征地补偿标准争议不是行政复议，不属行政诉讼案件受理范围，被征地农民很难借助正常法律途径维护权合法权益。因此，信访一直是农民解决征地争议的最主要办法。据统计，近年来农民集体上访反映征地补偿安置问题的占集体上访总数的百分之八十以上。最后，按照现行征地补偿程序，土地安置补偿费先行支付给农村集体经济组织和被征地农民。例如，山西规定，土地补偿费的百分之八十分配给农民个人，百分之二十分配给集体。被征地农民一旦拿到了征地补偿款，由于社会保障意识不强等原因，大多不愿拿出钱来用于缴纳社会保险费，这也是导致"征""保"脱节的重要成因。

（四）个人如何参保无明确规定，参保率低。2007年，原劳动保障部、国土资源部下发的《关于切实做好被征地农民社会保障工作有关问题的通知》（劳保部发〔2007〕14号）规定："被征地农民社会保障所需资金，原则上由农民个人、农村集体、当地政府共同承担，具体比例、数额结合当地实际确定。各市县征地统一年产值标准和区片综合地价公布实施后，要及时确定征地补偿安置费用在农民个人、农村集体之间的分配办法，被征地农民社会保障个人缴费部分在农民个人所得中直接缴纳。"上述规定，明确了社会保障所需资金应由个人、集体、政府三方共担，而坚持个人缴费也与我国现行的社会保险制度吻合。各地相继确定了土地补偿费的分配办法和个人参保的标准，但对所提取的社会保障费的构成，是指个人、集体、政府三方的费用，还是仅指个人缴费部分或政府承担部分都没有明确。如果认定个人缴费从征地补偿安置费用中直接扣除，即说明个人不需再缴费，这与国家现行社会保险政策的原则相抵触。而且，现有上千万被征地农民是按原政策缴费参保的，若按新政策个人不用缴费，不仅使政策缺乏连续性和稳定性，更容易引发新的矛盾。各地被征地农民保障办法、保障标准不尽相同，虽然保障对象、补助标准、待遇水平存在差距，但在实际操作中，被征地农民只能被动地"对号入座"，无法选择，无所适从，难以满足被征地农民多层次的社会保障需求。当前，由于新农保制度与被征地农民社会保障制度的衔接办法尚未出台，为保证与国家政策相一致，降低制度整合成本，很多地区选择了待国家配套衔接政策出台后再拟定当地政策调整意见的做法。一方面，基层人社部门持观望态度；另一方面，目前的养老保险险种较多，有"城镇企业职工养老保险""被征地人员养老保险"等。养老的层次、优劣明显。与新农保政策个人缴费较低相比，被征地农民一次性缴费个人承担则较高，影响被征地农民参保积极性。因此，有相当一部分被征地农民仍持观望态度，在"职工养老保险""被征地人员养老保险"和"新农保"之间徘徊。由于领取待遇水平偏低，制度吸引力不大，年龄在四十周岁以下的被征地农民参加保险的意愿普遍不强，参保率较低。当然，参保率低也有农民自身的主观因素。不少符合参保条件的被征地农民不愿意参保，更愿意拿到现钱。被征地农民拿到土地补偿安置费用于当下的生活和消费后不愿意再拿出来参保缴费。农民不愿参保的主观原因在于：对国家的社会保障制度缺乏了解和认识，"养儿防老""家庭养老"的传统观念根深蒂固。并且，确有部分被征地农民家庭经济拮据，存在如照顾病人、供子女上学、偿还债务等许多实际困难。此外，允许被征地农民自愿选择，强制性不够。选择货币补偿方式的一些失地农民没有工作岗位和社会保险，在补偿费用完之后要求参加社会养老保险，但人社部门难以承办。

（五）**经办管理服务能力不够**。除制度方面的原因外，在基础管理和经办方面，也还存在一些问题。一是被征地农民社会保障的底数不够清楚。一般地区都很难提供本地被征地农民较为准确的累计数以及未保人员数。二是对土地出让收益和保障资金有关情况也不很清楚。合肥市人力资源社会保障局有关人员反映，被征地农民社会保障当期收进来多少钱难以统计，只有滚存结余额。而浙江人社厅、国土厅有关人员均反映，土地出让收益到底有多少钱，社会保险部门都不知道，只有财政部门清楚，至于政府出的筹资部分是否到位，也只有财政部门清楚，人社部门只能看到有关报表，不掌握确切情况。合肥市人力资源社会保障局还反映，目前合肥市区领取养老金的人员有四万八千七百人，其中九十周岁以上老人四百零八人，八十至九十周岁的四千三百五十三人，七十至八十周岁的九千八百六十五人。这些人员的被征地农民基本生活保障待遇发放归区里，由于居住分散，流动性较大，有的人几经搬迁，生存状况有时连社区居委会都难以掌握，待遇领取环节的反欺诈工作难度较大。

二、征地补偿和保障标准有待提高

（一）**征地补偿标准偏低**。现行征地补偿标准既不足以保证被征地农民基本生活不因征地而降低，又远低于足额支付被征地农民社会保障所需费用。2007年各地土地补偿费和安置补助费之和已经提高到原种植业年均产值的二十倍左右，分别仅相当于当地城镇在岗职工十四个月的平均工资和五年的农民人均纯收入。2007年，城镇职工仅一次性缴纳十五年最低养老保险费，平均约需八至十五万元。即使将全部土地补偿费和安置补助费都用于支付被征地农民社会保障所需费用，也存在巨大缺口。显然，按照国发〔2004〕28号文件的要求，仅通过提高安置补助费来解决足额支付被征地农民社会保障所需费用问题的空间有限。要彻底解决这一问题，需要进一步突破现有法律和政策。

（二）**政府筹资落实难，未来支付压力大**。在土地征占过程中，农民是直接受损者，政府通过土地出让获得了大量收益，加上各种规费。据了解，一些地区土地收益占地方财政收入的比例高达四分之一甚至更多。按国家和省有关文件规定，政府应承担被征地农民社会保障的筹资责任，浙江规定，政府出资比例不低于百分之三十。但长期以来，地方政府对被征地农民参保缴费的配套补助资金到位率低。从已开展被征地农民社会保障工作的情况看，一般是被征地农民个人承担的社会保险费用到位较快，而地方政府对被征地农民参保缴费的配套补助资金的到位率只有百分之三十至百分之五十。据了解，广东、贵州、山西的不少地方政府没有按照规定足额提取被征地农民社会保障费用并完全用于被征地农民的社会保障工作。从浙皖两省情况看，政府只是承诺承担被征地农民社会保障基金的兜底责任，多数市县政府应负担的资金并没有到位。安徽合肥等一些地区在解决历年被征地农民社会保障历史遗留问题时，采取以新养老模式，即政府当期并没有拿出真金白银，而是将当期收上来的钱（集体和个人的缴费）用于解决老的问题，维持待遇发放。之所以出现这种情况，主要是因为一些地方政府怕资金到位后，实行专款专用，当期能用的"活钱"变成了"死钱"，因而目前依然只停留在政策承诺上。从上述两省份各市县的情况看，被征地农民社会保障资金普遍存在中长期支付压力。据浙江省人力资源社会保障厅反映，多数地区被征地农民社会保障基金的静态支付水平只有七至八年，有的地区甚至只有五至六年。如果以当前社会平均预期寿命七十五岁计算，则至少存在七至八年的支付缺口。而实际上，一些地区，据浙江嘉兴市人社局有关领导介绍，该市平均寿命已达七十九点五岁，所有被征地参保人员平均缴费只有四万多元（1993年只有两万多元，现在不到十万元），而养老金每月五百八十元，按此标准所筹集的资金不到七年就会花光，缺口将更大。另据合肥市人力资源和社会保障局反映，该市将过去征地的十一万二千人全部纳入社会保障。这部分人员因没有缴纳保障费用，都是由新养老。如果新征地减少，保障资金就没有了来源。收支压力大除征地补偿标准偏低、用地单位没有承担社会保障费用外，地方政府没有真正承担筹资责任、土地收益没有回哺被征地农民是重要原因。当然，一些地区如安徽淮南市人力资源和社会保障局还认为，基金支付压力过大主要原因在于，目前国家对被征地农民养老保险在资金上没有建立正常的投入机制，均由地方政府在统筹范围内解决收支的平衡，造成地方财政负担过重。

（三）**保障待遇水平偏低**。2007年按照国办发〔2006〕29号文件要求建立的被征地农民养老保险水平只有不到当地城镇职工平均养老金水平的三分之一（城镇职工每月九百四十七元）。部分被征地农民反映，由于政策落实不到位，相当一部分被征地农民实质上还享受不到相应的最低保障标准。由于领取待遇水平偏低，制度吸引力不大，年龄在四十岁以下的被征地农民参加保险的意愿不强，参保率较低。保障水平的高低直接关系到被征地农民当前及未来的生活水准。关于被征地农民基本生活和养老保障水平，国办发〔2006〕29号文件规定应不低于当地最低生活保障标准，但实际上部分地区并没有执行到位。浙江省已出台的政策明确被征地农民的

土地换保障：
扩大推动发展民众基础的政策选择

保障水平原则上要高于当地城市居民最低生活保障水平，但从各地的实际情况看，被征地农民的保障水平还比较低，相当部分县市虽经多次调整，仍没有达到低保水平。以参加基本生活保障的被征地农民为例，发达地区一般在每月三百至四百元左右①，中等和欠发达地区一般在每月两百至两百五十元左右，全省约有近半的县市低于当地城市低保水平②。安徽的情况也大体类似。以淮南市为例，该市被征地农民生活保障待遇标准为城乡低保的平均值，2010 年经多次调整后为每月两百元。关于待遇水平，市人力资源和社会保障局坦承，由于受缴费水平的限制，尽管三年两次提高被征地农民养老保险待遇，但扣除物价上涨等因素，本市被征地农民养老保险待遇与社会经济发展水平仍不相适应，社会保障功能有待进一步提高。被征地农民基本生活或养老保险待遇水平低的原因除最初确定的标准过低外，缺乏相应的调整机制也是重要原因。近年来，基本养老金连续大幅调整，城乡低保水平也接连上涨，而被征地农民保障待遇没有相应的提高，以致相对标准更低。据嘉兴市人力资源和社会保障局有关主管领导反映，"职工养老每年调整待遇，幅度大，被征地农民保障待遇也适当增长，但增幅小，只有十几块钱，甚至只有几块钱。如再大幅度提高待遇水平，将来财政压力更大"。待遇标准低还体现在制度层面。以杭州市被征地农民双低养老保险为例，企业职工正常缴费比例为百分之二十二，双低为百分之十六，一次性缴费十五年为六万五千九百五十二元，与城保最低缴费不相上下。但在计发基础养老金待遇时要按正常标准乘以零点七的缴费系数，在缴费差不多的情况下，双低最低养老金只有四百一十元，而职工最低养老金则为九百三十元，待遇相差过大，存在制度上的明显不公平。嘉兴的情况也大体类似。如前所述，该市规定，被征地农民目前按每年六千三百元标准一次性缴费，高于城保灵活就业人员缴费水平，但待遇标准只有五百八十元每月，远低于职工基本养老金标准。对此，该市人力资源和社会保障局有关领导也认为，"现在职工灵活就业人员一年缴费四千多元，六千三百元的缴费相当于按百分之百的基数缴费，比灵活就业的还要高。从保障待遇的角度看，实际上对被征地农民是不合理的"。现行征地补偿标准既不足以保证被征地农民基本生活不因征地而降低，又远低于足额支付被征地农民社会保障所需费用。一方面，征地补偿标准低，农民所得有限；另一方面，一次性的缴费政策造成个人承担部分偏重、偏高，农民个人承受能力有限。如河北省一名十六至五十九岁人员按当地城镇低保水平二百四十五元一月计算，参保时需一次性缴纳一万二千九百九十元。特别是那些经济实力较弱的村集体，由于无力或不愿给农民提供缴费补助，被征地农民参保负担更重。

2007 年，按照国办发〔2006〕29 号文件要求建立的被征地农民养老保险水平大都参照最低生活保障线制订，大大低于当地城镇职工平均养老金水平。在保障标

---

① 不包括居保的基础养老金，全省六十元，杭州九十元。
② 浙江农保低保水平为每月一百六十七至三百元，城镇低保标准为每月二百三十至四百五十元。

准的制订上，很多省区未调查测算各市县的国有土地有偿使用收入情况，简单地将被征地农民养老保障水平规定为"原则上不得低于当地城市居民最低生活保障标准"。几年来，由于各地都是比照最低生活保障标准测算被征地农民的社会保障待遇水平，待遇普遍偏低。部分地区由于政策落实不到位，相当一部分被征地农民的保障待遇实质还达不到最低生活保障标准。此外，很多地区未建立被征地农民基本生活保障水平正常调整机制，一些被征地农民实际生活和保障水平甚至绝对下降。区片综合地价政策实施后，由于补偿标准依然不高，被征地农民享受社会保障待遇水平仍然偏低。显然，按照国发〔2004〕28号文件的要求，仅通过提高安置补助费来解决足额支付被征地农民社会保障所需费用问题的空间有限。要彻底解决这一问题，需要进一步突破现有法律和政策。

目前，一些地方虽然把被征地农民纳入了城乡养老保障制度，但由于被征地农民就业不稳定、收入偏低甚至无劳动收入，这种养老保障制度也不是以稳定的劳动关系作为参加社会保险的基础、以工资收入作为缴费基数，而是以部分土地安置补助费和土地补偿费一次性缴费，再确定退休后的定额发放标准，其保障水平偏低，而且没有建立起正常的待遇调整机制。在一些地方，由于政策落实不到位，相当一部分被征地农民实质上还享受不到相应的最低保障标准。其重要原因是提高被征地农民社会保障水平缺乏独立而稳定的资金来源。目前被征地农民参加社会保障制度，按照不低于当地城乡居民最低生活保障水平建立被征地农民的基本生活保障制度，均以一次性获得的土地补偿费、安置补助费为主，虽然基本解决了被征地农民、村集体和政府的承受能力问题，但要通过该制度逐步提高被征地农民基本生活保障的水平，不建立稳定的资金来源渠道、健全增长机制，被征地农民的保障水平一般会低于当地城镇最低生活保障水平，可能影响经济发展和社会稳定。

（四）保障项目单一。从理论上讲，被征地农民的社会保障制度应包括养老保险、医疗保险、失业保险、再就业优惠政策等，但从各地的实践来看，多数地区对被征地农民实行的都是以养老为主的最基本的生活保障，保障项目比较单一，对被征地农民医疗、失业等其他方面的保障则较少涉及。

三、缺乏稳定的政策和资金支持，缺乏规范的资金管理模式

目前，一些地方虽然把被征地农民纳入了城乡居民养老保障制度，但由于被征地农民就业不稳定、收入偏低甚至无劳动收入，这种养老保障制度也不是以稳定的劳动关系作为参加社会保险的基础、以工资收入作为缴费基数，而是以部分土地安置补助费和土地补偿费一次性缴费，再确定退休后的定额发放标准，其保障水平偏低，而且没有建立起正常的待遇调整机制。在一些地方，由于政策落实不到位，相当一部分被征地农民实质上还享受不到相应的最低保障标准。其重要原因是提高被征地农民社会保障水平缺乏独立而稳定的资金来源。目前被征地农民参加社会保障

土地换保障：
扩大推动发展民众基础的政策选择

制度，按照不低于当地城乡居民最低生活保障水平建立被征地农民的基本生活保障制度，均以一次性获得的土地补偿费、安置补助费为主，虽然基本解决了被征地农民、村集体和政府的承受能力问题，但要通过该制度逐步提高被征地农民基本生活保障的水平，不建立稳定的资金来源渠道、健全增长机制，被征地农民的保障水平一般会低于当地城镇最低生活保障水平，可能影响经济发展和社会稳定。

做好被征地农民社会保障工作资金需求巨大，必须有稳定的政策和资金支持。为保增长、扩内需，我国不仅每年可能新增被征地农民四百多万，还有三千二百多万历史遗留被征地农民社会保障问题没有解决。按照每个被征地农民社会保障所需资金至少两万元计，每年解决新增被征地农民社会保障至少需要八百亿元，解决三千二百万历史遗留被征地农民社会保障问题至少需要六千四百亿元。

经过几年的努力，我国部分地区已经为被征地农民建立了养老保险制度。但由于被征地农民就业不稳定，其缴费只是一次性的低水平的土地补偿收入和土地出让收入，无论是个人、集体还是政府，缴费水平都严重偏低，而且缺乏可持续的缴费能力。地方政府由于土地出让收入不稳定，对被征地农民的社会保险缴费投入政策也不稳定，力度非常有限，被征地农民的社会保障缺乏稳定的资金支持。目前被征地农民社会保障资金筹措困难，用地单位存在资金缺口，普遍没有将被征地农民社会保障所需费用列入工程概算，地方政府财力有限，普遍没有将被征地农民社会保障所需费用列入财政预算。特别是2009年批准用地七百六十一万亩，比2008年增长了百分之二十七，实际供地四百七十九万亩，比前一年增长了百分之四十四，地方政府承诺的社会保障大多没有资金保证，等于政府打白条，先保后征的要求落实困难。

现阶段，被征地农民社会保障基金基本上都是县级统筹，统筹层次不高，基金筹集困难，征地项目所在地政府的出资部分难于兑现。同时，县级政府趸缴被征地农民十五年参保费用的百分之三十左右，财政压力较大。从近些年的实践看，大宗征地项目多为公益性划拨用地，多数市、县的国有土地有偿使用收入很有限，一些地区基本没有征收国有土地出让收入。被征地农民社保所需资金数额过大，当地政府无力承担。而且，许多国家和省市确定的重点工程项目，政府筹资部分完全由县级政府承担，不够合理，县级政府普遍很有意见。

长期以来，地方政府对被征地农民参保缴费的配套补助资金到位率低。从已开展被征地农民社会保障工作的情况看，被征地农民个人承担的社会保险费用到位较快，而地方政府对被征地农民参保缴费的配套补助资金的到位率只有百分之三十至百分之五十，广东、贵州、山西的不少地方政府没有按照规定足额提取被征地农民社会保障费用并完全用于被征地农民的社会保障工作。此外，部分村集体没有集体经济，村集体补贴不能落实。参加养老保险的被征地农户所得补偿安置费几乎要全部用于参保缴费，缴费负担过重，直接影响被征地农民的当前生计。

综合各地基层的意见，社会保障费未列入征地成本是制约被征地农民养老保险资金难落实的关键。目前，各地对项目业主方提取社保资金的归属仍不清楚，是作为农民个人和集体缴费，还是除政府、集体和个人之外的第四方资金难有结果。资金管理方面，政府责任不清，该政府承担的资金并无相对明确的规定及计提办法，一些政府将项目业主方提取的资金作为政府应出资部分。具体到预存款和社会保障账户的管理，有的在社保部门建立专户，有的在国土部门或财政部门设立专户。计提的社保资金有的存在财政部门，有的存在社保部门。大量资金没有分解到参保人名下，管理不规范，风险太大。

四、各级政府责任不明确、不均衡

目前，在被征地农民社会保障制度建设中，并没有明确各级政府承担的责任及责任的大小。从各级政府承担责任的能力看，如果中央政府不承担被征地农民养老保险制度建设的主要责任，依靠地方政府的一次性国有土地出让收入和部分新增财政收入，缴费和待遇水平就难以适时调整，从而难以保证被征地农民的基本生活和长远生计。从全国二十九个出台被征地农民养老保障制度的省市情况来看，资金来源几乎均为当地政府、村（组）集体和个人，只是三者分担的比例略不相同，多数为政府、村（组）集体和个人三七开，也有部分省市是四六开（如贵州、云南省）和五五开（如宁夏、海南省）的。其中政府出资部分从土地出让收入等国有土地有偿使用收入中列支，村（组）集体出资部分从土地补偿费、集体经济组织经营收入、村（组）集体其他收益中列支，个人则是从安置补助费中开支。在政府承担的责任中，由于不同层次政府承担的责任及承担责任的形式与责任大小均没有明确，在一定程度上导致了政府承担的被征地农民社会保障制度建设资金难以及时到位、制度模式一直没有明确。从实践看，政府承担被征地农民社会保障制度建设责任的能力和空间是非常巨大的，做好这项工作是完全有条件的。据财政部统计，2009年全国土地出让收入为一万四千二百三十九亿七千万元，比上年增长百分之四十三点二。全年支出一万二千三百二十七亿一千万元，比上年增长百分之二十八点九，结余一千九百一十二亿六千万元。在支出项目中，百分之四十点四用于征地和拆迁补偿支出、百分之十点七用于土地开发支出、百分之二十七点一用于城市建设支出，而用于补助被征地农民的支出仅占百分之一点六（详见图1－1），占当年土地出让收入的百分之一点三七，占净收入的百分之十点一九。2010年，全国土地出让收入更是超过两点七万亿元，比上年增长百分之七十点四。根据《进一步加强土地出让收支管理的通知》（财综〔2009〕74号）的要求，在编制社会保险基金预算时，只要在政府公共预算支出中增加对被征地农民社会保障资金的安排，将被征地农民社会保障所需资金列入土地出让收支预算管理范围，将被征地农民社会保障所需各项资金纳入年度财政支出预算，做好被征地农民社会保障工作就有了稳定的政策和资金保证。

土地换保障：
扩大推动发展民众基础的政策选择

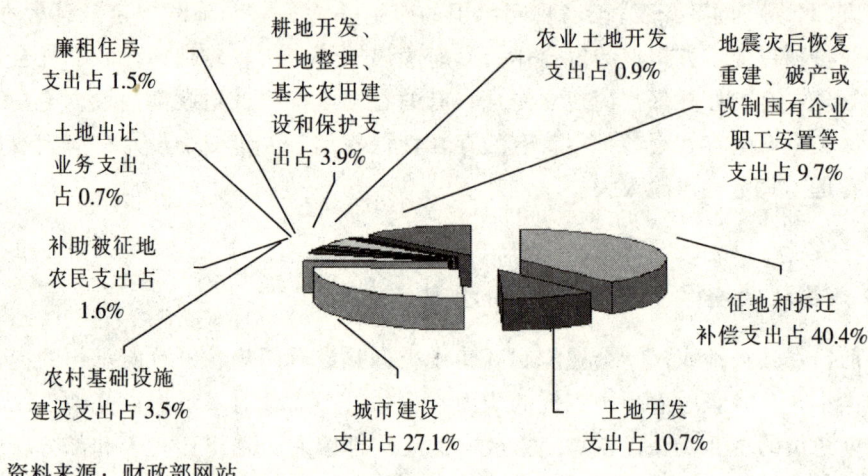

资料来源：财政部网站

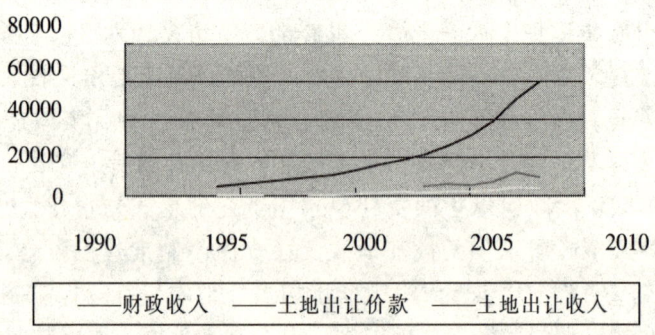

表6-7 土地出让价款和国有土地有偿使用收入增长示意图

表6-8 1994~2009年财政收入、土地出让价款和国有土地有偿使用收入表

单位：亿元

年份	财政收入	土地出让价款	国有土地有偿使用收入
1994	5218		359.2849
1995	6242		332.8569
1996	7408		290.4837
1997	8651		
1998	9876		499.5607
1999	11377		514.3295
2000	13395		595.5848

续表

年份	财政收入	土地出让价款	国有土地有偿使用收入
2001	16386		1295.89
2002	18903		2416.793
2003	21715	5421.311	1799.116
2004	26396	6412.176	2339.794
2005	31649	5883.817	2183.968
2006	39373	7676.89	2978.289
2007	51321	12000	4560
2008	60000	9600	3648
2009	68477	16320	5320

五、解决历史遗留社会保障问题难

目前，各地出台的被征地农民养老保险政策重点解决的是新被征地农民，老被征地农民、未农转非农民、调地农民的养老保险制度建设等问题还处于逐步解决的过程之中，还存在大量的历史遗留问题有待解决。由于早期被征地农民补偿标准严重偏低，许多被征地农民长期没有稳定的就业和收入来源，已经成为特殊困难群体的被征地农民，基本没有参保缴费能力，绝大多数村集体缺乏帮助农民参保缴费的经济能力完全靠地方政府彻底解决被征地农民参保的历史遗留问题，难度极大。以贵州为例，老征地农民就有一百多万人，仅贵阳市就有三十余万人。安徽省人力资源社会保障厅还反映，两淮煤矿采煤沉陷区涉及失地农民四十五万，其中大多数还游离于社会保障之外，潜在的社会矛盾比较突出。如果解决历史遗留问题的责任完全落到地方政府身上，人数如此众多，解决难度会进一步加大。因此，必须创新思路。

六、水利移民等群体社会保障政策制度有待进一步完善

目前，《大中型水利水电工程建设征地补偿和移民安置条例》（国务院令第471号，以下简称<移民条例>）与国务院关于做好被征地农民社会保障工作的一系列政策规定不尽一致。依据《国务院关于深化改革、严格土地管理的决定》（国办发〔2004〕28号）制定的《移民条例》，只有对征地移民的前期补偿、补助与后期扶持政策，而没有制定征地移民社会保障政策。三峡工程、南水北调工程等工程都没有考虑征地移民的社会保障制度建设，征地补偿投资概算也没有列入社会保障经费，水利水电工程移民基本没有纳入被征地农民社会养老保险制度。而且，水利水电工程占地和库区淹没的土地补偿费、安置补助费之和按照耕地征用前三年平均产值的

土地换保障：
扩大推动发展民众基础的政策选择

十至十六倍计列，均低于国土资源部规定的最低补偿标准，难以满足被征地农民社会保障制度建设的需求。大中型水利水电工程征地移民工作中均存在社会保障制度和资金安排缺失问题。

目前被征地农民的就业和社会保障政策仅覆盖政府征地的农民，而其他类似的失地群体无相应政策安排：一是因退耕还林、退牧还草、水源地保护区等生态失地农民；二是煤炭塌陷区、资源枯竭性城市或矿区既无可耕种土地，却还没有获得特定政策补偿的农民的资源开发失地农民；三是水利水电工程建设征地移民；四是失湖失海渔民；五是在现行政策条件下，婚嫁和新出生人口失去土地承包经营权的无地农民；六是地震等灾害形成的灾区失地农民；七是国界勘定形成的边区失地农民。这些失地和无地农民社会保障资金来源没有明确、没有保障，失地和无地农民的基本生活和长远生计均无保障，绝大多数失地和无地农民生活困苦。

从近些年的实践看，被征地农民社会保障制度模式也有待进一步明确。由于各地建立的被征地农民社会保障制度基本是在新农保和城镇居民养老保险制度确立前建立的，不仅制度模式不统一，而且制度模式的取向也不明确。在新农保和城镇居民养老保险制度建立并将很快实现全覆盖的大背景下，被征地农民社会保障制度应该与其衔接并尽快实现城乡统一、全国统一。

七、相关部门协调不够，被征地农民社会保障审核难落实

关于被征地农民社会保障审核问题，《关于切实做好被征地农民社会保障工作有关问题的通知》（人社部发〔2007〕14号）等文件明确规定，需报省级政府批准征地的，由地市级人力资源和社会保障局提出审核意见；需报国务院批准征地的，由省级人力资源和社会保障厅（局）出具被征地农民社会保障项目、标准、资金安排和落实措施的审核意见。但在实际工作中，由于征地单位、国土资源部门、交通运输部门、各基层政府等不同主体的认识存在差异，各地不同程度地存在人社部门难以有效审核、部分地区甚至绕过社保审核上报征地项目以及人社与国土等部门之间难以协调等情况。

一是难以有效审核。由于不少建设项目报批手续往往都是主要领导亲自过问、专门催办、要求限时办结而按人头正常核定每位参保人员的社会保障状况，普通的项目需要半年时间，一些地区留给人社部门审批社保方案的时间有限，审批机关难以掌握被征地农民的人数、户籍、失地多少等基本情况，对存在的问题难以充分沟通解决，只能原则批复，使审核走了过场。在有些地区，虽然相关部门依据部门职能分工，要求征地项目到人社部门报批，但报批单位不与人社部门认真配合，有的胡乱草率填数据，人社部门难以实地验证，不能准确掌握征地情况。更极端的情况是，有些县区，地方主要领导强行要求人社部门在空白审核表格上直接盖章，否则撤职查办。

二是绕开社保审核。被征地农民社保审核工作需要国土部门的密切配合，但目

前存在中央和省两级国土资源部门联合采取手段绕开人社部门社保审核的情况,给各级人社部门履职带来障碍,以致因社保不落实导致的群众来信来访增多。特别是2009年,国土资源部将征地社保审核权限下放到省级国土资源部门,当年2月,在国土资源部办公厅下发的《关于印发报国务院批准项目用地省级审查报告文本格式的通知》(国土资办发〔2009〕17号)有关填报项目中,关于"社会保障"一栏,仅模糊要求"征地涉及有关市县已经出台被征地农民社会保障具体实施办法(或项目所在省份已出台被征地农民社会保障具体实施办法)""可以做到被征地农民原有生活水平不降低,长远生计有保障""所需资金主要通过……等途径解决",因而擅自改变了人社部发〔2007〕14号关于审核程序的规定,使征地项目社保审核变成了可有可无的内容,既非强制,也不具体。

鉴于绕过人社部门社保审核上报征地项目的情况在2010年更加普遍,各地人社部门与国土资源部门进行了反复协调。但各地国土资源部门的意见惊人地一致,都以国土资源部〔2009〕17号文件为依据,认为只要当地政府制定出台了被征地农民社会保障办法或方案,就视为已经落实了被征地农民社会保障工作,因而在具体征地项目上报时既可经过人社部门审核,也可不经过人社部门审核。山西省2009年新开工二十八条高速公路,没有一条到人社部门进行社保审核。很多省区人社部门最近发现,征地项目到人社部门报批的比例锐减。

除国土资源部门外,与水利部门的沟通也存在困难。据江苏省人社厅同志反映,2009年有关部门曾在南京召开南水北调被征地农民社会保障专题会议,江苏省人社厅和南京市农保部门竟然都不知情。

八、被征地农民缺乏适合其特点的就业政策支撑

被征地农民一般就业困难,就业率低,就业质量差,就业培训及其他相关配套政策措施有待进一步完善。一方面,被征地农民自身素质低,招工困难。征地农转非居民身份虽然已城镇化,但职业难以城镇化,部分人员处于"半城镇化"状态。他们文化程度普遍偏低,对土地的依存度较高,缺乏非农化劳动技能,存在等待、依赖和观望等消极观念,市场竞争就业意识不强,难以满足单位、企业招工条件。特别是男五十周岁、女四十周岁以上的农转非人员很难找到工作。另一方面,缺乏针对征地农转非人员的就业培训及其他相关配套政策措施。被征地农民是一个比下岗职工更为困难和弱势的特殊群体,被征地后在职业、住房、子女教育、社会保障等方面都面临全新的挑战。

第七节 被征地农民社会保障工作的目标与任务

"十二五"时期是推进我国工业化、城镇化、现代化的关键时期,做好被征地

土地换保障：
扩大推动发展民众基础的政策选择

农民社会保障工作是深入贯彻落实科学发展观、持续加大支农惠农力度、逐步改变城乡二元结构、促进城乡和谐发展的重要举措。

一、指导思想

以邓小平理论和"三个代表"重要思想为指导，深入贯彻落实科学发展观，按照建立全国统一、城乡统一的中国特色新型养老保险制度、先保后征、应保尽保的要求，实施"和谐基石计划"，实施并完善单位缴纳与个人缴费、集体补助、政府补贴相结合，基础养老金和个人账户相结合的被征地农民养老保险制度，着力做好被征地农民就业、住房和社会保障等工作，推进被征地农民成为"有岗位、有资产、有保障、有尊严"的"四有"居民，为被征地农民融入城镇，立足城镇发展提供强有力的制度保证。

二、基本原则

被征地农民社会保障的基本原则是"保基本、全覆盖、有弹性、能转移、可持续"。一是从被征地农民实际出发，低水平起步，筹资标准和待遇标准要与经济发展及各方面承受能力相适应；二是用地单位、个人（家庭）、集体、政府合理分担责任，权利与义务相对应；三是政府主导和被征地农民自愿相结合，实行先保后征，引导被征地农民多缴长缴；四是中央确定基本原则和主要政策，地方制定具体办法，对参保居民实行属地管理。

三、目标与任务

到2015年"十二五"末，基本建立起完善的被征地农民社会保障政策体系，将各类被征地农民纳入城乡养老、医疗等社会保障制度，实现被征地农民老有所养、病有所医，确保被征地农民基本生活和长远生计。同时，建立政策制定、经办服务、信息支撑、部门协调相结合的工作体系，促进工作可持续、高效率、利民化运行。

1. 覆盖地区目标　2012年前，未出台被征地农民社会保障实施办法的省、市、区、县要加快颁布出台相关政策。
2. 覆盖人群目标　新被征地农民全部纳入社会保障体系。
3. 国家大中型项目被征地农民全部纳入社会保障体系。
4. 社会保障体系覆盖到老被征地农民，参保率不低于百分之九十五。
5. 城乡居民社会保障体系覆盖到农转非被征地居民，参保率不低于百分之九十五。
6. 制度建设目标　实施并完善单位缴纳、个人缴费、集体补助、政府补贴相结合、基础养老金与个人账户相结合，与城镇职工基本养老保险、城镇居民养老保障、社会救助等其他社会保障政策措施相配套的新型养老保障制度,保障被征地居民老年基本生活。规范征地居民养老保险制度,制定征地居民养老保险办法。

7. 完善城乡居民医疗保险制度,征地居民纳入其中,转为城镇居民的纳入失业保险制度。

8. 探索制定失地和无地农民社会保障政策。主要有:退耕还林、退牧还草、水源地保护区等生态失地农民社会保障政策措施;煤炭塌陷区、资源枯竭性城市、其他矿区等资源开发失地农民社会保障政策措施;农田水利建设失地农民社会保障政策;失海渔民社会保障政策措施;婚嫁和新出生人口等无地农民社会保障政策措施;地震等灾害失地农民社会保障政策措施;国界勘定边区失地农民社会保障政策措施。

四、可行性分析

在"十二五"期间,每年解决四百万左右新增被征地农民社会保障问题;解决五百万左右历史遗留被征地农民社会保障问题。按照每个被征地农民社会保障所需资金至少两万元计,每年解决新增被征地农民社会保障至少需要八百亿元,解决五百万历史遗留被征地农民社会保障问题至少需要一千亿元,合计一千八百亿元左右。所需资金约占每年国有土地有偿使用收入的百分之三十左右;占每年土地出让价款不到百分之二十。随着土地价值的不断增值,上述比重还会进一步降低。因此,每年解决九百万被征地农民社会保障问题是完全现实可行的。

第八节 被征地农民社会保障工作的基本取向

"十一五"期间,党中央、国务院和各级党委政府高度重视被征地农民社会保障工作,近几年陆续出台的一系列政策措施使被征地农民社会保障制度不仅实现了从无到有的突破,而且基本实现了全覆盖,越来越多的被征地农民被纳入了社会保障范围,被征地农民逐步从"无地、无业、无社会保障、无创业资金"的"四无"居民转变为"有岗位、有资产、有保障、有尊严"的"四有"居民。目前,被征地农民社会保障工作正在实现从"制度全覆盖"向"人员全覆盖"的跨越。

为将党的十七届三中全会提出的"同地同价"和"先保后征"等新的更高要求落到实处,做好被征地农民社会保障工作有必要进一步采取以下措施。

一、进一步改革完善征地制度,提高补偿标准

要修改《土地管理法》,明确被征地农民在土地征占过程中的社会保障权益,合理界定用地单位、地方政府及集体与个人等相关主体的社会保障责任,明确用地

土地换保障：
扩大推动发展民众基础的政策选择

单位的社会保障筹资责任，落实社会保障资金来源，提高土地补偿标准，规定审核程序，切实保障被征地农民的合法权益。

要提高征地补偿标准，确保足额支付被征地农民社会保障和基本生活所需费用。根据《物权法》关于"征收集体所有的土地，应当依法足额支付土地补偿费、安置补助费、地上附着物和青苗的补偿费等费用，安排被征地农民的社会保障费用，保障被征地农民的生活，维护被征地农民的合法权益"的规定和《国务院办公厅关于规范国有土地使用权出让收支管理的通知》（国办发〔2006〕100号）关于"确保足额支付征地和拆迁补偿费、补助被征地农民社会保障支出、保持被征地农民原有生活水平补贴支出"的要求，足额提取"社会保障费"和"基本生活补助费"，分别用于被征地农民社会保障补助支出、保证被征地农民生活水平不下降的基本生活补助支出。

各级人力资源和社会保障、国土资源部门要按照以人为本的要求，尊重被征地农民的意愿，依法保障被征地农民对基本生活和社会保障的知情权、参与权、表达权、监督权，确保征地全过程的公开、公平、公正。在征地拆迁补偿标准安置途径告知书发放前，负责征地的政府人力资源和社会保障部门要与同级国土资源部门共同确定被征地农民基本生活和社会保障方案，报同级人民政府同意后，随征地告知书一并告知被征地农民。被征地农民要求征地听证时，人力资源和社会保障部门要参加听证，认真听取被征地农民对基本生活和社会保障的意见与建议，根据有关法律、法规和政策，完善被征地农民基本生活和社会保障方案与措施。

根据"确保被征地农民当前生活水平不下降，长远生计有保障"的总体要求，鉴于土地补偿费、安置补助费的原本用途是用于农民土地被征用后的生活补助和就业安置，并不包含社会保障方面的费用，近几年才提出被征地农民社会保障问题，鉴此，应相应新增并单列被征地农民社会保障（含养老保险）费用。

建议将被征地农民社会保障费单独列入征地成本，进入工程概算，按照被征地农民参加养老、医疗等社会保险缴费数额，一次性从工程成本中划拨到社会保障个人账户，由当地人民政府按政策规定解决被征地农民的社会保障问题。

征收集体所有土地时，按区片价（或土地补偿费、安置补助费之和）的一定比例，一次性提取被征地农民社会保障费，用于建立被征地农民养老保险个人账户，所提取的被征地农民养老保险费计入征地成本。按照谁用地谁负责的原则，以出让方式供地的由当地政府从国有土地有偿使用收入中列支；以划拨方式供地的由地方财政缴纳。

对没有土地出让收入的交通、能源、水利等项目，因为这些项目建成后一般都有稳定的经营性收益，也可规定由用地单位代缴政府应承担的被征地农民社会保障费。从各地的情况看，用地单位按平均年产值五倍的标准缴纳社保费用，一般仅占用地成本的百分之五左右，对当地投资和经济发展的影响估计不大。

考虑到国家对土地出让收入有新增土地开发、城乡公用设施建设等方面的规定用途，全部或大部分用于被征地农民社会保障既不合理，也不现实，以建立地方基础养老金为宜，应督促地方政府尽快按规定从土地出让收入中足额预留被征地农民社会保障资金，并抓紧研究被征地农民养老保险基础养老金的实施办法。无论制度和政策如何改进，都应强化用地单位和政府的社会保障责任。

二、进一步明确被征地农民社会保障政策制度

（一）完善被征地农民社会保障政策制度的基本思路

2012年，新农保和城镇居民养老保险制度将实现全覆盖。在制度实现全覆盖的过程中，应按照"待遇叠加、标准有别"的思路，尽快将被征地农民社会保障纳入新农保和城镇居民养老保险制度。按照《社会保险法》的要求，将被征地农民纳入相应的社会保险制度，首先要按照新农保和城镇居民养老保险制度的要求实行"基础养老金与个人账户"相结合的制度模式，并以被征地农民不同层次社会保障需求为依据，区分城市规划区内外及不同年龄段被征地农民，采取不同保障措施，构建"社会保险、基本生活保障、社会救助"三位一体的被征地农民保障机制，以满足被征地农民不同层次的社会保障需求。

一是将部分征地补偿标准较高、有经济承受能力的城市规划区内的被征地农民纳入城镇企业职工基本养老保险体系；二是对暂不具备进入"高门槛"的被征地农民，可按照"低标准缴费、低标准待遇"的原则，将其纳入单独的被征地农民养老保险制度、城镇居民养老保险制度或基本生活保障制度范围，确保其待遇水平不低于城市最低生活保障标准；三是提高被征地农民的保障水平，在将城市规划区外被征地农民纳入新农保体系的同时，建立保障水平高于新农保的个人账户；四是将符合城乡居民最低生活保障条件的被征地农民纳入城乡居民最低生活保障范围，做到"应保尽保"。

总之，应按照《社会保险法》的要求，尽快出台新的全国被征地农民养老保障指导意见，明确参保缴费的具体办法，明确各级政府的责任，明确项目业主方提取社保资金的使用办法。结合新农保和城镇居民养老保险制度的实施，从国家层面研究被征地农民社会保障与城镇职工养老保险、新农保、城镇居民养老保险等制度间的衔接政策，督促尚未出台被征地农民社会保障实施办法的市、县（区）抓紧出台文件，尽快实现被征地农民社会保障制度全覆盖。

（二）应重点明确的被征地农民社会保障政策制度

一要明确用地单位的社会保障责任，按照谁用地、谁保障的原则，在土地综合区片价之外单列征地社会保障专项资金项目，将这项资金纳入征地成本；二要明确责任形式，重点是要明确政府、用地单位、集体与个人的社会保障筹资责任，落实各方应承担的保障资金；三要把被征地农民优先纳入城镇企业职工基本养老保险等项保障制度，保障其老年基本生活；四要确保制度公平，被征地农民无论参加城镇职工基本养老保险还是参加新农保或城镇居民养老保险，政府和用地单位的补助应保持一致；五要通过建立预存款制度、加强社会保障审核等措施，确保先保后征原

土地换保障：
扩大推动发展民众基础的政策选择

则的贯彻落实，保障被征地农民的社会保障资金到位、保障落实、不留后账。六要明确有关衔接政策。对新农保和城镇居民养老保险制度实行时已参加了被征地农民养老保险且已年满六十周岁的，在享受被征地农民养老保险待遇的同时，享受新农保或者城镇居民养老保险基础养老金；未满六十周岁且没有领取养老金的参保人应按新农保或者城镇居民养老保险制度的缴费标准继续缴费，待符合规定条件时享受相应待遇。新农保或者城镇居民养老保险制度实行后，参加了新农保或者城镇居民养老保险制度后又参加了被征地农民养老保险的，其被征地农民养老保险个人账户并入新农保或者城镇居民养老保险个人账户，其基础养老金为不低于当地城镇居民最低生活保障标准的养老金加新农保或者城镇居民养老保险基础养老金。

（三）被征地农民社会养老保障政策制度设计

1. 制度模式。被征地农牧民养老保险实行基础养老金和个人账户相结合的制度模式，采取用地单位缴纳、个人缴费、集体补助和政府补贴相结合的筹资方式。被征地农牧民按照本办法规定参加养老保险，足额缴纳不低于十五年的养老保险费，年满六十周岁时，可以按月领取养老金；制度实施时，已年满六十周岁的被征地农牧民可一次性缴纳养老保险费不少于十五年，方可按月享受养老金待遇。

人力资源和社会保障部门负责主管被征地农牧民基本养老保险工作，负责统一的被征地农牧民基本养老保障政策、办法的制定、组织实施和管理；各级人力资源和社会保障部门负责实施本地被征地农牧民基本养老保障管理、业务经办工作；各县（市、区）人力资源和社会保障部门负责实施本县（市、区）被征地农牧民基本养老保险管理、业务经办工作。被征地农牧民基本养老保险征缴、被征地农牧民基本养老保险资金管理以及被征地农牧民基本养老保险待遇的给付等经办业务由各级社会保险经办机构根据被征地农牧民基本养老保障资金管理层次具体经办。社会保险经办机构所需经费列入当地财政预算，不得从被征地农牧民养老保障基金中列支或者提取。被征地农牧民参加养老保险以行政村为单位，由所在村集中填写花名册，连同缴费金额（用地单位缴纳、个人缴费和集体补助），经村民大会或村民议事会讨论通过并公示后，报乡（镇）人民政府、街道办事处审核批准后，统一报县（市、区）社会保险经办机构办理参保手续，由县（市、区）人力资源和社会保障部门报地（市）社会保险经办机构。参加被征地农牧民养老保险的人员，随着就业状况的变化可自愿选择参加城镇职工基本养老保险或城镇居民养老保险的，有关部门应积极组织其参保、续保。

2. 养老保险基金筹集。被征地农牧民基本养老保险基金由用地单位缴纳、个人缴费、集体补助、政府补贴构成。（1）用地单位缴纳。用地单位需征收农村集体所有的土地，应当依法将被征地农民社会保障费用列入工程概算，足额安排社会保障费用。其中，被征地农民养老保险费按不低于土地补偿费、安置补助费之和或当地区片综合地价的百分之二十一次性提取，用于建立被征地农民养老保障个人账户。（2）个人缴费。参加被征地农民养老保险的征地居民应当按规定缴纳养老保险费。每人每年缴费标准为一百至一千二百元十一个档次，参保人可自主选择缴费标准。

地方政府依据农村居民人均可支配收入增长等情况适时调整缴费档次。(3) 集体补助。有条件的村集体应当对参保人缴费给予补助，补助标准由村民委员会召开村民会议民主确定，所需资金从土地补偿费中提取。(4) 政府补贴。对符合领取条件的参保人全额支付被征地农民基础养老金。政府对符合领取条件的参保人全额支付新农保基础养老金，同时在参保人缴费的基础上给予缴费补贴。补贴标准为每人每年三十至八十元共十一个档次，以五元为一个补贴档差。参加被征地农民养老保险的人员应一次性缴纳不低于十五年的养老保险费；集体补助部分从土地补偿费用中抵缴；政府补贴所需资金从国有土地有偿使用收入或财政收入中列支，由各级财政部门纳入年度预算，按规定时间统一划拨地（市）社会保险（农保）经办机构。本办法实施前被征地且土地补偿费、安置补助费等费用已经发给集体和个人的，个人及集体负担部分所需资金由个人和集体足额缴纳，政府负担部分从国有土地有偿使用收入或财政收入中安排，并列入财政年度预算。

3. 养老保障个人账户。社会保险经办机构要及时为每一个被征地农牧民养老保险参保人建立终身记录的养老保障个人账户。用地单位缴纳、个人缴费、集体补助、政府补贴全部计入个人账户。个人账户储存额参考中国人民银行公布的当年金融机构人民币一年期存款利率计息。个人账户资金用于支付参保人养老金待遇，不得提前支取。

4. 养老保险待遇。养老金待遇由基础养老金和个人账户养老金组成。基础养老金标准为政府确定的上年度城镇居民最低生活保障标准和新农保基础养老金之和。个人账户养老金月计发标准为个人账户全部储存额除以一百三十九（与现行城乡居民社会养老保险个人账户养老金计发系数相同）。参保人员在缴费或领取养老金期间死亡的，其个人账户资金余额除政府补贴外，一次性支付给其指定的受益人或法定继承人。领取养老金人员被判刑或劳动教养的，服刑或劳动教养期间不享受养老保险待遇。服刑或劳动教养期满后，可继续领取。

5. 养老金待遇领取条件。年满六十周岁的被征地农民足额缴纳不低于十五年养老保险，从达到领取年龄的次月起，按月享受养老金待遇。养老保障基金的支付范围：参保人员领取的养老金；按规定退还退保人员的个人账户储存额；参保人员在缴费或领取养老金期间死亡的，向其法定继承人或指定受益人支付个人账户储存额；其他按规定应由基本养老金支付的费用。政府根据国家有关规定以及经济发展、物价变动等情况，适时调整基础养老金标准。

6. 养老保险基金管理和监督。被征地农民养老保险基金按照"统一征缴、统一核算、统一拨付、统一调剂"的原则，实行省级管理，具体办法参照新农保基金管理办法执行。人力资源和社会保障、财政、审计等行政部门依法对养老保障基金的收支情况进行监督、检查，建立健全被征地农牧民养老保障基金财务会计制度。被征地农民养老保障基金纳入社会保障基金财政专户，实行收支两条线管理，单独记账、核算，按有关规定实现保值增值。被征地农民养老保障基金财务管理、财务会计核算应严格按照《关于新型农村社会养老保险基金财务管理暂行办法》和《财政

土地换保障：
扩大推动发展民众基础的政策选择

部关于新型农村社会养老保险基金会计核算暂行办法》执行。各级人力资源和社会保障部门要切实履行对被征地农民养老保障基金的监管职责，制定完善被征地农民养老保障各项业务管理规章制度，规范业务程序，建立健全内控制度和基金稽核制度，对基金的筹集、上解、划拨、发放进行监控和定期检查，并定期披露被征地农民养老保障基金筹集和支付信息，做到公开透明，加强社会监督。财政、监察、审计部门按各自职责实施监督，严禁挤占挪用，确保基金安全。被征地农民养老保障经办机构每年在行政社区范围内对参保人缴费和待遇领取资格进行公示，接受群众监督。社会保险经办机构负责基本养老金的核算、收缴、发放、管理，应建立健全各项规章制度，并接受人力资源和社会保障、财政、审计等有关部门的监督检查。社会保险经办机构开设养老保障基金收入户、支出户。财政专户应当在人力资源和社会保障行政部门、财政部门共同认定的国有或者国有控股商业银行开设。具体办法参照新农保基金管理办法执行。

7. 社会保障审核。建立征地预存社会保障资金制度，实行先保后征。在征地组件报批前，人力资源和社会保障部门要按照被征地农民社会保障标准，会同财政部门将被征地农民补偿安置方案中所需各项社会保障资金，从安排的征地预存社会保障资金中转入地（市）级预存社会保障基金财政专户。建设项目用地经依法批准后，国土资源部门负责将用地单位依规定核算的各项社会保障费用足额存入被征地农民社会保障基金财政专户。人力资源和社会保障部门会同国土资源部门负责将用地单位缴纳的社会保障资金、按规定核算的社会保障费全部转入被征地农民社会保障资金个人账户，并纳入地（市）级社会保障基金财政专户。各级人力资源和社会保障、国土资源、财政部门要严格按国办发〔2006〕29号、国发〔2006〕100号文件的要求，制定被征地农民养老保障方案，明确被征地农民养老保障对象和项目，根据被征地多少和补偿金额的差异，拟订纳入养老保障的费用筹集办法，做好被征地农民社会保障方案制订及资金测算工作，足额筹集被征地农民社会保障所需资金。要依法保障被征地农民对社会保障的知情权、参与权、表达权、监督权等权益，确保征地全过程的公平、公正和公开。在征地拆迁补偿标准安置途径告知书发放前，负责征地政府人力资源和社会保障部门要与同级国土资源部门、财政部门共同制定被征地农民社会保障方案，报同级人民政府批准后，随征地告知书一并告知被征地农民。被征地农民要求征地听证时，人力资源和社会保障部门、财政部门要参加听证，认真听取被征地农民对社会保障的意见与建议，根据有关法律、法规和政策，完善被征地农民社会保障方案与措施。

8. 相关制度衔接。参加了新农保后又被征地的农牧民，根据其就业、户籍等情况，可按规定转入被征地农民养老保障或参加城镇居民养老保险，新农保个人账户转入被征地农民养老保障或城镇居民养老保险个人账户。被征地农民随着就业状况或户籍性质的变化，可自愿选择参加城镇职工基本养老保险或城镇居民社会养老保险，有关部门应积极组织其参保、续保，并按规定做好衔接工作。

9. 经办管理服务。被征地农民养老保险经办管理和服务参照《新型农村社会养老保险经办规程》执行。退牧牧民、退耕还林人员等群体的养老保险可参照上述办法执行。

（四）提高被征地农民养老保障水平

要规范被征地农民社会保障工作，研究制定《被征地农民养老保险办法》。按照三中全会关于"先保后征"的要求，对被征地农民养老保险的制度模式、保障对象、资金筹集、待遇水平、经办管理等办法进行全面规范。按照公平普惠的原则和《关于做好被征地农民就业培训和社会保障工作的指导意见》的要求，除纳入城镇企业职工养老保险制度的被征地农民外，其他被征地农民可在建立适合被征地农民特点与需求的社会保障制度的基础上，探索建立基础养老金与个人账户相结合、用地单位、个人缴费、集体补助、政府补贴相结合的新型养老保险制度，逐步提高被征地农民养老保障的筹资标准和待遇水平。被征地农民基础养老金的资金由中央财政提供，省级及以下有条件的地方财政可在中央基础养老金之上安排一定比例的国有土地出让金或财政收入建立地方基础养老金，用于提高当地基础养老金标准。基础养老金计发标准不低于当地最低生活保障标准，并根据经济发展和物价指数等适时调整。将被征地农民纳入基本医疗保障制度；已在企业就业的被征地农民应纳入城镇职工基本医疗保险制度；城市规划区内的被征地农民纳入城镇居民医疗保险制度；城市规划区外的被征地农民纳入新型农村合作医疗制度。

（五）提高参保率，做大做实个人账户

按照对被征地农民社会保障工作要做到"先保后征""即征即保"的新要求，积极引导失地农民参加基本生活保障，减少和取消现金分配、货币安置等容易引发后续问题的相关做法。根据农村实际情况，所有的被征地农民均应纳入保障范围，按照失地程度提供相应的保障系数，否则，各种矛盾难以平息，征地社保方案在听证、公示过程中也难以顺利通过。我国的社会养老保险制度实行的是缴费型的养老保险，坚持权利与义务对等，参加被征地农民养老保险的农民个人也应当缴费。个人缴费由参保人从个人所得的土地补偿费中缴纳，这样也有利于新老被征地农民养老保险制度的衔接。为便于与新农保和城镇居民养老保险制度的衔接，同时兼顾农民的承受能力和待遇水平等因素，个人缴费标准可参照新农保或者城镇居民养老保险制度的规定设置不同的缴费档次，参保人自主选择缴费档次。政府对参保缴费的人员给予缴费补贴，具体缴费标准和补贴标准可由省级人民政府确定。从资金来源分析，被征地农民养老保险理应由用地单位、政府、个人、村集体共同筹资，用地单位承担部分计入个人账户，政府补贴部分计入个人账户。政府承担部分主要从县级国有土地有偿使用收入中支出，不足部分由当地财政补足。由于被征地农民养老保险要逐步纳入城镇居民养老保险或者新农保制度覆盖范围，可按城镇居民养老保险制度或者新农保有关规定执行。考虑到被征地农民丧失生产、生活资料后的实际困难以及农村集体基本没有征地所得合法收入，被征地农民养老保险个人和集体缴纳部分应适当降低缴费标准。缴费形式原则上不要求实行一次性交清，提倡实行逐年缴费。村集体应对参保农民个人给予缴费补助，全部计入个人账户，补助水平和金额由村民大会或村民代表大会研究决定。虽有不少人担心社保资金能否保值增值，但空账运转引发的社会风险远远大于资金贬值造成的支付风险。因此，当务之急是做实个人账户。

（六）加大被征地农民社会保障政策制度贯彻落实力度

一要将被征地农民社会保障立法列入国务院立法计划，尽快出台被征地农民社会保障条例，以提高法规层次，增强制度的约束力，确保国家关于被征地农民社会保障政策的贯彻落实。二要加大宣传力度。针对目前被征地农民社会保障多种模式并行、保障方案不一、待遇水平各异的情况，人社部在开展被征地农民社会保障专项立法工作的同时，要通过召开会议、发表文章、媒体宣传等形式明确这项工作的思路与政策构想，统一思想，引导各级人力资源和社会保障系统结合本地实际，调整本地的相关政策。在被征地农民社会保障行政法规或规章颁布实施后，要组织各级人社部门贯彻国家政策规定，逐步统一制度与政策，将被征地农民社会保障纳入现行城乡社会保障体系，切实做好被征地农民的社会保障工作。三是加快新型农村社会养老保险和城镇居民养老保险制度试点进程，要优先将国家重大工程被征地农民集中的地区纳入试点范围，优先将被征地农民、涉及被征地农民和调地农民纳入城乡居民养老保险制度；要及时解决部分征地和调地农民的养老保障问题。按照即征即保的要求，对没有达到被征地农民社会保障对象标准的征地项目，应加快将部分被征地农民和因安置被征地农民而调整土地的农民全部纳入城乡居民养老保险制度，并将获得的土地补偿费、劳动力安置补助费、新提取的"社会保障补偿费"和"基本生活补助费"用于参保农民缴费补贴，提高保障水平。

三、建立征地预存社会保障款制度

根据《土地管理法实施条例》关于"征用土地的各项费用应当自征地补偿、安置方案批准之日起三个月内全额支付"、《国务院关于加强土地调控有关问题的通知》（国发〔2006〕31号）关于"社会保障费用不落实的不得批准征地"和十七届三中全会"先保后征"的要求，开设征地预存社会保障资金专户，暂存被征地农民补偿安置方案中用于社会保障的资金。预存社会保障资金主要用于被征地农民的各项社会保障支出，按照"专户存储、专款专用、封闭运行"的原则管理，确保被征地社会保障资金的足额支付。属先行用地的，社会保障资金参照征地补偿标准进行预存。征收土地、先行用地申请获得国务院或省人民政府批准后，由省、市、县国土资源部门、人力资源和社会保障部门根据批准的征地补偿安置方案，依法拨付社会保障资金；未获批准的，由省、市、县人力资源和社会保障部门将社会保障资金退回原缴款单位。预存社会保障资金有余额的，在征地补偿程序完成后及时退回原缴款单位。预存征地补偿款余额不足的，缴款单位要及时补足。公益性建设用地项目由财政部门依规定核算的社会保障费用足额预先存入被征地农民社会保障专户；经营性建设用地项目由征（用）地申请单位依规定核算的社会保障费用足额预先存入被征地农民社会保障专户。

要加强被征地农民预存款管理。建议人社部与财政部联合发文,提出要求,明确规定以下几个问题:第一,预存款如何筹集。无论当地政府、征地单位还是集体和个人按规定应筹集缴纳的保障资金,均必须在征地项目正式上报前划入当地县级被征地农民社会保障资金财政专户,否则不得上报征地项目。相应的财政专户必须在报批前建立。第二,预存款如何管理。被征地农民社会保障资金在预存期间,由县级财政部门负责封闭管理,任何单位和个人不得动用,也不得提取管理费。第三,预存款如何清算。征地项目经正式批准后,由人社部门和财政部门按最终核定的保障对象、保障金额,与缴费各方进行清算,多退少补。如征地项目未获批准,必须连本带息全部返还缴款各方。

四、建立被征地农民社会保障工作审核制度

被征地农民社会保障主要审核以下内容:本地政府出台的被征地农民社会保障实施办法是否符合国务院文件精神;拟征土地被征地农民社会保障实施方案(方案应包含被征地农民社会保障对象、项目、标准以及费用筹集办法等);申请征地单位提交的社会保障资金的付款凭证、收款凭证及银行进、对账单等相关材料(附原件和复印件);被征地农民社会保障制度纳入征地报批前告知、听证等程序的情况;维护被征地农民知情、参与、表达、监督等民主权利的情况等内容,同时要规范被征地农民社会保障的审核和备案程序。

五、妥善解决历史遗留被征地农民养老保障问题

被征地农民社会保障历史遗留问题原因复杂,涉及时间长,人员基数大,需要资金多,任务十分艰巨,解决难度很大。随着社会保障成本的逐步攀升,拖延解决会进一步加大成本,增加难度。因此,尽快研究并逐步解决这一问题刻不容缓。

对历史上形成的老被征地农民,应按照加快建立覆盖城乡居民社会保障体系和应保尽保的要求,多渠道、多方式解决其社会保障问题。一是允许被征地农民个人、村集体、政府分别出资或由政府全部出资,以补缴养老保险费的方式参加城镇职工基本养老保险、新型农村社会养老保险、城镇居民养老保险或被征地农民基本生活保障制度;二是被征地农民可按优先优惠的原则,享受政府提供的基础养老金;三是被征地农民个人账户养老金所需资金允许采取银行贷款、政府贴息、部分养老金偿还的方式解决;四是对难以参加养老保险制度的被征地农民,应纳入最低生活保障制度。

各级政府应抓紧研究解决本地被征地农民社会保障历史遗留问题,在充分调查研究、摸清情况底数的基础上,进行资金需求测算,拟订解决方案,有计划、有步骤地逐步解决这一棘手问题。地方政府要通过土地出让收入、单列被征地农民社会

保障资金、接受社会捐赠等多种渠道筹集解决历史遗留被征地农民社会保障问题的资金来源;对经济困难的中西部地区,中央财政要设立专项转移支付,对历史遗留问题的解决给予补助。要加快新农保的推进步伐,全面建立城镇居民养老保险或城乡居民养老保险,扩大覆盖面,尽快实现两项制度的全覆盖,使包括被征地农民在内的所有人员都能被纳入相应的社会保障体系。有条件的地区应在"十二五"期间解决被征地农民社会保障历史遗留问题,促进社会保障的群体公平和社会公平,维护历史形成的被征地农民的社会保障权益;其他地区也应统筹安排,量力而行,积极筹措资金,将历年形成的被征地农民逐步纳入社会保障体系。

六、完善被征地农民就业促进政策

1. 安排被征地农民就业专项资金。根据《就业促进法》和国务院《关于进一步加强就业再就业工作的通知》(国发〔2005〕36号)关于"被征地农民的培训和就业服务,由各地统筹考虑,所需资金与征地费用统筹安排"的要求,被征地农民享受职业介绍、职业培训、公益性岗位、职业技能鉴定、社会保险补贴、小额担保贷款贴息等就业扶持和就业服务所需资金,由省、市、县人民政府在当地的国有土地有偿使用收入中,按每个被征地农民一千至两千元一次性划出,与促进就业专项资金统一使用。

2. 完善被征地农民失业保险政策。对被征地农民在法定劳动年龄内有劳动能力和就业要求的,视同城镇登记失业人员,发给就业登记证,享受城镇失业人员就业扶持政策;对城市规划区内就业困难的被征地农民,视同城镇下岗失业人员,发给再就业优惠证,享受城镇下岗失业人员再就业扶持政策。

3. 加大对被征地农民的就业援助。各级人民政府要将被征地农民作为就业援助优先扶持和重点帮助对象,提高职业介绍补贴、职业培训补贴、税费减免、贷款贴息、社会保险补贴、岗位补贴标准,通过公益性岗位安置等途径,将被征地农民纳入就业资金支出范围,引导被征地农民创业和转移就业。县级以上地方人民政府应采取多种就业形式,拓宽公益性岗位范围,开发就业岗位,有针对性地建立"征地一户、帮扶一户、解决一户"的动态管理机制,确保有就业需求的被征地农民家庭至少有一人实现就业。对被征地农民子女实行免费职业技术教育,提高生活补助标准,纳入自主创业补贴范围。

4. 开展统筹被征地农民就业和社会保障制度建设试点工作。按照科学发展观和构建社会主义和谐社会的要求,选择一批就业和社会保障工作基础较好、管理服务能力较强、改革创新积极性高的县、市、区进行统筹被征地农民就业和社会保障制度建设试点。试点地区重点探索通过货币安置、就业培训、留地安置、土地入股、土地出租、社会保障安置、农业安置、住房安置、子女教育、户籍确认和城市规划区内被征地农民农转非、征地移民后期扶持等多元化安置方式,创建被征地农民就业创业基地,建立被征地农民分享土地增值收益和发展成果的体制、制度和机制,提高对被征地农民就业创业补贴等政策支持和服务力度，促进被征地农民以创业带动就业，进一步完善被征地农民就业和社会保障政策。

七、拓展被征地农民社会保障工作

一是修改完善《大中型水利水电工程建设征地补偿和移民安置条例》，提高移民补偿安置水平、增加社会保障安置补助费用、提高保障水平；二是研究退耕还林农民、退牧还草农民、水源地保护区农民、煤炭塌陷区农民、资源枯竭性城市或矿区农民、失海渔民等特殊群体的社会保障制度建设和政策制定问题；三是重点解决水利等公共工程被征地农民社会保障问题。针对水利等公共工程被征地农民社会保障存在的突出问题进行专题调研，摸清情况底数，查找问题根源，提出相应的政策思路与解决办法；要尽快与水利、交通、铁路等公共工程主管部门或建设单位沟通情况，统一认识；要明确公共工程由建设单位通过增加工程预算、承担社会保障资金的筹资思路，解决长期存在的资金无渠道、保障不落实的问题。对已建成或正在建设的三峡工程、南水北调等国家重点工程，国家及地方人力资源和社会保障部门要积极会同国土、水利等部门向国务院反映有关情况，努力协调项目建设单位筹措资金，参与拟定社会保障方案，尽快解决其被征地农民的社会保障问题，为其他公共工程树立典范。

八、建立被征地农民社会保障工作领导责任体系

一是按照国发〔2006〕31号、国办发〔2006〕29号、监察部、人力资源和社会保障部、国土资源部《违反土地管理规定行为处分办法》（第15号令）关于"实行一把手负责制，建立责任追究制度""严格实行问责制"和"对未按规定落实社会保障费用而批准征地等损害被征农民权益的行政机关有关责任人将给予相应处分"的规定，地方政府主要领导对当地的被征地农民社会保障工作负主要领导责任；各级人力资源和社会保障部门、国土资源部门负责人根据职责对被征地农民社会保障工作负责，形成一级抓一级、层层抓落实的被征地农民社会保障工作领导责任体系。二是建立做好被征地农民就业、住房和社会保障工作协调机制。建立人力资源和社会保障、国土资源、住房与建设、财政等相关部门的沟通协调机制，研究制定《国务院关于进一步做好被征地农民就业、住房和社会保障工作的通知》。在各级政府的领导下，共同研究拟订被征地农民就业、住房和社会保障工作的有关政策和配套措施；协商制定被征地农民安置年度工作要点和工作计划；共同督促检查各地区、各部门被征地农民就业、住房和社会保障相关政策落实情况和任务完成情况，协调解决政策落实中的难点问题。加强对南水北调、京沪高铁、卫星发射基地等重大工程和其他征地项目被征地农民社会保障工作的指导和服务工作，避免产生新的历史遗留问题。

土地换保障：
扩大推动发展民众基础的政策选择

　　农村的和谐稳定是整个社会和谐稳定的基础。以被征地农民社会保障制度建设为突破口加快建立覆盖城乡居民的社会保障体系，既是构建和谐社会最重要的制度保障，也是构建和谐社会的基石。我们要继续发扬不畏艰难、迎难而上、与时俱进、大胆创新的精神，坚持从实际出发，按照加快建立覆盖城乡居民社会保障体系、全面建设小康社会和社会主义新农村的总体要求，将积极推进被征地农民社会保障事业健康稳步发展，作为刺激消费、扩大内需、推动经济增长、倾力民生、夯实国民财富根基的重要举措，把这一惠及农民兄弟的前无古人、举世瞩目的大事业做好做实，通过我们的努力工作，掀开中国农民从养儿防老走向社会养老的新的一页，将和谐社会的建设提高到一个新的层次。

第七章　浙江被征地农民
社会保障工作的主要做法与经验

　　浙江省是我国最早开展被征地农民社会保障工作的地区，也是被征地农民社会保障工作开展最有成效的地区。该省以邓小平理论和"三个代表"重要思想为指导，认真贯彻落实党的十六大、十七大精神，统筹城乡发展，深入实践科学发展观，在努力构建被征地农民基本生活保障制度方面进行了积极的探索和创新实践，取得了显著的成效。①

一、统一思想，充分认识建立被征地农民社会保障制度的重要性

　　土地是农民最基本的生产资料和生活保障，也是经济建设和社会发展的重要物质基础。随着工业的发展、城市的扩大，工业用地与城市建设用地需求扩张，向农村征用土地也日益增多。据浙江省国土资源部门提供的数据显示，自1999年新土地管理法颁布实施以来至2003年的五年时间，全省共征用各类农村集体土地达二百二十一万亩，其中耕地约占百分之七十。涉及被征地农民达两百万以上。与此同时，2000年至2003年，全国非农建设征用耕地超过了五千四百五十万亩，有一亿一千万农民失去或减少土地，其中五千万以上的农民由于年龄、文化、劳动技能等诸多原因处于种田无地、上班无岗、社保无份的"三无"人员，又由于征地补偿资金分配、使用、管理上的问题，被征地农民基本生活保障成为社会普遍关注的热点问题。无论从全国看还是从浙江一个省来看，这都是一个相当大的群体，并且是一个处于急剧转型中、面对各种各样的生产生活问题的特殊群体。如果不能及时妥善地解决这一群体的生产、生活，特别是基本生活保障问题，势必会给社会稳定造成巨大的隐患，会成为经济社会全面协调可持续发展的巨大障碍。在全面建设小康社会、整个经济处在快速发展成长期的大背景下，在相当长的一个时期，城镇化步伐会持续加快，经济建设和城乡各项事业的建设任务都非常繁重。有建设必然有征地，有大量的征地必然有大量的被征地农民不断产生。这个问题具有两重性，处理得好，可

---

　　① 本章内容根据浙江省人力资源和社会保障厅提供的相关资料整理。

土地换保障:
扩大推动发展民众基础的政策选择

以加快农业和农民向非农产业转移,积极推进农村城镇化和城乡一体化;处理不好,将会产生严重的经济和社会问题,延缓甚至阻碍全面小康社会的建设和现代化建设的进程。因此,如何保障城市化进程中被征地农民的合法权益,并以制度安排的形式解决好他们的生活保障和长远生计,既事关大局,又显得日益现实和紧迫。在探索建立被征地农民基本生活制度的实践中,妥善解决被征地农民基本生活问题,有利于维护农民的合法权益和社会的和谐稳定;有利于减少征地纠纷,改进和规范征地工作,提高征地效率,营造良好的投资环境,确保经济发展的良好势头;有利于推动被征地农民融入城市社会,缩小城乡差别,统筹城乡社会协调发展;有利于调动被征地农民的积极性,形成以城带乡、以工促农、城乡互促共进的发展格局,促进经济、社会的良性发展。同时,建立被征地农民基本生活保障制度又是健全社会保障体系的重要内容,也是实践科学发展观,深入实施浙江省委、省政府确定的加快全面建设惠及全省人民的小康社会、努力建设"平安浙江"和统筹城乡社会保障工作发展的一种有益尝试,也将有利于推进整个社会保障制度的深化和完善。

二、被征地农民社会保障制度的主要做法

浙江省委、省政府高度重视解决被征地农民基本生活问题,省委、省政府领导多次作出重要批示,要求重视和加强调查研究,从浙江省实际出发,加快建立被征地农民社会保障制度。自 2002 年 12 月以来,浙江省委、省政府先后下发了关于做好被征地农民社会保障工作的一系列重要政策文件,对推动浙江省被征地农民基本生活保障工作起到了十分重要的作用,充分体现了对被征地农民社会保障问题的高度关注,体现了被征地农民最关心、最直接、最现实的利益所在,为浙江省各地积极推进被征地农民基本生活保障工作,构建被征地农民社会保障制度,营造了良好的氛围,创造了十分有利的条件。全省各级党委、政府和劳动保障等有关部门深刻领会中央和省委、省政府一系列重要决策,认真贯彻落实省委、省政府文件精神和省劳动保障厅等五部门指导意见,切实把被征地农民社会保障工作作为统筹城乡发展,作为为民办实事的一项民心工程,加强领导,精心组织,做到目标明确、措施有力、扎实工作、积极开展被征地农民基本生活保障工作,全面推进被征地农民社会保障制度建设,取得了显著的成效。全省十一市和所有县(市)在 2004 年,都先后出台了建立被征地农民基本生活保障的政策文件,制定了具体实施办法。经过五年多来全省上下的共同努力,一个覆盖全省的被征地农民基本生活保障制度已基本建立,并保持着良好的发展势头,被征地农民社会保障覆盖面不断扩大。到 2008 年 12 月底,全省有三百四十五万一千三百名被征地农民纳入社会保障范围,其中,有二百八十六万七千七百名被征地农民参加了基本生活保障。全省累计筹集保障资金达三百九十亿一千一百万元,有一百三十一万二千八百名符合条件的参保人员已按月领取基本生活保障金或基本养老保险金。目前,浙江省被征地农民已参加社会保障的人数、筹集保障资金的总量以及享受待遇标准等指标均在全国名列前茅。

浙江省在全国率先探索建立起被征地农民基本生活保障制度，有效地保障了被征地农民的利益，得到了绝大多数被征地农民的拥护，促进了土地征用工作的有序进行，缓解了社会矛盾，维持了社会和谐稳定，为统筹城乡社会保障体系建设进行了有益的尝试。同时，坚持从实际出发，实事求是地制定符合浙江省省情的被征地农民基本生活保障制度框架、政策体系，走出一条具有浙江特色的被征地农民社会保障的新路子。

（一）**形成了比较切合实际的保障方式**。浙江省建立的被征地农民社会保障制度既有别于城镇职工基本养老保险和其他社会保险，又能与城镇职工基本养老保险和其他养老保险相衔接。这一制度对被征地农民社会保障确立了以基本生活保障为主的三种保障方式：一般可先实行基本生活保障，也可实行基本生活保障与社会保险相结合的办法，有条件的地区还可直接纳入城镇社保体系。

（二）**对参加被征地农民基本生活保障的人员，不同的年龄段实行不同的基本生活保障**。保障的重点是劳动年龄段内和劳动年龄段以上人员。（1）对征地时已经是劳动年龄段以上的人员，直接实行基本生活保障，并建立个人专户与社会统筹相结合的账户。个人专户由集体和个人缴费组成。政府出资部分进入社会统筹账户，以为调剂之用。（2）对征地时属于劳动年龄段内的人员，按当地测算标准一次性缴足基本生活保障费，为其建立个人账户。个人专户由集体和个人缴纳的费用组成，政府出资部分也一并计入。在到达养老年龄时，可享受与劳动年龄段以上人员相同的基本生活保障待遇，其个人专户亦与之相衔接。（3）对征地时未达到劳动年龄段的人员，按征地补偿规定一次性发给征地安置补助费。

（三）**采取"三个一点"的办法筹集保障资金**。被征地农民参加基本生活保障和基本养老保险所需资金采取"三个一点"的办法，即"政府出一点、集体补一点、个人缴一点"予以筹集。其中，政府承担部分不低于保障资金总额的百分之三十；村（组）集体经济组织和个人承担百分之七十，从土地补偿费、征地安置补助费中列支和抵交。

（四）**待遇享受标准**。保障对象享受待遇与缴费水平挂钩，与当地经济发展水平和承受能力相适应，原则上按照不低于当地城乡居民最低生活保障水平的要求合理确定，并随着经济、社会的发展，建立与物价水平变动相适应的增长机制。近年来，各地根据经济发展状况和财政支付能力，普遍调整和提高了被征地农民基本生活保障待遇，使被征地农民分享社会经济发展成果。如嘉兴、杭州、宁波等地的被征地农民月保障待遇最高的已分别调整到五百一十九元、五百零三元、四百元。嘉兴市在2004年8月出台政策规定，以全市被征地农民基本生活保障平均值为指导线，建立全市统一的养老基本生活保障金正常增长机制，即按企业退休人员基本养老金调整幅度的算术平均增长比例调整。每年以当年的指导线为全市调整养老基本生活保障金的限额。各县（市、区）可以在此限额内，根据本地经济、社会发展水平确定具体标准，逐步缩小各县（市、区）养老待遇差距。

（五）**多途径、多形式安置被征地农民**。浙江省各地对被征地农民实行以基本

土地换保障：
扩大推动发展民众基础的政策选择

生活保障制度为主的同时，从实际出发，因地制宜，积极探索多渠道、多途径安置被征地农民，确保被征地农民原有生活水平不降低。（1）对城镇规划区内的征地，在有条件的地方实施村留地政策，切实帮助和解决了一部分被征地农民的就业安置和生活保障问题；（2）对城镇规划区范围外的征地，一般采取农业安置方式，即通过本村或其他村集体的机动地和土地开发整理后的新增耕地以及其他农户承包地调整等，重新安排给被征地农民使用；（3）结合征地拆迁和城郊农村村庄整治，鼓励建造农民公寓，允许农民一户多套，农民通过出租房产获取收益；（4）实行生产资料置换与返租，即在经批准的开发区、园区内，将本应支付给被征地农民的一部分征地补偿费用换作以建筑成本价核定的标准厂房等现成的实物资产；（5）对有稳定收益的建设用地项目用地，允许农村集体土地入股或租赁，获取长期性土地收益。

（六）**大力促进被征地农民就业**。自2002年以来，省委、省政府下发了一系列促进被征地农民就业的政策文件。浙政办发〔2005〕33号明确规定，凡用人单位安排被征地农民，并与其签订三年以上期限劳动合同、月工资不低于当地最低工资标准百分之一百二十的，由土地出让金收入或通过征地调节金按实际招用人数给予用人单位一定的社会保险补贴。各地按照省委、省政府的要求，结合推进城乡统筹就业试点工作，积极探索建立经济增长与社会事业发展良性互动，征地与基本生活保障和促进就业紧密结合的长效机制。各地普遍出台了扶持政策，统筹城乡就业，实行失业登记制度，建立健全培训网络，加快培育培训基地，落实专项资金。对被征地农民建立了"企业下订单、培训机构出菜单、政府买单"的"三单"式培训机制，广泛组织被征地农民的职业技能培训。一是参照实行城镇集体企业再就业优惠政策。对被征地农民进行认定，将经过政府批准征地，符合土地全部被征或达到规定比例等条件的被征地农民纳入就业服务范围，发放再就业优惠证，凭证享受有关就业优惠政策。二是积极鼓励被征地农民自主创业和自谋职业。德清县对被征地农民从事个体经营的，凭优惠证三年内免除管理类、登记类、证照类等行政事业性收费。对用人单位吸纳女性四十周岁以上、男性五十周岁以上被征地农民并签订一年以上期限劳动合同的，用人单位凭优惠证按"先缴后补"的原则，可申请享受最长不超过三年的养老和失业保险费补贴。嘉善县发挥被征地农民种植技能特长，及时传递周边省市农业信息，引导被征地农民外出从事农业技术指导，承包种、养植业。三是鼓励用人单位吸纳被征地农民就业。一些地方建立了使用被征地农民数量与用地规模挂钩的制度。义乌市开拓就业领域，组织被征地农民从事来料加工。要求进入工业园区企业每使用一亩土地应安排两名以上被征地农民就业。市政府设立了"城乡统筹就业奖"，对企业使用被征地农民一百五十人以上的，同时占本企业劳动力总数百分之二十以上、实际人数比上年增长百分之五以上、且按规定缴纳社会保险费的给予表彰和奖励。该项政策实施三年来，受奖企业六十五家，奖励金额一千四百四十万元，吸纳被征地农民等农村劳动力一万五千人。四是开展技能培训和就业推介服务。各地通过建立健全培训网络，不断加大被征地农民的职业技能培训力度。许多地方实行"培训券制度"，被征地农民可根据自身需要，选择定点培训机构,凭券享受减免培训费的优惠政策。五是在培训资金的筹措上,各地将被征地农民和农村劳动力培训资金纳入当地公共财政体系,通过从财政预算列支、预算外专项资金安排和土地出让金中提取的办法,不断增加公共财政投入,有效地保证了培训资金的基本来源。杭州市萧山区从2004年起每年安排三百万元专项资金,每年培训被征地农民五千人,就业率达到百分之六十以上。

（七）**积极探索、妥善处理新老被征地农民的政策衔接**。根据浙江省政府文件精神,不少市、县在建立制度时,从努力化解矛盾,维护农村稳定大局出发,对被征地农民群体实行一视同仁的政策,统筹考虑制度建立前的被征地农民生活保障问题,将基本符合条件的原被征地农民尽可能纳入保障范围。如宁波、绍兴等地在已按月领取基本生活保障金的参保人员中,大部分是2003年以前的被征地农民。湖州市在建立被征地农民基本生活保障制度的同时,对2003年以前的三万多名被征地农民实行了基本生活补助制度。绍兴县做到"征地、补偿、保障"同步推进,不仅对新产生的被征地农民及时办理参保,而且基本解决了原被征地农民的养老保障问题。到2005年11月底,全县累计参保一百七十七个村、十一万九千一百四十七人,参保率达百分之九十九。嘉兴市为妥善解决养老基本生活保障制度实施前实行货币安置的被征地农民的养老生活困难,对其实行了养老生活补助政策（同时建立待遇调整机制）。被征地农民个人筹措缴纳八千元的,每月享受养老生活补助金二百一十元（2008年已调整为二百七十元）；个人筹措缴纳两千元的,每月享受养老生活补助金一百五十元（2008年已调整为一百九十三元）。

（八）**抓好相关配套措施落实,促进基本生活保障制度顺利开展**。各地根据省政府提出的"因地制宜、适度保障、分类处理、整体推进"要求,妥善解决被征地农民的医疗保障,重点是为被征地农民大病医疗费用提供基本保障。已经就业的被征地农民通过用人单位依法参加当地城镇职工基本医疗,享受基本医疗保险待遇；对尚未就业的被征地农民,引导他们参加新型农村合作医疗制度；在有条件的地方,引导被征地农民以灵活就业人员的身份参加城镇职工基本医疗保险。许多地方引导被征地农民及时办理农转非,以身份转换促进市民化进程。不少地方重视解决被征地农民的住房问题,有计划地将城市开发、旧城改造和建设被征地农民的公寓结合起来,使一大批被征地农民住进了设施配套、环境优美的城镇小区。部分市、县城区和建制镇区范围内大部分土地被征用的村积极稳妥推进农村社区股份合作制改革,将集体资产全额或大部分用于被征地农民办理基本生活保障。

（九）**建立省级专项转移支付制度**。为确保被征地农民社会保障制度长期稳定运行,应对未来支付风险,缓解政府今后的支付压力,自2007年起,省政府建立了被征地农民基本生活保障专项转移支付制度。2007年和2008年两年已安排一亿元补助资金,专项用于对市县转移支付补助,尤其是对欠发达地区给予倾斜,以缓解部分地区资金紧张问题。省级财政补助的作用不只是在于对统筹地区资金缺口的补助,更多的是体现省政府对解决农民社会保障问题的支持,进一步引导、调动当地市县政府加大对被征地农民社会保障资金的投入的积极性,促使各统筹地区按照省

土地换保障：
扩大推动发展民众基础的政策选择

有关文件精神，多渠道筹措保障资金，调整财政支出结构，努力确保并稳步增加对被征地农民社会保障制度的资金补贴。

三、做好被征地农民社会保障工作的主要经验

浙江省被征地农民社会保障制度的建立和实施，有效地保障了被征地农民的基本生活，维护了他们的合法权益，促进了经济发展和社会的和谐稳定，从制度层面为统筹城乡发展、推进城乡一体化探索了一条值得借鉴的新路。在认真总结浙江省建立被征地农民基本生活保障制度工作多年来的探索和实践，主要有以下几点经验值得借鉴。一是必须把执政为民、统筹城乡发展作为指导思想。开展被征地农民基本生活保障制度建设，归根到底，就是为了落实"三个代表"重要思想和深入实践科学发展观，更好地实现好、维护好、发展好被征地农民的利益，就是为了落实统筹城乡发展的要求，尽快改变城乡二元经济社会结构，最终实现城乡一体化。只有真正确立这样的指导思想，才能把这项工作列入党委政府重要议事日程，才能确立被征地农民社会保障工作在城乡统筹发展中不可或缺的地位，才能从人力、财力、物力上予以全力保障。二是必须掌握实情，深入调研制定政策。推行被征地农民社会保障制度，一定要准确掌握农村的实际情况和农民群众的意愿，进行科学决策，真正把好事办实，把实事办好。各级政府按照省里确定的建立被征地农民社会保障工作的指导思想、原则和模式框架，组织多个部门，对当地农村集体经济、农民收入状况、群众承受能力、参保人员构成比例等进行全面调查研究，结合基层和群众反馈的意见及建议，反复修改完善，确立被征地农民个人、村集体经济组织、政府三方共同出资负担的保障模式，合理确定保障水平，同步建立增长机制，确保制度稳步健康运行。三是必须因地制宜，建立政府能承受、被征地农民能接受的保障制度。由于浙江省不同地区经济、社会发展的不平衡，被征地农民社会保障制度不可能简单划一，不能搞一刀切，绝不可由省里简单地定一个模式，让各地依样画葫芦。构建怎样的被征地农民基本生活保障制度，归根到底要与当地财政、农村集体经济和个人的承受能力相适应。为此，省里主要是确定制度的总体框架和基本政策，具体问题由各地自主决策，这样就给各市、县留下更大的操作空间。许多地方根据省里确定的政策原则，从当地实际出发，进行多种方案的积极探索。杭州市等地按照浙江省"双低"养老保险的政策，将被征地农民纳入城镇职工基本养老保险体系。有的地方实行基本生活保障和基本养老保险相结合的办法，对劳动年龄段以上人员实行基本生活保障，对劳动年龄段内缴费能满十五年的被征地农民纳入基本养老保险。在政府能承受、被征地农民能接受的前提下，这些探索都是积极有益的，有利于今后与整个城镇社保体系的接轨。四是必须广泛深入开展宣传发动工作，营造良好社会氛围。为了使广大群众更好地了解被征地农民社会保障的政策内容，提高参保的积极性，各地积极利用报纸、广播、电视等多种媒体，广泛宣传各项政策规定，使政策规定家喻户晓。劳动保障等部门通过举办政策咨询、开通热线电话、发放文

件资料等方式，积极开展形式多样的宣传活动。通过经常下基层进行现场讲课、座谈会、意见征求会等形式，深入宣传被征地农民社会保障的政策，征求基层对有关政策的意见和建议，营造了积极参与、支持被征地农民参加社会保障的良好社会氛围。五是必须把保障、就业和发展作为系统工程。保障是民生之基，就业是民生之本，发展是民生之根本目的，三者之间紧密联系。保障搞好了，就能降低企业吸纳被征地农民的成本，增强被征地农民的就业竞争力。就业问题解决好了，就能为被征地农民向市民转变打下坚实的基础，为他们的长远发展拓展空间。所以，这项工作必须作为一个系统工程来考虑和设计，坚持以土地换保障，以保障促就业，以就业促发展。只有这样，才能进一步增强工作合力，形成综合效益，促进可持续发展。

四、以深化完善为重点，全面深入推进被征地农民社会保障制度建设

浙江省开展被征地农民基本生活保障方面的探索起步早，在实践中我们深深体会到，这项工作没有现成的模式，也没有明确的法规规章可以遵循，由于这项工作一头连着征用土地这一非常难的工作，另一头又和农民群众的切身利益紧密相关，是一项艰巨而复杂的工作。在肯定成绩的同时，我们也清醒地看到，在实际工作中还存在不少的困难和问题，还有许多深层次的矛盾和问题需要进一步深入研究解决，需要不断地探索和实践，如原被征地农民保障的历史遗留问题、被征地农民就业难的矛盾、被征地农民保障水平还有待提高等。因此，要在认真总结各地及学习借鉴各省（市）经验的基础上，不断加以规范和完善，进一步提升被征地农民社会保障制度建设的整体水平。

（一）**完善征地制度，提高对被征地农民的征地补偿标准。**被征地农民为城市化和工业化作出了巨大贡献和牺牲，理应对他们进行合理的补偿。我国现行的征地补偿制度对被征地农民的补偿标准明显偏低，引起被征地农民的不满和抵触，影响了社会的和谐与稳定。对征地农民的补偿应当按照土地的市场价格进行，完善征地制度，提高对被征地农民的补偿和安置标准，并确保征地补偿费和土地有偿使用收益优先用于被征地农民的社会保障。可研究在现行"区片综合价"的基础上扩大范围，将被征地农民的就业补助、医疗补偿等也列入征地补偿范围，具体补偿标准应以有利于对被征地农民提供必要保障为基数，并以此倒推土地出让价格，使被征地农民不会出现因征地而导致生活水平的下降，真正分享到工业化和城市化所带来的成果。

（二）**坚持分类指导，制定完善更有针对性的保障措施。**被征地农民是一个复杂的群体，包括劳动年龄段以内和劳动年龄段以上及劳动年龄段以下，城市规划区内和城市规划区外，全部被征用和部分被征用等各种不同情况及成员，因此，对他们的保障绝不能搞一刀切，简单地制定一个模式或纳入一个社会保障体系。对不同的对象，应根据其特点和保障需求的不同，重点进行不同的保障，并纳入不同的社会保障体系。对于那些劳动年龄段以上以及大龄被征地农民，应重点解决他们的基

土地换保障：
扩大推动发展民众基础的政策选择

本养老保障问题；对于劳动年龄以内的被征地农民，则应重点加强对他们的就业培训和指导，并制定各种就业优惠措施，积极促进他们就业和自主创业；对于未达到劳动年龄的，可一次性发给征地安置补助费，待他们达到就业年龄、作为城镇新生劳动力参加相关社会保障。在保障模式上，对于那些在城市规划区内或已实现非农就业的被征地农民，应积极纳入城镇社会保障体系和就业服务体系之内，使他们享有与城镇居民一样的养老、医疗、失业、工伤和生育保险以及最低生活保障。对于城市规划区外的被征地农民，要为其留有必要的耕地或安排相应的工作岗位，并纳入被征地农民基本生活保障制度。对于那些无缴费能力的被征地农民以及制度出台前的已被征地农民，则可以通过建立生活补助等办法，妥善予以解决。

（三）加强资金的筹集和保值增值，促进制度的可持续发展。首先，基金的筹集及能否实现有效的保值增值是被征地农民基本生活保障制度成功运行的关键。一方面，我们各级政府要高度重视被征地农民的社会保障问题，把它作为一项体现深入实践科学发展观，以人为本，构建社会主义和谐社会和关爱民生的重要目标来抓，确保被征地农民各项社会保障资金的按时足额到位。另一方面，要积极创新机制，改变现行筹资办法，可直接将被征地农民的社会保障费用列入征地成本，并由"土地统征办"进行统一征缴，根据被征地农民的总数，直接将这笔资金划给当地的劳动和社会保障部门。这样不仅可以简化工作程序，降低被征地农民社会保障资金的筹集难度，确保资金的按时足额到位，同时又可以防止被征地农民对制度的逆选择，扩大覆盖面，优化参保对象的性别和年龄结构，促进制度的可持续发展。浙江省嘉兴市已经就此进行了积极尝试，并取得了良好的效果。其次，要切实加强对被征地农民社会保障基金的监督、管理和使用，实行收支两条线和财政专户管理，做到专款专用，在确保基金安全运营的基础上，积极探索保值增值办法。再次，建立完善包括被征地农民社会保障在内的社会保障风险准备金制度，每年按土地出让收益的适当比例提取风险准备金，有条件的地方也可以通过财政列支等多渠道筹资的办法充实风险准备金，以缓解政府财政今后的支付压力，不断提高应对未来支付风险的能力。

（四）创新机制，提高对被征地农民的保障水平。第一，要合理确定被征地农民的保障水平，改变现行以筹集到的资金总额来倒推被征地农民基本生活保障水平的办法，改为从适当高于当地城镇或农村最低生活保障水平来进行制度设计，从而确定筹资水平。第二，在制度设计时，要适度向大龄人口以及劳动年龄段以上人口进行倾斜，如对于男四十五周岁、女四十周岁以上的被征地农民，可参照城镇"双低"标准直接为其一次性缴纳十五年的养老保险费；对于男四十五周岁、女四十周岁以下的劳动年龄人口，则视其年龄的不同，一次性为其缴纳五至十年不等的养老保险费，并积极促进其就业，继续参加城镇职工基本养老保险；对于劳动年龄段以下的人员，则直接根据其年龄的不同给予不同数额的货币补偿，从而使有限的土地出让金发挥最大的保障作用。第三，要建立被征地农民基本生活保障水平的动态调整机制，及时根据物价水平以及城乡居民收入水平的变动调整被征地农民的待遇，使他们能够分享社会、经济发展带来的成果。第四，要积极鼓励被征地农民继续参加城镇职工养老保险，并加强被征地农民基本生活保障制度与城镇职工基本养老保险制度的衔接，允许其在不同制度下的缴费年限和缴费金额可以进行合理的折算。这不仅可以大大提高对被征地农民的保障水平，同时又是统筹城乡社会保障制度发展的基本要求。随着城市化进程的推进，被征地农民最终必将融入城市，成为城市居民的一部分。

（五）加强对劳动年龄内被征地农民的就业培训与指导，促进其就业。就业是民生之本，也是最好的保障。劳动年龄段群体不仅是被征地农民的主体，更是家庭内赡老抚幼的主要承担者，如何确保他们有稳定的收入来源，是今后被征地农民社会保障制度建设的核心内容。由于被征地农民文化素质较低，没有什么技术特长，而且长期从事农耕生活，要他们一下子实现从农业向非农产业的职业转换，其难度系数可想可知。尤其是那些四十岁以上及长期从事纯农产业的被征地农民，实现职业转换的难度更高。政府一方面要加强对被征地农民的就业培训与指导，提高他们的就业技能；另一方面要制订就业优惠政策，为被征地农民提供小额担保贷款、社会保险补贴等，鼓励各类企事业单位和社区吸纳被征地农民就业以及被征地农民自谋职业和自主创业，同时要积极加强基层劳动保障平台建设，完善对被征地农民的就业服务，并大力发展乡村经济，为被征地农民创造更多的就业岗位。

（六）加强依法行政，增强制度的统一性和规范性。虽然自2002年底以来，浙江省相继出台了四个有关被征地农民社会保障制度的政策性文件，对浙江省被征地农民基本生活保障工作的开展起到了良好的推动作用，但由于政策性文件的层次较低，缺乏法律强制约束力，因此在执行过程中不仅随意性大，而且出现了各地标准不一、待遇差异较大等问题。现代社会是法制社会，需要以法律来规范各项制度。被征地农民社会保障制度的建设应以法律为依据，坚持制度先行的原则，加快推进制度的法制化和规范化，这不仅是其高效、健康运行的基础，同时也是建设"法治浙江"的基本要求。可先从政府行政规章的层面就完善征地制度、提高征地补偿标准、规范土地征用补偿费分配和管理，对被征地农民的参保年龄及领取年龄、缴费标准、享受待遇、资金筹集、管理和使用，政府及其职能部门职责和法律责任等作出相对刚性的规定，并加大对违规行为的处罚力度，待条件成熟时再上升为地方性法规，从而切实保障被征地农民的合法权益。目前，《浙江省征地补偿和被征地农民基本生活保障办法》的行政规章已经出台实施。

第八章 广东被征地农民社会保障工作的主要做法与经验[①]

改革开放以来，广东省经济、社会快速发展，工业化、城镇化步伐越来越快，一批批昔日贫困落后的乡村迅速转变为欣欣向荣的城镇。在这一过程中，大量农民洗脚上田，由过去面朝黄土背朝天的农民变成朝九晚五的城里人。据统计，目前广东省共有近三百万被征地农民。随着广东省经济、社会持续发展和城镇化进程的进一步加快，被征地农民的数量还会进一步增加。这些被征地农民就业方式和生活方式发生了巨大变化，原来依赖的土地养老和家庭养老功能已经大为削弱。如何保障被征地农民的长远生计，使他们老有所养，成为工业化、城镇化过程中亟待妥善解决的一个突出问题。

广东省委、省政府高度重视被征地农民的社会保障问题，特别是近年来，积极建立被征地农民养老保障制度。2006 年，在各地探索的基础上，通过试点探索、加快总结推动被征地农民养老保障工作。2007 年，广东省先后出台了《中共广东省委、广东省人民政府关于解决社会保障若干问题的意见》和《广东省人民政府办公厅转发省劳动保障厅关于做好被征地农民养老保障工作意见的通知》，建立了全省统一的被征地农民养老保障制度。2008 年，全省二十一个地级以上市全部建立了被征地农民养老保障制度，实现了制度全覆盖。到 2008 年 10 月底，广东省参加农村养老保险的人数达一百六十三万，其中被征地农民约一百万人，月人均养老待遇二百五十六元。被征地农民社会保障制度的建立不仅保障了被征地农民的长远生计，还支持了基础项目的建设，大大促进了广东的工业化和城镇化进程。

一、被征地农民社会保障工作的主要做法

众所周知，广东省是我国沿海经济发达地区之一，但也有像惠州这样的欠发达地区，虽然各地经济条件不一、制度形式有所不同，各有特点，但都遵循生活水平不下降、长远生计有保障的基本原则，出台了关于建立被征地农民养老保障制度的

[①] 本章内容根据广东省人力资源和社会保障厅提供的相关资料整理。

意见。

（一）广东省被征地农民养老保险的主要模式

广东省被征地农民社会保障制度主要有**分类保障模式、全体农民统一保障模式、养老补贴模式和直接纳入城镇企业职工养老保险体系模式**。

1. **分类保障模式。**根据被征地农民的不同情况和保障需求，分别建立养老保障制度：被征地农民进入企业工作的参加城镇企业职工养老保险；属于征地后农转居的实行农转居人员养老保险办法；部分征地的农民则实行被征地农民养老保险办法。各个办法针对性强，易于操作，且可以互相转换衔接。目前，广州市就是实行的这一模式。

2. **全体农民统一保障模式。**即将农民和被征地农民纳入统一的农村养老保险制度中。广东省珠海、东莞、中山等市实行这一模式。中山市实行"先保后征"政策，要求各乡镇（区）征地前所有农民都必须参加统一的农村社会养老保险。这确保了农保和征地两项工作的顺利进行。目前，中山市劳动保障部门配合国土部门完成了三百七十七份、涉及八万六千人征地手续的社会保障审核，没有出现因为农保影响征地工作的问题。

3. **养老补贴模式。**佛山市从 2005 年起实施全征土地农村居民基本养老保险补贴制度。根据城镇低保标准设计保障标准，据此确定缴费标准，费用由区、镇财政和村集体按比例分担，个人均不需缴费，采取完全统筹模式，缴费全部进入统筹账户，不设个人账户。目前，全市已有二十二万人参加全征地农民养老保险，月养老金为一百五十至三百元。该模式下，村集体经济组织和政府缴纳费用的全部形成社会统筹基金，由全体被保险人共有，用于支付基本养老金，个人基本不缴费，减轻个人负担。

4. **直接纳入企业职工养老保险体系的模式。**深圳市在 2003 年实施"城市化"人员养老保险办法，通过采取政府补贴统筹基金和政府、集体共同补助个人缴费、中老年人补缴等方式，将原宝安、龙岗两区的农民全部纳入企业职工养老保险制度。目前，全区二十七万农民有十五万人参加了养老保险，基本实现了应保尽保。该模式的特点是，实现了农民与城镇职工享受同样的养老保障制度安排和保障水平，促进了城乡一体化的养老保险体系建设。

（二）主要做法

1. **党委政府高度重视，加强统筹协调。**广东省委、省政府对被征地农民养老保障工作高度重视，把建立被征地农民养老保障制度作为构建和谐社会、落实科学发展观的重要举措来抓，有关内容写入了省委、省政府《关于构建和谐广东的若干意见》《关于推进我省社会主义新农村建设的决定》等有关重要文件中，并被列为 2007 年十项惠民措施之一，省主要领导也多次就做好被征地农民社会保障工作作出专门批示。各地在开展被征地农民养老保障工作中都成立了由市领导牵头，劳动保障、农办、财政、国土资源等相关部门参加的被征地农民养老保障工作领导小组，统筹领导各部门密切配合，共同开展工作，确保各项政策落到实处。

土地换保障：
扩大推动发展民众基础的政策选择

2. 建章立制、规范操作、先保后征。为贯彻落实国家关于被征地农民"即征即保"的要求，广东省从建章立制、规范操作入手，先后出台了《关于切实做好被征地农民社会保障工作有关问题的通知》《关于印发广东省被征地农民社会养老保障落实情况审核办法的通知》等文件，建立了严格、规范的征地社会保障审核政策，在全国率先实行了被征地农民养老保障前置审核的办法，对整个社会保障审核程序进行具体规范，有力推动了各地全面落实被征地农民养老保障政策，切实维护了被征地农民利益。各地在实践中，也根据本地实践探索出许多好的做法，广州市即征即保，佛山市顺德区采取单列计提社保费的做法。

3. 合理分担责任，科学确定保障水平。一是建立了多渠道的筹资模式。广东省被征地农民养老保障制度实行个人、集体、政府三方合理分担、共同筹资的方式。尤其是明确规定政府必须对被征地农民养老保障制度承担责任，政府出资部分主要从土地出让收入中列支。各地政府也进一步以缴费补贴、基金补助、老年津贴等方式，建立了稳定和逐步增长的财政投入机制，如中山、广州、珠海、肇庆端州的做法。一些地方积极探索引入业主单位支持被征地农民养老保障制度建设的机制，业主单位和政府、农民共同出资筹集社会保障费用。如湛江东海岛钢铁基地项目、宝钢集团将与地方政府共同出资为农民发放养老补贴。二是坚持低水平起步。广东省被征地农民养老保障制度坚持"保基本、广覆盖"的原则，根据不低于当地低保标准确定保障水平，设计缴费标准，做到农民、集体、政府、业主单位各方能承受。并建立了统筹准备金，用于调整养老待遇，保障被征地农民分享经济、社会发展成果。

4. 试点先行，逐步推进。广东省被征地农民养老保障工作采取了试点先行，逐步推开的做法。2006年以前，广东省被征地农民养老保障工作主要在珠三角地区开展，为推动欠发达地区尽快开展被征地农民养老保障工作，2006年9月，广东省选定肇庆市端州区、阳江市阳西县、湛江市经济技术开发区、韶关市武江区、惠州市博罗县等五个经济发展程度不同的县区开展被征地农民养老保障试点。试点的实施起到了良好的示范带动作用，为其他未开展工作的地区树立了榜样、增强了信心、积累了经验。如肇庆市端州区被征地农民参保率已达到百分之八十以上，三十五周岁以上被征地农民已全部参保。在博罗县试点的带动下，惠州市成为广东省欠发达地区第一个出台被征地农民养老保障制度的地区。

5. 坚持城乡统筹，实现制度间的转换衔接。由于被征地农民处于不断变动的状况中，不少人进城务工，也有不少人逐渐转为城镇居民，因此各地在建立被征地农民养老保障制度时基本都规定了与城镇企业职工养老保险衔接的处理意见，实现了制度间的转换衔接。这样既有利于促进被征地农民转变就业方式，积极到城镇就业、参保，也有利于加快当地城镇化进程。

虽然广东省被征地农民社会保障工作取得了一些成绩，但下一步的工作任务将更加依然艰巨，特别是面临国际金融危机、加大基础建设投资、加快基础设施建设的新形势下，如何按照党的十七届三中全会提出来的"先保后征"要求，切实落实被征地农民的社会保障权益，对我们提出了新的要求和挑战。

被征地农民社会保障工作的取向：一是根据新的形势继续完善政策，逐步提高被征地农民的社会保障水平，切实做到"先保后征"，切实保护被征地农民的社会保障权益；二是逐步统一规范各地做法，把被征地农民养老保障制度并入农村社会养老保险制度，实现制度整合；三是通过加强财政转移支付和政府补贴力度、建立集体建设用地流转收益用于被征地农民养老保障的办法和鼓励项目业主单位出资等方式多渠道筹集资金，解决早期被征地农民的养老保障问题。

二、被征地农民社会保障政策的主要内容

（一）被征地农民养老保障有关文件出台的基本情况

为了切实做好被征地农民社会保障工作，自2006年以来，广东省根据国家的有关要求，在认真总结部分先行地区的经验的基础上，先后发布了《中共广东省委 广东省人民政府关于解决社会保障若干问题的意见》《广东省人民政府办公厅关于做好被征地农民就业培训和社会保障工作的通知》《广东省人民政府办公厅转发省劳动保障厅关于做好被征地农民基本养老保障工作意见的通知》《广东省劳动和社会保障厅 广东省国土资源厅转发劳动和保障部、国土资源部关于切实做好被征地农民社会保障工作有关问题的通知》《广东省劳动和社会保障厅 广东省国土资源厅关于印发广东省被征地农民社会养老保障落实情况审核办法的通知》等多个文件，建立了面向全省的被征地农民养老保障制度和征地社会保障审核机制。

（二）广东省被征地农民养老保障政策的主要内容

1. 关于被征地农民养老保障对象的确定。根据《中共广东省委 广东省人民政府关于解决社会保障若干问题的意见》《广东省人民政府办公厅关于做好被征地农民就业培训和社会保障工作的通知》《广东省人民政府办公厅转发省劳动保障厅关于做好被征地农民基本养老保障工作意见的通知》的规定，广东省省被征地农民养老保障对象为征地时享有农村集体土地承包权的在册农业人口，包括城市规划区内（含县城、镇政府所在地）因征地失去一半以上农用地的人员，城市规划区外经征地后，被征地农户人均耕地面积低于所在县（市、区）农业人口人均耕地面积三分之一的人员。

2. 被征地农民养老保障的基本方式。对被征地农民按不同年龄段分别实行就业培训（十六至三十四周岁）、养老保险（三十五至五十九周岁）、老年津贴（六十周岁以上）三种保障方式。十六至三十四周岁的被征地农民以就业培训、转移就业后参加企业职工养老保险为主，也可自愿参加被征地农民养老保障制度。三十五至六十周岁、未参加社会养老保险的被征地农民，应参加被征地农民养老保障制度。六十周岁以上的被征地农民可选择缴费参加被征地农民养老保障制度，也可选择不缴费直接领取"老年生活津贴"。

3. 关于缴费和保障水平的确定。缴费从低起点起步，按当地农民上年度年人均纯收入的百分之十左右确定最低年缴费标准，在此之上设若干档次，或以当地职工

土地换保障：
扩大推动发展民众基础的政策选择

月平均工资的百分之六十为基数，参照企业职工缴费比例（如百分之二十左右）缴费。实行灵活缴费，考虑农民收入不稳定特点，各地都允许农民按月、季、年等多周期缴费、可预缴和一次性趸缴等。基本养老金由各地按不低于当地最低生活保障标准设定。"老年生活津贴"标准应与集体和政府对参保人的缴费补贴大体相当。

4. 关于账户的设立与构成。广东省被征地农民养老保障制度主要有三种账户模式：完全积累个人账户模式、统账结合模式和完全统筹模式。完全积累个人账户模式下，个人、集体和政府三方的缴费全部进入个人账户，养老待遇等于个人账户储存额除以计发月数。统账结合模式下，个人缴费的全部和集体缴费的一部分进入个人账户，集体缴费的一部分和政府补助进入统筹账户，待遇计发参照企业职工养老保险规定设计。完全统筹模式下，个人不缴费，集体和政府缴费进入统筹账户，参保人享受同样的养老待遇。

5. 关于保障资金的来源。按照政府、集体、个人三方合理负担的原则筹集费用。个人缴费主要从个人领取的土地补偿费、安置补助费中缴纳。鼓励有条件的村集体资助个人缴费，主要从土地补偿费和集体资产经营收益中列支。政府补助部分，主要从当地政府土地出让收入中安排。

6. 关于征地社会保障审核有关规定及程序。为贯彻国家关于"即征即保"的要求和落实被征地农民社会保障资金，2007年12月以来，省劳动保障厅与省国土资源厅先后发出《关于做好被征地农民社会保障工作有关问题的通知》《关于印发广东省被征地农民社会养老保障落实情况审核办法的通知》，建立了严格的征地社会保障审核政策，并规定了有关审核程序。按照两个《通知》规定，对新征地项目，必须在项目所在县（区）出台了被征地农民养老保障办法、当地劳动保障部门履行了征地社会保障听证程序、政府和业主单位为需纳入保障范围的被征地农民预存了养老保障资金后，方能由劳动保障部门出具被征地农民社会审核意见书，国土资源部门凭劳动保障部门的审核意见书，进行用地审批。

（三）进一步做好被征地农民社会保障审核工作的措施

为适应广东省加快基础设施建设的形势要求，针对征地社会保障审核工作中遇到的问题，2008年12月，省劳动保障厅与省国土资源厅联合拟订了《关于进一步做好被征地农民养老保障工作的通知》。对征地社会保障审核政策进行四项改革。

1. 科学确定应列入养老保障范围的被征地农民人数，解决保障对象难确定问题。具体办法是：对今后新征地项目，在《关于做好被征地农民社会保障工作有关问题的通知》生效以后，即2008年3月1日以后签订了征地拆迁协议的项目，按被征用土地面积，其中征收未利用地的，以未利用地面积的一半除以2002年年末被征地单位人均农用地面积，计算出土地供养人数，再以供养人数乘以被征地单位十六周岁以上的人口比例计算出应保障人数。被征地农民社会保障的具体对象由村民（代表）大会确定。计算出应保障人数后，按当地被征地农民养老保障办法规定计算养老保障费用，包括个人和集体缴费部分。

2. 单列计提社保费、列入征地成本，解决费用难落实问题。依照《中华人民共和国物权法》第四十二条的有关规定，对新征地项目单列计提被征地农民养老保障费用，并列入征地成本。计提的资金用于补助被征地农民参保时的个人缴费和集体补助费用。

3. 实行押金制度，减轻项目单位负担。新征地项目在用地报批阶段，改变一次性全额预存社保费的做法，允许项目单位将应计提的社保费的百分之三十作为社保押金，预先存入"收缴被征地农民社会保障过渡户"，待征地项目批准后，再将保障资金全额存入财政专户。

4. 采取项目单位与当地政府协调的办法，解决未批先用项目被征地农民社会保障问题。按照"尊重历史、逐步解决"的原则，对旧征地项目（2008年3月1日以前已签订征地拆迁协议的项目），如果项目单位已全额支付兑现征地补偿款且被征地群众无异议的，经项目单位与当地政府就被征地农民社保问题达成协议后，由当地政府出具被征地农民养老保障承诺书，承诺将通过政府、集体、个人、项目业主单位等多方筹资、解决被征地农民的养老保障问题，并对参加养老保险的被征地农民及时落实政府补助费用之后，由当地劳动保障部门根据承诺书出具审核意见后办理有关手续。

三、广东省部分市县的典型做法

（一）**广州市**。1. 主要做法。广州市共有被征地农民六十多万，占农民总数的百分之二十五，其中三十八万为"农转居"人员，二十二万为征地后未转居的农民。按照分类保障、逐步解决的原则，广州市先后于 2006 年 7 月和 2008 年 4 月出台"农转居"人员养老保险、被征地农民养老保险办法，为被征地农民建立了养老保障制度安排。同时规定，对城市规划区内未转居的被征地农民，可比照"农转居"人员养老保险办法参保，政府给以相应补助。

"农转居"人员养老保险办法采用筹资水平与待遇水平"低进低出"的办法，建立了与企业职工养老保险"一元制"的养老保险制度。缴费标准为当地上年度职工月平均工资的百分之三十至百分之六十。费率为百分之二十四，其中个人不超过百分之八，村集体经济不低于百分之十六。对大龄人员（男年满四十五、女年满四十周岁），需趸缴正常缴费到男年满六十、女满五十五周岁时不足十五年的养老保险费，趸缴部分由财政负担百分之三十。计发标准参照企业职工养老保险规定确定，最低养老金不低于四百五十元。与企业职工养老保险间可通过转移个人账户和累计缴费年限实现无缝衔接。至 2008 年 10 月底，广州市有二十一万农转居人员参加养老保险，其中属于重点保障对象的中老年人已基本纳入养老保险范围。

为进一步解决被征地农民养老保障问题，2008 年 4 月广州市实施了被征地农民养老保险办法。采取完全积累个人账户模式，对被征地农民分年龄段分别实行老年津贴、养老保险和就业培训的保障方式，通过个人、集体、政府三方筹集资金。老年津贴为一百元每人每月，每月养老金在一百八十至四百元之间。办法实施以来，

土地换保障：
扩大推动发展民众基础的政策选择

已有四千多名新被征地农民被纳入养老保障范围，预存保障资金二十多亿元。

2. **主要特点**。**第一，从实际出发，分类保障**。广州市根据本地工业化、城镇化进程的工作安排和被征地农民的保障需求，分别建立养老保障制度。对"农转居"人员采取与城镇职工"一元制"的养老保险办法。对城市规划区内被征地农民，考虑到他们基本已全失地且生活在城镇，比照农转居人员参加养老保险，政府给以相应资助。对规划区外被征地农民，考虑农民集体经济收入较低、农民还有部分土地的现状，建立缴费和保障水平较低的被征地农民养老保险制度。**第二，全面实施即征即保机制，确保被征地农民的合法权益**。对新征地项目，通过根据征地面积确定应保障人数、业主单位必须按三档以上的缴费标准、一次性缴纳十五年养老保险费（平均每人费用四万一千至五万六千元）的做法，切实做到对被征地农民即征即保、凡征必保，避免了被征地农民养老保障问题往后延伸、积累。**第三，加大政府资助力度，激励和引导参保人积极缴费**。为资助大龄农转居人员趸缴养老保险费，广州市、区两级财政共需承担三十多亿元。在被征地农民养老保险办法中，对政府资助实行与个人缴费和集体补助"双挂钩"的制度，且政府资助水平随缴费标准的提高，绝对额相应提高但比例降低，既较好地促进了经济组织和个人多缴费，又体现了政府对困难群体的扶持作用。**第四，建立城乡养老保险制度间的合理衔接，鼓励积极就业**。广州市对农转居人员养老保险、被征地农民养老保险和企业职工养老保险间的转移都规定了衔接办法，有利于鼓励被征地农民转变就业方式、积极到城镇就业参保，也有利于促进被征地农民办理农转居手续，促进当地城镇化进程。**第五，建立机制，确保财政资助资金及时到位**。为保证政府资助的及时到位、取信于民，广州市先后制定了《广州市农转居人员基本养老保险政府资助问题的若干处理意见》《广州市被征地农民养老保险资金管理暂行办法》，对政府资助对象的资格和申请程序、资助标准和资金划拨等做了明确规定，规范了操作流程，并要求各级政府将政府资助资金纳入预算安排，确保被征地人员参加养老保险的需要。

（二）**珠海市**。珠海市从2006年开始实施《珠海市农民和被征地农民养老保险过渡办法》，率先建立了完全积累个人账户模式的农村养老保险制度，将农民与被征地农民纳入同一保障范围。

1. **主要特点**。在制度安排上，实行"两种人群，两种办法"。即对年满六十周岁老人发放老年津贴一百五十元每人每月，对劳动年龄段人员可选择参加农民和被征地农民养老保险或城镇职工基本养老保险办法。**在筹资渠道上，建立个人、集体和政府三方筹资机制**。其中政府对个人缴费进行补助，补助标准最初为本人缴费额的百分之十五，2008年1月提高到百分之二十，2009年1月将提高到百分之三十五。除了对个人缴费进行补助外，政府每年还划拨专项资金用于老年津贴发放和储备基金积累，并对基金运营收益低于银行一年期定期存款利息的部分进行补足。**在缴费方式上，坚持低成本起步，灵活缴费**。从低起点起步，设多个缴费标准，设多个缴费周期，参保人可灵活选择按月、按季、按半年或按年缴费。**在制度模式上，实行"个人账户基金＋储备基金"**。在待遇支付上，以个人账户为主，同时建立养老金补助制度。除个人账户养老金外,另外由储备基金增加一部分养老金补助,原则上与老年津贴的标准一致。**在制度衔接上,实行两种制度选择,两种待遇接轨。**允许有条件的经济组织和个人可以直接参加城镇职工基本养老保险,政府按最高标准给予补助,参保人跨两种保险参保的,可通过转移个人账户的方法实现两种保险间的衔接。

2. 主要成效。珠海市农民与被征地农民养老保障工作开展以来,总体发展态势良好,农民的参保热情高,参保人数增长快,社会效果好。2006年开局之年,农保参保率就达到百分之五十五点二八,2007年参保率进一步达到百分之六十六点六。到2008年11月底,全市农民和被征地农民参保人数已达到十万七千人,参保率达到百分之七十五(除斗门区外,其他区参保率已达到百分之九十三以上);领取老年津贴人数三万一千九百人,占全市农保老年人口总数的百分之八十一。

3. 主要经验。总结起来,主要是四个"得益于":**第一,得益于制度设计科学合理,比较符合珠海农村实际**。在政策设计中,珠海市充分考虑了农村和农民的特点,尽量使制度科学化、人性化:一是实行"两种人群,两种办法",既保障了老年人的权益、解决了历史问题,又有利于新制度的可持续发展。二是在制度模式选择上,没有照搬城镇职工基本养老保险统账结合模式,而是综合考虑本市农村人口规模和结构,尤其是农村人口老龄化日趋严重的现状,实行"个人账户+储备基金"的模式,克服了统账结合模式以新养老、代际转移所可能产生的基金长期收支失衡的隐患。三是实行多标准、多周期缴费,不仅让不同收入水平的农民能交得起,而且缴费时间灵活,参保人可以选择适合自己的缴费周期,也交得方便。制度设计的人性化以及财政补贴带来的财富效应让农民得到了实惠,看到了希望,这是珠海市农保工作得以顺利推进的前提条件。**第二,得益于各级党委政府高度重视,政府财政大力支持**。为保证农保工作的顺利推进,市、区、镇均成立了专门的农保工作领导小组,有的区、镇还将农保工作列入了政府为民办的十件实事之一。同时,自农保制度建立以来,各级政府不断加大对农保的财政投入:一是提高政府参保补贴标准,先后从个人缴费额的百分之十五提高到百分之二十,2009将提高到百分之三十五;二是提高老年津贴标准,由每人每月一百元提高到一百五十元,这是珠海市农保工作开展以来首次对老年津贴进行大幅度调整;三是增加储备基金投入规模从每年四百万元提高到六百万元。截止到2008年11月底,农保制度实施两年来,市、区、镇三级财政对老年津贴、参保补贴和储备基金三项投入已累计达到九千四百四十八万元。政府的财政投入增强了农保制度的吸引力,对该市农保工作顺利开展起到了积极作用。**第三,得益于各级劳动保障部门和村镇干部思想统一,宣传到位**。为保证农保工作的顺利开展,各级劳动保障部门和村镇干部都将政策宣传和培训作为工作的重中之重:一是从市到区再到镇、村,层层召开动员大会,对群众进行广泛动员,提高农民和被征地农民对农保制度的思想认识。二是发放宣传资料,播放广播录音,悬挂标语条幅,将政策送到农民和被征地农民家门口、手心里,基本上做到村村有标语、家家有手册,让农民看得见、摸得着。三是建立"走村入户"工

土地换保障：
扩大推动发展民众基础的政策选择

作制度，主动将工作重心下沉，将服务阵线前移，深入基层，走进农户，进行面对面的宣传动员。**第四，得益于政策执行公开透明，群众信任，为农保工作顺利推进创造了良好的外部环境**。为提高工作透明度和制度公信力，该市在农保工作过程中创造了许多经验性做法：一是参保前公示制度，使参保工作实现了公平、公正、公开；二是通过农信社对老年津贴进行社会化发放，既方便了群众又能确保各项待遇直接发放到个人；三是针对部分农民缴费后手中没凭证不放心的问题，与农信社合作设计和发放了珠海市农民和被征地农民养老保险个人账户记账簿，使参保人对自己的缴费和收益情况看得到、放下心。由于政策执行过程的公开透明，农民对制度的信任度大大提高，参保的主动性也明显增强，大大加快了农保工作步伐。

（三）**中山市**。2004 年，中山市委、市政府从加快农村"三化"、解决"三农"问题、构建和谐中山的高度出发，提出要坚持利益向下，探索建立农村养老保险制度，解决农民转移就业和被征地后养老问题的后顾之忧。2005 年中山市正式启动实施农村基本养老保险，至 2008 年 11 月底，全市参加社会保险的农民五十二万多人，占应参保人数的百分之八十以上，全市共十个镇区实现了全员参保。

1. **主要做法：第一，合理设计农保制度。一是统一制度。**中山市在设计农村基本养老保险方案时，将被征地农民和一般农民纳入同一养老保障范围，统一制度、统一待遇、统一管理，不人为将制度碎片化。**二是坚持"城乡衔接"的原则**，实行统账结合模式，参照企业职工养老保险办法设计费基和费率，并采取缴费基数折算办法，逐步实现城乡养老保险体系间的互相衔接。**三是坚持统一农保缴费标准和待遇水平**，并按经济发展状况逐步提高农保养老金，实现经济增长与农保待遇的联动。根据农村经济发展水平，设定五百元和三百元两个缴费基数（分别为 2004 年中山市农民人均纯收入的百分之百和百分之六十），缴费比例统一为百分之十六，村集体和个人各负担百分之八。按三百元基数缴费的，月养老金为一百五十六元，按五百元基数缴费的，为二百六十元，2008 年分别提高到一百八十九元和三百一十五元。**四是坚持统一农保日常管理**，做到行政管理与保险基金管理分开，执行机构与监督机构分设。**第二，实行"先保后征"。**中山市在推进被征地农民社会保障工作中，创造性地实行"先保后征"，即无论是被征地农民还是一般农民，一律按有关程序先参保，再办理征地社会保障审核手续，确保了农保和征地两项工作的顺利进行。目前，中山市劳动保障部门配合国土部门完成了三百七十七份、涉及八万六千人征地手续的社会保障审核，未出现因征地影响农保工作的问题。**第三，不断创新工作思路。一是推行"联户制"模式。**结合欠发达镇区实际情况，中山市采取"先试点、后推广"的方式，改变以村集体为单位参保的规定，允许困难镇、困难村以"联户制"的形式参加农村基本养老保险。**二是推行土地反承包政策。**为解决农保资金问题，中山市部分镇区探索实行土地反承包政策，即由村委会和村民小组签订长期合同，按合理的价格，将各个村民小组的土地集中到村委会，加大资金投入力度，加快土地基础设施建设，提高土地的租金价位，再将土地出租给外来的种养户或园艺客商，从而获得更高的经济效益，用于农民参保。**第四，不断加大财政投入**。

中山市农村基本养老保险实施首年，市政府投入五亿元启动资金，以后每年投入基金一千万元。为加快推进农村养老保险，2008年市政府安排两千万元专项资金，用于补助四个欠发达镇区的农民参保。每年新增财政收入的百分之二十，用于农村社会保障安排。

（四）惠州市（欠发达地区）。2007年9月1日，惠州市正式实施《惠州市被征地农民养老保险暂行办法》。到2008年11月底止，全市被征地农民参保人数为十万人，其中一万四千人领取老年津贴，参保率达到百分之四十五，成为广东省欠发达地区中最早建立被征地农民养老保障制度和进展最快的地级市。归纳惠州市的做法，主要有以下三个特点：**第一，党委政府高度重视，把开展农村社会养老保险工作作为解决民生问题的大事来抓。**惠州市市委、市政府将被征地农民养老保险工作列为"八项民心工程"的重要内容之一。市政府督查办每季度对被征地农民养老保险工作进展情况进行检查指导，对各县、区参保率进行排名，将排名结果进行通报处理。市人大、市政协和有关部门也每半年了解一次被征地农民养老保险工作进展情况。在市里的推动下，各县、区政府从讲政治的高度，从促进经济发展、维护社会稳定的大局出发，切实加强对被征地农民养老保险工作的领导，建立了相应的工作责任制，制订参保目标，并层层分解，明确责任和分工，任务到人。从组织领导上保证和推动了被征地农民养老保险工作的顺利实施。**第二，深入宣传发动，努力提高农民参保的积极性。**《惠州市被征地农民养老保险暂行办法》出台后，各县、区政府和市直各有关部门都非常重视，层层加大宣传力度，认真做好宣传、解释工作，争取群众理解和支持。特别是针对被征地农民养老保险参保对象文化水平普遍偏低、对政策理解能力较差、养老保险意识淡薄等特点，各县、区都从相关部门抽调工作人员组成了一支作风踏实、有群众基础、有良好沟通能力、能吃苦耐劳的宣传发动工作队，深入到村和农户家中面对面宣传，通过召开座谈会，编发政策宣传手册，张贴宣传标语，登门入户宣传等形式，把好处告诉群众，动员被征地农民参加养老保险。同时，在《惠州日报》、惠州电台、电视台设立专门栏目，进行有关政策咨询和宣传，跟踪报道进展情况。消除了被征地农民的各种模糊认识和顾虑，使被征地农民的参保积极性不断提高。**第三，加强配套措施，建立扎实工作基础。**为加强对各地工作指导，惠州市劳动保障局设立了农保科，负责政策和组织实施工作。各县、区劳动保障部门抽调人员，专职负责农保工作。为满足工作需要，委托软件公司开发了农村信息系统，注重提高管理水平，制订了农保经办业务流程，并建立了完备的档案资料，对参保的被征地农民的家庭成员构成、土地承包情况以及相关的集体资产情况都要登记在册，切实做到真实可信、有案可查。

（五）佛山市顺德区。2004年，顺德区根据《印发佛山市建立全征土地农村居民基本养老保险补贴制度实施意见的通知》文件精神，先后制定了《顺德区全征土地农村居民基本养老保险补贴暂行办法》和《关于实施<顺德区全征土地农村居民基本养老保险补贴暂行办法>的补充规定》，并于2005年实施。

顺德区开展全征地农民养老保险补贴办法有两个特点：**第一，率先单独计提被**

土地换保障：
扩大推动发展民众基础的政策选择

征地农民养老保障费用，保证费用落实。为加强资金筹集，保障被征地农民权益，顺德区 2008 年 7 月颁布《关于完善我区被征收（用）村（居）集体经济组织土地社会保障费用管理的意见》，率先提出按照"谁征收（用）土地谁承担"的原则，在土地补偿费之外由征收（用）单位逐年向被征收（用）土地集体经济组织成员支付社会保障费，社会保障费用应首先用于支付被征地农民养老保险个人缴费部分。社会保障费用的起始标准按照被征收（用）农用地面积一千至一千五百元一亩年执行，从签订协议生效当年起逐年支付，以后每五年按百分之五的幅度调升一次，支付年限为三十年，不得一次性支付，以避免费用被一次性用完。**第二，积极探索与企业职工养老保险办法的接轨**。为克服现行全征地农民补贴办法待遇偏低、农民参保积极性不高以及相当部分农民已经参加企业职工养老保险的现状，顺德区正在通过实施分类保障、建立参保补贴机制，财政补贴统筹基金等方式，积极探索全征地农民养老补贴办法与企业职工养老保险的接轨，为广东省发达地区建立城乡一体化的养老保险体系积累经验。

（六）**肇庆市端州区（欠发达地区）**。肇庆市端州区是广东省 2006 年在欠发达地区启动的五个被征地农民养老保障试点县区之一。于 2006 年 9 月开始实施《肇庆市端州区被征地农民养老保障工作暂行办法》，目前进展态势良好。至 2008 年 11 月底，全区被征地农民参保率已达到百分之八十以上，其中三十五周岁以上被征地农民已全部参保。

端州区推进被征地农民养老保障工作的主要特点是：**第一，领导重视，区主要领导亲自抓落实，人大负责监督协调，职能部门密切配合**。端州区政府将建立被征地农民养老保障列入"十一五"规划纲要，端州区委、区政府将此项工作列为 2007 年为民办十件实事之一。为督促工作，端州区人大还将该项工作列为 2007 年议案，专门向区政府提出质询。端州区政府及各镇政府分别成立由政府主管领导任组长、劳动保障、财政、国土资源、发展改革、农业等相关部门的负责人为成员的被征地农民养老保障试点工作领导小组，根据各自职能分工，协调推进试点工作。**第二，财政补贴及时到位，待遇支付一天不拖，一分不少，一个不漏**。肇庆市和端州区均属于经济欠发达地区，财政尚不充裕，市、区政府克服困难，每年预算安排资金一千二百万元，用于被征地农民参保补贴和发放老年津贴，并将农保试点经费列入财政预算，确保了被征地农民养老保障工作顺利开展。**第三，设立机构，配备人员，有人干事，专人负责**。肇庆市劳动和社会保障局抽调人员专门成立了农保办，负责全市农村养老保险工作。经市、区政府同意，端州区社保局内增设农保股，安排编制五人，并划拨农保专项办公经费，增添办公场所、电脑以及所需的办公设备，做到有机构管事，有人员办事，确保该项工作的顺利开展。**第四，明确目标，落实责任**。为加快推进被征地农民养老保障工作，端州区政府于 2007、2008 年分别设定当年被征地农民参保率目标。为确保目标实现，区政府与镇政府及有关责任单位、镇政府与各村（居）委会分别签订责任书，将任务层层分解，有效调动了基层政府的积极性和主动性。

| 第八章 | 广东被征地农民社会保障工作的主要做法与经验

　　经过几年来的实践与探索,广东省初步建立起覆盖全省的被征地农民养老保障制度,大批被征地农民的长远生计得到了保障。但广东省被征地农民养老保障制度建设目前尚处于起步阶段,有许多政策和措施需要进一步改进和完善,要按照党的十七届三中全会关于"做好被征地农民社会保障、使其基本生活长期有保障"的要求,以科学发展观为指导,继续实践探索和总结经验,进一步健全被征地农民养老保障制度,完善和规范征地社会保障审核办法,多渠道筹集被征地农民养老保障资金,不断提高被征地农民的养老保障水平。

第九章 重庆被征地农转非人员基本养老保险工作的主要做法与经验[①]

重庆是我国最年轻的直辖市,也是我国中西部地区唯一的直辖市。这些年来,在党中央、国务院及重庆市委、市政府的领导下,重庆市经济发展迅速、城市面貌日新月异、人民生活水平稳步提高、社会保障事业成效卓著、人民生活更加富足安康。2008年2月,重庆市政府出台了《重庆市2007年12月31日以前被征地农转非人员基本养老保险试行办法和重庆市2008年1月1日以后新征地农转非人员基本养老保险试行办法》(渝府发〔2008〕26号),在全市正式启动实施被征地农转非人员基本养老保险工作。3月20日,市政府召开电视电话会议,进行工作部署。4月1日,正式启动实施这项惠及百万人的民生工程。这是重庆以建设统筹城乡综合配套改革试验区为契机,落实胡锦涛总书记"3·14"总体部署,构建和谐重庆的重要举措。近年来,随着我国城镇化进程的不断推进,被征地农转非人员的数量急剧增加,各种矛盾日益凸显,已成为影响社会稳定和谐的重要因素。解决此类人员的社会保障问题,特别是养老问题,已成为各级政府关注的重点、焦点和难点。

重庆是我国最年轻的直辖市,面积达八万二千四百平方公里,全市总人口三千二百三十五万三千二百,是一个大城市与大农村并存的特殊城市,农村地域广阔,人口众多。这些年来,重庆抓住直辖、三峡工程建设、西部大开发以及构建统筹城乡配套改革试验区等历史性机遇,大力调整经济结构,积极扩大开放,深化体制改革,加快基础设施建设,经济社会全面发展,综合实力进一步增强,主要经济指标在西部十二个省区中均列前五位以内。2007年全年实现地区生产总值四千一百二十二亿五千一百万元,比上年增长百分之十五点六,按常住人口计算,人均地区生产总值达到一万四千六百六十元,比上年增长百分之十五点三。城镇建设与改造投资二千一百二十一亿四千七百万元,比上年增长百分之二十七点七。2007年年末全市常住人口二千八百一十六万,比上年增加八万,其中城镇人口一千三百六十一万三千五百,增加五十万零六百,城镇化率达到百分之四十八点三,提高一点六个百分点。随着城镇化速度不断加快,全市被征地农转非人员急剧增加。据初步统计,

---

① 本章内容根据重庆市人力资源和社会保障厅提供的相关资料整理。

第九章 重庆被征地农转非人员基本养老保险工作的主要做法与经验

1982年至2007年底,重庆市被征地农转非人员约九十万人,其中"4050"以上的人员有二十六万九千七百,占百分之三十。随着重庆市"一圈两翼"发展战略的推进,被征地农转非人数将进一步增加。根据重庆市国土房管部门预测,今后随着城市化进程加快,重庆市每年将新增被征地农民约八万,被征地农转非人员将形成一个庞大的特殊群体,到2020年全市大约为一百八十万。妥善解决这部分人的社会保障问题,特别是老有所养的问题,显得尤为紧迫。

现将重庆在解决这部分人养老保险方面取得的成功经验介绍如下。

一、基本情况

近年来,党中央、国务院高度重视被征地农民的社会保障问题,先后出台一系列重要文件,明确要求各地尽快建立被征地农民社会保障制度,妥善处理好已征地农民的社会保障问题,对没有出台被征地农民社会保障实施办法、被征地农民社会保障费用不落实、没有按规定履行征地报批有关程序的,一律不得批准新的征地。在此之前,重庆在这方面也有一定的尝试。在20世纪90年代初期,重庆市为解决被征地农转非人员养老保障问题,探索性地建立了由商业保险公司承保的储蓄式养老保险办法,为保障农转非人员尤其是其中的"4050"以上人员的基本生活发挥了一定作用,在一定程度上保障了重庆市征地工作的顺利开展。重庆市有十八个区、县开展了储蓄式养老保险,共有十四万八千八百位"4050"以上农转非人员参保,月领取养老待遇最高一百九十五元八角三分、最低五十二元二分,月人均领取待遇一百五十六元六角八分。

但随着经济持续发展,社会基本养老保险制度趋于完善,储蓄式养老保险采取商业保险模式不足的日渐显现,越来越多的被征地农转非人员强烈要求参加社会保险,已影响到社会的稳定。重庆市认为,目前全国已建立失地农民养老保险制度的省、市主要有三种模式:一是直接对接城镇企业职工基本养老保险的模式。其特点是按照城镇企业职工基本养老保险的规定缴费,所缴费用直接进入城镇企业职工基本养老保险基金,按城镇企业职工基本养老保险的办法和标准享受待遇。二是全封闭模式。其特点是基金独立运行,自成体系,养老保险关系不能向城镇企业职工基本养老保险转移。三是半封闭可转移模式。其特点是基金独立运行,劳动年龄段人员可以将养老保险关系转移到城镇企业职工基本养老保险,缴费年限合并计算。老龄段人员则不能转移。经过一段时间的运行,为提高保障水平,选择全封闭或半封闭可转移模式的省、市也在考虑转向直接对接城镇企业职工基本养老保险的模式。

综合考虑以上因素,重庆市确立了直接对接城镇企业职工基本养老保险的模式,按照不同年龄段确定缴费标准和缴费年限,由个人缴纳一定费用或由土地行政管理部门在征地补偿费中代为缴纳一定费用后,按城镇企业职工基本养老保险的有关规定享受待遇。选择这种模式主要有以下考虑:第一,解决被征地农转非人员养老保险问题,不等于修改历史征地补偿政策,只是为他们新安排了养老保险制度,既尊

土地换保障：
扩大推动发展民众基础的政策选择

重历史，也兼顾现实；既是"向后看"，解决九十万被征地农转非人员的历史遗留问题，也是"向前看"，建立新征地人员"即征即保"的长效机制。第二，充分考虑被征地农转非人员老有所养的实际需要，采取了直接对接城镇企业职工基本养老保险的模式，解决的办法较为彻底，所享受的待遇能保障其基本生活，更能体现以人为本。

一是消除农转非人员的身份歧视，使他们在转为城镇户口之后，能与城镇居民一样公平地享受社会保险待遇。二是达到法定退休年龄的农转非人员可直接享受城镇企业职工最低养老金，生活能得到基本保障。三是对"4050"年龄段的农转非人员实行保底，一次性缴足费用，使其在达到法定退休年龄后能够领取最低养老金；未达到法定退休年龄之前，适用各项再就业扶持政策帮助其实现就业；不能就业的，按城镇居民同等条件予以最低生活保障。四是对中青年农转非人员按城镇职工标准，建立一定期限的养老保险关系，引导和鼓励其通过继续就业，直接融入城镇职工养老保险体系。

2008年6月，国务院就业、户籍管理和社会保障体制调研组来重庆调研时，对重庆被征地农转非人员养老保险制度总体评估意见是：第一，解决被征地农转非人员的养老保险问题符合中央要求，是改善民生的重要举措。第二，重庆市被征地农转非人员的养老保险制度方案较为合理。第三，重庆市解决被征地农转非人员的养老保险问题需要政府的帮助和支持。

二、政策的主要内容

2008年重庆市政府出台的26号文件，在内容设置上，以2007年12月31日这一时间点为界，分为"新征地人员"和"原征地人员"两大类型，对1982年1月1日以来农村居民因土地被政府依法征收（用）并进行了城镇居民身份登记的人员，分别予以解决。被征地农转非人员必须同时具备两个条件：一是土地被政府依法征收征用；二是在公安部门进行了城镇居民登记。其他形式的农转非人员不属于26号文件解决的范畴。

新征地人员是指2008年1月1日以后被征地的农转非人员。只要年满十六周岁及其以上，实行强制性参保，一次性从土地补偿费和安置补助费中划拨一部分资金作为其养老保险费，按征地时不同年龄划分三个年龄段，执行不同的缴费标准。根据参保人员的不同年龄，分为老龄人员、"4050"人员和中青年人员。老龄人员（男满六十周岁、女满五十五周岁及其以上）：以七十五周岁为界，七十五周岁及其以上的人员按一万五千元缴纳，与七十五周岁每相差一年，在一万五千元的基础上增加一千三百元。"4050"人员（男满五十不满六十周岁、女满四十不满五十五周岁）：按四万一千元标准缴纳。参保后，可按"城保"标准接续缴费。中青年人员（十六周岁以上，男不满五十周岁、女不满四十周岁）：以实施时上年度全市城镇经济单位在岗职工平均工资的百分之六十为基数，按百分之二十的缴费比例，一次性补缴一定的养老保险缴费年限，以后按"城保"的标准接续缴纳养老保险费。

原征地人员和新征地人员政策也有所不同。原征地人员是指2007年12月31日以前被征地的农转非人员，其参保政策参照新征地人员的方式和标准。不同的是确定了自愿参保、资金由本人和政府共同承担的原则，予以解决。

参保缴费后的待遇问题，以新征地人员为例。老龄人员在一次性完成缴费的次月起，按企业退休人员最低基本养老金标准发给养老待遇，目前重庆为每人为每月四百五十元，并执行高龄人员增发养老金政策。七十岁以上每月增发五十元，七十五岁以上每月再增发五十元。老龄人员在领取养老待遇期间死亡的，从其死亡的次月起停止支付养老待遇，并按城镇企业职工基本养老保险规定支付丧葬费（两千元）和一次性救济金（本人十五个月的基本养老金）。其个人一次性缴费扣除已支付养老待遇、丧葬费和一次性救济金后还有余额的，一次性退还给指定受益人或法定继承人。

"4050"人员未继续缴费的，若在达到法定退休年龄前死亡，将其个人从安置补助费中一次性缴纳的基本养老保险费一次性退还给指定受益人或法定继承人。在达到法定退休年龄后，享受最低基本养老金待遇。若在领取养老待遇期间死亡，从其死亡的次月起停止支付养老待遇，并按城镇企业职工基本养老保险规定支付死亡待遇，其个人从安置补助费中一次性缴纳的基本养老保险费扣除已支付养老待遇和死亡待遇后的余额一次性退还给指定受益人或法定继承人。若在达到法定退休年龄前继续缴纳养老保险费五年及以上的，可将一次性缴费作为十五年的缴费年限，与继续缴纳基本养老保险费的年限合并计算，退休时按城保有关规定计算待遇。若在达到法定退休年龄前继续缴纳养老保险费不足五年的，退休时发给最低养老金待遇，并以此为基数，按接续参保缴费的实际月数，每满一个月增发百分之一的养老待遇。在达到法定退休年龄前死亡的，将其个人从安置补助费中一次性缴纳的基本养老保险费和基本养老保险个人账户部分一次性退还给指定受益人或法定继承人。按月领取养老待遇期间死亡的，从其死亡的次月起停止支付养老待遇，并按城镇企业职工基本养老保险规定支付死亡待遇。其个人从安置补助费中一次性缴纳的基本养老保险费和基本养老保险个人账户部分扣除已支付养老待遇和死亡待遇后的余额一次性退还给指定受益人或法定继承人。

中青年人员达到法定退休年龄前，可按城镇企业职工基本养老保险有关规定接续缴纳基本养老保险费。达到法定退休年龄后，缴费年限累计满十五年及以上的，按城镇企业职工基本养老保险有关规定按月享受基本养老保险待遇。

以上不同年龄段的缴费标准，应随企业职工基本养老保险缴费基数的提高建立相应的调整机制。

原征地人员的养老待遇与新征地人员基本相同，不同的是原征地人员如在2007年12月31日之前达到法定退休年龄的，从2008年1月1日开始领取养老待遇，新征地人员中的老龄人员参保缴费后，从征地方案被批准之日起开始领取养老待遇。

重庆市在办理被征地农转非人员养老保险的过程中，为解决这部分人的后顾之

土地换保障：
扩大推动发展民众基础的政策选择

忧，为参保人员承担了大部分费用。其中，原征地人员养老保险根据其被征地时间的不同，重庆市政府给予了最高百分之八十的补贴，最低也有一半。这是让利于民的重大举措。另外，以省市级人民政府出台办法，一并解决原征地人员的养老保险问题，在全国还是首创。2008年重庆市在推进原征地农转非人员养老保险工作过程中，对十个区、县一千零一十八名参保对象进行了抽样调查。调查表明，愿意参保率达百分之九十七点三五，对政策知晓率达百分之九十八点七三，对政策的满意率达百分之九十六点三七。截至2008年12月7日，全市已累计受理原征地农转非人员基本养老保险参保申报四十五万九千二百人。从政策层面上看，这项政策得到了广大人民群众的普遍认同，特别是广大符合条件的参保对象对这项政策的满意度较高。

三、主要政策措施

重庆市委、市政府高度重视社会保障工作。中共中央政治局委员、市委书记薄熙来多次就完善社保体系、构建和谐重庆作出重要指示。市政府王鸿举市长在2008年政府工作报告中明确提出了"着手解决全市九十万原征地农转非人员和新征地人员的基本养老保险问题"。市委常委、副市长马正其亲历亲为，多次召开专题会议，听取专题工作汇报，并进行研究。市劳动和社会保障部门作为牵头单位，积极协调市级有关部门，认真做好前期政策调研工作，市政府文件出台后，积极组织实施。

由于时间跨度长、涉及人员多、历史遗留问题突出、身份认定困难和涉及的部门较多，为工作带来一定的困难，为此，市政府专门成立了被征地农转非人员基本养老保险工作领导小组，由分管市领导担任组长，统筹协调全市此项工作中的重大问题，市政府副秘书长，市劳动保障局、市国土房管局、市财政局、市民政局、市监察局、市公安局、市信访办等部门负责人为成员。领导小组下设办公室，负责全市此项工作的具体组织实施。由市劳动和社会保障局牵头，从市劳动和社会保障局、市国土房管局、市财政局、市民政局、市公安局、市信访办等部门抽调精干人员，实行集中办公，具体负责此项工作的日常事务。各成员单位及时召开协调会议，统一思想认识，凝聚工作合力。各区县也参照市里的做法成立了领导小组及办公室，并抽调专人实行集中办公，负责协调本地区的工作。

在工作实施过程中，实行统一部署、分级负责的原则。由市政府统一部署，全市形成统一政策、统一标准，区、县没有自由裁量权。为切实做好此项工作，市政府将其纳入对区、县政府的目标考核范围，强化区、县政府责任。根据工作情况，确立了"先试点后铺开""先易后难""方便群众""确保稳定"的工作原则。"先试点后铺开"是指2008年3月，重庆市选择北部新区作为先行试点区，经过收集问题，积累经验，于4月1日在全市正式启动实施。同时，允许区、县选择部分街道、乡镇先行试点，探索积累经验后再全面铺开。"先易后难"是指区、县可选择部分人群，如老龄人员或"4050"人员、中青年人员先行启动办理。"方便群众"是指着力加强社区社会保障服务平台建设,把业务延伸到街道社区。征地农转非人员原则上在原征地所在区、县的社区社会保障服务平台进行申报,跨区、县居住的,可在现居住地社区社会保障服务平台进行申报,但仍由原征地区、县负责其参保资格的审核认定、参保手续办理以及承担应由区、县政府补贴的资金。这样既方便了群众,又提高了工作效率。社区社会保障平台建设,重庆市是走在全国前列的,已基本上在所有街道和镇建立了社会保障服务所。"确保稳定"就是在推进工作过程中,要落实专人,做好宣传解释工作,并制订应急预案,维护社会稳定。

市政府26号文件出台后,按"一一三一"的架构制定配套文件。"一个实施意见"是指市劳动和社会保障局、市国土局、市财政局联合制定贯彻市政府上述两个办法的具体实施意见。"一个操作意见"指养老保险经办机构对办理被征地农转非人员基本养老保险的办事流程、业务标准等内容进行规范和统一。"三个配套办法"是指抽调相关部门的工作人员成立联合工作组,依托街镇社会保障服务机构搭建操作平台的办法;农转非人员身份和转非时间认定,新征地人员参保所需资金落实和划转办法;原征地人员政府补贴资金落实,参加储蓄式养老保险人员转为参加基本养老保险的办法。"一个应急预案"指由市信访办牵头,市公安局配合,制订一个处理群体性突发事件的应急预案。因此项工作量大、涉及人员多、矛盾突出,重庆市在推进工作的过程中及时收集、研究和解答问题。截至2008年9月底,共收集问题一百七十六个,并先后以问题解答的形式对问题进行明确。针对部分人缴费难的问题,积极研究破解思路,坚持以人为本,允许区、县在不违背基金管理办法的前提下从自身实际出发,落实工作措施,主动解决这一全市共同面临的难题。为解决缴费难的问题,重庆采取了一些帮扶措施:针对部分原征地农转非人员缴费困难问题,强调社会保险不等同于社会救助,社会保险应坚持"权利与义务相对应,不缴费则不享受待遇"的原则,而且在设计政策时对缴费困难的因素已做了充分考虑,具体体现在本人自愿的前提下,个人承担缴费总额的一小部分,其余由政府补贴。

另外,按照市委、市政府的指示精神,积极协调市就业再就业办、民政、税务、金融、工商等市级相关部门落实其享受税收减免、小额担保贷款、岗位补贴、社保补贴、低保联动等优惠政策,尽可能促进这个群体稳定就业。对享受城市低保的家庭、缴费确有困难的人员,各区、县在政策允许范围内可采取一些帮扶措施,如协调金融机构利用金融政策进行担保贷款、有条件的区、县提供政府贴息贷款等措施,帮助其解决缴费难的问题。北部新区采取就业扶持政策,尽量为参保人员提供公益性就业岗位。南岸区按照"先申报参保,延缓缴费或街镇垫支,后完善发放"的原则,解决老龄段人员缴费难的问题和"先申报参保、延缓缴费时间、就业扶持"的原则,解决"4050"段人员缴费难的问题,取得了良好的工作成效。

要确保此项工作做实做好,加强人员培训、强化舆论导向是关键。为此,重庆市制订了翔实的宣传培训方案。一是积极做好培训工作。及时组织成员单位相关人员、区县业务人员进行业务培训,尽快让他们掌握政策和注意事项,尽快成为工作的行家和推动者。区、县再组织街道(乡镇)、社区社会保障工作平台的人员进行

土地换保障：
扩大推动发展民众基础的政策选择

培训。通过一级抓一级、层层抓落实的培训，逐步培养一批业务骨干，切实推动工作的开展。二是根据不同阶段工作推进的重点，开展具有针对性的宣传活动。利用报刊、电视、广播以及网络等公众媒体适时向社会宣传被征地农转非人员养老保险的政策、作用和效果，引导广大被征地农转非人员尽快参保。认真收集工作信息，及时反映工作动态，编印《工作简报》，编写政策问答，印制《文件汇编》分发各区、县。特别需要说明的是，重庆市要求区、县依托社区社会保障服务平台，做到入户宣传、入户发放资料、参保对象政策知晓率"三个百分之百"的目标：入户宣传率达到百分之百、入户发放宣传资料率达到百分之百、被征地农转非人员政策知晓率达到百分之百。通过入户走访和查阅征地原始材料，对被征地农转非人员的姓名、居民身份证号码、性别、出生年月、转非时间、安置补偿、就业、参保等情况逐一进行核实，确保了各项基础信息真实、准确、完整。

积极强化保障措施，确保工作顺利推进。一是积极协调落实专项经费，用于全市开展此项工作。各区、县政府也积极支持当地此项工作的开展，及时落实工作经费，保障工作顺利开展。二是加强街道、社区社会保障平台建设。在全市对街道社区配备了必要的办公设施设备，落实编制，强化队伍建设，把此项工作业务延伸到社区申报办理，分流了人员，方便了群众，为下一步工作奠定了坚实的基础。三是市级有关部门加强协调，密切配合，按照市政府要求和有关政策规定推进工作，及时研究解决工作中遇到的难点问题，及时妥善处理工作中发生的来信来访，严防群体性事件发生。加强对工作人员的教育管理，严防弄虚作假、徇私舞弊等情况的发生，确保社会保险基金不流失。区、县也认真按照市里统一部署，严格标准，将此项惠及全市百万人的民心工程做实做好。

按照重庆市"一圈两翼"的发展战略，重庆的城市范围将进一步扩大，新征地人员每年都会产生。在市委、市政府的领导下，按照人力资源和社会保障部的工作部署，进一步解放思想、与时俱进，贯彻落实科学发展观，立足重庆的市情，在认真做好做实被征地农转非人员养老保险后续有关工作的同时，切实做好"统筹城乡社会保障制度建设"这篇大文章，实现党的十七大提出的"建立完善覆盖城乡居民的社会保障体系"的宏伟目标，为建设统筹城乡综合配套改革实验区、实现"3·14"总体部署作出劳动保障部门应有的贡献。

第十章 成都被征地农民社会保障工作的主要做法与经验[①]

　　成都市地处我国西南地区，总面积一点二四万平方公里，下辖九区四市六县，人口一千一百一十二万三千，城市化率由 2003 年的百分之三十七，提高到 2007 年的百分之五十四，增长了十七个百分点。成都市是四川省省会、国务院确定的全国首批历史文化名城，西南地区科技、商贸、金融中心和交通、通信枢纽，综合实力西部第一，全国统筹城乡综合配套改革试验区。从 2003 年以来，成都市在实施了以城乡一体化为核心、以规范化服务型政府建设和基层民主政治建设为保障的城乡统筹、四位一体科学发展总体战略，全市综合经济实力明显增强，城乡面貌发生重大变化，改革开放取得新进展，各项事业全面进步。2007 年全市实现地区生产总值三千三百二十四亿元，全口径财政收入九百九十六亿六千一百万元，地方财政收入七百一十六亿七千八百元。城市居民人均可支配收入一万四千八百四十九元；农民人均纯收入五千六百四十二元。成都市在总体上已经到了"以工促农、以城带乡"城乡统筹发展的战略转轨时期。如何通过统筹来缩小城乡社会保障的差距，把原来仅仅覆盖到城市的社会保障延伸到农村，最终实现农村社会保障与城市社会保障的统一，是成都市在研究经济、社会发展中的一项重大课题。

　　统筹城乡是一个系统工程，缺一不可，成都要实现跨越式发展，最根本的是要解决人的问题。成都市总人口中近百分之六十是农民，统筹城乡、城乡一体化的根本是减少农民、富裕农民、保障农民，要做到这一些，统筹城乡社会保障制度建设就显得尤为重要。简单地说，就是要把农村和城市社会保障作为一个有机统一的整体加以规划，逐步建立覆盖全社会的社会保障制度，使得城市和农村居民能够享受到平等的社会保障。就其基本点，主要应包括两方面的内容：其一，把当前游离于城乡二元结构之间的失地农民纳入城市社会保障体系，把社会保障覆盖面逐渐扩大到农村，同时缓解城市社会保障因为老年化遭遇到的困境；其二，加大政府对农村社会保障的投入，解决失地农民的养老保险、医疗保险、最低生活保障，实现城乡居民在社会保障方面的平等。

[①] 本章内容根据成都市人力资源和社会保障局提供的相关资料整理。

土地换保障：
扩大推动发展民众基础的政策选择

一、成都市统筹城乡社会保障制度建设的基本思路

2003年以来，成都市委、市政府在"全面落实科学发展观、深入推进城乡一体化"的总体战略中，始终把"建立和完善城乡统一的社会保障制度"作为推进城乡一体化的主要任务和奋斗目标，作为实现人民群众最关心、最直接、最现实利益的重要环节。按照"制度构架城乡统筹、经办操作城乡一致、待遇标准城乡衔接、机构设置城乡统一、绩效考核城乡同步"的工作思路，本着不等不靠、先行先试的原则，积极探索和实践加快实现城乡社会保障全覆盖的有效途径，不断推进社会保障制度向农村和农民延伸拓展，以弥合城乡分割的鸿沟。

当前，成都市农民分化成农民工、被征地农民和纯农民三大群体。尽管他们之间还没有很明确的概念和性质界定，但在现实中，他们已经存在着职业、身份以及活动行为的差异。因此，建立和完善农村社会保障制度，必须考虑农民分化的这一特点，探索能够覆盖这三种群体农民并能适应他们流动的社会保障制度体系。这一制度体系的建立与完善绝不能再将农村和城市截然割裂开来，就农村论农村，必须在统筹的视角下进行。成都市在统筹城乡社会保障工作中，正是以突出解决农民工、被征地农民和纯农民的社会保障问题为着力点，实现了由"单一突破"向"整体推进"、由"政策调整"向"制度规范"、由"城镇保险"向"城乡统筹"的转变，初步建立了覆盖城乡、功能完善、多种层次的社会保障体系。

二、成都市统筹城乡社会保障制度建立的背景

长期以来，我国的社会保障制度只覆盖了城镇职工。成都市2003年实施城乡一体化的过程中，大量的失地农民因城市建设需要，土地被依法征用。土地是保障农民生活的基本载体，在城乡分割的二元政策环境下，土地是农民生活保障的基本载体，可以为农民提供基本生活保障和就业机会，有财产增值的功效，还可以为其后代提供土地"继承"权，同时由其后代承担养老责任。农民的土地获得是其最基本、最可靠的收入来源，农民依靠它维持生活、保证就业、应对未来养老和医疗意外等。随着城乡一体化的推行，农村家庭规模不断缩小，土地保障的功能不断弱化，农村家庭和土地的保障功能面临着挑战。

1991~2003年，成都市因国家建设用地安置农转非人员四十八万。按照成都市政府令第40号和第78号的规定，对他们基本采取一次性发给土地补偿费和安置补助费的办法进行安置，没有为他们解决更为长远的社会保险问题。他们由于知识结构单一、综合素质低，缺乏应对市场竞争的能力，失地往往就意味着失业。当他们把所得到的补偿安置费用消耗殆尽时，维持今后的生存、生活问题便成为矛盾的焦点，其结果必然会影响到经济的发展和社会的安定。

2004年3月，成都市按照"土地换保障、退费进社保、政府给予补贴、纳入养

老医疗社会保险" 的思路,制订出台了《成都市征地农转非人员社会保险办法》和《成都市已征地农转非人员社会保险办法》(成府发〔2004〕19号),使农民失地的同时,为其建立社会保障,不因为失地而降低生活标准,并使被征地农民的社会保险同城镇职工社会保险一步到位地实现了接轨,做到了"失地不失利、失地不失业、失地有保障",同时考虑到了政策的延续性,将1991年以来失地农民养老保险和医疗保险问题一并解决。

三、成都市征地农转非人员社会保险的主要内容

《成都市征地农转非人员社会保险办法》规定,凡2004年1月1日以后,成都市行政区域内因土地被依法征用并进行非农人口户籍登记的人员从征地补偿安置方案依法批准之日起,一改过去就业安置和货币安置为征地部门一次性为其强制性参加社会保险,并按不同年龄段分类办理。对达到法定退休年龄的征地农转非人员,由征地部门一次性为其缴纳十年的基本养老保险费和住院医疗保险费,从次月起按月领取养老金(并享受国家规定的基本养老金待遇调整),享受城镇职工住院医疗保险待遇和死后丧葬补助费。对未达到法定退休年龄的征地农转非人员,由征地部门按不同年龄段以征地时上一年本市职工平均工资的百分之六十(缴费比例为百分之二十)的标准,分别为其一次性缴纳十至十五年的养老保险费(将百分之十一划入个人账户),并以上年本市职工平均工资的百分之四的标准,分别为其一次性缴纳五至十年的住院医疗保险费;本人按规定接续缴纳社会保险费,待达到法定退休年龄,且缴费满十五年及其以上时(含征地部门一次性缴纳的年限)按月领取养老金,终身享受住院医疗保险待遇。同时,对处于劳动适龄阶段的人员,还一次性发放六千至八千元就业补助金,帮助他们尽快就业。2008年,一个年满五十周岁的失地农民参保,一次性缴纳养老保险费为征地时上一年市职工平均工资(二万一千九百四十一元)的百分之六十为基数,费率为百分之二十,一次性缴纳十五年,应缴三万九千四百九十三元八角,医疗保险以上一年市平工资(二万一千九百四十一元)的百分之四,一次性缴十年,应缴八千七百七十六元四角。

《成都市已征地农转非人员社会保险办法》规定,凡1991年1月1日至2003年12月31日期间,成都市行政区域内因土地被依法征用并进行非农人口户籍登记的人员,本着自愿退费进社保的原则,按不同年龄段分类办理社会保险。对达到法定退休年龄的已征地农转非人员,由本人按一定标准退费(即过去已领取的安置费)和政府给予补贴,共同一次性为其缴纳十年的基本养老保险费和住院医疗保险费后,实行封闭运行,从次月起按月领取养老金(并享受国家规定的基本养老金调整),享受城镇职工住院医疗保险待遇和死亡后丧葬补助费。对未达到法定退休年龄的已征地农转非人员,由本人按一定标准退费(即过去已领取的安置费)和政府给予补贴、共同一次性以2003年本职工平均工资的百分之六十(缴费比例为百分之二十)的标准,分别为其一次性缴纳十至十五年的养老保险费(将百分之十一划入个人账

土地换保障：
扩大推动发展民众基础的政策选择

户），并以 2003 年本市职工平均工资的百分之四的标准，分别为其一次性缴纳五至十年的住院医疗保险费；本人按规定接续缴纳社会保险费，待达到法定退休年龄，且缴费满十五年及其以上时（含征地部门一次性缴纳的年限）按月领取养老金，终身享受住院医疗保险待遇。为缓解已征地农转非人员缴费进社保的压力，已征地农转非人员百分之四的住院医疗保险费由市、区（市）县两级财政从新增财力和土地收益中解决，十年内每年分期注入。一个 1997 年征地的失地农民今年六十五岁，一次性缴纳养老保险费为：三百元乘以一百二十个月，计三万六千元，个人缴纳一万元，政府补贴两万六千元；医疗保险按 2003 年本市职工平均工资（一万一千零五元）的百分之四，一次性缴纳十年，计四千四百零二元（政府补贴）。

四、成都市征地农转非人员采取的主要措施

成都市开展被征地农民社会保险还处于探索过程之中。2004 年，全国少有城市开展了此项工作。对社会保险经办机构而言，面对的是一个新的群体、一项新的制度，通过深入农户调查、同失地农民座谈，了解他们失地后最需要的是什么，做到了开展此项工作有的放矢。成都市被征地农民社会保险采取的主要措施有：**一是保险政策到位**。成都市征地农转非人员社会保险办法首先是同城镇职工社会保险办法一步到位实现了接轨，有效地避免了制订过渡办法而带来的并轨问题。其次，征地农转非人员社会保险不仅解决了今后征用土地而带来的失地农民社会保障问题，而且将 1991 年以来失地农民社会保障问题一并解决。再次，成都市征地农转非人员社会保险是解决失地农民社会保障最彻底的，全市将所有失地农民均纳入社会保险，不仅解决了养老保险，而且还解决了医疗保险。**二是责任落实到位**。成立了以区（市）县主要领导任组长、分管领导和有关部门参加的征地农转非人员社会保险工作领导小组，组建了专门的工作班子，明确了各部门在征地农转非人员社会保险工作中的责任，确保了征地农转非人员社会保险工作顺利展开。同时，还成立了由区（市）县劳动保障、国土、财政、公安、农村发展局等部门组成的会审小组，研究制订了审定标准和参保程序，保证了参保工作的公开、公正和公平。**三是宣传工作到位**。通过召开征地农转非人员社会保险工作动员大会，成立政策宣传小组，分赴各镇、办事处作社会保险政策解释宣传工作，帮助各镇、办事处培训征地农转非人员社会保险政策宣传干事，并和各镇劳动保障所、社区劳动保障工作站人员一道深入每个集中居住区，召开座谈会，印发宣传资料，认真做好政策讲解工作；利用电视、报纸广为宣传，营造氛围，将政策宣传到各家各户，做到家喻户晓，人人皆知；（最初宣传的过程也是比较艰苦的，对农民来说，一是对社会保险比较陌生，很难理解；二是要缴钱担心受骗，心里不踏实；三是不相信能同城市居民一样可以领取养老金，心存顾虑）。成都市利用典型和事实，让领取了养老金的失地农民去感染心存顾虑的失地农民，使被征地农民实实在在地看到了参加社会保险的好处，极大地增强了征地农转非人员参保的积极性，立刻掀起了征地农转非人员参加社会保险

的热潮。**四是基础工作到位**。针对1991年以来征地农转非人员集中居住区的情况进行了认真的摸底调查，建立了集中居住区征地农转非人员台账，对每个集中居住区征地农转非人员失地的原因、类型、数量、批次、时间和失地的安置补偿、目前的人员结构、经济状况等进行了详细调查统计，了解征地农转非人员的参保愿望，为展开征地农转非人员社会保险工作打下了坚实基础。**五是政府补贴到位**。成都市现有参保的已征地农转非人员三十万八千五百人，市县两级政府共需补助资金近五十亿元，才能保证征地农转非人员参保后享受养老保险和医疗保险待遇。各区（市）县积极采取措施，努力确保政府补贴及时到位。一是征地农转非社保补贴资金由土地收益留存一部分；二是新增财力中划入一部分；三是每年将征地农转非社保补贴资金纳入财政年度预算，专项用于征地农转非社保政府补贴。同时，政府还建立了征地农民社会保险政府补贴资金的筹集、拨付和监督管理的目标考核办法，对各区（市）县征地农转非社保补贴纳入年度目标考核。

五、成都市征地农转非人员社会保险初步成效

目前，成都市已进入城乡社会保险事业持续、快速发展的新阶段。通过建立覆盖城乡居民的社会保障体系，保障了城乡居民安居乐业，助推了城乡一体化进程。2008年征地农转非人员参加社会保险有五十四万四千四百人。成都市征地农转非人员社会保险工作获得了首届"建设成都杰出贡献奖"重大事件，得到了劳动和社会保障部、省劳动和社会保障厅的充分肯定。正如中国人民大学郑功成教授在调研了我市征地农转非人员社会保险工作后说："成都市在解决失地农民社会保险问题上在全国范围内走在了前列，不仅解决了失地农民的养老保险，而且还解决了医疗保险。成都的经验值得推广。"成都市锦江区一位老大娘深情地说："虽然我们失去了土地，但我们今天的生活比去过去当农民的时候强多了。现在又给我们办了社保，我们跟城里人没什么区别了。我现在都忘记自己原来是农民了。""天上掉馅饼"的好事轮得到我们吗？是不是又来骗我们的钱啰？家住成都市温江区万春镇天乡路八组的罗秀华发出了这样的感叹。看到别人参保已开始领钱了，抱着试一试的想法，她2004年7月参了保，次月就开始领每月二百一十元的养老金，同年因高血压在市五医院住院十八天，支付医疗费六千五百四十三元，在社保报销了五千八百元。她逢人便说，还是党的政策好，要不我咋办嘛！真是"天上掉馅饼了"。失地农民有了养老、医疗保障，基本进入了衣食无忧、生病不愁的境界。

六、成都市征地农转非人员社会保险工作的主要经验与启示

统筹城乡社会保障，关键在于落实政府责任，强化综合配套。成都市的经验和启示主要体现在以下几方面。

首先，必须抓好制度体系建设。从2003年以来，成都市根据国家劳动保障法规

土地换保障：
扩大推动发展民众基础的政策选择

政策，先后出台了《成都市非城镇户籍从业人员综合社会保险办法》《成都市已征地农转非人员社会保险办法》《成都市征地农转非人员社会保险办法》《成都市农民养老保险试行办法》《成都市农民养老保险办法》，率先在中西部地区乃至全国建立了城镇职工社会保险体系之外的农村社会保险体系，完善了社会保险制度，实现了社会保险覆盖城乡、惠及全民，有效地推动了城乡统筹的步伐。

其次，必须加大公共财政投入。用好政府财力，调整支出结构，逐步提高对社会保障事业的支持能力。2006年，全市财政投入社会保障事业的资金占政府一般预算支出的百分之十五点四，并建立健全了解决被征地农民社会保险长效投入机制，市县两级财政从2004年起安排在十年内注入近五十亿元给予补贴，分期划入社会保险统筹基金，妥善解决1991~2003年期间被征地农转非人员社会保险，对不足以支付应领取的养老金和医疗费而出现资金缺口，明确由财政兜底解决。

第三，必须改进社保服务方式。成都内的各乡镇及街道、社区和农民集中居住区建立了劳动保障工作机构，承担辖区城镇居民就业和新参保情况摸底调查，建立居民就业和参保信息台账，指导参保人员接续和转移社会保险关系，协助做好灵活就业人员社保补贴、失业人员参保缴费等服务管理工作。全市各级社保经办机构工作人员充实到二千五百余人，比2000年增加了一倍多。市财政投入一千余万元对社会保险信息服务网络系统进行升级改造，城乡居民不出社区便可查询参保缴费等相关社保信息，做到社保经办、管理、服务全过程信息化，实现业务经办、公共服务、基金监督规范化。对养老、医疗、失业、工伤和生育保险实行"五险合一"征缴模式，方便参保，降低成本，提高效率。"全域成都、人人享有"。

第四，建立完善失地农民社会保障制度，是依当前条件解决"三农"问题，实现失地农民老有所养、病有所医的长效机制。随着成都市城市化进程的加快和经济、社会建设的快速发展，土地征用需求将进一步加大，由此而带来的是失地农民过去依靠土地的保障功能就会完全丧失。在这种情况下，对失地农民采取现金形式的经济补偿显然不能代替失地农民对社会保障的需求功能，更不能一劳永逸地解决失地农民的基本生计问题。因此，建立失地农民社会保障制度、妥善安置失地农民既涉及到广大失地农民的切身利益，更涉及到国家的长治久安，必须以科学决策、综合配套、协调发展、突破难点、城乡衔接的社会保障制度为基础，以确保失地农民"失地不失利、失地不失业、失地有保障"。

第五，积极促进失地农民实现就业，是建立完善失地农民社会保障制度的支撑和前提。成都市在实施失地农民社会保障工作中所遵循的一条原则就是"新人养老人，逐步进入社会保障体系"。所谓"新人"，是指未达到法定退休年龄，而处于劳动适龄阶段的失地农民。按规定，这部分人员在退费和政府补贴的基础上，本人须按时足额缴纳社会保险费接续社保关系，待达到规定条件时，按月领取养老金。从实施的情况看，这部分人员参保积极性较低，只占参保总数的一半多一点，部分区（市）县这部分人员的参保比例更低。一个重要原因就是，失地农民未实现充分就业，无稳定的收入来源，导致失地农民不能续缴社会保险费，对这项制度的完善和

"全面、协调、可持续发展"带来了一定的影响。对此，成都市委、市政府高度重视失地农民的就业问题，下发了《关于促进城乡充分就业的意见》（成委发〔2005〕33号）及相关配套文件和《关于失地无业农民再就业有关问题的通知》，对失地无业农民实行与城镇下岗失业职工相同的再就业扶持政策：享受免费参加就业技能培训、免费接受职业介绍、享受再就业小额贷款扶持、从事灵活就业的给予社保补贴等，对从事个体经营的三年内免交登记类、证照类、管理类的各项行政事业收费，政府安排专项资金用于失地农民再就业的技能培训补贴、职业介绍补贴、社会保险补贴、小额贷款担保贴息等。

第六，**建立失地农民社会保障制度应遵循与城镇职工社会保障制度相衔接的原则**。按照成都市统筹城乡经济、社会发展和推进城一体化的总体要求，未来五年内，中心城区将完成城乡一体化的进程，长期形成的城乡二元经济结构将被彻底打破。在这一进程中，解决失地农民的社会保障问题应当遵循与城镇职工社会保障制度相衔接的原则。一是有利于城乡一体化进程的推进。成都市在解决失地农民社会保障问题时，将重点放在养老和住院医疗上，其政策框架与城镇职工社会保险政策相衔接，使失地农民参保后享受与城镇职工完全一样的养老和住院医疗待遇，打破了身份区别，受到广大失地农民的欢迎。二是有利于农村劳动力的合理流动，促进失地农民向城镇二、三产业转移并实现就业。成都市在制定失地农民社保政策时，考虑到失地农民的流动转移，在政策上留有接口，也就是说失地农民参保后，今后向城镇二、三产业转移时，其社保关系可以转移与接续。

第七，**实施失地农民社会保险工作，必须依靠政府财政的大力支持**。成都市在开展征地农转非人员社会保险工作中，本着对历史负责，妥善解决历史遗留问题的原则，采取政府补贴的办法，对失地农民参保给予倾斜和支持。按照这一办法，从2006年开始，成都市和区（市）县两级财政将在十年内注入资金四十五亿元，对1991～2003年发生的已征地农转非人员参保给予补贴，以缓解失地农民参保缴费的压力。但在实施过程中，也存在个别区（市）县由于过去征地安置不规范，失地农民的补偿安置费未及时兑现，导致失地农民不能退费进社保，政府承担较大压力。因此，在推进过程中，成都市已考虑从新增财力和土地出让收益中安排专项资金用于对失地农民参加社会保险的补贴。

第八，**政府统一领导、相关职能部门密切配合，是推进失地农民社保工作的保障**。成都市在推进这项工作中，各级党委、政府高度重视，均成立了领导小组和工作机构，并明确了各相关职能部门的职责。在实施工作中，国土资源部门负责参保的具体组织协调和参保范围和条件的界定，劳动和社会保障部门负责社会保险业务办理、关系接续、待遇拨付和日常管理，财政部门负责政府补贴的筹措、安排和使用的监管，被征土地所在地镇（乡）政府、街道办事处会同原征地单位、当地公安派出所负责提供本行政区域内已征土地的相关基础资料。由于形成了工作的合力，有效地推进了这项工作的实施。

成都市在推行城乡一体化进程中，主要经验是要把解决"三农"问题放在首

土地换保障：
扩大推动发展民众基础的政策选择

位，切实解决人往哪里去和钱从哪里来的问题，确保失去土地农民的基本生活和社会保障等问题，加快完善城乡社会保障制度，扩大了社会保险的覆盖面。

城乡统筹和城乡统一是两个既有联系又有区别的不同概念。城乡统筹是经济、社会的重大发展战略，既需要一个历史过程，通过统筹城乡经济、社会发展逐步缩小城乡差距，最终达到城乡一体化。城乡一体化是城乡统筹的结果和最终目的。从社会保障的城乡统筹到城乡一体化，也要经历一个较长的发展过程。所以，社会保障制度建设过程首先要秉承"城乡统筹"的基本原则，有步骤、分阶段、分层次、分类别地建立适合农村基本状况的社会保障制度，最终实现城乡社会保障制度统一。具体而言，一是坚持城乡并重原则。社会保障作为保证社会、经济安全运行的公共产品，每个公民都有享受的权利。失地农民也是公民，征地前也照章纳税，为国家经济发展也作出了巨大贡献，理应享有与城镇居民同样的社会保障的权利。"重城轻乡"的现状必须改变，最终实现城乡真正的平等。二是坚持循序渐进原则。中央提出统筹城乡发展战略，希望通过城乡统筹来逐步缩小城乡差距，至少在当前遏止城乡差距的扩大，最终实现城乡同步和谐发展。社会保障作为这种结构转换一个方面的重要内容，也要通过城乡统筹逐步走向城乡统一、全国统一。三是坚持相互协调原则。城乡之间要相互协调。失地农民社会保障制度的建立要同城镇职工基本养老保险制度一步到位实现接轨。各不同制度之间在建立与完善时也要相互协调，如资金支出方面应统筹兼顾，以便于更好地配置社会保障资源，实现各社会保障制度的协调发展。社会保障制度与社会保障服务网络之间要相互协调。社会保障服务网络是实施社会保障制度的载体和依据，应根据社会保障制度建设的需要，建立健全社会保障服务实体和设施，社会保障制度的建设也要考虑社会保障服务网络建设的实际，二者协调一致。考虑与城市社会保障制度的衔接与转化，服务网络平台的建设应该从城市向农村延伸，建立城乡统一的服务网络渠道。在乡镇（街道）设立社会保障综合管理服务机构，统一负责所在地社会保障事务，包括社会保险、社会救助、社会福利、社会优抚等的相关事务。与此同时，有必要把社会保障工作统一纳入村和社区建设，在村委会和社区居委会建立社会保障工作室，综合承担劳动就业、社会保险、社会救助等事务性工作。

成都市自2003年实施统筹城乡经济、社会发展战略以来，在完善社会保障制度、扩大社会保障覆盖面、着力解决被征地农民社会保险和促进就业方面均取得了实效，促进了城乡社会保障制度的全覆盖，向实现"人人享有社会保障"的目标迈出了坚实的步伐。2008年6月23日，人力资源和社会保障厅、市政府共同签署了《共同推进成都统筹城乡人力资源和社会保障事业发展和改革备忘录》，成都市依据《部市备忘录》，制定了《成都市统筹城乡综合配套改革试验区劳动和社会保障五年改革发展纲要》，并与中国劳动科学院签定了《劳动和社会保障创新实践研究基地框架协议》《统筹城乡劳动保障服务体系研究课题合作协议书》，从而更进一步推进了全市统筹城乡劳动保障事业的发展。这对于提升成都市劳动保障工作、完善社会保障运行机制、服务于广大群众将起到积极的作用。

第十一章 安徽被征地农民社会保障工作的主要做法与经验[①]

随着工业化、城镇化进程的加快,征收、征用农村集体所有土地的需求快速增加,失地的农民越来越多。解决失地农民的现实生活和长远生计,维护农民的土地法律权益,促进社会公正,维护社会稳定,已经成为推进我国经济和社会持续、全面、健康、快速发展必须处理好的一个突出的社会问题。

为妥善解决这一问题,早在2004年,安徽省委、省政府就明确提出要建立失地农民社会保障制度。经过广泛调研、认真起草、多层次征求意见和反复论证,2005年6月12日《安徽省人民省政府关于做好被征地农民就业和社会保障工作的指导意见》(皖政〔2005〕63号)正式出台。安徽作为一个有着五千二百万农业人口的大省,在全国较早出台了解决被征地农民就业和社会保障问题的文件,在做好被征地农民社会保障工作方面取得了宝贵的经验。

一、安徽被征地农民社会保障工作主要内容

对于农民来说,土地具有双重功能,既是基本的生产资料,又是社会保障的基本物质基础。与此相应,失去土地,农民也就失去其原有的职业和社会保障基础。随着工业化、城镇化进程的加快,征收、征用农村集体所有土地的需求快速增加,失地的农民越来越多。一些地方在征地的过程中,没有将失地农民的就业和社会保障工作进行综合考虑和解决,导致失地农民不仅不能享受到工业化、城镇化带来的利益,反而因失去土地导致实际生活水平下降,长远生计没有着落。安徽省作为一个农业大省,也是农村改革较早的省份,为解决失地农民的就业和社会保障问题,在国务院还没有出台文件的情况下,各地结合自身实际情况做了很多有益的探索,为建立被征地农民社会保障制度积累了一定的实践经验。

(一)确定做好被征地农民就业和社会保障工作应遵循的原则。在《指导意见》中明确,被征地农民社会保障工作要坚持统筹考虑改革、发展、稳定三者关系,统

---

① 本章内容根据安徽省人力资源和社会保障厅提供的相关资料整理。

土地换保障：
扩大推动发展民众基础的政策选择

筹考虑当地社会、经济发展的近、中、远期利益的平衡关系，统筹考虑被征地农民就业和社会保障制度与其他城镇人员就业和社会保障制度的衔接，统筹考虑不同被征地年限、城市规划区内外、不同原因被征地农民的利益保障的原则，并要求全省各地要经过科学测算，制定出符合实际、切实可行的解决被征地农民就业和社会保障的具体措施，明确操作程序和工作步骤，严格工作要求，实行分类指导，稳步有序推进。《指导意见》还提出要把促进劳动年龄段内的被征地农民就业、解决被征地农民的养老问题和解决贫困的被征地农民基本生活问题作为工作的重点，同时也要做好被征地农民的医疗、子女就学等方面的工作。要采取有效措施，确保被征地农民的生活水平不因土地被征收、征用而降低，确保被征地农民的长远生计有保障。

（二）合理确定工作对象。《指导意见》明确被征地农民就业和社会保障工作对象原则上为城市（含建制镇）规划区内经国务院或省人民政府依法批准征地后失去全部或大部分农用地的农业人口。城市（含建制镇）规划区外，经依法批准的土地征收或征用后不具备基本生产生活条件或人均耕地面积不足零点三亩的农业人口，以及在农村集体经济组织范围内自愿调剂后不再占有农用地且当地人民政府无法给予异地移民安置的农业人口，也应列入就业和社会保障工作范围。

（三）鼓励被征地农民向城镇转移。《指导意见》明确，对被征地农民办理农转非户口，市、（区）县公安机关要本着就近、属地办理的原则，及时为其办理手续，办理机关不得收取任何费用。已经由农业户口转为非农业户口的人员在就业、社会保障、就学、居住等方面，与当地城镇居民享受同等权利，任何单位和个人不得歧视。

（四）采取措施促进就业。各级政府应当将被征地农民纳入城镇就业体系。积极开发公益性岗位，安置被征地农民就业。有条件的地方可以从国家征收的建设用地中留出一定比例的土地作为安置用地，吸纳被征地农民就业。用地单位要把适合被征地农民就业的工作岗位优先安排给被征地农民，鼓励被征地农民自谋职业和自主创业。要积极将未就业的被征地农民纳入再就业服务体系，提供免费的职业培训、就业政策咨询、用工信息、职业指导和职业介绍等服务；有计划、有步骤地组织他们参加引导性就业培训和职业技能培训，提高他们的就业技能和就业竞争能力；积极向他们提供就业援助和创业指导。

（五）建立养老保险制度。《指导意见》明确，对已转为非农业户口的被征地农民，符合参加企业职工基本养老保险、城镇职工基本医疗保险和失业保险条件的，要将他们纳入这些保险的保障范围。同时，用三年时间在全省逐步建立被征地农民养老保险制度。被征地农民养老保险资金由当地政府、村（组）集体和个人共同出资筹集。政府出资从土地出让收入等国有土地有偿使用收入中列支，村（组）集体出资部分从土地补偿费、集体经济组织经营收入、村（组）集体其他收益中列支。政府出资和集体出资用于基础养老保险金的发放，其待遇享受标准原则上不低于每人每月八十元。同时，为了加强农民自我保障的意识，明确个人缴费部分用于补充养老保险金的发放，各地可以采取利益引导的方式鼓励农民缴费，充实养老保障资金，提高养老保障的水平。

（六）**明确工作职责**。为了切实做好被征地农民就业和社会保障工作，《指导意见》要求各级政府主要负责同志亲自挂帅，同时明确劳动和社会保障部门是这项工作的主管部门，切实负起牵头责任，财政、国土资源、农业、民政、公安等部门要各司其职，密切配合，共同做好被征地农民就业和社会保障工作。这样，就可以避免在工作开展过程中的部门推诿现象，使得这项工作有序进展。

二、安徽被征地农民社会保障工作主要特点

安徽在制定被征地农民社会保障文件时，经过大量的调研，广泛听取基层意见，在制度设计上尽量切合安徽省实际，归纳起来主要有以下几个方面的特点。

（一）**文件设计给市县留有余地**。《指导意见》设计原则性强，对于做好安徽省被征地农民就业和社会保障工作具有普遍的指导意义，经济条件不同的地区均可以在《指导意见》的框架体系内制定切实可行的实施办法。（二）**扩大了保障范围**。国发〔2004〕28号文件要求，在城市规划区内，当地人民政府应当将因征地而导致无地的农民纳入城镇就业体系，并建立社会保障制度。为了切实解决更广大被征地农民的生产、生活问题，在充分调研、认真测算的基础上，将被征地农民社会保障范围扩大到包括城市规划区外经依法批准的土地征收或征用后，不具备基本生产生活、条件或人均耕地面积不足零点三亩、在农村集体经济组织范围内自愿调剂后不再占有农用地且当地人民政府无法给予异地移民安置的农业人口。（三）**稳妥解决以往被征地农民养老保障问题**。在调研中发现，已经开展被征地农民养老保障工作的地区，面临着新老群体不同待遇的矛盾，解决以往被征地农民遗留保障问题是开展这项工作的关键。经过大量的数据测算和基层调研，认为通过今后新增征地筹集资金的方式可以逐步解决历史遗留问题。考虑到各地补偿标准、征地时间存在差异，《指导意见》明确，工作对象、具体时间划分由各市、县根据当地情况确定。（四）**确保基础养老金，个人缴费自愿**。《指导意见》明确，政府出资和集体出资用于被征地农民养老保险基础养老金的发放，对于个人缴费采取完全自愿，不作为享受基础养老的前提条件。这样，就使得被征地农民有了最基本的养老保障。同时，《指导意见》规定，基础养老金待遇享受标准原则上不低于每人每月八十元。

三、安徽省被征地农民社会保障工作情况

皖政〔2005〕63号文件出台后，安徽省劳动和社会保障部门为了贯彻落实省政府文件精神，各地相继出台了实施办法，全省被征地农民社会保障工作全面启动。

按照省政府指导意见要求，全省要用三年时间全面实行被征地农民养老保险制度。为了落实省政府要求，安徽加大了工作力度，将被征地农民社会保障工作纳入年度目标考核，明确任务并下达了指标，各级劳动和社会保障部门也积极行动起来，

土地换保障：
扩大推动发展民众基础的政策选择

全省的十七个市一百零五个县（市、区）全部出台了具体的实施办法。《指导意见》出台三年来，全省已经有一百一十万被征地农民被纳入养老保险保障范围，总体参保率达到百分之八十，被征地农民养老保险专项基金收入八亿元，有效保证了被征地农民的权益。为了进一步推进被征地农民社会保障工作，不定期地对全省被征地农民社会保障实施情况进行督查，同时建立了被征地农民社会保障工作报告制度，要求各地定期上报工作进展情况并在全省进行通报，有力推动了这项工作的开展。

2006年，《国务院关于加强土地调控有关问题的通知》（国发〔2006〕31号）提出："切实保障被征地农民的长远生计。征地补偿安置必须以确保被征地农民原有生活水平不降低、长远生计有保障为原则。各地要认真落实国办发〔2006〕29号文件的规定，做好被征地农民就业培训和社会保障工作。被征地农民的社会保障费用按有关规定纳入征地补偿安置费用，不足部分由当地政府从国有土地有偿使用收入中解决。社会保障费用不落实的不得批准征地。"2007年4月，原劳动和社会保障部、国土资源部联合下发《关于切实做好被征地农民社会保障工作有关问题的通知》，要求加强对被征地农民社会保障措施落实情况的审查。

为了落实两部委文件要求，贯彻社会保障费用不落实不得批准征地的精神，2007年劳动和社会保障部门会同省国土资源部门联合下发文件，2007年8月1日开始对没有出台实施办法的市、县，停止报批农用地转用和土地征收，制定了《安徽省落实被征地农民社会保障工作操作规程》，开始对被征地农民社会保障措施落实情况进行审核。按照审核工作要求，市、县（区）国土资源部门在征地拆迁补偿标准安置途径告知书发放前，需要通知劳动和社会保障部门共同确定被征地农民社会保障对象和项目，拟定保障标准和费用筹集办法报市、县人民政府同意后随征地告知书一并告知被征地农民。被征地农民对社会保障情况要求听证的，劳动和社会保障部门要派员参加听证会议。在报批征地前，劳动和社会保障部门与国土资源部门要共同填写《被征地农民社会保障措施落实情况说明表》，随建设用地项目呈报材料"一书四方案"报本级政府签署意见，并作为征地报批的必备材料。县（市、区）填写的说明表由市级劳动和社会保障部门提出审核意见；需报国务院批准征地的，说明表由省劳动和社会保障厅提出审核意见。征收土地经依法批准后，各地要依照《关于切实做好被征地农民社会保障工作有关问题的通知》（劳社部发〔2007〕14号）要求，及时将被征地农民社会保障资金足额划入"被征地农民社会保障资金专户"。资金未足额划转的，国土资源部门不予以办理供地手续，被征地农民有权拒绝用地单位使用土地。

安徽省在全国率先开展的被征地农民社会保障审核工作，确保了被征地农民社会保障费用的落实，做到了先保后征。截至2008年底，全省共审核上报国务院审批的征地项目七十个，涉及被征地农民两万三千四百，落实保障费用五亿四千万元。

安徽省被征地农民社会保障工作的全面推行有效解决了大多数被征地农民的基本养老问题，全省各地在立足于做好基本养老保险工作的同时，结合自身实际，积极探索适合本地需要的配套措施和政策，不断推陈出新，全省被征地农民社会保工作呈现出良好发展态势。

四、安徽各地在被征地农民社会保障方面的主要做法和经验

由于安徽省被征地农民社会保障工作开始较早，政府在指导各地开展被征地农民社会保障工作的同时，尤其注重对工作中出现的问题进行及时总结。2006年国办发29号文件出台后，结合安徽省实际，要求各地要完善有关制度，把工作进一步落到实处。通过制度实施三年来的情况看，各地不断地完善政策，如在提高养老金待遇、加大对被征地农民的就业扶持力度、强化审核工作等方面取得了很好的成效。

（一）芜湖市

近年来，芜湖市为实现被征地农民的老有所养，在被征地农民养老保障工作方面开拓创新，不断推进，2004年在全省率先建立了被征地农民基本养老保障制度，稳妥解决了被征地农民基本生活问题。随着经济、社会的发展，为切实保护被征地农民的利益，统筹城市化和农村经济、社会的和谐发展，根据新的形势和新的情况，深入贯彻落实科学发展观，进一步完善被征地农民养老保障制度，逐步实现了被征地农民养老保险政策的全覆盖。

2004年芜湖市建立被征地农民基本养老保障制度，对符合条件的被征地农民全部纳入被征地农民基本养老保障范围。按照规定，对被征地农民发放养老补贴，对符合条件的被征地农民达到领取年龄的，每人每月至少可领取养老补贴一百一十元；符合参加城保条件的可按单位就业和灵活就业人员的方式参加城保；被征地农民户籍转市民后，还可参加城市失业、医疗、工伤等保险并享受保险待遇。实现以个人专户与基金统筹相结合、城保与被征地农民养老保障相衔接，稳妥地解决了全市被征地农民基本生活问题。从2005年1月到2008年11月，全市累计发放被征地农民养老补贴已超一亿元。被征地农民保障制度的建立对保障被征地农民的基本生活、促进经济发展发挥了积极作用。

为完善被征地农民就业和生活保障制度，2006年芜湖市政府出台《芜湖市市区被征地农民享受城市居民政策待遇的若干规定》（芜政办〔2006〕43号）。从就业、养老、失业、医疗、工伤、生育保险等方面给予被征地农民更广泛、更高水平的保障。芜湖市在完善被征地农民养老保险政策时，将被征地农民视同城镇居民，对符合参加城镇企业职工基本养老保险条件的鼓励参加城镇企业职工基本养老保险。在其达到法定退休年龄时，按城镇企业职工基本养老保险政策规定，享受相关养老保险待遇；已在单位就业的由所在用人单位为其办理参加城镇企业职工基本养老保险；从事个体经营或未就业的以个体工商户、灵活就业人员参保缴费方式，参加城镇企业职工基本养老保险。

2008年，芜湖市出台了《关于进一步完善市区被征地农民养老保障制度的意见》（芜政办〔2008〕12号），新政遵照"土地换保障"的基本思路，从源头上解决了被征地农民的老有所养资金问题，即被征地农民土地被征用时，土地出让费、

土地换保障：
扩大推动发展民众基础的政策选择

新增建设用地土地有偿使用费、新菜地开发建设基金、集体土地补偿费和个人安置补助费按一定比例提留，作为被征地农民养老保障专项资金，专项资金优先用于解决被征地农民参加城镇企业职工基本养老保险或被征地农民养老保障。专项资金必须足额征收，任何单位和个人不得减免。国土部门须在资金征收足额到位后，方可办理用地相关手续。新政策根据被征地农民具体情况的不同，从多层面实现被征地农民养老保障的无缝覆盖。

新政策根据被征地农民具体情况的不同，从以下几个层面实现被征地农民养老保障的无缝覆盖，呈现特色和创新：**一是**鼓励有条件的被征地农民办理城镇居民生活费代发，可按规定一次性缴纳十五年的养老保险费用后办理城镇居民生活费代发，办理后领取生活费近五百元每月，并比照城镇企业退休人员调整待遇。**二是**对原享受被征地农民生活补贴的人员不愿办理城镇居民生活费代发的，其养老补贴待遇标准由一百一十元每月调整到一百五十八元每月（现低保标准百分之六十），并随低保标准实行动态调整。**三是**对新征地的男六十周岁以上、女五十五周岁以上的被征地农民，不愿办理城镇居民生活费代发的，根据各自实际年龄，按市区低保标准的百分之四十一次性缴纳五至十五年不等的养老保障费后，按市区低保标准发放养老保障金，并随市区低保标准的调整而调整。**四是**对新征地的男四十至六十周岁、女四十至五十五周岁的被征地农民，集体和个人征用土地补偿资金首先用于解决所有符合参保条件的被征地农民参加城镇养老保险，实现被征地农民保障与城镇养老保险的并轨。**五是**对不满四十周岁的被征地农民，采取参保补贴的办法激励参加城镇职工养老保险。被征用农民保障政策的调整既解决了资金，又从源头上解决被征地农民年老后养老保障待遇偏低问题。

通过不断完善被征地农民养老保险政策，安徽省芜湖市有几点经验值得借鉴。（1）建立被征地农民社会保障制度，同时做好与农村社会保障和城镇社会保障制度的衔接，统筹城乡社会保障制度。（2）探索解决被征地农民的医疗保障。"土地换保障"机制解决了被征地农民的老有所养问题，但不可避免会出现因病致贫的情况。为了切实解决好被征地农民的后顾之忧，给被征地农民建立城市居民医疗保险，保证被征地农民病有所医。（3）妥善处理安置过程中的新旧关系。对新老被征地农民现在或征地时超过法定退休年龄的，政府发给被征地农民生活补贴或养老保障金；对愿意办理居民生活费代发的人员，各级政府及集体经济组织给予补贴并帮助贷款；对未到法定退休年龄的，鼓励这部分人参加城镇养老保险，对参加城保人员给予缴费补贴激励办法。（4）加强土地被征用的村级集体的资产管理。在城郊农村，由于土地征用量大，土地征用补偿费较多，下一步要积极探索加强包括土地征用补偿费在内的农村集体资产的有效管理形式，开展农村社区股份制改革的试点，将农村集体资产量化到人，深化体制上的创新，解决当前土地征用村的集体经济发展、管理上出现的新问题新情况，确保资产的保值增值，防止资产的流失与平调，切实保护村级集体与农民的合法权益。

（二）合肥市

随着经济、社会发展，人民生活水平不断提高，尤其是2007年以来消费者物价指数一路上涨，每月八十元标准的基础养老金已经不能满足被征地农民的基本生活需要，为了切实解决基本生活问题，2008年合肥市将完善被征地农民养老保障制度列入当年民生工程之一，重点研究解决被征地农民待遇问题，强化新征项目的社会保障措施落实情况审核工作，从制度上保障被征地农民老有所养，受到了广大农民的普遍欢迎。

按照原有《合肥市征用集体所有土地暂行办法》规定，为2004年1月1日以后征地需安置的十六周岁以上的农业人口建立了基本生活保障。被征地农民在男年满六十周岁、女年满五十五周岁的次月起，可按月领取一百元基本生活费。随着合肥市大建设的蓬勃发展，被征地农民越来越多。据统计，1988~2007年间，合肥市区范围内共产生被征地农民约二十五万，符合参加被征地农民养老保障的人员达到十八万二千三百。为了从根本上解决这些被征地农民社会保障问题，2008年3月合肥市政府下发了《关于印发合肥市被征地农民养老保障办法的通知》（合政〔2008〕1号），一举将他们全部纳入保障范围，同时将保障标准由每月一百元调整至每月二百六十元。

新的被征地农民养老保障办法和老的保障办法相比，主要有以下几个方面的特点。一是提高了保障标准。市区被征地农民养老保障金的标准由每人每月一百元提高到每人每月二百六十元，达到了市区居民最低生活保障水平。二是扩大保障范围。新办法将1988年10月8日至2003年12月31日期间征地的被征地农民纳入保障范围。三是保障资金实现全市统筹。保障资金由原来的各区管理变成纳入市财政统一管理，增强了统筹支付能力。四是被征地农民养老保障政策与城镇企业职工养老保障实现了衔接，为下一步统筹城乡社会保障体系奠定了基础。五是被征地养老保障对象由国土、劳动和社会保障、财政、公安联合审核确定。六是被征地农民养老保障办法实现全市县、区统一。

为研究解决征地保障工作中的问题，合肥市建立了征地保障联席会议和联合审核制度，由市劳动和社会保障、国土、财政、公安、房产、农委以及各区政府（开发区管委会）联合成立征地保障联席会议工作领导小组。其主要职责为：研究解决有关征收土地和被征地农民养老保障工作中遇到的问题；提出完善征收土地和被征地农民养老保障政策性的意见；对涉及全市性的重大问题，及时提出处理意见报市政府研究确定。征地保障联席会议定期召开。

为保证被征地农民养老保障对象，确定工作能公开、公正开展，合肥市在征地过程中实行联合会审。由农村集体经济组织按政策规定提出征地保障对象名单，经村（居）半数以上成员讨论通过，公示后填写被征地农民养老保障对象登记表，并附相关材料报乡镇（街道）、区政府组织相关单位审核，再由市国土、劳动、财政、公安等部门共同审定，经市级审核通过的人员在市劳动和社会保障网进行公示后无异议的确定为被征地农民养老保障对象，发给合肥市被征地农民养老保障手册。

为了提高工作效率，合肥市开发了建立被征地农民养老保障计算机应用系统。利用市四级平台网络，实现网上操作，保证了被征地农民养老保障工作的快速有效

土地换保障：
扩大推动发展民众基础的政策选择

推进。被征地农民养老保障对象经区级审核后，由区劳动部门进行基础信息录入，各区在网上可以办理参保登记、查询、待遇申报等业务，市级通过网上办理相关的审核、管理等工作。计算机信息系统的应用规范了操作程序，提高了工作效率。合肥市在短短五个月之内实现从宣传发动、政策培训、申报登记、对象审核、待遇发放等工作。截至2008年底，共审核确定被征地农民养老保障对象十六万二千零二十五人，实现养老保障待遇发放二万零八百六十六人，发放养老保障金三千七百六十一万两千元。

（三）马鞍山市

马鞍山市被征地农民基本养老保障制度从2005年5月1日实施以来，在当地市委、市政府领导的高度重视下，在相关部门的大力支持配合下，实施工作平稳有序、进展顺利，被征地农民反应良好，涉及征地的群访事件大幅度降低，缓解了马鞍山市征地矛盾，促进了社会稳定，为加快马鞍山市城镇化建设，统筹城乡发展，完善社会保障制度，全面建设小康社会，实现"两个"率先战略目标打下坚实基础。

马鞍山市被征地农民养老保障办法的主要特点：一是在保障对象上实行新老兼顾，解决了历次征地的被征地农民养老保障问题。《办法》规定，凡本市辖区内没有参加城镇职工基本养老保险的被征地农民均纳入保障范围。截止2008年11月30日，被征地农民基本养老保障登记人数四万七千五百，十六周岁以上人员审批建档四万三千人，有一万二千五百零九人按月领到了养老保障金。二是在资金筹集上实行政府与个人共同负担。《办法》设置了六千元、九千元两个缴费标准，由被征地农民自愿选择其中一个标准缴费，并把个人缴不缴费以及缴费多少与基础保障金水平挂钩，实行多缴多得，不缴费的由政府提供基础保障金，体现了权利与义务对应原则。三是与城镇养老保险相衔接。许多被征地农民事实上已成为城市居民，并在城市实现就业。根据这一实际情况，马鞍山遵循自愿原则，允许符合条件的被征地农民选择参加城镇养老保险，补缴和续缴养老保险费满十五年及其以上的达到法定退休年龄后，享受城镇职工养老保险待遇。

马鞍山市为了保障制度的稳健运行，采取了一系列具体措施做好政策的宣传和落实工作。为了让广大被征地农民都能了解政策，他们精心谋划，积极发挥宣传导向作用。在报纸上开辟专栏，广泛宣传被征地农民养老保障相关政策和知识问答；组织电台、电视台和报纸等新闻媒体深入乡村跟踪报道工作进展状况，开展典型事例的宣传，积极引导农民参保；市政府召开被征地农民养老保障新闻发布会；市被征地农民基本养老保障工作领导小组办公室编印了宣传手册两万份，制作宣传标语一万余条，分发到乡村，统一进行宣传；举办了被征地农民养老保障业务培训班，对乡镇（街道）、村（社区）分管领导和经办人员进行培训，重点讲解政策规定、业务经办流程以及软件操作知识，要求经办人员严格吃透政策，认真核对征地资料，做好人员参保、登记、审核关；各区在乡镇（街道）设立了政策咨询点，组织乡镇（街道）和村（社区）干部上门宣传被征地农民政策，印制了申报登记、组织缴费、参加"城保"、组织发放等四个业务经办工作流程图，张贴到各村。

为了规范审批程序,马鞍山市被征地农民基本养老保障工作领导小组办公室制定了《实施方案》和《业务操作规程》,明确了劳动保障部门负责政策制定宣传、个人账户建立、待遇审核发放等工作,国土资源部门负责人员身份认定和统筹资金的筹集工作,各区负责人员征地资料搜集、人员登记、审查和上报工作,财政部门负责资金管理等责任。

为加强被征地农民保障基金管理,确保基金安全,确保被征地农民养老保障顺利实施,当地在土地报批前,要求征地单位按规定将被征地农民养老保障资金划入被征地农民社会保障资金专户,同时规范养老金发放程序,养老金统一由业务经办银行实行社会化发放。市级经办机构按月将发放人员名单、金额传送给业务经办银行,银行为新增待遇领取人员开立存折账户,待遇领取人凭存折到银行领取养老金。建立了被征地农民待遇领取资格认证长效管理机制,有效防止新农保基金冒领流失。每年组织区、乡镇、村对辖区内待遇领取人员进行资格年审,未参加年审的及时停止发放待遇。

在被征地农民养老保障实施工作中,值得借鉴的经验主要有:1.领导重视是关键。马鞍山市被征地农民基本养老保障工作得到了市委、市政府领导的高度重视。在制度调研、起草和实施的各个阶段,市委书记丁海中亲自参与,并在《求是》杂志上发表专文。三年多来,人大、政协领导也多次听取汇报,并多次组织调查研究;市长周春雨主持召开相关会议,出主意,给政策,帮助解决困难;市劳动和社会保障局把实施好被征地农民基本养老保障工作作为实践科学发展观的重要内容,加强监督检查。没有各级领导的重视与关心支持,马鞍山市被征地农民基本养老保障工作是难以迅速平稳取得成效的。2.部门配合是保证。《办法》实施初期,要在短短半年时间内基本完成所有历次被征地农民的登记、建档、发放工作,情况复杂,工作量大。在被征地农民养老保障制度实施过程中,精心组织,艰苦工作,在各有关部门的大力支持下基本形成了密切配合、团结协作的部门联动机制。市国土资源局成立审批小组到现场审批。各区都成立领导小组,主要领导亲自挂帅,并结合本区特点采取切实有效的措施,狠抓落实。领导小组办公室更是责无旁贷、义不容辞,及时掌握政策实施过程中存在的问题并提请解决,做好部门协调和被征地农民建档、发放工作。通过三年多来各部门的积极协调配合,马鞍山市被征地农民保障工作得到了有条不紊的发展。3.抓好宣传是前提。被征地农民基本养老保障制度是一项全新的改革,政策性又极强,能否为广大被征地农民所接受、为全社会所理解,直接关系到这项制度的顺利实施。因此,我们把做好宣传工作贯穿始终,在政策实施的各个阶段都投入大量的人力物力,编报《信息专报》,充分运用报纸、广播、电视等新闻媒体广泛深入地做好政策宣传和舆论引导工作。三年多来,马鞍山市通过召开新闻发布会、举办培训班、编印《宣传手册》,先后在报纸上连续刊载政策知识问答;通过报纸、广播电台、电视台新闻跟踪报道六十余次,编报《信息专报》五十八期,及时报道《办法》实施工作进展情况。由于宣传工作既有声有色又深入细致,极大地提高了被征地农民的参保积极性。

土地换保障：
扩大推动发展民众基础的政策选择

就业是民生之本，和谐之基。做好就业再就业工作不仅具有重要的经济意义，而且具有重大的政治意义。为了解决被征地农民就业问题，《安徽省人民政府关于进一步做好促进就业工作的意见》（皖政〔2008〕51号）提出进一步完善和实施积极的就业政策，促进更多劳动者实现就业，并将被征地农民纳入享受就业扶持政策和就业援助范围。

（四）滁州市

滁州市位于安徽省东部，介江淮之间，处长江三角洲边沿。20世纪70年代末，凤阳县小岗村十八户农民首创农业"大包干"，拉开了中国农村改革的帷幕。全市人均占有耕地居安徽省首位。2005年12月，滁州市人民政府出台《关于做好被征地农民就业和社会保障工作的实施意见》（滁政〔2005〕77号），所辖各县、市、区相继制定了实施细则，全市被征地农民就业和社会保障工作全面启动。2008年9月，在总结和调研工作的基础上，市政府又颁布了《关于进一步完善被征地农民就业和社会保障制度的意见》（滁政〔2008〕86号），有力地推动了全市被征地农民就业和社会保障工作的发展，促进了和谐滁州的建设和社会稳定。滁州市劳动保障部门按照市政府"深入调研、完善制度、规范运作、为群众办实事"的工作要求，把完善被征地农民就业和社会保障工作列入2008年的重点工作，组成工作班子，制订工作方案。通过座谈、走访等多种方式广泛收集社会各方面对于被征地农民就业和社会保障工作的意见和建议，了解被征地农民在就业和生活方面的困难以及他们的实际需求，了解这一群体的就业方式、就业愿望和就业困难，分析被征地农民就业难的原因，研究扶持他们再就业的对策。

通过大量调研、认真分析，2008年9月滁州市开始实施《关于进一步完善被征地农民就业和社会保障制度的意见》。《意见》不仅提高了被征地农民养老金水平，还重点细化了被征地农民的就业扶持政策，以解决被征地农民就业难的问题。对符合规定条件的就业困难人员、符合城镇零就业家庭条件的人员以及仍为农业户口的被征地农民，都分别作出了享受优惠扶持政策的具体规定。

滁州市规定，对从事个体经营的被征地农民免收一定期限各项行政事业性收费；从事个体经营或赴境外就业自筹资金不足的被征地农民，可申请五万元左右的小额担保贷款；招用就业困难人员、签订劳动合同并为其缴纳社会保险费的各类企业，在相应期限内享受基本养老保险、基本医疗保险和失业保险补贴；公益性岗位优先安排就业困难人员，在相应期限内享受社会保险补贴和适当岗位补贴。对户口已转为非农业户口的被征地农民，可视同城镇居民享受相关就业政策。对安置吸纳零就业家庭成员就业并签订一年以上劳动合同的用人单位给予公益性岗位补贴，同时对用人单位按照每人一千元的标准给予一次性奖励补贴。对通过自主创业、组织起来就业和灵活就业的零就业家庭，给予一千元一次性奖励补贴。对户口仍为农业户口的被征地农民，按照有关程序申报零转移农户，享受相关扶持政策：包括可以享受小额担保贷款政策；对为零转移农民推荐就业的各类劳动和社会保障事务所给予职业介绍补贴；零转移农户家庭参加技能培训的成员享受培训补贴；对零转移农户家庭适龄子女实行减免职业技能培训政策，符合条件的成员优先安排接受技工学校教育，并享受相关助学金政策。

（五）淮南市

被征地农民社会保障工作是征地制度改革、完善社会保障体系的重要组成部分。淮南市是八六一建设项目比较集中的地区。为了支持国家重点建设项目的顺利进行，同时保护被征地农民权益，淮南市认真落实被征地农民社会保障措施审核工作，积极做好被征地农民社会保障工作，解决了被征地农民的长远生计问题，促进农村社会的稳定，保证了重点项目的顺利开工。

淮南市在每宗土地进行拟征地告知时，劳动和社会保障部门及国土资源部门共同调查被征地单位耕地面积，被征地涉及的农户、人口数，征地前后被征地农户人均耕地数量等，确定需要被安置的被征地农民的总数。在掌握大量基础材料的基础上，如实填写被征地农民社会保障措施落实情况说明表。在管理上实行分级管理，层层把好被征地农民社会保障审核关。强化县、区劳动和社会保障部门责任，对于上报的土地，首先由县区劳动和社会保障部门在调查摸底的基础上提出初审意见。市劳动和社会保障部门按照文件要求，仔细审核每宗上报土地的必备材料，对于手续不完备的，要求县区劳动和社会保障部门对报批材料进一步完善，否则不予提出审核意见。

为了切实落实被征地农民保障资金，做到先保后征，劳动和社会保障部门和国土部门建立了供地联合审核制度，做好保障资金的划转工作。用地单位必须按照规定，将资金及时划转到专户后，劳动和社会保障部门才在安置公告上签署意见，国土部门再给予办理供地手续。2008年，全市共完成九十五宗土地的被征地农民社会保障措施的审核工作，涉及土地达一千六百一十五点九零五公顷，将一万六千六百三十四名被征地农民纳入了养老保险范围，新增被征地农民全部得到了社会保障。

在审核过程中还建立工作备案制度，实行市、县两级备案，并加强基础管理工作，使被征地农民社会保障审核工作有案可寻，有章可查。同时，加强被征地农民养老保险政策宣传，通过广播、电视等媒体以及召开农民代表咨询会等多种途径，加强被征地农民政策宣传力度，将制度详细讲解，特别是给被征地农民算清资金账，使被征地农民真正明白参加养老保险的好处，从根本上调动被征地农民参加被征地农民养老保险的积极性。

尽管安徽省被征地农民社会保障工作取得了一些成效，但随着经济、社会的快速发展，尤其是国家加大了对基础建设的投入，大规模的基础建设将会产生越来越多的被征地农民，也给被征地农民社会保障工作提出了新的要求——被征地农民社会保障资金筹集渠道有待拓宽，保障水平需要提高。党的十七大全面深刻阐述了科学发展观的内涵。科学发展观第一要务是发展，核心是以人为本。在进一步贯彻落实科学发展观的活动中，应本着"切实保障、促进发展"的思想在扩大被征地农民养老保险覆盖面的同时，更加注重完善制度体系，进一步加大工作力度，完善被征地农民养老保险政策，采取多种渠道筹集被征地农民社会保障资金，拓宽被征地农民社会保障专项资金渠道，探索建立以社会保障费为主体、以财政支持为辅、以多

土地换保障：
扩大推动发展民众基础的政策选择

渠道筹资为补充的社会保障资金支撑体系。在切实落实被征地农民养老保险工作的同时，逐步提高保障水平，建立并实施被征地农民基础养老金待遇调整机制，适时调整基础养老金水平，采取激励引导的方法鼓励个人缴费，提高养老金水平，努力使广大的被征地农民老有所养、业有所就，通过不懈的努力，为进一步推进安徽劳动和社会保障事业的科学发展，为构建和谐安徽，实现加速崛起作出新的贡献。

第十二章 江苏被征地农民
社会保障工作的主要做法与经验①

一、基本情况

按照不同时期政策的特点划分,江苏省被征地农民社会保障工作大体分为三种政策:(1)劳动力安置政策。20世纪90年代以前,由于征地数量不多,而且对于被征地农民主要采用先征地后安置的办法,失地农民被安置在集体企业里,农民在失地的同时开始就业以维持生计。(2)货币安置政策。1999~2005年9月1日,依据当时的政策采取货币安置,给予农民一定的货币补偿,失地农民自谋生路。(3)基本生活保障政策。2005年9月1日江苏省政府出台了〔2005〕第26号省长令,规定了2005年9月1日后被征地农民可以选择进入被征地农民基本生活保障体系。

二、江苏省征地补偿和被征地农民基本生活保障办法的建立

从2003年4月起,经过了探索试点、建立制度、规范完善等过程。江苏省政府于2005年通过了《江苏省征地补偿和被征地农民基本生活保障办法》(以下简称<保障办法>),以第26号省长令首次为被征地农民建立保障制度。

目前全省十三个省辖市已全部开展实施被征地农民基本生活保障办法。截至2008年12月底,全省被征地农民参加社会保障总计三百一十三万八千人,其中参加基本生活保障一百九十四万二千人,参加城保一百零四万六千人,参加农保十五万零三千人。保障资金支出一百六十一亿七千万元,保障资金收入二百六十八亿七千万元,累计结余保障资金一百零七亿元。

三、主要做法

(1)保障模式。被征地农民基本生活保障的模式主要是针对被征地农民的特点,建立独立于其他社会保险之外的被征地农民基本生活保障制度,重点解决基本

---

① 本章内容根据江苏省人力资源和社会保障厅提供的相关资料整理。

土地换保障：
扩大推动发展民众基础的政策选择

生活问题。根据江苏省地区差异，同时也规定了"有条件的地区，可以按照自愿原则，将被征地农民的基本生活保障纳入城镇社会保障体系"。目前，苏南部分地区已经将被征地农民纳入城镇社会保障体系。(2) 资金来源。江苏省《保障办法》明确政府主导与责任分担的原则，建立政府、集体与个人三方筹资机制。被征地农民基本生活保障资金由两部分组成：一是不低于百分之七十的土地补偿费和全部的安置补助费。为建立被征地农民基本生活保障制度，提高保障水平，省政府于2003年制定并印发了131号文件。将土地补偿标准核定为该耕地被征用前三年平均产值的十倍。全省划分为四类地区，最低标准为：一类地区每亩一千八百元，二类地区每亩一千六百元，三类地区为每亩一千四百元，四类地区为每亩一千二百元。每一个需要安置的被征地农民的安置补助费最低标准是一类地区为两万元，二类地区为一万七千元，三类地区为一万三千元，四类地区为一万一千元；二是政府从土地出让金等有偿使用收益中列支的部分，政府出资足额转入社会统筹账户中。一、二、三、四类地区提取的数额按新征地面积计算，原则上每亩不低于一万三千元、一万元、九千元、八千元。这样，可以吸引大多数失地农民参保，而不是选择一次性拿走的办法。(3) 保障水平。针对不同地区、不同年龄段，实行不同的基本生活保障标准，并根据当地经济发展水平适时调整。将进入基本生活保障人员分为四个年龄段。十六周岁以下的人员按照一、二、三、四类地区，分别一次性领取不低于六千元、五千元、四千元、三千元的生活补助费，不再纳入基本生活保障体系。对女性十六周岁以上至四十五周岁、男性十六周岁以上至五十周岁的人员，从实行基本生活保障的当月起，按月领取生活补助费，期限两年，到达养老年龄时，按月领取养老金。对女性四十五周岁以上至五十五周岁、男性为五十周岁以上至六十周岁的人员，从实行基本生活保障的当月起至到达养老年龄时止，按月领取生活补助费；到达养老年龄时，按月领取养老金。对女性五十五周岁以上、男性六十周岁以上的人员，从实行基本生活保障的当月起，按月领取养老金。(4) 资金保证。江苏省《保障办法》规定："基本生活保障资金不足支付的，由同级财政部门负责解决。"(5) 参保选择。《保障办法》从尊重农民享有财产处置权的角度考虑，允许农民选择是否参加基本生活保障，同时规定各级人民政府应当采取积极措施，鼓励和支持被征地农民参加基本生活保障。按照《保障办法》规定，不参保人员只能一次性领取安置补助费和百分之七十的土地补偿费，不能享受政府出资部分，也不能享受适时调整保障标准的差额部分。这有利于通过经济杠杆引导失地农民参加基本生活保障。(6) 个人账户。针对被征地农民的特点，坚持"个人账户为主、社会统筹为辅"的原则，为其建立个人账户。《保障办法》规定，要将个人安置补助费的全部和不低于百分之七十的土地补偿费进入个人账户，政府出资部分纳入社会统筹账户。(7) 资金管理。被征地农民基本生活保障是不同于其他社会保险的基本生活保障，因此，坚持保障资金"分账管理、专款专用、规避风险"的原则。为此，江苏省劳动和社会保障厅会同有关部门制定了《被征地农民基本生活保障资金管理办法》。(8) 就业培训。被征地农民的就业培训是促进就业工作的重要部分。为促进被征地农民实现就业，

《保障办法》要求,"各地应对被征地农民进行就业前的技能培训,为被征地农民的就业创造条件"。(9)职能分工。《保障办法》规定,征地补偿和被征地农民基本生活保障由市、县人民政府统一负责。土地行政主管部门具体负责征地补偿和征地安置费用的解缴;劳动和社会保障部门具体负责被征地农民基本生活保障资金的发放管理;财政部门具体负责被征地农民基本生活保障资金的管理;审计部门依法对征地补偿资金和基本生活保障资金的审计监督;监察、公安等部门按照各自职责,共同做好相关工作。

四、制定配套措施

2005年以来,江苏省劳动和社会保障厅会同省国土资源厅、财政厅共同研究制定了三个配套文件:《江苏省被征地农民基本生活保障资金管理办法》《江苏省被征地农民基本生活保障资金会计核算规定》和《江苏省被征地农民基本生活保障资金发放管理工作规程》。2006年,为落实中央国务院关于加强就业工作的一系列政策,省政府下发了《关于进一步加强就业再就业工作的通知》(苏政发〔2006〕24号)文件,对被征地农民就业可以享受有关优惠扶持政策作出了规定。

1. 制定《资金管理办法》和《资金会计核算规定》,确保资金运营安全。《资金管理办法》规定:基本生活保障资金纳入财政专户,实行收支两条线管理,专款专用、独立核算。《基金管理办法》还对资金的筹集、管理和使用以及监督与检查作出了具体的规定和要求。2007年4月,又会同省财政厅制订了《江苏省被征地农民基本生活保障资金会计核算规定》,进一步规范了会计核算工作。(2)制定《管理工作规程》,规范业务操作流程,保证被征地农民的权益不受损失,强化管理职能,提高办事效率。《管理工作规程》旨在统一全省经办机构的操作流程、工作职能和工作手段,同时对基金发放管理、个人账户管理、资金稽核管理、档案和计算机管理等都做了严格的要求。(3)制定统一表格式样,确保统计数据质量,全面了解和掌握被征地农民基本生活保障和资金收支情况,劳动和社会保障厅制定并印发了《关于做好被征地农民基本生活保障和资金收支情况统计的通知》,统一规范了表格,从而对全省被征地农民基本生活保障工作的各项数据和资金状况有了准确、全面、及时的了解。后经部农保司的整合,用于全国被征地农民的统一表格。(4)制定就业再就业扶持政策,保证被征地农民的长久生计。根据国务院《关于进一步加强就业再就业工作的通知》(国发〔2005〕36号)要求,江苏省结合本省实际,将扶持被征地农民就业列为统筹城乡就业的突出任务。省政府贯彻国务院进一步加强就业再就业工作通知的实施意见(苏政发〔2006〕24号),明确规定:"对被征地农民在法定劳动年龄内有劳动能力和就业要求但未能就业的,视同城镇登记失业人员,发给就业登记证,享受城镇失业人员的就业扶持政策;对城市规划区范围内就业困难的被征地农民,视同城镇下岗失业人员,发给再就业优惠证,享受城镇下岗失业人员再就业扶持政策。"这些政策包括就业再就业的税费减免、小额担

土地换保障：
扩大推动发展民众基础的政策选择

保贷款、社会保险补贴、公益岗位补贴、职业介绍补贴和职业培训补贴等。被征地农民享受有关就业扶持政策和免费就业服务所需资金，由市、县人民政府在当地的土地有偿收益中，按每个被征地农民的一千至两千元一次性安排划出，与促进就业专项资金统一使用。(5) 贯彻国务院文件，全面施行"即征即保"。2006年4月，《国务院办公厅转发劳动和社会保障部关于做好被征地农民就业培训和社会保障工作指导意见的通知》（国办发〔2006〕29号）下发后，省政府办公厅以苏政办发〔2006〕119号将劳动和社会保障厅牵头起草、会同八部门的贯彻文件下发各市县人民政府和省各委办厅局。苏政办发〔2006〕119号文件要求，必须把解决被征地农民的就业培训和社会保障工作作为征地的前置条件，实行一把手负责制，建立责任追究制，要从根本上解决广大被征地农民无地、无业、无社会保障等问题，确保他们生活水平不因征地而降低，长远生计有保障。2009年2月，又针对被征地农民征地审批程序工作，与省国土资源厅共同下发了〔苏劳社（2009）8号〕《关于做好被征地农民社会保障审核工作的通知》。

五、各地的主要做法

江苏省是我国东部发达省份，但各地经济发展程度也不完全相同，尤其是分为苏南和苏北两种不同的经济发展水平。江苏省各地被征地农民社会保障的制度设计和运行也各有特点。

（一）南京市

第一，稳步实施被征地农民基本生活保障工作。南京市始终坚持"强制进保，自由选档"的工作原则，稳步推进被征地农民基本生活保障工作。截至2008年12月，全市新征地的五万八千三百位农民已全部进入社会保障，累计发放金额两亿五千五百万元；五万七百名被征地农民领取就业登记证，近三万名被征地农民参加免费职业指导和培训，七千零五百名被征地农民领取再就业优惠证，促进了征地保障工作的顺利开展。(1) 规范业务操作，确保应保尽保。健全了信访接待登记、业务档案管理、业务与财务信息交互、领导业务审批等制度，进一步规范了征地保障业务操作流程，认真组织实施征地保障工作，加大组织和宣传力度，协调有关部门采取有力措施，积极引导被征地农民自愿参保。(2) 提高保障层次，开通与企保衔接通道。在基本生活保障托底的情况下，对符合参加企保条件或已经参加企保的被征地农民，从政策上引导他们参加企业职工养老和医疗保险，提高保障层次和水平。截至2008年底，全市被征地农民已有两千零八十二人动用征地保障个人账户资金转缴了企保，转缴金额两千一百七十九万元。(3) 合理调整待遇，共享经济发展成果。依据全市经济发展水平，制订了新的科学合理的待遇调整方案，在做好待遇普调的基础上，充分考虑到领取保障金的老龄人员的晚年生活质量，建立了被征地老龄人员增发保障金机制。一是普遍调整保障金和生活补助费：①生活补助费标准每人每月增发三十元；②保障金按调整前的月保障金标准的百分之十增发。二是增发部分人员保障金：对符合年满七十五周岁不满八十五周岁，年满八十五周岁及其以上的人员，保障金标准每人每月分别增发十五元、三十元。让被征地农民适时分享社会发展成果，确保被征地农民基本生活水平不降低。

第二，全面实施被征地农民老年生活困难补助办法。南京市坚持以人为本，在政策框架内确保"应补尽补"的原则，全面实施征地困难补助工作。**一是完善管理制度，规范补助程序**。建立公示制度，规范困难补助申领、审批及支付程序，实施了年度生存验证和非法领取待遇举报制度，形成了相互监督、相互制约的工作机制。**二是加大惠农力度，提高补助待遇**。为保障被征地老年农民的基本生活，2008年两次发文，提高征地困难补助待遇。目前全市的征地困难补助标准已由2007年的八十至二百二十元提高到一百二十至二百六十元，维护了被征地老年农民的基本利益。

（二）苏州市

苏州市着重解决被征地农民的培训就业问题，如苏州太仓市实施**城乡共享的职业培训，提高被征地农民就业能力**。2005年，太仓市在全国创新推进"培训、就业、保险'三位一体'的农村社会保障体系建设，当年出台《关于进一步加强农村劳动力职业培训工作的意见》（太政办〔2005〕48号），确定全市农村劳动力均为培训对象，其中十六周岁至女四十五周岁、男五十周岁的被征地农民为重点培训对象。重点围绕增强被征地农民就业竞争能力，加大职业技能培训力度。职业培训采用社会化的模式开展，依托职业培训网络体系，实施减免费培训制度、政府购买制度、"培训—认证—就业"一条龙服务制度。在全国率先以远程网络教育、进村讲座和实践基地实训等为手段，推行"菜单式培训"。被征地农民培训工作成效显著。2005年至今，全市累计培训本地及外来农村劳动力十一万五千三百人，其中被征地农民六万一千六百人。已有六千一百二十名被征地农民通过培训，取得相应的技能等级证书。

1. 形成合力，建立社会化培训网络。太仓充分发挥现有培训资源的积极作用，着力构建与经济发展相适应的职业培训公共服务平台，基本形成了社会化培训的大格局。一是建立社会化培训网络。目前，农村劳动力职业培训形成了以市职业培训指导中心为核心、公共培训单位为基础、社会培训机构为依托的社会化培训网络，已拥有二十六家培训基地，二十个实践基地、二百四十名教师的师资队伍。二是建立政府职能部门联动机制。在社会各方面的配合支持下，形成职责分明、各有侧重、互为补充、协调运作的多元化的职业培训格局。太仓市委组织、市妇联、团市委举办了"农村中青年党团、妇女干部SYB创业培训班"，培训农村基层干部及农村致富标兵九百一十人，仅2008年就有八十五人成功创业。市妇联联合举办太仓市农村妇女"家政服务"技能培训班，将就业技能送进农村，目前已在城厢、浮桥等大乡镇培训农村妇女四百三十七人，其中百分之九十五以上是失地农民。联合农林等部门开展保洁、保绿、保安等公益性岗位技能培训，培训失地农民一千八百五十九人。

2. 创新机制，推行"菜单式"培训方式。围绕着建立面向城乡的公益性、公共性培训服务体系，围绕着方便农民参加培训，不断提高培训效能，创新机制。在全

土地换保障：
扩大推动发展民众基础的政策选择

国率先以远程网络教育、进村讲座和实践基地实训等为手段，推行"菜单式培训"。把培训班办到村委会，把培训送到农民家门口。全市一百五十八个行政村和涉农社区设立了现代农民综合素质培训站，配备了专职工作人员。在一百五十八个行政村社区安装了四十二寸液晶显示屏和远程培训教室，利用多媒体网络视频点播系统，实现培训课程的点播和直播，使农民足不出村即可享受免费培训，实现"菜单式点课、家门口培训"。自去年 12 月至今，各行政村社区利用多媒体教室已开展了职业指导、新型农业实用技术、家政服务等培训三十二期，培训被征地农民达两千八百六十九人。

3. 政策鼓励、完善全员化培训机制。实行政府购买培训成果的扶持性政策，为劳动力职业培训提供配套服务。出台了〔2005〕6 号《太仓市民办职业培训机构开展再就业培训补贴办法》，规定民办职业培训机构培训失业职工或失地农民并取得合格证书，由政府购买社会化培训成果。出台了太政发〔2009〕2 号《关于切实做好稳定和促进就业工作的意见》，扩大补贴范畴，对符合条件的就业援助对象、自主创业人员等都给予培训补贴。三年来，用于培训的财政补贴已经达到八百八十二万元。

（三）盐城经济开发区

江苏盐城经济开发区从 2004 年 1 月 1 日起实行被征地农民社会保障制度。目前，全区十二个社区共计八千零五户、二万六千四百八十七人纳入了社会保障体系，参保率达百分之百。累计社会保障基金收入八万五千二百七十六万元，累计支出一万八千七百六十九万元，结余六万六千五百零七万元。这套从盐城开发区实际出发，为被征地农民量身定做的社会保障制度得到了广大被征地农民的广泛拥护和积极参与，已经步入了良性运行和规范管理的轨道。

1. 以人为本，量身定做，科学设计被征地农民社会保障制度。一是量身定制社会保障项目。坚持从被征地农民的自身特点和内在需要出发确定保障项目。除省政府文件规定的一次性生活补助费、基本生活费、养老金外，还增加了免费职业技能培训、就业保障、大病医疗保险、子女考入高校奖学金、死亡丧葬费补助和特困救济等六个项目。二是合理确定保障水平。按照保障基本生活、兼顾长远利益的原则合理确定待遇标准。总体待遇水平高于省市政府相关规定，高于周边同类地区，高于苏北同类开发区。三是以人为本，关爱弱势人群。对年满七十五周岁的高龄老人每人每年增发一个月养老金，对符合"三无"条件的特困人员发放特困救济金。四是依法办事，创新参保方式。充分尊重被征地农民的个人愿望，参保人员均与区管委会签订了参保协议，做到即征即保。对所有涉及征地的农民，不论征地数量多少，均按照先保后征的办法，优先将他们纳入社保体系。

2. 分享成果，接轨城保，建立被征地农民与区域经济发展、城镇职工利益共享机制。**一是建立增长机制，分享发展成果。**每年根据物价指数变动和区域经济、社会发展水平，适时调整社保待遇。从 2004 年实施被征地农民社保办法以来，已连续五次调整相关社会保障待遇，每年的增幅在百分之八至百分之十左右。基本生活补助费从 2004 年的一百元已经提高到一百五十元。大病医疗保障水平现已达到盐城市区居民大病医疗保险同等待遇水平；**二是逐步与城镇职工基本养老保险政策接轨**。对男年满四十五周岁、女年满四十周岁尚未正规就业和参加城保的人员，按照自由职业人员的办法，纳入城镇养老保险体系。到 2008 年底，已有二千二百八十四名符合条件的人员参加了城镇职工养老保险；**三是以地方财政兜底作为社保基金的最终财力保障**。从全区社保基金收支情况看，一定时期后社保资金的缺口较大。对此，该区遵循城市化、工业化发展成果反哺广大被征地农民的指导思想，明确以区级财政作为社保资金的最终财力保障，规定被征地农民参加医疗保险和城镇职工养老金及其他各项社保项目个人均不缴费，由区财政贴补。充分的财力保障为广大被征地农民实现"少有所助、青有所望、老有所养、病有所医、故有所恤、免费学技术、困难有救济、就业有保障"的目标，奠定了坚实的物质基础。

3. 就业为先，千方百计，大力推进被征地农民的消化转移。盐城经济开发区在施行被征地农民社会保障的同时，及时启动了促进失地农民就业创业工程，把就业保障作为整个社会保障的一个重要组成部分强力推动。一是开展被征地农民转业培训，每位适龄就业人员只要有就业意愿，均可免费参加两项职业技能培训。几年来，已累计培训四千三百多人次。二是制定了一系列促进就业创业各项优惠政策，明确被征地农民享受到城镇下岗失业人员同等甚至更多的就业创业优惠。三是整合、采集各类政府公益型岗位、企事业单位辅助性岗位，用来安置大龄的就业困难的被征地农民。四是发展房东经济，购房政策向被征地农民倾斜，鼓励征地农户购买门面房，实现一户两房、一房自用、一房出租。五是开展结对帮扶促进就业活动，让机关公职人员与被征地农民中就业创业困难人员结成对子帮扶就业创业。六是建立人力资源服务大厅和就业服务网站，组织劳动力集市，定期举办被征地农民专场招聘洽谈会，搭建就业服务平台。七是成立装卸公司、建安公司、园林工程处、环卫公司等经济组织，提高被征地农民就业的组织化程度。通过上述一系列措施，全区被征地农民综合就业率达百分之九十五以上，一万五千多名适龄就业人员中有六千五百人正规就业，有三千三百人自主创业，有五千二百人灵活就业。

（四）泰州市

按照"乘势发展、突出重点、抓好覆盖、强化管理"的工作方针，泰州市全面建立先保后征的刚性工作机制。**一是建立组织，落实保障**。各市区全面成立了以分管市（区）长为组长、各相关部门参加的领导小组，统一领导、统一协调当地征地补偿和被征地农民基本生活保障工作。按照"谁征地谁负责、先保障后征地"的原则，把妥善解决被征地农民的社会保障作为征地的前置条件，各相关部门立足自身职责，相互协调，各司其职，形成了协调推进的良好工作格局。**二是强化宣传，力促进保**。虽然各地政府都十分重视被征地农民基本生活保障工作，各级经办部门也做了大量的工作，但仍有少部分被征地农民还存在着认识不足，对政策存在疑虑，重眼前、轻长远的思想，为此，各市区根据自身实际，通过把政策送到田间地头等形式，开展全方位、立体式宣传、培训，全年共发放宣传材料近十万份，使征地农

土地换保障：
扩大推动发展民众基础的政策选择

民都能了解政策、掌握政策，从而自学支持、积极参与被征地农民基本生活保障工作。**三是"疏通出口"，扩大就业。** 在做好被征地农民基本生活保障工作的同时，坚持"三着并举"，着力疏通被征地农民就业的"出口"。一是强化技能培训，近两年来共培训三万零一百三十人，有二万四千一百人通过培训实现转移就业；二是落实优惠政策，将被征地农民纳入到再就业扶持政策范围内，对有就业能力和就业愿望的共发放一千三百七十本再就业优惠证，为自谋职业的被征地农民减免税费六百万元，投放小额贷款一千四百八十万元；三是优化就业服务，充分发挥市（区）、镇、村三级就业服务网络作用，将就业服务向被征地农民延伸，全市先后为被征地农民提供免费职业指导、职业介绍、就业招聘会三十多场次，提供就业岗位四万八千四百六十个，共有一万零五百九十名被征地农民通过劳动市场实现了就业。**四是完善政策，提高待遇。** 2004年出台的《泰州市征地补偿和被征地农民基本生活保障试行办法》已经远不能适应当前被征地农民基本生活保障的水平，各市区结合当地实际，把被征地农民基本生活保障与企保、新农保进行衔接，不断完善政策，提高被征地农民的生活待遇；把被征地农民基本生活保障与医保、居民医保、新农合进行衔接，解决了被征地农民的后顾之忧。

（五）徐州市

2008年，徐州市下发了《市政府关于完善被征地农民基本生活保障的意见》（徐政发〔2008〕142二号，以下简称"文件"），完善了被征地农民基本生活保障制度。

一是进一步强化了县（市）、区政府的工作责任。 市政府将被征地农民基本生活保障工作列入对县（市）、区政府综合目标考核，明确县（市）、区政府是征地保障工作的直接责任，要求县（市）、区政府在征地时与被征地农民逐户签订基本生活保障协议书，切实将被征地农民生活保障落到实处。**二是建立了被征地农民基本生活待遇调整机制。** 为进一步保障被征地农民基本生活，全市将被征地农民基本生活保障待遇标准分别提高了百分之四十至百分之五十：第四年龄段养老金三类地区每人二百三十元每月，四类地区每人二百一十元每月，达到当地城镇居民最低生活保障标准。建立健全了基本生活保障待遇定期调整机制，原则上每三年调整一次。当年物价上涨指数超过一定水平时，按被征地农民同档月保障标准增发被征地农民基本生活保障临时物价补贴。**三是完善了"即征即保"措施。** 为确保被征地农民在失地同时即可获得社会保障，徐州市要求县（市）、区政府在征地项目实施前与被征地农民签订基本生活保障协议书，被征地农民可以在参加基本生活保障、新型农村社会养老保险或企业职工基本养老保险中选择一种，确保每一个被征地农民都能得到社会保障。同时，着手解决新城区历史遗留的七千五百零九名老征地农民生活保障问题，首期发放保障资金二百一十九万六千六百元。2008年以来，全市新增保障人数一万八千。**四是落实被征地农民就业保障措施。** 在落实征地保障政策的同时，徐州市积极开展被征地农民就业登记，为被征地农民的就业创造条件，并将被征地农民就业前的技能培训纳入失业人员就业培训体系，参照失业人员培训内容和标准进行免费技能培训，培训资金从被征地农民基本生活保障资金统筹账户中列支。2008年以来，徐州市被征地农民新增就业一万零九百人。

（六）扬州市

2008年，扬州市加大了被征地农民基本生活保障即征即保工作力度，全市被征地农民基本生活保障工作得到了强化，被征地农民基本生活保障工作基本做到即征即保、应保尽保，步入良性循环轨道。一是全年被征地农民基本生活保障即征即保达到百分之百。特别是市区（广陵区、维扬区、邗江区、开发区等）被征地农民基本生活保障工作做得较为扎实，参保覆盖率达百分之百。全市2008年新增被征地农民一万四千七百零四人，当期参加社会保障人数一万四千七百零四人，被征地农民社会保障资金当期收入三亿四千三百万元，当期支出一亿六千三百万元，期末累计结余六亿二千七百万元。二是市区各区正在探索农民转市民的方案，正在结合新农保制度将被征地农民基本生活保障与新农保制度有机地衔接并轨起来，采取既分配又保障、全员进入、广开保障通道、建立正常的增长机制和严格规范操作程序等多种方式方法，加快被征地农民基本生活保障工作的前进步伐。特别是在2008年底，仪征市以政府令出台了《仪征市征地补偿安置和被征地农民基本生活保障实施办法》，把第四年龄段养老金由一百四十元每月提高到二百零八元每月，增幅达六十八元每月，并明确养老金和生活补助费标准调整的方法和渠道，为农村县（市）强化被征地农民基本生活保障工作起到一定的示范作用。

（七）宿迁市

如宿迁市的宿豫区实行"五保三免"的保障模式，通过对被征地农民实行"保就业、保就医、保就学、保住房、保基本生活"和"免书本费、免新型合作医疗个人缴费、免就业培训费"的"五保三免"保障办法对被征地农民实行分类保障。泗洪县实行基本生活保障和城镇基本养老保险相结合，把劳动年龄段内的被征地农民纳入城镇养老保险，同时按月发放基本生活费。在领取基本生活费的人员中有一千七百一十九名符合城镇养老保险参保条件的人员参加了当地城镇养老保险，所缴纳的养老保险费和领取的基本生活费均由财政负担。宿迁市湖滨新城开发区对被征地的重点人群实行重点保障，将人均占有土地零点一亩以下的男不满六十周岁、女不满五十五周岁的被征地农民按城镇居民进行管理，实现就业的参加城镇各项社会保险。人均占有土地零点一亩以下的男满六十周岁、女满五十五周岁以上的被征地农民均享受保障金。保障金按年龄享受，保障标准在七十至一百二十元之间。

六、江苏省被征地农民社会保障工作有待解决的主要问题

一是省政府26号令对被征地农民参保允许自愿选择（强制性不够），致使一些地区农民参保率较低，被征地农民长远生计保障有隐患；二是选择货币补偿方式的一些失地农民没有工作岗位和社会保险，在补偿费用完之后，要求参加社会养老保险并找政府要工作；三是有些地区未建立被征地农民基本生活保障水平正常调整机

土地换保障：
扩大推动发展民众基础的政策选择

制，一些被征地农民实际生活和保障水平有下降；四是有些地区征地补偿款不到位，部分被征地农民要求依法征地和补偿；五是有些老失地农民基本生活保障方面存在问题。此外，被征地农民基本生活保障工作是一项系统工作，需要国土和财政等相关单位的密切配合，今后在涉及被征地农民征地审核等方面还需各部门共同协作，形成合力，做好工作。

七、江苏省被征地农民社会保障工作的取向

解决被征地农民基本生活保障问题是落实"以人为本"的具体行动，也是保障和改善民生的重要举措。党的十七届三中全会明确提出，要"做好被征地农民社会保障，做到先保后征，使被征地农民基本生活长期有保障"。为贯彻落实这一新要求，更加扎实地做好被征地农民基本生活保障工作，必须从以下几方面努力。

第一，协同各地及相关职能部门，着力提高对失地农民基本生活保障工作重要性的认识，采取得力措施，切实将被征地农民的就业培训和社会保障工作纳入重点工作和年度目标考核。（1）按照中央和省委、省政府关于对被征地农民社会保障工作要做到"先保后征""即征即保"的新要求，积极引导失地农民参加基本生活保障，减少和取消现金分配、货币安置等容易引发后续问题的相关做法。（2）要以劳动年龄段内的被征地农民为就业培训对象，多渠道、多层次、多形式地开展有针对性的就业培训。要认真落实培训工作责任，努力提高被征地农民的就业竞争能力和创业能力。凡符合享受培训补贴条件的被征地农民都应发放培训券（卡），失地农民凭券（卡）到定点培训机构参加培训，其培训券（卡）抵冲相应的培训费用。（3）要将被征地农民纳入城镇就业体系，采取积极措施，促进被征地农民充分就业。要充分引导各类企事业单位、社区吸纳被征地农民就业，支持被征地农民自谋职业和自主创业。对在法定劳动年龄内有劳动能力和就业要求但未就业的失地农民，要视同城镇登记失业人员，发给就业登记证，享受城镇失业人员的就业扶持政策；对城市规划区范围内就业困难的被征地农民视同城镇下岗失业人员，发给再就业优惠证，并享受小额担保贷款、社会保险补贴、就业再就业税费减免等各项再就业扶持政策。被征地农民享受的有关扶持政策所需资金，各地政府应按苏政发〔2006〕24号文件精神，从当地土地有偿收益中按照每个被征地农民一千至两千元，及时划拨到位。（4）要特别注意研究解决老失地农民基本生活保障面临的问题。老失地农民基本生活和社会保障问题所反应的情况不一，原因复杂，各地要在充分调查研究、综合分析测算的基础上，及时研究解决历史遗留问题，妥善处理好这部分特殊失地群体的基本生活保障问题。有条件的地区，应将新老被征地农民统筹安排，全面考虑，逐步纳入社会保障体系。暂不具备条件的地区，本着尽力而为和量力而行的原则，及早制订方案、积极调集资金，尽快作出制度性安排。

第二，要结合被征地农民基本生活保障工作的实际，深入基层、贴近群众，认真进行政策指导。针对失地农民关心的热点问题、信访反映较为集中的问题、"即

征即保"的刚性要求和保障资金落实到位难等重点事项制定措施、拿出对策,确保被征地农民生活水平不因征地而降低,长远生计有保障。在此过程中,要严格按照《省政府办公厅转发省劳动和社会保障厅等部门关于做好被征地农民就业培训和社会保障工作意见的通知》(苏政办发〔2006〕119号)要求精神,实行一把手负责制,建立责任追究制,确保工作的顺利推进。

第三,加强督促检查,联动推进工作。一方面要根据国家劳动和社会保障部、国土资源部《关于切实做好被征地农民社会保障工作有关问题的通知》(劳社部发〔2007〕14号)和江苏省劳动和社会保障厅、国土资源厅《关于做好被征地农民社会保障审核工作的通知》(苏劳社〔2009〕8号),从源头把关,严格征地报批审核程序;另一方面根据国家监察部、人力资源和社会保障部、国土资源部第15号令精神,围绕被征地农民社会保障等相关工作加大督查力度,努力把被征地农民基本生活保障工作做得更好。

第十三章 无地农民基本生活和社会保障问题研究[①]

土地承包期延长后,由于土地承包起点不公平和对土地调整的限制,产生了越来越多的无地农民。农民失去了土地,也就丧失了与土地相关联的一系列权益。无地农民基本生活和长远生计缺乏保障倍增了社会的不稳定因素。因此,妥善解决无地农民的生存和发展问题,完善维护无地农民基本生活和社会保障权益的政策制度,是我国经济社会发展中应优先研究解决的问题。在此,在分析无地农民的成因、现状和可能引发的主要问题的基础上,从农村实际出发,提出了完善无地农民基本生活和社会保障权益的政策制度的建议。

一、无地农民的成因与现状

我国于 2002 年 8 月 29 日颁布、2003 年 3 月 1 日实施的《中华人民共和国农村土地承包法》(以下简称 <农村土地承包法>)是为稳定和完善以家庭承包经营为基础、统分结合的双层经营体制,赋予农民长期而有保障的土地使用权而制订的。按照《农村土地承包法》和中共中央、国务院在 1993 年 11 月《关于当前农业和农村经济发展的若干政策措施》的相关规定,耕地的承包期为三十年;提倡在承包期内实行"增人不增地,减人不减地"的办法,即在承包期内,农户减少人口不退承包地,增加人口不增加承包地。这一政策实施,逐步产生了一个新的越来越大的社会群体——无地农民。无地农民指的是有农村集体经济组织成员身份或农村户口,依法应该分配到承包地但因《农村土地承包法》关于延长土地承包期的相关政策而实际上没能分配到承包地,或曾经分到承包地但由于婚嫁等原因实际上无法占有承包地的集体经济组织成员。无地农民主要由以下几个部分组成:一是在第一、二轮承包期内未分配到承包地的人员,如不具有集体经济组织成员身份,或虽有集体经济组织成员身份但在"增人不增地、减人不减地"规定下未能调整到承包地;二是

[①] 本章内容参见笔者在安徽财经大学指导的杨晓仙硕士论文《我国无地农民的社会保障权益研究——以云南省越州镇为例》。

集体经济组织内新增人口，如新出生人口和因婚姻迁入人口等；三是因各种原因返乡务农人口，如退役军人、下岗务农人员，还有回乡的一部分大学毕业生等；四是承包土地的数量和质量都难以达到耕种价值要求或耕种后收益等于或小于耕种成本而主动放弃承包地的部分农民①（主要是 2003 年前征收农业税造成的）。其中第一类和第二类的无地农民数量占多数，其余的所占比例较少。

我国的无地农民呈现出以下特点：（1）无地农民中女性所占的比重最大；（2）成年女性（以新嫁入人员为主）的比重高于成年男性；（3）成年女性的比重高于未成年女性；（4）未成年男性的比重高于成年男性（以入赘女婿、退伍军人、下岗务农人员等）；（5）未成年无地农民主要是政策实施后的自然增长；（6）婚嫁原因外的无地农民数量所占比重较小。

无地农民的成因主要是：为稳定土地承包关系，第一轮土地承包结束后，中央决定从 1998 年开始实施第二轮土地承包，采取土地承包期再延长三十年不变的政策，我国于 2002 年 8 月 29 日颁布、2003 年 3 月 1 日实施的《农村土地承包法》和中共中央、国务院在 1993 年 11 月《关于当前农业和农村经济发展的若干政策措施》的相关规定，以及我国在 20 世纪 70 年代以来计划生育国策等跟土地分配相关的一系列法律法规的实施，一定程度上加剧了土地资源的不均衡分配和土地承包的起点不公平。另外，国家限制村集体预留机动地的行为减少了通过村集体的土地调整应对人口增减的可能性，尤其是外嫁妇女在夫家分配到土地的可能性几乎为零。虽然土地承包法特别明确了"农村土地承包，妇女与男子享有平等的权利"和国家对土地调整方面的政策限制，如《农村土地承包法》第三十条规定的承包期内，妇女结婚，在新居住地未取得承包地的，发包方不得收回其原承包地；妇女离婚或者丧偶，仍在原居住地生活或者不在原居住地生活但在新居住地未取得承包地的，发包方不得收回其原承包地，也不可避免地使部分农民进入了无地农民的行列：农村一些新生儿在出生后没能赶上土地承包的良机，未能分配到土地；一些在土地没有调整或已调整结束时期娶进门的媳妇和招亲入住的女婿在居住地未能分配到土地，他们婚后生育的孩子也未能获得土地等。由于制度上和婚嫁方面的种种原因造成人均占有土地严重不均。如多女户、老年人口多的农户随着女子成婚、老人过世，人均耕地在增多；而多子户在娶妻生子后，人均耕地逐渐减少。尤其在一些人均耕地面积较少、非农产业不发达的地方，过长的承包期导致难以按人口变动进行地权调整，无法满足农民公平占有土地的需求，逐渐产生了一个新的越来越庞大的社会群体——无地农民。

随着时间的推移，无地农民越来越多，土地分配不均的现象将日益突出。如果从 1993 年提倡在承包期内实行"增人不增地，减人不减地"的办法开始计算，

---

① 陈沉. 促进土地整理创建公平机制——解决无地少地农民土地承包权益要注意的几个问题[N]. 国土资源报，2009 - 1 - 15（2）.

土地换保障：
扩大推动发展民众基础的政策选择

1993年我国总人口十一亿九千八百五十万到2009年我国总人口十三亿五千零七万，新增加人口达到一亿六千五百五十三万，新增农村户籍人口一亿四千万。十六年农村新增婚姻登记约一亿九千七百万人，按百分之五十计算，因婚姻失地的农民最高可能达到九千八百万人。新增农村户籍人口和因婚姻形成的无地农民最高可能达到两亿三千八百万，全国平均每户有超过一人失去土地。

为了化解这一矛盾，各地自发进行了定期不定期的土地调整工作，农户之间的土地流转也以多种形式展开。因此，实际新增农村户籍人口和因婚姻形成的无地农民应低于两亿三千八百万人，但无地农民应超过其百分之五十，即一亿一千九百万。如果将时间提前到实行承包制的20世纪80年代，无地农民的规模将更为庞大。

二、国内外关于无地农民的研究现状

长期以来，对数量逐渐增加、生活更加困难、更需关注的因婚嫁和新出生人口等原因形成的无地农民的研究还很少，几乎处于缺失状态。

（一）国内主要研究成果

目前，国内学者和实践工作者对无地农民的基本生活和社会保障权益方面的研究集中在以下几方面：

1. 关于无地农民对社会的影响方面。邓摘认为，无地青年农民是一个十分特殊的社会群体。他们很容易成为失去人生方向而又无所适从的群体。这一群体的游动不定性对于形成和谐有序的社会是一个严峻的挑战（邓摘，2008）[①]。有学者认为，无地农民不同于失地农民，他们没有失地补偿，如果没有救助措施，其生活可想而知（曲永谦，2006）[②]。安剑锋认为，无地农民、失地农民、外出打工农民构成的"新三农"是经济社会发展过程中出现的新群体，人数越来越多，分布越来越广，影响越来越大，日益引起人们的重视（安剑锋，2006）。

2. 关于对无地农民的生活状况方面。无地农民大多为妇女和儿童，儿童正处于学龄期，妇女又需要照料家庭，能外出就业的很少，大部分在家务农或从事家务。外出务工的农民多数从事的是相对较苦、较累且收入较低的工作，由于本身技能的欠缺，就业的岗位不是很稳定。对于新增人口少的农户由于粮食增产，生活用粮没有问题。但新增人口多的农户，生活用粮也成问题（孙耀武，2006）。"无地农民"和失地农民不同，失地农民是在城市化进程中出现的，其丧失土地过程是显性的，失地农民不仅有土地补偿款，还会被政府纳入城镇职工保障体系，在就业、养老、医疗等方面得到行政力量的照顾。但"无地农民"处于隐性状态，难以得到社会的

[①] 邓摘. 防止无地青年"农民"游民化 [J]. 当代社科视野，2008（4）：52.
[②] 曲永谦. 不可忽视无地农民的问题 [J]. 乡镇论坛，2006（12）：12.

普遍关注与重视（刘克华，2010）①。

3. 关于对无地农民的就业培训方面。安剑锋认为，要创新培训机制。可摸索定单培训、定点培训和定向培训的路子，以需定培、以培供需。坚持"市场引导培训、培训促进就业"，围绕市场需求开展培训，突出培训的针对性，注重培训的实效性，市场缺什么就培训什么（安剑锋，2006）②。孙耀武认为，要引导和教育无地农民转变观念，破除等、靠、要的思想，提高自谋职业、竞争就业的自觉性和能力，积极主动地参与市场化就业。对吸纳无地农民达到一定数量的二、三产业应给予必要的政策扶持。对无地农民兴办的二、三产业，政府应给予必要的政策倾斜（孙耀武，2006）③。

4. 关于对无地农民的权益保障方面。孙耀武认为，要推行农村养老保险，逐步建立农民最低生活保障制度，完善农村合作医疗保险制度，实行大病统筹。让无地农民病有所医、老有所养、基本生活有保障，解除无地农民的后顾之忧。农村居民基本养老、医疗保障制度应本着"低水平、广覆盖"的原则进行设计（孙耀武，2006）。一些学者认为，对于无地农民，可以不缴费或少缴费，直接纳入保障范围；做好农民低保和农村社会救助工作，制订农村低保标准，所有无地农民全部纳入低保范围；对无劳动能力或无抚养人的老年人、残疾人给予常年社会救济或临时社会救助；完善农村合作医疗制度，让无地农民病有所医、老有所养、基本生活有保障（张润清，乔丽娟；2008）④。有学者认为，通过土地流转，使无地农民在有偿的前提下有地可种（曲永谦，2006）。

（二）国外关于无地农民的研究现状

由于绝大多数发达国家都已经完成了工业化、城镇化过程，因此，对无地农民问题的研究文献也不多。

1. 巴西。巴西政府从两个方面着手：一是给无地农民分配土地，让其有地可种；二是鼓励农业发达地区农民到边远地区开荒，扩大"农业疆界"。政府通过法律对大农场闲置土地予以强制征收，之后分配给无地农民，让无地农民有安居乐业的"根据地"（吴志华，2006）⑤。巴西政府采取了许多措施来扶持家庭农业：给予从事家庭农业的农户提供低息生产信贷、减免土地税、鼓励参与农村养老金制度和参加农业保险，以扩大农村就业机会和提高农民的收入。2007年6月11~15日，

---

① 刘克华. 生活在边缘的群体——牡丹江市农村无地农民生存状态调查 [J]. 黑龙江经济报，2010-6.
② 安剑锋. 关注"新三农"问题 [J]. 中国财政，2006 (3)：69.
③ 孙耀武. 解决无地农民问题的思考 [J]. 南方农村，2006 (1)：29.
④ 乔立娟、张润清、胡灵红. 土地承包期延长后无地农民问题研究——以河北省为例 [J]. 乡镇经济，2008 (7)：32~35.
⑤ 吴志华. 巴西：让无地农民有"根据地"增加生产资金 [J]. 农村. 农业. 农民，2006 (9)：12.

土地换保障：
扩大推动发展民众基础的政策选择

第五届巴西无地农民运动大会在巴西首都巴西利亚召开。无地农民运动组织制订了五步计划：土地所有权民主化——重新定位农业生产，由倚重出口转向国内市场；研发环保的新型农业科技；普及农民教育；发展小型农基工业；创造就业机会（马丽雅，2008）①。

2. 日本。为了解决少地或无地农民的土地问题，日本致力于土地制度的改革。通过三个阶段的改革形成了农地私有为主，小规模家庭占有、合作化经营、社会化服务的农业经营体制（韩鹏，2002）。

3. 其他国家。目前，世界上许多实行市场经济的国家都普遍建立了以农业土地抵押为特征的农地金融制度，德国、丹麦、法国、意大利等国农地经营制度的历史较长，以德国为最长，已近二百年。这些国家建立农地金融制度的根本目的是，通过农业土地的抵押来融通农业资金，用于协助农民购地以实施耕者有其田的政策，或用作农地轮耕以促进耕地的改良，或用作农、林、牧、渔等的永久性建设。以农业土地抵押所融通的农业资金投向的都是投资周期长（十至六十年）且利润较低的项目。这样长期低息的放贷不是一般的商业银行有能力办理的。在这种情况下，上述国家的政府纷纷特设土地银行，接受农业土地为抵押标的物，贷放长期低息的资金以支持农业发展，如德国的土地抵押合作社、公营的土地银行及土地改良土地银行，美国的联邦土地银行合作社、联邦土地银行和中央土地银行，日本的劝业银行、农工银行及北海道拓值银行等（尹云松，1995）②。只有通过市场配置资源的方式，将土地承包经营权转让给有资格、有能力从事符合土地用途的经营人或单位，才能使土地资源得到有效的利用。与此同时，必须考虑到出让土地承包经营人的生活状况，如果该出让户以土地上的产出为主要来源，在将土地存入土地银行变现的价款中扣除一定金额纳入相应的社会保障中，以保障出让土地农户的基本生活（施晓琳，2002）③。

三、国内外解决无地农民问题的主要经验与做法

（一）国内解决无地农民的经验与做法

中国有妇女外嫁从夫的婚迁习俗，妇女的户籍迁移大于男性，而土地具有不可移动的特点，这就决定了农村妇女的土地承包经营权有相对于男性来说的不确定性和可丧失性。农村妇女即使最初与男性一样都能分得土地，但婚迁也可能使她们重新失去土地。目前，解决农村无地妇女土地问题的模式主要有如下几种。

---

① 马丽雅. 第五届巴西无地农民运动大会纪要 [J]. 当代世界与社会主义（双月刊），2008 (3)：192.

② 尹云松. 论以农地使用权抵押为特征的农地金融制度 [J]. 中国农村经济，1995 (6)：20~21.

③ 施晓琳. 论以土地承包经营权为特征的金融制度 [J]. 南京农业大学学报（社科版），2002 (2)：22~24.

1. 留有小于等于全部耕地百分之五的机动田/地。从保障农村妇女的土地权益方面来看,"机动田/地"① 的安排有助于因婚嫁等原因形成的无地妇女重新获得土地。当本村女性出嫁或老人死亡后,将其户头下的土地收回留作机动田/地,以便今后婚迁入村的妇女获得土地。但是,这样小规模的机动田/地的存在并不能从根本上保证解决婚迁妇女的土地承包经营权问题。

2. 预先分给达到一定年龄阶段的单身男性一份"老婆田"。这种做法并不普遍,但在浙江的某些山区很常见。"老婆田"属于男性农民所有,单身男性农民达到一定年龄阶段后,在获得自己的承包地外,还可以分到一份"老婆田"。此种模式从保证婚迁妇女的土地承包经营权来看,在一定程度上起到积极的作用。《妇女权益保障法》第三十条规定,农村划分责任田、口粮田等,以及批准宅基地等,妇女与男子享有平等的权利。因此,该种做法的负面影响较大:一方面加重了农村重男轻女的落后观念;另一方面,由于男女拥有土地的数量不等,从而影响到不同性别构成比例的家庭在收入和生活水平上的差距。此外,在实际操作中也难以实现,容易引发一系列新的纠纷。

(二)国外解决无地农民土地问题的经验与做法

目前,国外为解决无地或少地农民的土地问题,大多数国家都建立起土地政策银行。在国外,土地政策银行的主要业务有:(1)接受土地承包经营权的抵押,发行土地证券并负责还本付息;(2)发放以土地承包经营权为抵押的低息贷款;(3)发款机构是委托具体机构,抵押贷款的资金主要来源有国家财政拨款、发行土地债券等筹措资金、公积金。

从国外农地金融制度组织体系类型来看,目前存在以德国和美国为代表的两种农地金融制度的组织体系。德国采取农民自下而上的方式自行建立,即首先组织各地的单位社——土地抵押合作社,然后向上发展而组成联合社和联合银行。通过这种自下而上的方式建立农地金融制度须依赖于合作社本身强大的经济力量,否则很难成功。同时,这种方式需要花费很长的时间,德国经过一百多年才成功建立起农地金融制度。美国采取自上而下的方式建立,即先由政府拨款作为联邦土地银行的股金,然后开始营业,发行土地债券,同时辅导农民分区组织联邦土地银行合作社。这种方式可以克服合作社初期经济力量薄弱的不足,在最短的时间内迅速而有效地建立起农地金融制度。

世界各国的土地银行无一不将发行土地债券作为筹资的重要手段。日本劝业银行与北海道拓值银行发行债券所筹金额是股金的十倍;美国联邦土地银行出售债券为股金和公积金的二十倍;而德国的土地抵押合作社竟然全部依赖土地债券来筹资。发行土地债券可以将农地这种不能转移的财产价值变成流动性价值,从而使农地证券化。证券可以任意分为大小不同的面额,不同收入阶层的人均可购买,从而使农地金融活动的范围扩大。总之,国内目前不管是采取留"机动地/田"还是留"老

---

① 胡吕银. 土地承包经营权的物权法分析 [M]. 上海:复旦大学出版社,2004:229.

土地换保障：
扩大推动发展民众基础的政策选择

婆田"等办法解决无地农民或少地家庭的方法都不现实，因为笔者在访谈过程中了解到，留有少量的"机动地/田"满足不了婚迁人员和新生儿的土地。为了避免不必要的纠纷，索性都不留"机动地/田"，或者留了也只用于集体公共设施建设。"老婆田"更是不可行。而国外通过建立土地政策银行来解决无地农民和少地家庭的土地问题是值得借鉴的。只有通过市场配置资源的方式，将土地承包经营权转让给有资格、有能力从事符合土地用途的经营人或单位，才能使土地资源得到有效的利用。与此同时，必须考虑到出让土地承包经营人的生活状况。如果该出让户以土地上的产出为主要来源，在将土地存入土地银行变现的价款中扣除一定的金额作为纳入相应的社会保障，以保障出让土地农户的基本生活。

四、无地农民可能引发的主要问题

目前，我国与土地相关的法律和政策都强化了土地承包制的稳定性，但忽略了人口的动态变化和可能形成的问题与日益严峻的挑战。据相关人员调查，由于家庭成员中有人没有土地，百分之八点三的农户认为对家庭收入有较大的不利影响，百分之五十一点七的农户认为对家庭的收入有一定的不利影响。如果这部分无地农民的土地问题和其基本生活及长远生计问题长期不能得到很好解决，规模越来越庞大、对生活越来越无奈的无地农民对家庭的和谐、农村的稳定和农村经济的持续健康发展都将造成重大影响。

随着农村人口的正常生老病死、婚嫁等动态变化，因"增人不增地，减人不减地"政策形成的无地农民造成的负面影响已越来越突出。在金融危机的大背景下，上述影响已经更为严重。我们有必要对该政策的实施进行全面和客观的评估，提出应对之策。由于部分无地农民文化素质和劳动技能单一且偏低，拥有无地农民较多的家庭如果不外出务工，往往更容易陷入生活困境。贫穷的背后隐藏着极大的社会隐患，可能成为诱发一系列经济、社会问题的导火索。

（一）农村劳动力过剩，无地农民劳动力资源大量闲置

从人力资源管理的角度讲，由于无地农民在户口所在地没有土地，他们在农业生产时虽然能帮助家人减轻生产负担，但这并不能创造出更多的生产资料来满足或增加家庭财富。相反，无地农民因其劳动力与土地资源之间得不到很好的配置而导致浪费。作为隐性的失业者，黄宗智在《制度化了的"半工半耕"过密型农业》一文中认为，在当前的承包制下，务农人口普遍处于土地过少而引起的"不充分就业"或"隐性失业"，基本仍处于长期以来人多地少的"过密"状态。因此，大规模的无地农民向城市就业，而其低农业收入又使其在城市所能得到的工资被压到最低的糊口水平，迫使许许多多农户同时依赖低收入农业和低收入临时工，以部分家庭成员外出打工的"半工半耕"方式来维持生活。

（二）收入偏低，可能成为社会的弱势群体

无地农民主要为婚嫁妇女和新生儿童，虽然部分婚嫁人员在娘家留有土地，但

由于娘家人的家庭意识、出嫁人的个人种植意愿、种植成本等多方面考虑，很少有人愿意或能够直接种植，其承包的土地也难以流转并获得一定的收益。目前，他们一般没有土地承包经营权，主要依靠均分其户口所在地家人的土地生产生活，其生存和发展的基础被弱化。随着无地农民数量的日益增加和年龄的增长，在农村社会保障机制尚不健全或处于低保障的情况下，将为农村稳定和发展带来潜在危机。部分年轻无地农民往往因家庭困难，接受教育时间相对偏短，各方面素质相对偏低，外出打工很难找到工作，或找到的更多是脏、乱、差的工作，只能在乡镇或城市里卑微或无尊严地谋生。对于年幼失学的劳动力，因无所事事，可能成为扰乱社会秩序者，甚至走上犯罪的道路。

（三）再就业培训难度更大

由于大部分无地农民年轻化，相当部分缺乏独立谋生能力和技术。在农村教育相对落后、农村学杂费过高且不断攀升的情况下，无地少地农民的家庭教育负担过重，难以负担孩子念大学，更容易成为社会的边缘群体。缺乏基础教育的无地农民往往更难以通过简单的就业培训而转移到非农行业就业。

（四）无地农民更缺乏相关政策、制度的保护和支持

无地农民不仅难以获得土地承包经营权，而且难以享受农产品价格上升的实惠和支农惠农政策的支持，无地农民多的家庭源于土地收入明显偏低。在一些地区，由于新增无地人口较多，部分农户生活用粮也难以自给。无地农民由于收入偏低，其参加社会保障的缴费能力也相应降低，今后的保障水平也会进一步降低。即使其选择进城务工经商，不仅其后顾之忧更甚于一般农民，而且其城镇化的能力也会低于一般农民。在所在村组土地被征用的过程中，因其没有土地承包经营权，不仅难以获得被征地农民可得到的各种补偿，而且也难以被纳入被征地农民社会保障体系。既没有土地支撑又缺乏政策制度支持保护的无地农民无论在什么条件下，其生活和保障水平都可能低于其他有地农民。

总之，无地农民问题是新形势下出现的新情况、新问题，是现行承包制长期实施的必然结果。无地农民面临的问题不仅仅是没有土地本身，还有一系列直接或间接地与土地相关联的权利和利益受损问题，包括源于土地的收入、政府补贴、教育、就业培训、基本生活和长远生计的保障等一系列生存和发展问题。目前，无地农民的基本生活和社会保障政策制度均处于缺失状态，社会保障资金来源没有明确，其基本生活和长远生计均无保障，因此，应尽快完善维护无地农民相关权益的政策措施。从社会公平的角度讲，他们也应该而且必须获得国家在政策制度上的支持和援助。从长远的战略意义上说，解决好无地农民的生存和发展问题既是解决"三农"问题的重要内容，也是社会主义新农村建设不可回避的现实问题。

五、完善无地农民基本生活和社会保障政策的建议

（一）高度重视解决无地农民的生存和发展问题

解决好无地农民面临的一系列事关生存和发展的经济、社会问题是一个复杂的

土地换保障：
扩大推动发展民众基础的政策选择

系统工程，各级党委和政府要按照"发展是第一要务，稳定是第一责任"的要求，充分认识解决好无地农民面临的一系列经济、社会问题的必要性、紧迫性和艰巨性，从统筹城乡经济和社会全面协调发展的战略高度出发，统筹规划，将其列入当地经济、社会发展规划和年度目标考核管理体系，切实加强组织领导，认真研究制定切实解决这一特殊群体面临的特殊问题的有关政策、协调解决工作中出现的新情况、新问题，督促检查政策落实情况，注意研究探索过程中的经验做法，妥善处理改革、发展和稳定的关系，把好事办好。

（二）认清形势重大而深刻的变化，加快研究制定离农政策。目前，随着我国人口出生率的降低，农村人口净增长将越来越低，预计到 2015 年农村劳动力将开始由增长转为下降。这将在一定程度上缓解决死亡人口的减地问题和新出生人口的无地问题。实践中，农村土地承包经营权小范围有组织的调整和农户之间自发的调整虽然在一定程度上也有利于缓解这一问题，但如果不从战略的高度加快研究制定离农政策，促进老年农民、进城务工经商农民和其他自愿放弃土地承包经营权的人员退出农业或离开农村，不仅绝大部分无地农民的土地问题难以在政策和制度层面上得到有效解决，而且可能影响中国工业化、城镇化和现代化的进程和质量，特别是中国农业的规模化和现代化是难以想象的。

获得土地承包经营权是有效维护无地农民生存和发展权益的根本途径。长期以来，维护土地承包经营权的稳定是我国农村政策的基石。但随着城乡社会保障制度建设进程的加快，特别是 2012 年农村社会保障体系全覆盖后，农村稳定发展的政策环境已经并将进一步发生巨大而深刻的变化，研究制定离农政策，加快农村土地的流转，创新无地农民获得土地承包经营权的途径的时机和条件已更为成熟，在这方面，我们完全可以借鉴发达国家经验，按照"土地换保障"的思路，进行一些更积极、更主动的探索工作。

在老龄化和城镇化的大背景下，有效解决无地农民的土地问题必须有新的思路和战略思维，将该问题的解决置于工业化、城镇化、现代化的大格局中考虑；必须充分利用新型农村社会养老保险制度试点已经启动和城乡居民养老保险制度即将全面建立等有利时机，加快建立老年农民退休制度，加快进城务工经商农民和其他自愿放弃土地承包经营权的人员退出农业或离开农村的步伐，并将土地承包经营权转让收入用于建立转让者的养老保险制度；必须在总结土地流转经验教训的基础上，用财政资金设立土地流转基金，建立健全土地流转服务中心，给老年农民、进城务工经商农民和其他自愿放弃土地承包经营权的人员退出农业或离开农村以一定的补偿，确保其基本生活和长远生计；必须在依法、有偿、自愿的前提下，完善土地政策，规范土地流转工作，推进土地流转的规范化、制度化。

（三）建立土地流转服务中心，健全土地流转服务机制。土地流转服务中心或土地银行是从事土地承包经营权流转、出租和入股等经营管理活动的非营利性机构，是推进土地经营权资本化的政策工具。其运行机制是：一是离农农民首先将在农村的土地承包经营权像银行存款一样存入土地银行，定期按约定的土地经营收入获得存地收入；二是土地银行将储蓄集中起来的土地经营权经过土地整理、公开招标竞争，出租给种田能手或农场进行规模经营，并按土地经营权的级差和期限收取一定的租金，支付一定的存地收入；三是农民可以根据自己对土地的需求按约定存取土地经营权，但需将一定比例的存地收入用于缴纳保险费，为农民工的城镇化和老年农民退出农业生产领域提供制度保障；四是要建立和规范流转程序，让农民分享土地流转的增值收益；五是由土地管理、人力资源和社会保障等部门共同组建土地银行，负责"土地换保障"的具体工作，逐步将土地流转工作纳入规范化管理，化解土地纠纷等潜在矛盾；六是降低无地农民城镇化的成本，将其优先纳入享受保障房等政策的范围，促进其彻底完成城镇化进程。

设立土地流转服务中心或土地银行，是将农村社会养老保险制度建设放在一个更大的背景下考虑，即要将"城镇化""农地制度改革"和"统筹城乡社会保障制度建设"三者有机联系起来考虑，是加快形成城乡一体化新格局和相应体制机制的重要突破口。在推进我国工业化、城市化和现代化的大背景下，在全面建设小康社会和社会主义新农村的过程中，根据城镇化内在规律，要实现经济的可持续发展和二元经济结构的转型，必须从建立完善有中国特色的城乡社会保障制度入手，解除农民的后顾之忧，深化农地制度改革，逐步建立农民通过城市化和退休的双向农业退出机制与土地流转机制，健全城镇化和扩大农地规模的长效机制。一方面，适应城镇化的要求，建立有利于农民工城镇化的农业退出机制和城镇进入机制，通过促进农民工的城镇化减少农民；另一方面，适应解决"三农问题"的需要，逐步建立有利于农民退休的农业退出机制，通过建立农民退休制度减少农民，促进农地规模的扩大，建立提高农民收入的长效机制。

综合各方面的情况，我国农村土地制度的改革必须适应市场经济发展和现代化的要求，围绕建立土地流转服务中心或土地银行进行突破性的改革。一是要在土地集体所有制不变的情况下，进一步推进土地使用制度的改革，实现土地所有权与土地经营权的永久分离；二是要实行政经分离，推进农村基层组织的改革与重构，重点对集体经营管理农村土地的传统管理体制进行改革，建立相对独立的主要从事土地经营权经营管理的土地银行；三是深刻认识农民收入来源多样化、农民对土地的依赖程度正逐步降低，土地的主要功能已从土地收益和保障转向一种资产的权利和保险等新的形势，逐步推进土地生产资料和社会保障功能的分离，使土地制度能在农民退出农业后得到相应的经济补偿，使继续务农的农民能在其扩大经营规模后保障其投入有稳定的收益和预期，建立一种长期、稳定、规范且有自我调节机制和适应城镇化等环境变迁能力的土地制度，推进从限制土地流转转向鼓励土地流转的土地政策转型，建立健全土地经营管理制度，加强对土地资源的经营管理，提高对土地资源的利用效率。

（四）加强土地流转服务的基础工作，建立土地流转服务数据库。以乡镇为单

土地换保障：
扩大推动发展民众基础的政策选择

位，对本地土地承包人员和无地农民进行一次清理，重点为已经从农村人口转变成城镇人口的人员，如各类大专院校毕业生正式参加工作、原招聘人员转变成国家公务员、农民工、老年农民、婚嫁人员、新出生人口等潜在土地流转对象及其承包土地的数量、质量和需求等基本情况、农村龙头企业对土地的需求情况，建立可满足土地流转供需双方需求的数据库。条件成熟后，应逐步建立县级、省级和全国土地流转服务数据库。

（五）规范土地流转服务工作，逐步消除无地农民。当前，重点应规范以下群体的土地流转工作：一是规范死亡人口的土地流转工作。土地承包人死亡后，其继承人应按土地流转规则办理继承手续。二是规范新生人口的土地流转工作。新出生人口出生后，其家人应将其家庭承包的土地按人口进行平均调整，并自愿办理土地流转手续。三是规范婚嫁人员的土地流转工作。无论男女，均应通过土地流转获得土地承包经营权或获得土地流转收入。四是应规范老年农民的土地流转工作。要加快研究制定确保老年农民老有所养的离农补偿政策，规范家庭养老，推动老年农民土地流转的制度化，确保土地收益主要用于建立社会保障，提高养老保障水平，切实解决老年农民的后顾之忧。五是规范农民工、各类大专院校毕业生正式参加工作、原招聘人员转变成国家公务员的土地流转工作，保证其获得土地流转收入。通过规范上述各类人员的土地流转工作，既可规范土地流转工作，又可增加土地供给，缓解集体经济组织调整土地的压力，逐步消除无地农民，确保农民的基本生活和长远生计。

（六）加强对无地农民的就业培训和就业援助，提高其城镇化能力。根据《中华人民共和国就业促进法》和国务院《关于进一步加强就业再就业工作的通知》（国发〔2005〕36号）的要求，应研究将无地农民纳入享受职业介绍、职业培训、公益性岗位、职业技能鉴定、社会保险补贴、小额担保贷款贴息等就业扶持和就业服务范围的政策措施。各级人民政府要将无地农民作为就业援助优先扶持和重点帮助对象。

（七）优先将无地农民纳入农村社会保障体系。在新农合和低保制度基本已经全覆盖的情况下，应重点解决新型农村社会养老保险制度供给不足和缺失问题。按照科学发展观和构建社会主义和谐社会的要求，加快将无地农民纳入新农保试点，确保其基本生活和长远生计。

参考文献

［1］卢海元．土地换保障：妥善安置失地农民的基本设想［J］．中国农村观察，2003.

［2］卢海元．建立被征地农民社会保障制度的主要做法、经验和制度前景［J］，2007年中国社会保障论坛文集．

［3］林毅夫．制度、技术与中国农业发展［M］．上海：上海人民出版社，2005.

[4] 黄宗智. 制度化了的"半工半耕"过密型农业 [J], 2006.

[5] 张润清, 石会娟, 苏艳娜, 罗意曼. 无地农民问题形成的制度分析及对策研究 [J]. 乡镇经济, 2008.

[6] 乔立娟, 张润清, 胡灵红. 土地承包期延长后无地农民问题研究——以河北省为例 [J]. 乡镇经济, 2008.

[7] 钱忠好. 农地保护: 市场失灵与政策失灵 [J]. 农业经济导刊, 2004.

[8] Peter B. R. Hazell The Appropriate Role of Agricultural Insurance in Developing Countries [J]. 2006.

第十四章　采煤沉陷区失地农民社会保障问题研究

近年来,多位"两会"代表、委员提出妥善解决煤矿沉陷区失地农民就业和社会保障问题的建议。部分地区发生了采煤沉陷区失地农民大规模冲击煤矿和政府有关部门的群体性事件,引起了党中央、国务院领导的高度重视和社会各界高度关注。

为研究解决这一突问题,笔者对部分采煤沉陷区进行了专题调研,实地察看了煤矿沉陷区,走访了部分居民,广泛了解了沉陷区居民生产、生活的基本情况。

一、采煤沉陷区失地农民的基本情况

（一）**沉陷区面积和失地人数**。截至 2008 年底,某市境内采煤沉陷区面积约十八万零八百亩,占全市总面积的百分之四点六四（耕地面积占百分之八十以上）,形成二十多万失地农民（该市人均耕地零点八九亩）。据了解,全国部分地区均出现不同程度的采煤沉陷。部分地区因沉陷区面广人多,资源已经基本枯竭,面临的问题更为严重。有关部门反映,除煤矿外,铜矿等类矿区沉陷失地人口也在持续增加。据测算,全国历年积累的各类沉陷区失地农民超过一千万。

（二）**征地补偿情况**。某市已征采煤沉陷地总面积五万五千亩,未征地面积十二万五千亩。已征地农民均被纳入被征地农民社会保障。未征地采煤沉陷地没有被列入被征地农民社会保障对象,称作失地农民,难以享受被征地农民社会保障待遇。根据按地区分类按年进行补偿的有关规定,每年只有采煤企业发放的一千一百五十元每亩青苗补偿和每户每月一百二十元的房租补贴。

（三）**生产生活状况**。"有房不能住、有路不能走、有水不能喝、有田不能种、有家不能建"是沉陷区失地农民生产、生活的真实写照。在实地考察的某村,部分良田和农户住房已被水淹没,在不到一年时间内地面下沉四米多,有的地方地面已经下沉二十多米,并需要几十年才能沉稳。墙裂屋漏地陷,农民的生命财产安全受到了严重威胁。由于沉陷区农田灌溉系统和道路交通被严重破坏,基本无法从事正常的农业生产,农民基本失去了稳定的收入来源。由于难以找到不再沉陷、可以重建的土地,区县政府只能将部分失地失居农民安置在简易板房,冬寒夏炙,几口人居于一室或二室，正常的生产、生活难以维系。在一些搬迁安置点，下水道未建、道路泥泞、垃圾遍地，居住环境很差。某县有四万多居民的一古镇面临全面沉陷危险，村庄、学校、厂企面临沉陷危险，生活极端困苦，经常发生大规模群体上访事件。当地政府有关部门反映，沉陷区失地农民上访占总上访量的百分之八十。

二、采煤沉陷区失地农民安置的基本情况

（一）就业。某市沉陷区失地农民在劳动年龄段内的有八万五千八百人，其中已安置就业六千一百二十六人，占应安置人数的百分之七点一四，大多数群众生活窘迫。

（二）社会保障。某省人民政府办公厅关于进一步做好采煤沉陷区居民搬迁安置补偿工作的通知，要求将采煤沉陷区失地农民纳入当地被征地农民养老保险范围，但由于沉陷区只补未征、青苗补偿标准每年每亩仅为一千一百五十元。失地农民仅靠这部分补偿费难以维持基本生活，更不可能缴纳社会保险费。因未办理征地转户手续，不能享受城市低保、再就业和其他社保政策，保障资金也难以落实。目前某市只将已经实施征地的沉陷区农民纳入了保障范围，参保人数约八千人（其中参加城镇职工养老保险的约六千人），大量未征地失地农民的社会保障问题没有得到解决。即使是已转为非农业户口的失地农民，纳入城镇企业基本养老保险、医疗保险、失业保险的资金缺口也很大。

（三）搬迁安置。自2004年到2008年底，涉及居民大约两万一千零一十一户，约八万人，现已搬迁安置五千零四十户，一万五千九百七十一户尚未搬迁安置。

（四）治理沉陷地。某市累计投入十六亿元对基本稳沉和未稳沉两类沉陷地进行不同方式的治理和复垦，目前已治理近一万五千亩，其中复垦造地九千多亩。

三、存在的主要问题

（一）沉陷区面积和失地人数迅速扩大。某市是国家重要煤炭生产基地，持续快速开采将加剧大片土地沉降，涉及失地人口迅速增多。预计某市沉陷区总面积将达二十一万六千四百八十亩，一年新增三万多失地农民。达到设计产能后，每年将导致五万多亩土地沉降，新增五万多个失地农民。从全国各类矿产资源过度开发的现状看，多数资源开采过程都造成农民失地。初步估算，全国因矿产资源开发形成失地农民超过一千万人。遗留问题多，新问题又不断出现，直接影响经济的振兴和社会的和谐稳定。

（二）就业困难，基本生活无保障。20世纪90年代中期前，一部分沉陷地在被征用后，煤矿企业就地吸收部分失地农民，就业安置问题基本平稳。90年代中期以后，因煤炭企业整体效益欠佳，企业为减少冗员实行下岗分流。由于失地农民文化素质和劳动技能偏低，使获得就业安置的失地农民首先受到冲击，绝多数又都从企业被分流出来，失地农民无地、无业，生活来源主要依靠沉陷地青苗补助费，入不

土地换保障：
扩大推动发展民众基础的政策选择

敷出，多数群众陷入生活困境。从目前看，企业对沉陷地采取青苗补偿办法所能维持的当期生活已经难以跟上当地经济发展水平。同时，当地政府和沉陷区农民十分担心的是，一旦资源枯竭或能源市场变化，企业很难按时足额支付青苗费。煤炭企业经济效益滑坡或出现20世纪末的状况，企业拿煤抵青苗补助费，即使卖出去，也卖不出好价，农民当期生活难以保障。部分人员不得不外出打零工贴补家用，维持生活，当地就业矛盾十分突出。

（三）沉陷区群众权益无保障。煤炭生产企业没有严格贯彻执行"先保后征""先征后用""先搬后采""谁沉陷、谁治理"的原则，沉陷区绝大多数土地都没有被征用，其就业、住房和社会保障等权益都得不到有效维护。根据被征地农民才能参保的政策规定，失地农民难以进入保障体系享受待遇。采煤沉陷在前，搬迁安置滞后。很多农民往往在脚下的土地坍塌了才知道采煤已至家门，使得农民心里负担重，且搬迁安置仅仅只是解决了群众的住房安全问题，并没有解决其生存和发展等方面的后顾之忧，引起群众的不满和恐慌。

（四）沉陷区失地农民社会保障政策有待突破。加快解决沉陷区失地农民社会保障问题面临两难选择：一是企业要将沉陷地全部征收，承受能力有限，企业更愿意采取租用土地、只补不征的低成本方式来发展；二是未征沉陷地政府没有土地出让收入，现在不征不保，将来还是要征要保，问题越积越多，矛盾越来越大，可能影响社会稳定，影响社会和谐发展。

为此，必须在以下几方面突破现有政策：一是失地农民社会保障要与是否征地脱钩。土地征与不征的差别在于企业和政府承担责任的差异，在于失地农民作出的牺牲、奉献和得到的补偿的差异。农民以土地为生，失去土地就失去了基本生活和长远生计的保障。政府和企业应无条件承担起失地农民补偿和社会保障制度建设责任，加快解决采煤沉陷区失地农民（包括已征未保或未征未保失地人员）的就业、住房和社会保障问题。二是土地征与不征都应安排社会保障费。目前沉陷区部分已征用的土地虽然给农民和集体经济组织一定经济补偿，但在现有补偿费用中都没有安排社会保障费用，更没有建立起保证被征地农民基本生活和长远生计的调整机制。没有制度保障的农民往往因征地或失地而返贫。只有加快解决好沉陷区失地农民的养老保障问题，政府和用地企业共同承担起应有的责任，才能化解沉陷区失地农民数量不断增加可能诱发的社会问题。三是要完善失地农民的社会保障政策。长期以来，沉陷地很难被征用，煤矿企业不愿承担各项征地费用，不愿征地。因没有足够的用地指标，国土部门很难同意征地。失地农民无法通过土地权属的转移进入被征地农民社会保障范围。因此，只有完善失地农民社会保障政策，才能加快建立失地农民社会保障制度。四是政府和企业共担社会保障资金。解决沉陷区失地农民养老保障，必须解决资金来源问题。在现有政策条件下，企业认为该交的税费都交了，企业没有为失地农民解决养老保障政策依据。当地政府反映，煤炭企业用地多为无偿划拨，当地政府没有从土地出让中受益，难以筹集大笔资金为沉陷区失地农民建立社会养老保障。加快建立沉陷区失地农民社会保障制度，不仅要明确资金由用地企业和地方政府共担,而且要明确筹资渠道和筹资比例,切实解决沉陷区失地农民社会保障资金来源。

四、解决失地农民社会保障问题的思考

为做好采煤沉陷区失地农民社会保障工作,维护失地农民权益,建议采取以下措施。

(一)以采煤沉陷区为突破口,开展失地农民社会保障试点工作

采煤沉陷区失地农民社会保障工作是一项全新的工作,涉及面广,政策性强,可选择在采煤沉陷区开展失地农民社会保障试点工作。有关市、县政府和煤矿企业要按照试点工作要求,进一步提高认识,切实加强领导,明确牵头领导和责任部门,认真调查、核实沉陷区失地农民的失地情况,尽快制定失地农民社会保障政策和具体实施办法;煤矿企业要切实负起应尽的责任,按采煤沉陷区失地农民社会保障所需出资要求,将社会保障费用及时足额转入当地财政部门开设的社保基金专户,配合政府有关部门做到应保尽保,对新沉陷地(包括新征用地)必须先保后征。在总结采煤沉陷区失地农民社会保障试点经验的基础上,可逐步向其他矿区失地农民推广。

(二)新农保试点应向失地农民集中的地区倾斜。 按照优先优惠的原则,将失地农民率先纳入基础养老金与个人账户相结合的新型养老保险制度。失地农民可参照被征地农民社会保障制度执行,在保障范围、参保条件、缴费标准、待遇标准方面与被征地农民基本一致。煤炭开采企业应对失地农民进行合理赔偿、补偿,并将社会保障制度作为规范化、制度化的主要补偿方式。沉陷区失地农民保障资金由企业和政府共同承担,开发企业应承担建立个人账户的主要责任。以划拨方式供地、采煤形成无法复垦的沉陷区,一次性提取的失地农民社会保障费用主要由用地企业承担,政府负责提供基础养老金和待遇调整。

(三)建立矿区安全基金。 多方筹措失地农民社会保障资金,为失地农民社会保障制度建设形成稳定的政策和资金支持。可以采煤沉陷区为突破口,建立矿区安全基金。基金主要来源为:一是从煤炭企业按照销售总额提取一定比例或按吨煤定额提取资金,列入生产成本;二是从政府土地出让金中提取百分之十五至百分之三十。按照保护人与保护耕地相结合的原则,基金主要用于采煤沉陷区失地农民的社会保障。

(四)对煤炭开采等资源开发进行合理规划,及时对开发重点进行战略性调整。 合理布局全国煤炭开采,优先开发山西、内蒙古等地煤炭资源,适度减缓水土资源丰富地区的开采速度,以减缓土地沉降速度,遏制失地农民增长,切实保护不可再生的宝贵耕地资源。部分地区煤炭资源可作为国家的战略储备资源,实行保护性开发。与此同时,要将采煤沉陷区搬迁安置、综合治理与新农村建设、土地复垦、生态环境恢复治理等结合起来,加强煤矿生产企业与地方政府之间的沟通,坚持先保后征、先征后用、先搬后采、谁破坏谁复垦等原则,统筹制定采煤沉陷区搬迁安置、复垦、治理规划,完善相关政策措施。

第十五章　水利移民社会保障问题研究

被征地农民问题是引发社会冲突的重要诱因，也是实现社会和谐需要面对和化解的难题，一直受到社会各界广泛关注。

《中华人民共和国物权法》（以下简称<物权法>）规定，要安排被征地农民的社会保障费用，国家将建立被征地农民社会保障制度作为改革征地制度、完善社会保障体系的重要内容。各省市按照国家的部署和要求，出台了有关办法，被征地农民逐步被纳入了社会保障体系。

《中华人民共和国社会保险法》（以下简称<社会保险法>）第九十六条规定，征收农村集体所有的土地应当足额安排被征地农民的社会保险费，按照国务院规定，将被征地农民纳入相应的社会保险制度。

社会保障安置这一新的安置方式对水利水电工程移民安置带来一定的影响，出现了一些疑惑或争论。基于此，笔者较为系统梳理被征地农民社会保障相关法规、文件，阐述与水利水电工程移民安置的差异所在，并提出应将水利移民纳入被征地农民政策范围等政策建议。

一、基本情况与相关政策

（一）水利移民的基本情况。截至2008年底，全国共有水库八万六千三百五十三座，其中大型水库五百二十九座，中型水库三千一百八十一座，小型水库八万二千六百四十三座。据测算，水利移民人数至少五千万，其中大中型水库的移民人数至少两千两百八十万。

（二）被征地农民与水利移民。广义上讲，被征地农民是指由于工程建设、城市发展、资源开采等原因被征地而失去土地或土地减少的农民。《国务院办公厅转发劳动和社会保障部关于做好被征地农民就业培训和社会保障工作指导意见的通知》（国办发〔2006〕29号，以下简称"国办发2006年29号文件"）被征地农民社会保障工作的对象界定为因政府统一征收农村集体土地而导致失去全部或大部分土地，且在征地时享有农村集体土地承包权的在册农业人口。水利移民主要是由于水库、渠道、供水工程等工程建设而形成的水利水电工程移民，包括水库移民、渠道、泵站、线性水利工程等征地引起迁移的移民。2006年，国务院水库移民后期扶持政策调研表明，全国大中型水库工程涉及农村移民总数约为两千二百八十万。从广义来说，水利移民是被征地农民的一部分。对于水库移民，土地全部或基本全部被征收，涉及区域社会重建的问题。对于渠道、泵站、线性水利工程等，则与公路、铁路的征地行为较为相似，有的农民失去全部或大部分土地，有的则失去少量土地，需要加以识别，区别对待。

（三）与水利移民相关的法规和政策。

1. 《大中型水利水电工程建设征地补偿和移民安置条例》（国务院令第 471 号）（2006 年 9 月 1 日）**第三条**：国家实行开发性移民方针，采取前期补偿、补助与后期扶持相结合的办法，使移民生活达到或者超过原有水平。**第十六条**：征地补偿和移民安置资金、依法应当缴纳的耕地占用税和耕地开垦费以及依照国务院有关规定缴纳的森林植被恢复费等应当列入大中型水利水电工程概算。征地补偿和移民安置资金包括土地补偿费、安置补助费，农村居民点迁建、城（集）镇迁建、工矿企业迁建以及专项设施迁建或者复建补偿费（含有关地上附着物补偿费），移民个人财产补偿费（含地上附着物和青苗补偿费）和搬迁费，库底清理费，淹没区文物保护费和国家规定的其他费用。

2. 《国务院关于完善大中型水库移民后期扶持政策的意见》（国发〔2006〕17号）：**原则**：坚持统筹兼顾水电和水利移民、新水库和老水库移民、中央水库和地方水库移民。坚持前期补偿补助与后期扶持相结合。坚持解决温饱问题与解决长远发展问题相结合。坚持国家帮扶与移民自力更生相结合。坚持中央统一制定政策，省级人民政府负总责。**扶持范围**：后期扶持范围为大中型水库的农村移民。其中，2006 年 6 月 30 日前搬迁的水库移民为现状人口，2006 年 7 月 1 日以后搬迁的水库移民为原迁人口。在扶持期内，中央对各省、自治区、直辖市 2006 年 6 月 30 日前已搬迁的水库移民现状人口一次核定，不再调整；对移民人口的自然变化采取何种具体政策，由各省、自治区、直辖市自行决定，转为非农业户口的农村移民不再纳入后期扶持范围。**扶持标准**：对纳入扶持范围的移民每人每年补助六百元。**扶持期限**：对 2006 年 6 月 30 日前搬迁的纳入扶持范围的移民，自 2006 年 7 月 1 日起再扶持二十年；对 2006 年 7 月 1 日以后搬迁的纳入扶持范围的移民，从其完成搬迁之日起扶持二十年。**水库移民后期扶持资金由国家统一筹措**：(1) 提高省级电网公司在本省（区、市）区域内全部销售电量（扣除农业生产用电）的电价，提价收入专项用于水库移民后期扶持。为了减轻中西部地区的负担，移民人数较少的河北、山西、内蒙古、吉林、黑龙江、贵州、云南、西藏、甘肃、青海、宁夏、新疆十二个省（区）的电价加价标准根据本省（区）的移民人数一次核定，原则上不再调整，如上述十二个省（区）2006 年 7 月 1 日以后搬迁的纳入扶持范围的水库移民所需后期扶持资金出现缺口，由中央统筹解决；其他十九个省（区、市）实行统一的电价加价。(2) 提高电价形成的增值税增收部分专项用于水库移民后期扶持。(3) 继续保留中央财政每年安排用于解决中央直属水库移民遗留问题的资金。(4) 经营性大中型水库也应承担移民后期扶持资金，具体办法由发改革委员会同财政部、水利部另行制定。后期扶持资金作为政府性基金纳入中央财政预算管理。通过电价加价筹措的后期扶持资金由各省级电网公司随电费征收,全额上缴中央财政;应拨付给各省、自治区、直辖市的后期扶持资金由财政部会同国务院移民管理机构,按照发改革委、财政部、水利部等部门核定的各省、自治区、直辖市移民人数和规定的标准据实拨付。后期扶持资金每年需要一百三十多亿元,主要来自电价。全国两千二百多万大中型水库农村移民按照每人每年六百元的标准,每年需筹集后期扶持资金一百三十多亿元。据测算,全国三十一个省(区、市)平均电价每千瓦时涨价六厘二钱。

3.《中华人民共和国水法》(中华人民共和国主席令第74号,自2002年10月1日起施行)第二十九条:国家对水利工程建设移民实行开发性移民的方针,按照前期补偿、补助与后期扶持相结合的原则,妥善安排移民的生产和生活,保护移民的合法权益。移民安置应当与工程建设同步进行。建设单位应当根据安置地区的环境容量和可持续发展的原则,因地制宜,编制移民安置规划,经依法批准后,由有关地方人民政府组织实施。所需移民经费列入工程建设投资计划。

(四)安置政策差异。在较为系统梳理已颁发被征地农民社会保障相关办法、省市有关规定的基础上,笔者发现,各省市出台相关办法的进度相差较大、具体规定亦有细微差别。需要特别说明的是,对于涉及水库移民较多的四川、贵州等省在建立被征地农民社会保障制度相关政策中,明确了水利水电工程移民安置与其他被征地农民的区别。2008年4月四川省下发的《四川省人民政府办公厅关于进一步做好被征地农民社会保障工作的通知》(川办发〔2008〕15号)明确规定:"大中型水利、水电工程建设征地涉及的移民安置按国务院和省政府有关规定办理。"2007年12月,贵州省下发《省人民政府办公厅转发省劳动和社会保障厅关于做好被征地农民就业培训和社会保障工作意见的通知》(黔府办发〔2007〕126号)规定:"大中型水利水电工程建设征地补偿安置按照国务院《大中型水利水电工程建设征地补偿和移民安置条例》执行。"就第一个问题,在四川、贵州等水库移民大省制订的办法中,我们已经找到了答案,那就是对于大中型水利水电工程建设征地补偿和移民安置可不适用建立被征地农民社会保障制度等一系列相关文件。河北、河南等省相关办法并未有此类规定。在国家层面,大中型水利水电工程建设征地补偿和移民安置,特别是水库移民可不执行被征地农民社会保障的有关规定;在省市县层面,对于渠道、泵站、线性水利工程征地导致的被征地农民是否适用建立被征地农民社会保障制度相关规定则需进一步探讨,各地可结合当地情况,综合考虑。

二、水利移民存在的主要问题

(一)水利移民征地补偿标准低。目前,水利移民补偿标准仅相当于国土资源部规定的最低补偿标准,更低于当地的区片综合价。水利移民征地补偿标准偏低,通常没有超过土地平均年产值的十六倍。即使通过调地安置、异地安置、投亲安置,其生产、生活资料较征地前均大为减少。因此,征地移民补偿标准偏低,补偿资金包干使用制度都需要与时俱进地进行调整。南水北调干线工程占地和库区淹没的土地补偿费、安置补助费之和执行的也是按照耕地征用前三年平均产值的十六倍计列，均处于国土资源部规定的最低补偿标准，更低于当地的区片综合价，容易引发被征地农民相互攀比，既可能产生不稳定因素，又可能影响工程进程。征地补偿资金实行与征地移民任务相对应的包干使用制度，征地移民得不到土地外的补偿，属于生产安置，比较适宜于计划经济和农业社会，与社会主义市场经济体制和工业化、城镇化的时代大背景已经不相适应。基本生活得不到保障的水利移民可能成为社会稳定的隐患。农业安置造成征地水利移民和调地农民基本生活水平普遍下降。农业有土安置是通过调剂相邻村组或划拨外迁移民安置区的集体土地进行安置来实现的，在人多地少的南水北调干线工程沿线，其结果是人均土地面积普遍减少，受影响农民人数更多，恢复生产和保证搬迁后不低于原有生活水平的目标一般难以实现。征地水利移民在原住地的生活资料有山、有水、有地，获取收入来源较多，而到安置区后，移民人均土地面积普遍减少，没有其他生产资料补充，与原住地相比，生产资料单一，生活水平普遍下降，造成部分移民家庭的贫困和自我发展能力的降低。移民到外迁安置区后，由于安置点是新规划的移民村落，基础设施建设没有纳入当地新农村建设的范围，村集体也没有经济发展的土地资源，在一定程度上影响移民的整体发展。

（二）**水利移民后期扶持标准偏低**。每人每年仅六百元后期扶持资金不仅标准偏低，而且仅限于大中型水库移民。目前，我国小型水库移民为数不少，却无法享受国家的后期扶持政策。水库移民后期扶持政策难以保障征地移民的长远生计。用于移民生产、生活补助的水库移民后期扶持政策还存在以下问题：一是按照每人每年补助六百元的标准偏低，缺乏调整机制。二是累计扶持二十年的时间偏短，缺乏长期保障。往往二十年扶持后，水利移民逐步进入最需要扶持的老年时期。三是缺乏对老年征地移民基本生活的及时保障。四是现行政策制度缺乏适应性。干线工程占地和库区淹没地区征地移民不仅存在地区差异、城市规划区内外差异、就业差异、年龄差异、能力素质差异，而且存在征地多少、征地好坏、补偿标准高低等差异，现行政策、制度难以满足水利征地移民的复杂需要。

（三）**安置方式制度化程度有待提高**。迄今为止，我国水利移民工程一般采取大农业安置方式，由于征地移民和调地农民实际使用土地面积减少，往往基本生活水平会有所下降。水利移民也是被征地农民，如果不纳入被征地农民社会保障体系，往往容易成为生活最为困苦的群体。由于水利征地移民往往对后期扶持政策能否保障自己的长远生计心存疑虑，种种矛盾若不能妥善解决，很容易在工程沿线农村产生不稳定因素。被征地农民社会保障制度建立后，不仅已经引发征地移民越来越多"就高不就低"的相互攀比，影响工程顺利推进，而且如果不将水利移民纳入社会保障体系，将对工程完工后的顺利运营留下重大后患。

目前，与水利移民相关的法律和政策均未涉及水利移民的社会保障问题，与《物权法》《社会保险法》和被征地农民社会保障政策文件以及十七届三中全会"先

土地换保障：
扩大推动发展民众基础的政策选择

保后征"的要求均相冲突。三峡工程、南水北调等移民有土安置方式与现行土地相关的法律和政策存在一定矛盾。以南水北调工程为例，其实行的是大农业有土安置方式。按照以往经验，每调剂出一亩土地安置移民，就要相应调整周围的十五亩土地，常常涉及周围的多户农民。腾出土地的这些农户客观上也会失去部分土地。调整土地既与《农村土地承包法》和党的十七届三中全会关于"赋予农民更加充分而有保障的土地承包经营权，现有土地承包关系要保持稳定并长久不变"的政策精神相矛盾，又难以保证被征地农民的基本生活和长远生计，还会增加不稳定、不和谐因素。

（四）水利征地移民是否执行社会保障政策还存在分歧

一种意见依然坚持，水利征地移民应执行《大中型水利水电工程建设征地补偿和移民安置条例》（以下简称＜移民条例＞），如果为水利征地移民建立社会保障，应从修改《移民条例》入手。该意见认为，南水北调等工程征地移民安置政策与现有被征地农民社会保障相关的法律和政策存在一定矛盾。突出表现在：一是政策不协调。依据《国务院关于深化改革，严格土地管理的决定》（国办发〔2004〕28号）制定的《移民条例》，只有对征地移民生产、生活的前期补偿、补助与后期扶持政策，而没有制定征地移民社会保障政策。二是政策不统一。执行《移民条例》的南水北调工程的征地补偿和移民安置工作既没有考虑征地移民的社会保障制度建设，征地补偿投资概算也没有列入社会保障经费，《国务院办公厅转发劳动和社会保障部关于做好被征地农民就业培训和社会保障工作指导意见的通知》（国办发〔2006〕29号）规定和相关省市社会保障政策均没有落实。三是政策执行难。由于征地补偿投资概算也没有列入社会保障经费，《国务院关于加强土地调控有关问题的通知》（国发〔2006〕31号）关于"社会保障费用不落实的不得批准征地"、党的十七届三中全会关于"依法征收农村集体土地，按照同地同价原则及时足额给农村集体组织和农民合理补偿，解决好被征地农民就业、住房、社会保障"和"做好被征地农民社会保障，做到先保后征，使被征地农民基本生活长期有保障"的精神及相关部门的政策必然难以落实。四是与《物权法》的规定相矛盾。《物权法》第四十二条规定，"为了公共利益的需要，依照法律规定的权限和程序可以征收集体所有的土地和单位、个人的房屋及其他不动产。征收集体所有的土地，应当依法足额支付土地补偿费、安置补助费、地上附着物和青苗的补偿费等费用，安排被征地农民的社会保障费用，保障被征地农民的生活，维护被征地农民的合法权益"。五是与《社会保险法》的规定相矛盾。

另一种意见认为，《物权法》第四十二条规定，"征收集体所有的土地，应当依法足额支付土地补偿费、安置补助费、地上附着物和青苗的补偿费等费用，安排被征地农民的社会保障费用，保障被征地农民的生活，维护被征地农民的合法权益"。《移民条例》没有禁止为水利征地移民建立社会保障，因此，为水利征地移民建立社会保障不存在法律障碍，也不必修改《移民条例》。而且，《移民条例》作为下位法，应该服从《物权法》《社会保险法》等上位法。因此，是否为水利征地移民建立社会保障不是一个法律问题，而是一个行政决策问题。但为南水北调等大型工程征地移民建立社会保障，应注意与其他项目的平衡与协调，要统筹考虑，逐步实现政策的统一。

（五）水利移民执行社会保障政策的资金来源还存在分歧

一是在为南水北调等水利工程征地移民建立社会保障的问题上，即使意见是一致的，在最关键的谁出资的问题上，有主张政府出资，有主张用地单位出资，有主张水利征地移民出资。二是南水北调等水利工程征地移民社会保障资金应单独预算，可以南水北调等大型工程为突破口，逐步解决大中型水利水电工程建设征地移民社会保障问题。三是南水北调等水利工程如何处理好征地移民社会保障问题，应报国务院领导决策。南水北调征地移民的现行补偿标准确实较低，要提高补偿标准，由于在工程概算中没有安排社会保障资金，水利工程一般采用划拨用地，没有土地出让收入，而沿线地方政府也缺乏足够的财政能力。因此，必须高层决策。

（六）干线工程占地和水库淹没地区与水资源受益区征地拆迁补偿机制有待完善。城市及近郊区的征地拆迁补偿缺口资金由当地人民政府使用国有土地有偿使用收入予以解决，"以贫补富"的政策和做法既不利于维护被征地农民的切身利益，不利于调动地方的积极性，也超出了地方政府解决资金缺口的承受能力。据测算，仅南水北调东、中线一期干线工程今后建设征地需增加社会保障资金约为一百五十六亿元。如果国家、集体、个人按照三比四比三比例分摊，国家负责筹集的部分约为四十七亿元，河北九亿元，山东八亿元，河南二十七亿元，江苏三亿元。南水北调工程已开工近五年，若再考虑南水北调工程历年已经完成建设征地的被征地农民社会保障问题，还需增加社保资金约百分之二十左右，达到近六十亿元。南水北调工程属于政府划拨用地，没有国有土地有偿使用收入，完全由地方政府负责从其他国有土地有偿使用收入中筹集社会保障资金，解决的难度较大。南水北调工程是优化我国水资源配置的战略性工程，应率先完善对农民、干线工程占地和水库淹没地区的利益补偿机制，合理均衡干线工程占地和水库淹没地区与水资源受益区的利益。

实际上，被征地农民社会保障安置与水利水电工程移民在安置思路、安置目标、安置方式、资金来源、保障范围、保障标准等方面上有所差异，但都在一定程度上解决了被征地农民的基本生活和长远生计问题。但在土地资源越发稀缺、土地调整缺乏法律和政策支持、难以逾越《土地承包法》的背景下，社会保障安置应是被征地农民包括水利水电工程移民安置最重要的安置方式和政策取向。但水库移民后期扶持与社会保障安置将在一定时期内、特定历史阶段、特定项目下共存。

水利移民虽然为社会发展作出了重要贡献，但目前不仅难以较好分享改革发展成果，而且由于土地调剂难度越来越大，传统的土地安置难以为继。目前众多水利水电工程移民普遍希望建立长期稳定的保障。根据对水利水电工程被征地农民的抽样调查，百分之九十以上农民都倾向于长期安置。现在很多地方出现无地可调的局面，如江苏人均耕地仅为零点九七亩，山东为一点零七亩，河南为一点二四亩，河

土地换保障：
扩大推动发展民众基础的政策选择

北为一点四二亩，被征地农民包括水利移民实行社会保障安置也是新形势下做好征地工作最重要的选择。

我国土地制度与西方发达国家存在较大差异。土地集体所有，农民长期承包，农村土地承载着农业生产和农民生计保障的双重功能。随着人口的增加，土地的双重功能有演变为"保障重于生产"的趋势。农民失去土地就意味着"社会保障"缺失，因此，构建被征地农民社会保障制度可以弥补农民"社会保障"（土地）的缺位，能够弱化和部分替代土地的保障功能，弱化农民传统的恋土情结，也有利于解决大型工程建设（如水利水电工程建设）"移民难""征地难"的困境。现阶段，对于大中型水利水电工程涉及的被征地农民或移民，可以在优先以土安置为主的前提下，有重点、有针对性地对于土地难以调剂且符合国家有关规定的，尝试优先纳入被征地农民社会保障体系。

三、政策建议

建立被征地农民社会保障制度从中央提出到制度逐步建立、完善，已经历时多年，各个层面也出台了许多办法和操作细则，但从执行情况来看，各地实施的效果不尽一致，保障的群体规模较小，甚至在部分省份尚未有成功案例，多处于观望阶段。水利移民社会保障工作更应尽快开展试点探索。

试点总的原则是：以科学发展观为统领，落实和完善水利移民和被征地农民社会保障相关法规政策，确保南水北调等工程顺利进行，确保工程征地移民的合法权益不受侵害。两个"确保"并行不悖，维护社会和谐稳定，保证各项工程长期平稳运行。

按照党的十七届三中全会关于"同地同价""先保后征"的原则和《物权法》及《社会保险法》的规定，建议将水利移民纳入被征地农民社会保障覆盖范畴，及时足额给予合理补偿，解决好水利移民就业、住房、社会保障问题，避免被征地农民之间因补偿标准不同而引发新的矛盾。为此，需认真测算工程水利移民社会保障所需资金，追加列入工程预算。具体办法是，可以经国务院同意以专项资金的方式筹集，可以通过银行贷款筹集，也可以将项目建成经评估后的水利移民社会保障费作为工程项目所持股份，增加征地移民的权益。所筹资金专户存储、专款专用、封闭运行，确保水利移民社会保障资金的支付。具体建议如下：（1）尽早将水利移民纳入被征地农民社会保障体系，但水利移民基础养老金应不低于新农保基础养老金加城镇低保标准。要为水利移民建立基础养老金与个人账户相结合的养老保险模式。（2）用于提高个人账户的资金应主要来源于提高的电价。国家已通过提高电价积累的后期扶持资金可以用于提高农民的个人账户养老金。同时，水电和火电上网不同价的局面应尽快得到解决，提高的电价用于增加个人账户养老金和基础养老金。提高基础养老金和个人账户养老金水平所需资金也可以由国有土地有偿使用收入或财政收入安排。（3）统筹解决新老水利移民和大中小型水利移民的养老保险问题。

参考文献

[1] 卢海元. 被征地农民安置与社会保障的政策选择和制度安排 [J]. 国土资源. 2007.1.

[2] 全国人大常委会法制工作委员会民法室编著. 中华人民共和国物权法 [M]. 人民出版社. 2007.3.

[3] 王宝恩、朱东恺. 对《物权法》中水利水电工程征地移民政策的思考 [J]. 水力发电 2007.10.

[4] 朱东恺. 水利水电工程移民制度研究——问题分析、制度透视与创新构想 [D]. 河海大学博士论文 2005.12.

[5] 朱东恺. 我国水利水电工程移民补偿机制改革思路及建议 [J]. 中国软科学 2006.1.

第十六章 因灾失地农民安置研究

我国是一个灾害频发的国家，因灾失地农民安置政策制度是一个亟待研究却几乎空白的领域，相关的立法更是没有起步。现有文献鲜有专门针对因灾失地农民安置的研究。不过，境内外对灾后重建的研究和做法还是相当丰富的。通过广泛查阅文献，在对美国、日本、巴基斯坦、印度、我国台湾地区等国家和地区灾后重建行动进行梳理、总结、归纳的基础上，通过经验的分享，期望能够提炼出对完善我国安置因灾失地农民政策制度有益的借鉴。时机和条件成熟时，也应研究将因灾失地农民纳入被征地农民社会保障范畴。

一、境内外灾后重建安置的主要做法与经验

（一）灾后重建安置：法律先行

1. 日本。1995年1月17日，日本阪神地区发生了里氏七点二级的大地震，造成六千四百三十二人死亡，三万四千五百二十三人受伤，房屋毁坏超过十万栋，基础设施破坏严重，经济损失达千亿美元，是日本战后遭遇的最大一场自然灾害。阪神大地震的灾后重建工作漫长而艰辛，耗费了近十年之久。日本非常重视依据法律对灾害危机进行管理以及灾后重建工作。日本的防灾减灾法律法规体系是一个以《灾害对策基本法》为龙头、包含五十二部法律的相当庞大的体系。按照法律内容和性质分为基本法、灾害预防和防灾规划相关法、灾害应急相关法、灾后重建和恢复法以及灾害管理组织法五大类。其中，与地震灾后恢复重建及财政金融措施有直接关系的有二十四部。这些法律详细规定了灾前应采取的各种预防措施和灾后的各种应对方法。健全的法律法规体系为建立良好的防灾减灾运行机制提供了法律保障和依据，使得阪神大地震灾后重建工作能够有条不紊地进行。

2. 美国。早在1974年，美国颁布实施了《灾害救济法》。1977年，通过了第一部单独的地震法规《地震灾害减轻法》。1999年制订了针对城市救援行动的《美国联邦政府应急反应计划》。连同1987年通过的《联邦政府对灾害性地震的反应计划》、1990年通过的《国家地震灾害减轻地震灾害法》和《联邦和联邦资助或管理的新建筑物的地震安全》实施令，共同形成了美国较为完善的减轻地震灾害法律法规体系。除此之外，在美国地震最活跃的加利福尼亚州，1972年还颁布了《活断层

法》，对活断层按"非常活跃""位置准确""潜在且近期活跃"做了规定，同时对危险范围内的居住开发计划加以限制。

3. 巴基斯坦。2005年10月8日，巴基斯坦和印度北部地区发生里氏七点六级地震，震中位于巴基斯坦首都伊斯兰堡东北部九十五公里处的山区。地震灾区的建筑多为砖石、混凝土建筑，抗震能力差，共造成七万九千人死亡。阿扎德、加木与克什米尔地区百分之八十四的房屋、巴基斯坦西北部边境各省百分之三十六的房屋被毁，医院、学校、政府大楼全部垮塌或严重受损，地震以及地震引发的滑坡导致道路、桥梁中断，供电、供水受到破坏，三百多万灾民缺少基本生活资料，过冬帐篷、药品、食物、水和卫生设施奇缺。据估计，灾区重建需要五十亿美元十年时间。巴基斯坦在震后立即成立了一个由各方代表组成的"震后恢复重建局"，由总理直接领导，下设法规和采购、财务、规划、监测评估、过渡时期救济等部门，使命为规划、协调和规范灾后重建和恢复工作，通过个人互助和社区参与，鼓励自立自强。2006年3月，震后恢复重建局制订了《农村灾后恢复重建政策文件》和《城市灾后恢复重建政策》，以具体指导巴基斯坦震后恢复重建工作。《农村灾后恢复重建政策文件》规定，恢复重建前，开展培训、信息交流、教育等活动，鼓励使用身边便于利用的材料，使用成熟的方法修建房屋，提供技术支持，保证建筑材料公营，提供银行账户进行拨款。在现有文献的调研中，巴基斯坦是唯一专门针对农村灾后重建工作出台政策文件的国家。

4. 中国台湾地区。1999年9月21日，台湾发生了里氏七点三级地震。这是台湾百年以来强度最大的地震。此次地震破坏严重，共造成二千三百二十一人死亡、八千七百二十二人受伤，上万间房屋坍塌，造成的危楼有上万栋，数十万民众无家可归。灾后重见工作十分艰巨，历时七年于2005年才宣告完成。1999年9月25日颁布为期六个月的所谓的"紧急命令"，并于10月22日颁布所谓的"'紧急命令'执行要点"，办理灾害救助、灾民安置与灾后重建等相关事宜。之后，所谓"行政院"经济委员会又制定了所谓的"灾后重建工作纲领"。但由于重建工作牵涉面太广，现行的有关规定亦然存在不完备的地方，为了保证灾后重建工作的完善，台湾当局制定了任务性和限时性有关规定——"921震灾重建暂行条例"，公布于2000年2月3日前，以衔接紧急命令施行期满后的后续工作，其实施期限为五年。此外，2000年6月完成所谓的"灾害防救法"、8月完成"'灾害防救法'实施细则"的拟定，以规范各种重大灾害的预防、救助、避难与安置及政府与民间互相合作支持等。暂行条例随后共增修三次。

（二）灾后重建安置要点：恢复生计

恢复重建意味着将政府专注的焦点从挽救生命转移到恢复生计，意味着不仅要消除灾害的影响，还要着眼于未来灾害的防范，并谋求未来的发展。美国学者指出，恢复重建计划应该在灾前制订，以便于当灾害发生后迅速启动。从各国（地区）恢复重建的实践来看，恢复重建工作主要涉及住房安置、就业安置、社区建设等方面。中国自古有"安居才能乐业"之说，故住房重建对灾后心理恢复和生活信心非常重

土地换保障:
扩大推动发展民众基础的政策选择

要;而就业安置则是给予灾民灾后生计方式的有效路径;灾后心理重建则是一个长期的系统工程,远比恢复房屋、道路等硬件设施的重建工作艰巨得多,有数据显示,阪神大地震后的十年内,因孤独而死在临时住宅的老人达五百六十人。

1. 中国台湾地区。9·21 地震灾后生活重建的社会福利经验非常值得各国(地区)借鉴,其重建工作主要包括:社会救助、医疗卫生、就业促进、心理重建和住宅重建五个领域。

(1) 社会救助的福利措施。在该领域,主要是为弱势群体提供生活扶助、急难救助等。根据台湾地区"内政部"社会司的"灾后重建计划纲领——生活重建计划(社会救助及福利服务类别计划)",针对七类人群给予特殊照顾。一是孤儿,采用儿童收养及家庭寄养方式,使儿童能正常生活于一般家庭;设立信托基金,提供孤儿生活及教育所需费用。二是孤老,主要采用机构收容,将孤老安置于赡养机构;对居住在家的孤老提供居家服务;社区服务照顾,志愿者给予孤老长期关怀;给中低收入老人设立重病看护补助和生活津贴。三是针对残疾人采用安置于身心障碍福利机构的方式,提供身心障碍者基本保护;为残疾人提供必要的居家服务或临时托育服务。四是针对低收入家庭,提供家庭、儿童、就学等生活补助,以保障基本生活所需;需要机构赡养、长期照护或住院看护者,提供适当安置或费用补助;需要职业训练、就业或创业者,提供中介服务或创业贷款。五是针对特殊境遇妇女提供紧急生活辅助或紧急救助费用;提供就业辅导和安定就业政策;提供低收入户儿童托育补助及老人日间照顾服务。六是针对临时组合屋住户提供环境维护措施、生产福利措施与精神伦理建设。七是针对原住民提供居家服务,提供日常生活照顾、文书服务及精神支持服务,营养餐饮服务,送餐到家服务或集中定点用餐。

(2) 医疗卫生的福利措施。医疗卫生的福利措施旨在减轻灾民就医时的经济负担,并增加其就医的就近性以及便利性。医疗卫生的重建计划由重建会和卫生署联合制订,包括了全面健康保险费用及医疗费用补助服务,受灾户身心障碍者康复医疗辅助器具补助服务,重伤及残障者的长期照护和医疗康复服务以及灾后的防病防疫与社区康复系统的建立。

(3) 就业促进的福利措施。就业促进福利措施包括就业服务、失业给付和职业训练三部分。其一,就业服务,以工代赈,在灾难发生的三个月内组织灾民以工代赈,加速灾区清理;雇用奖励津贴,台湾当局给七日内登记为获得就业推荐或职业培训的灾民发放就业券,凡雇主雇用持有就业券的灾民,台湾当局给与雇用奖励津贴。其二,失业给付,给非自愿失业的灾民发放失业金。其三,职业培训。愿意参与职业培训的农民,台湾当局给与随到随训政策;参与全日制的就业培训,台湾当局给与职业训练券以补贴培训费用。

(4) 心理重建的福利措施。心理重建措施旨在协助个人心理层面的康复与维护,同时推动社会关系的融合,主要包括四部分。其一,文建会的心理重建方案。文建会针对9·21震灾灾后的心理重建方案,最主要是利用一些阅读治疗、文学治疗及艺术治疗等达到人们的心理重建的目的。其二,"卫生署"的心理重建工作。

联合其他部门,推出诸多心理重建计划,包括"教育部"的"学生辅导心理复建工作计划""内政部"的"失依儿童、少年、老人、身心障碍者及单亲家庭心灵重建计划""国防部"的"救、受灾官兵心理辅导计划"、原民会的"原住民心理重建工作计划"。其三,重建会的心理重建工作、推动生命教育计划,设置心理咨询服务站、赈灾重建区高关怀家户计划等。其四,青辅会的"青年志愿工参与灾后重建心理服务计划"。

(5)住宅重建的福利措施。住宅重建的福利措施是居民最为重视的重建工程。在住房重建工作中,主要涉及住宅工程计划、乡村规划、都市住宅等不同层面的政策影响。针对普通灾民,设立住宅重建贷款补助、设立信用贷款基金,以协助个人住宅重建。针对社区层面,设立新社区重建方案,以促进个人与社会环境的融合。针对社会结构,以兴建平价住宅、安置重建区弱势群体受灾户计划、新社区社会救济住宅安置计划等措施,以协助弱势群体的居住问题。

2. 印度尼西亚。2004年12月26日,印度洋海域发生强烈地震和特大海啸,造成百万人无家可归。印尼首当其冲,灾情最为严重的亚齐和北苏门答腊省共死亡十一万五千人,百分之二十的亚齐人社区消失于海水中,地方政府陷入瘫痪,公众心理受到极大创伤。印尼海啸恢复重建的五个重点方面为:(1)恢复人们的生活,包括提供清洁的饮用水、修缮房屋、确保家庭获得维持生计的收入;(2)恢复经济,包括提供就业岗位,恢复买卖日用品的市场及向小企业发放贷款的银行;(3)建设社区,使人们拥有社会稳定感和归属意识;(4)恢复地方治理,包括重建代表人们意愿的地方政府,1995年重新建省,恢复政治、经济活力,使其成为印尼经济的增长极,吸引投资,提高恢复力,抵御新的灾害。

3. 印度。2001年1月26日,位于印度西部在古吉拉特邦和巴基斯坦交界处发生里氏七点九级强震,一万三千八百人死亡,十六万七千人受伤。这是印度五十年来所遭受的最为严重的自然灾害。地震给社会生产、生活造成的严重影响,一百二十多万间房屋被毁,学校、医院及其他公共建筑受到破坏,供水、供电、通信等基础设施遭受灭顶之灾,一万多家企业停工生产。古吉拉特地震的恢复重建工作由多部门协作共同完成,其目标是在经济与生态可持续性发展的基础上,为灾区社会公众提供住房、社会福利、基础设施和生活支持,消除地震灾害的影响。古吉拉特邦灾后重建的主要措施有:(1)实施抗震技术,修建、加固居民和公共建筑;(2)对农业、工业、手工业、小商业等提供帮助,振兴地方经济,使灾区公众重新获得生计;(3)重建、改造社区和社会基础设施,强化对社会弱势群体的保护;(4)为地震中受伤的公众提供长期的医疗卫生支持,给心理受到创伤者提供咨询服务;(5)恢复供水、供电、交通等生命线系统,降低其脆弱性,增强其抵御自然灾害的能力;(6)赋予妇女以更多权利,使其能参与恢复重建计划的实施;(7)对受地震影响的儿童提供支持,通过推行营养与教育一体化战略,减轻社会剥夺;(8)实施综合性灾害管理计划,提高政府对不同类型灾害的准备与应急响应能力;(9)通过长期的减缓计划,降低脆弱性,提高人们的恢复力,确保食品安全。

土地换保障：
扩大推动发展民众基础的政策选择

4. 巴基斯坦。2005年10月的地震后，政府的恢复重建强调使受灾人口迅速重新投入经济活动，目的是通过提供住宅、恢复基本服务、创造就业机会、重新使社会公众的生活得到保障。这有助于社会公众实现自力更生，避免过度依赖。另外，政府还非常关注最为脆弱的群体。事实上，在地震伤亡者中，妇女、儿童占据了很大比例。政府强调，要使恢复重建的举措可为特殊的弱势群体所接受，并体现降低弱势群体脆弱性、改变其弱势地位的内涵，避免因性别、民族、宗教信仰、年龄、社会地位等因素出现歧视行为。

5. 日本。(1) 妥善安置灾民。在避难所迅速兴建临时厕所，设立沐浴设施，安排受灾群众入住避难所或未受损房屋等；为受灾群众提供充分的清洁饮用水与食物；避难所内充分准备各种药品。(2) 重建民居。日本位于环太平洋地震带，地震等自然灾害频发，故政府非常重视灾后重建家园的选址工作，先请水利、工程建设等有关专家论证，寻找符合当地条件、切实可行的方案。阪神地震灾后政府搭建了五万户应急临时住宅，提供给因自然灾害失去住房的人重建新住房或搬入新住房之前的临时住房；后来建设四万二千户"灾后重建公营住宅"，提供给因灾害失去住房的低收入者。日本政府在异地新建中充分考虑各村落的原有布局和邻里之间的关系。由于土地是农民的私有财产，政府提出了"以土地换土地"计划。不过，由政府出面组织动员全体农民集体搬迁并不多见，却是非常成功的。日本政府于1998年5月制定的《灾害群众生活重建支援法》规定，对那些在自然灾害中房屋受到全部损毁、部分损毁必须拆除、持续危房状态不能居住、部分损毁且必须大规模整修的家庭，政府将支付最高一百万日元的救助金。2004年3月修订该法时规定，除了上述补助金，政府还将支付最高两百万日元用作被毁房屋整修费和支付房贷利息的补助金。2007年11月，该法再次修订，最高援助金额提高到三百万日元。资金来源由中央和地方政府共担。(3) 重视心理救助。心理救援人员将地震后三周左右看作心理医护的重要时期，尤其是孤儿、重伤者以及失去孩子的高龄父母，更容易出现心理问题。故心理咨询人员往往和消防人员、新闻记者最先赶到现场。阪神大地震后，日本全国儿童青年精神科医疗设施协会立即向灾区派出五万名儿童精神科医生和儿童心理护士，为灾区儿童提供为期二十天的心理关爱服务。除儿童外，日本还非常重视在地震中遭受惨重损失和巨大精神打击的老人，安排生活援助员和老龄户生活援助员，定期走访老龄人住宅等。另外，还派专家定期为幸存者免费进行心理咨询和心理学知识讲座。

（三）灾后重建安置的特征

1. 多元主体参与

日本灾害救助的金融救助体系由个人、政府、社会三个主体构成。相应地，灾害救助资金来源也分为自救、政府救助和社会救助三部分，以自救和政府救助为主，社会救助为辅。自救体现为灾民事前购买地震保险。根据日本的地震保险制度，家庭财产地震保险属于强制性投保险种。政府救助是灾后重建的主要资金来源，一方面，政府通过对地震保险再保险的方式提高保险公司开展地震保险业务的积极性，政府承担地震保险最终赔偿担保者的角色。另外，中央和地方政府也在救助中直接拨款。而社会各界捐款和金融机构的救济措施构成社会救助的资金来源。美国在灾后重建中充分调动民间组织发挥作用。在美国，除了州和地方政府，一些私人非营利组织也可申请公共援助项目，包括从事教育、公用事业、灌溉、医疗、康复、临时和永久看护所及其他向社会大众提供政府性质服务的机构。国际非政府组织参与灾后重建会加速灾区的恢复重建与开发。2004 年海啸几乎卷走了印度尼莫利村居民的所有东西，该村村民多是游牧部落依鲁拉定居后的成员。该村居住条件和生活设施简陋，孩子也不接受教育，灾后该村得到了更多人的关注。来自荷兰的非政府组织"国际行动援助"出资为尼莫利村民购买了土地，建设了房屋，并与当地非政府组织"依鲁拉部落妇女福利协会"合作，开展妇女健康和儿童教育等方面的发展项目。新的尼莫利村不仅有新房屋，还有公厕和水井。村民还与政府协商铺设了与其他村庄相连的道路。村民不但有了属于自己的住所，而且这个住所还将改变他们的生活方式和观念。

2. 住房重建问题

（1）住房重建方式。各国（地区）的住房重建方式主要有个人自力重建、公房重建、社区重建三种。个人自力重建可以加速灾后重建，居民能获得喜欢的房屋样式，但该方式以市场方式开展重建，建房成本大，即使政府提供资金补助，仍有部分低收入者无力重建。公房重建能很好地解决弱势群体居住问题，由政府负担建筑费用兴建住房，并以较低价格出售或出租给灾民。在日本阪神地震中发挥了重要的作用。社区重建是一种"自下而上"的住房重建方式，是以受灾地区的居民为中心，成立中小型规模的社区重建组织，居民共同参与重建工作，制订重建计划，政府审查认定重建计划后，派遣专家给与支持。社区重建在 1994 年美国洛杉矶灾后重建中大范围开展后，已成为世界各国最感兴趣的焦点。各国政府普遍根据灾区的具体状况，综合运用上述三种方式，形成一套整合性的重建机制。其中，美国关注保险制度，受灾居民可以获得大额保险理赔金，故个人自力重建比较普遍，且大多数自力建房居民选择社区重建方式。日本推行社区重建，让灾民与地方政府共同参与，一起开展重建，而对弱势灾民则采取公房重建方式，建造公营住房以较低租金出租。土耳其主要在城市郊区建设大量公营住房，按成本价出售给灾民。

（2）住房重建模式。震灾后采取"紧急避难所—临时避难所—过渡安置房—长期性住房"政策已成为住房重建的主流模式。鉴于从过渡安置房到长期性住房大约需要数周至数年时间，有很多不确定因素，且低收入者和弱势受灾户即使获得住房补助也无力自力重建，美国加州政府于 1997 年提出减少兴建临时避难所和过渡安置房，直接为受灾居民兴建永久性简易住房，因为住房补助不等于住房供应，这样可以使灾民迅速回归。

（3）住房重建纠纷。重建的真正困难在于地权处理问题，住房重建的先决条件是：房地产权清楚、私有财产权的有效保障。1995 年日本阪神大地震造成大量房屋倒塌，而当时的住房重建制度因为应变迟缓，无法解决产权纠纷而备受批评。鉴于此，同年3月24日，日本特别制定了相关法律，并且大幅度修改完善了住房重建法律，同时还制定了《高级公寓顺利重建法》及其实施细则。这些特别法对房地产权人之间及与各相关权利人之间权益的调整方式、重建决议程序、重建执行方式、重建费用分担、不同意重建者权利的处理等方面做了详细的规定。这些住房重建的新规则合理地解决了重建纠纷，加速推动了灾后重建。中国台湾地区当局于地震后实施的迁居工程取得了不少成绩，同时也存在不少问题。首先，台湾当局与灾民之间的权利义务关系不清，导致双方产生冲突。在迁村的动员中，不少台湾当局官员承诺了许多无法办到的事情，让灾民误以为台湾当局会帮他们解决所有问题，而灾民一旦感到台湾当局的承诺无法兑现，双方就容易产生不信任和冲突。其次，双方沟通机制不畅。在迁村计划的执行过程中，台湾当局的许多规划没有跟迁居户及时沟通且经常变更，内容不符合迁居户的期待。由于对建筑承包商监督不力，还导致某些建筑物存在质量隐患等问题，当局与灾民的沟通不畅直接导致了双方的对立和矛盾。

（四）主要经验与启示

境外学者通过研究世界地震灾害恢复重建问题归纳了九条经验：(1) 社会、经济和健康问题应该得到特别关注，有关部门应展开社会调查，确认灾害的利益相关者及潜在的损失；(2) 吸纳利益相关者参与共同的决策过程，披露所有灾害信息；(3) 以市场为基础，实行适当的补偿政策；(4) 补偿政策应当覆盖所有受灾害影响的公众；(5) 补偿政策应清晰地确认所有损失，包括土地、住房、商业、收入来源和迁居费用；(6) 补偿应提供多种选择模式，如现金补偿、土地重新安置、小企业赠款、临时或永久的项目就业；(7) 特别关注社会弱势群体，如单身母亲、残疾人以及少数民族；(8) 建立强有力的组织，争取社区团体和NGO的援助；(9) 为补偿和重新安置有效的监督和评估制度。

二、我国灾后重建安置工作应研究解决的主要问题

就中国的灾后安置重建而言，应关注如下问题。

1. 灾后重建工作是一项系统工程，不仅需要物质资源，也需要软性支持。因此，在灾后生活重建工作推行中，需要强化社会福利、卫生医疗和劳动就业三者之间的互动与整合；建构中央、地方与民间团体三者之间的伙伴关系，形成以政府担当主导、民间团体配合的合作机制；实践以社区为本或地区为本的福利服务模式；重视社会工作人员的质与量的运用，以赋能的观点培植灾区居民的责任感、能力与信心。

2. 灾后生活重建的工作是一个综合援助的过程，灾区民众既有物质需要，又有心理社会需要。因此，灾后生活重建应当分阶段、分层次满足多元需要。第一阶段，物质援助为主，并辅以精神援助；第二阶段，物质援助与精神援助并重；第三阶段，精神援助为主、物质援助为辅。应实现心理干预的长效化，防范社会公众因灾致病、

因灾致贫，防范心理问题带来的公众生活质量下降，甚至由此引发的社会问题。与此同时，尝试通过民间力量的介入满足不同民众个体化的独特需要。此外，灾区民众的自身参与既可发挥其主观能动作用，又能提速其心理复原。社区互助理念的践行能够强化社区援助网络，构建和谐关系。

3. 灾后重建安置应实现由对农民的救济政策向发展政策转换。在特大地震灾害发生的短期内，灾区群众生命财产损失严重，衣食无源，居无定所，政府的当务之急必须是不惜一切代价最大限度地挽救群众生命，为受灾群众提供最基本的生活保障。但在这一最困难、最艰巨的救援性任务基本告一段落之后，必须根据灾区下一步发展的需要适时调整政策重心，将以救济为主的援助政策调整为以扶持为主的发展政策，目标指向是通过搭建更有利灾区发展的制度和政策平台，更加注重提高农民的创收和发展能力，为促进灾区重建、尽早实现重大突破奠定可靠基础。

从当前现实出发，灾区重建应率先实施四个方面的发展政策。（1）"以工代赈"支持政策。在恢复重建灾区农村基础设施建设工程中，应当尽可能建立当地农民的参与机制，不仅要充分尊重农民意愿，吸纳农民对建设项目的具体意见，而且更重要的是应通过实施"以工代赈"政策，尽量让农民直接参与各项重建工程，使农民既成为参与家园重建的主体，又能从灾后重建中获得经济收入，与恢复生产方面的努力共同形成灾区农民多渠道的收入来源。（2）就业支持政策。灾后重建中大规模建设资金的进入必然意味着灾区将形成大量新的就业机会，但灾区农民普遍文化素质不高，就业适应能力不强，必须实施有针对性的就业支持政策，通过加强定向定人的技能培训，全方位提供就业辅导，显著提高其就地就业的基本能力。（3）组织化支持政策。地震灾害对灾区许多农户家庭造成了较大的人员伤亡，灾后恢复生产中劳动力短缺矛盾将全面显现，为此，特别需要从政策上鼓励和支持农村内部发展各种类型的民间互助组织，强化对社区能力建设的支持力度，充分发挥农村传统的社区凝聚力，提高社区组织化程度，依靠农村社会资源转化为社会资本来实现同舟共济，守望相助。（4）经济发展支持政策。灾后重建面临着许多农民自身难以克服的制约因素，需要制定内容更广泛的发展支持政策，应根据灾区农民的现实境况设立专门的建房、恢复生产等信用贷款，建立适应灾区现状的新的农业保险体系，以更大力度推进灾区农村土地和农村金融的制度创新，在强化外部支持前提下，更多地启用市场化机制促进灾区农村发展生产，重建家园。在鼓励灾民不等不靠、开展生产自救、鼓励合作互救的同时，启动和完善社会化的补偿机制，通过商业保险、社会保险等多样化的补偿形式，使灾区尽快恢复生产、生活秩序，并分散和转移未来可能发生的巨灾保险。

4. 应采取多元化安置模式。由于我国公众安土重迁的文化传统，灾区恢复重建应以就地安置为主、异地安置为辅。对于原居住地灾后不再适宜居住或存在较大风险的社会公众，政府必须做耐心的思想工作进行异地安置。灾区农民安置面广、量大，任务尤为艰巨。在这一过程中，决不能为安置而安置，为缓解短期矛盾而对长期发展埋下隐患。就主要方面而言，灾民安置必须要有长期的战略眼光，必须与加

土地换保障：
扩大推动发展民众基础的政策选择

快新农村建设、推进城市化进程和恢复生态系统功能的战略任务有机结合。因此，应当因地制宜，区分情况，分类推进，以尽可能尊重农民意愿和满足农民需求为首要前提，采取异地与就地结合、分散与集中并重的多元化安置模式。（1）对地质灾害隐患严重、生态环境十分脆弱、已完全不适宜人类生存的重灾区域，应在对农民放弃耕地和宅基地给予合理补偿基础上进行两种方式的异地安置：一是选择合适的区域实施生态移民，提供新的居住环境和农用资源条件，为一定数量的灾区农民创造相对更好的发展空间。二是对部分主要劳动力已在城市务工的受灾家庭，让其直接在城市落户，完整享受城市居民各种待遇，以"无地"异地安置的低成本方式，有效启动受灾地区原本十分滞缓的城市化进程。（2）除此之外的其他区域，则应坚持就地安置为主的原则。由于受灾农户对未来生活和发展有不同的利益诉求，利益关系的协调十分复杂和困难，因此，农村灾民就地安置切忌简单的一刀切和统一模式，政府即便出于良好愿望也极有可能因过度介入而引发许多难以预料的矛盾。对灾区农民就地安置应特别关注两方面的问题：一是高度重视构建农民的参与平台。灾区农民长期生活在当地社区，非常熟悉当地的自然资源和社会资源，清楚灾后安置重建所面临的优势和潜力、困难和劣势，有立足当地实际、发展自己的内在需求和愿望。因此，在安置重建中应当构建农民自主参与的内在机制，让农民能够充分表达其利益诉求，从自身实际需要出发选择安置方式。简而言之，农民是灾后安置重建的利益主体，充分保障其基本利益是灾后安置重建中头等重要的任务。必须做到灾后安置的过程既是农民重建家园信心不断增强和参与灾后重建主动性不断提高的过程，同时又是广大农民的民间智慧能够充分汇集和各种现实需要得到有效满足的过程。二是以农村社区为重点实施相对集中的"整村推进"安置模式。我国农民历来具有较强的社区归属感，社区群体是其最基本的生存特征，血缘、亲缘和地缘关系构成了农村发展中最为重要的社会资本之一，其特有的社区凝聚力是灾后安置重建中需要特别重视和充分挖掘的重要精神资源。因此，一方面灾后安置重建一般不应轻易打破已有的农村社区边界，要尽可能保有原有的资源利用格局，稳定原有的利益关系，保留农村社区内部低成本、高效率的沟通、协调、合作等功能；另一方面同样要构建农村社区在安置重建中的自主参与机制，借鉴我国扶贫攻坚和新农村建设实践中十分成功的以行政村或自然村为重点的"整村推进"发展经验，倡导并支持社区主导型的灾后安置重建模式，应真正赋权与社区，将安置重建中建设项目的选择、实施、监管等重要权利交给社区，既通过充分调动社区自主参与的能动性，实现保障社区成员共同利益的目标，又避免简单化大规模集中安置可能产生的各种矛盾和冲突。

5. 防止灾后重建中可能出现的各种偏差。对农村灾区而言，灾后重建不仅仅是简单的项目建设，更不是单纯的大规模建设资金的集中投入，而是面临着利益关系的复杂调整，需要不断地推进制度和政策创新。因此，在农村灾后重建中必须始终坚持以科学发展观为指导，始终坚持以切实保护农民利益为根本，始终坚持以市场化机制为动力，要力求避免过度追求短期化效应的有害倾向，尽可能防止出现各种有意或无意损害农民利益的偏差。(1) 灾后重建中必然存在耕地、林地、宅基地等土地资源的调整或整合过程。在此过程中，应当强调坚持市场化的利益补偿原则，防止以救济和扶助为由变相剥夺农民利益，以低成本方式完成农用耕地或农村建设用地的行政化集中过程。(2) 灾后农民安置矛盾多、压力大、任务重，极易促使政府选择短期安置成效显著的大规模集中安置的行为取向，但这可能因为与农民生产、生活的现实需要脱节而违背其意愿，从而成为政府一相情愿的选择。因此，农村灾后安置重建必须防止简单的大集中统一模式，防止安置重建在一定程度上变相为政绩工程。(3) 特大地震灾害一般会给灾区农村造成巨大损失，灾后重建工作也因此会得到政府和全社会前所未有的强力支持，政府投入和社会捐助资金数量都达到空前规模，这是确保灾区重建工作能够实现预期目标的重要保障。在此条件下，要特别防止政府不加区别地包揽一切，防止因农民被排斥而抑制其重建家园的主动性和创造性，防止在一定程度上助长部分灾区农民可能产生的被动依赖的不利倾向。

6. 就灾后住房安置而言，中国的住房重建政策重点如下：(1) 制定相应的住房重建特别法及完善现行法律。如前所述，住房重建所涉及的房地产权问题是灾后重建的最大困难。目前，我国一些灾区地方政府纷纷出台了支持灾后住房重建的政策，明确了灾后住房重建的原则、补助标准、对象以及重建方式，极大地推动了灾后住宅重建，但在受损住宅修缮加固制度、重建方式及程序、邻地土地变更、产权变换制度、多层住宅重建机制、重建纠纷调处机制、重建税收的减免等方面都缺乏明确、可操作的内容，无法实现产权处理的公平和合理。因此，建议有关部门尽快制定相应的住房重建特别法以及完善物权法、建筑法、土地法等相关法律，以适应灾后住房重建的需要。(2) 建立以个人自力重建为中心，结合建造廉租房及永久性简易房的重建机制。大地震后，受灾居民一方面因受灾导致收入的减少；另一方面因灾后的住房重建工作而使支出增加，这是政府为受灾者提供优惠补助、设立重建优惠贷款、鼓励个人住房重建为中心的重要原因。这些支持自力重建的措施对有重建能力的受灾户而言，的确发挥了相当大的作用，但是对于无法重建的受灾户，廉租住房和永久性简易住房的提供就有很高的必要性。政府担负着维护社会公平的职责，因而理所当然要成为提供廉租住房的主体。由政府负担建筑和管理费用、建造廉租住房并以较低价格出售或出租给弱势受灾居民。而协助居民兴建永久性简易住房，这样更可以推动灾后重建工作。(3) 开展社区重建。震灾后的重建正是需要社区凝聚共识的时候，社区重建便是最好、最有效的执行方式，居民与地方政府共同参与，一起加入重建行列，改变过去由上而下的管理式重建。具体而言，政府首先要调查居民的住房重建需求和意愿，包括居住面积、住房型态、经济负担能力等基本需求，评估所需开发用地范围。居民成立社区重建协会，协助住房拆除与重建需求调查，组织社区居民与专家协商、策划、商讨与执行重建计划。有关方面专家协助居民进行重建计划的制订与执行，政府部门则提供社区重建的设计费用与公共设施的改善兴建，订立新社区各项作业规范，规范住房开发区位、规模及兴建住房数量，避免供需失衡和土地资源浪费。(4) 建立和落实适应不同层面需求的资金补助措施。政府提供重建补助及优惠贷款是推动灾后住房重建的关键因素,应该予以高度重视。以资金补助手段鼓励个别住房重建应当灵活适应不同层面需求:一是对个人自力重建的支持,以家庭及人口数为计算基准单位予以补助;二是弱势受灾户无力进行住房重建的,可申请特别优惠资金补助;三是对于一般住房重建、购买,政府给予优惠贴息贷款;四是为鼓励大规模住房修缮,政府提供一定利息补贴;五是地震后居民的房租负担能力下滑,对中低收入居民予以房租减免。(5) 完善多层住宅的重建机制。多层住宅的权利人数众多且情况复杂,所涉及的权利关系在重建问题上最为复杂。日本阪神震灾多年后仍然无法完全解决多层住宅重建问题。我国现行的多层住宅重建制度效率低,因少部分居民反对,重建会议很难通过重建决议,给灾后重建家园带来很大困难,因此,建议我国制定多层住宅重建特别法。首先简化重建决议程序,降低多层住宅重建的同意门槛,采用简易表决机制,即多层住宅的重建经全体居民二分之一以上同意即可开展重建工作。其次,明确重建决议程序及重建费用分担方式,尊重房地产权人权益,促进重建工作。再者,对不愿意参与重建户,增设让售请求权和买回请求权,以及完善住宅小区内多层住宅的重建制度,同时建立多层住宅重建争议处理机制,加速推动灾后重建工作。

三、关于灾后恢复重建、灾民安置的研究取向

灾后恢复和重建是灾害领域研究中最不为人所知的领域之一。而灾民安置是其中重要的一环。就这一领域的工作进程而言,迫切需要进行的研究如下:(1) 灾后有效快速恢复的决定因素及制约因素。(2) 间接受灾害影响的地区或企业的需求。(3) 地方政府如何制订恢复计划,以及减灾规划中灾后恢复、重建的内容。(4) 检验敏感的恢复模式的可持续性、恢复过程中对可持续发展进展的监测和评估。(5) 各级政府决策层对区域可持续发展与灾害相关关系的认识。(6) 为加快恢复工作的进行,向社区提供灾前和灾后信息,以及专业技术的方法。(7) 相关知识、成果以及培训项目都具备的情况下,调查社区恢复和重建的知识和技术为什么如此贫乏。

四、将因灾失地农民纳入被征地农民社会保障的建议

因灾失地农民不仅可能经历了灾害巨大的生理和心理创伤,而且将面临基本生活和长远生计的巨大挑战。因此,因灾失地农民是失地农民群体中应该无条件予以保障和救助的群体。

将因灾失地农民纳入被征地农民社会保障是指国家通过立法,积极动员社会各方面资源,保障因灾失地农民基本生活和长远生计的特殊措施。因灾失地农民纳入被征地农民社会保障时,个人可不再缴纳社会保险费,以增进其公共福利水平、提高生活质量。

后 记

这是一本诞生在"世界屋脊"上的专著。在"世界屋脊"上写专著的空前艰辛和困难,是可想而知的!

这将是一本颇有争议的专著。尽管"土地换保障"理论已经被广为接受和推广,但曾有高层领导多次明言,要我不要再提"土地换保障"一说。

真理,总是需要有人去追求、去发现、去坚持!十多年的坚持不懈,这才有本书的诞生!

在我国经济社会快速发展进步的同时,收入分配的两极分化和收入分配机制的扭曲也在快速扩大。在发达国家经济、社会进入全面大动荡的背景下,目前我国社会矛盾的激化和改革的客观诉求其实比任何时候来得更高、更深、更复杂、更艰难。如果不进行深层次的研究,如果没有形成行之有效的理论,如果我们的理论研究者仅仅只是顺应民意,而不能引导民意、凝聚民意、提升升华民意,就难以让社会各界相信、信从一个新的理论和新的改革方向,就更难提出行之有效的解决方案。我相信,本书拓展了发展的视野,揭示了发展的真理,理清了发展的思路,提出了中国特色的解决方案,填补了研究的空白。

发展的速度和质量,最终取决于推动发展的民众基础。"土地换保障"既是我国不断扩大推动发展民众基础实践轨迹的理论总结,也是期望扩大推动发展民众基础的理论呼唤。

"土地换保障"是我国甚至是世界上社会保障理论领域最具创意的理论之一。它不仅勇敢挑战了社会保障的基本原理,创建、丰富了最具中国特色的理论体系,而且成为建立中国特色城乡居民社会保障理论和实践的突破口,创造了世界社会保障理论和实践的奇迹。

在高原获取研究资料实属不易,因此,许多研究资料和数据往往也只截至2009年,一些研究成果也有局限性,但并不影响研究的基本结论和观点。

由于本书是以新的思路、从新的角度开展研究的,研究的深度和广度有限,研究成果只能说是抛砖引玉。

本书应该是集体智慧的结晶。非常感谢在实践前沿创造经验和智慧的同仁们;非常感谢孟锴博士关于人地关系的有关论述;非常感谢张学英、刘立国、李薇、闫妍教授承担本项目子课题"征地补偿与被征地农民社会保障国际比较研究",这极

土地换保障：
扩大推动发展民众基础的政策选择

大丰富了本书的内容；非常感谢人力资源和社会保障部社会保障研究所"被征地农民社会保障政策研究"课题组的全体成员在本书早已截稿后，又根据该课题的研究成果补充更新了部分内容。

最值得高兴的是，在本书截稿之际，笔者在《和谐社会的基石：中国特色新型养老保险制度研究》一书中致力阐述的新农保和城镇居民养老保险制度，与笔者的预期基本一致，将于明年实现全覆盖。笔者认为，城乡居民养老保险制度实现全覆盖后，我国社会保障工作将进入一个新的阶段。在这个新的阶段，社会保障工作将发生两大转变：一是由建立全国统一、城乡统一的社会保障制度转向社会保障基金的监督管理和投资运营及保值增值；二是由提供经济保障转变为提供适当的服务。

为探索社会保障基金保值增值的有效途经，笔者提出了利用社会保障基金打造"光水三峡群"、将西藏建设成为我国新能源基地等设想。为实现该设想，笔者正在全力推进光电子新能源领域的一系列技术的创新、集成与应用，争取在引领新一轮经济和技术革命中尽一份心力。

期望，也相信本书的基本结论和政策建议会尽快全面地走向实践！

图书在版编目（CIP）数据

土地换保障：扩大推动发展民众基础的政策选择——被征地农民社会保障的理论与实践/卢海元著．—北京：群众出版社，2012.2

（中国特色新型养老保险制度研究丛书）

ISBN 978-7-5014-4985-9

Ⅰ.①土 Ⅱ.①卢 Ⅲ.①农民—社会保障—福利政策—汇编—中国 ②农民—社会保障—福利制度—文件—汇编—中国 Ⅳ.①F323.89

中国版本图书馆CIP数据核字（2012）第007221号

书　　名：	土地换保障：扩大推动发展民众基础的政策选择 ——被征地农民社会保障的理论与实践
著　　者：	卢海元
出版发行：	群众出版社
地　　址：	北京市西城区木樨地南里甲1号
邮政编码：	100038
经　　销：	新华书店
印　　刷：	北京泰锐印刷有限责任公司
版　　次：	2012年2月第1版
印　　次：	2012年2月第1次
印　　张：	20
开　　本：	787毫米×1092毫米 1/16
字　　数：	450千字
书　　号：	ISBN 978-7-5014-4985-9/F323.89
定　　价：	46.00元

网　　址：www.qzcbs.com

电子邮箱：exiaoxiaohong@hotmail.com

文艺分社电话：86-10-83901730

营销中心电话（批销）：86-10-83903254

警官读者俱乐部电话（邮购）：86-10-83903253

读者服务部电话（门市）：86-10-83903257

本社图书出现印装质量问题，由本社负责退换

版权所有　侵权必究